中国古代法律文献研究丛刊

主编 徐世虹

中国古代法律文献概论

中国政法大学法律古籍整理研究所 编

上海古籍出版社

本书的出版得到

中国政法大学交叉学科"法律文献学"建设经费的资助

前　　言

中国古代法律文献在当下的学科体系中,涉及法学与历史学两个一级学科。在法学学科,中国法律史是一门成熟学科,对基础文献的重视自研究之始即为先学所强调,百年来在学科建设与发展中人们认识一致,身体力行;而在历史学科,文献学的学术历史更为悠久,学科谱系下的历史文献学作为二级学科也已发展日久。在中国古代法律发展的历史中,文献因法制而生,法制因历史而存,因此文献的生成、发展、传承、扩充,都不能脱离"中国古代历史"这一特定的范畴。换言之,不能用有别于中国历史文献固有的理论、方法、语言来认识、总结中国古代法律;与此同时,单纯以文献学的方法研究古代法律文献,恐怕也不易融入既有的律学传统与现有的学科谱系。在中国古代法律文献的整理研究既不能脱离历史文献学而为之,亦不能偏废法律史学而独行的现状下,古代法律文献学恐怕就是融合二者的合理切入点之一。事实上,它也已是目下客观存在且有待进一步提升、完善的新的学科发展点。

基于这一认识,中国政法大学法律古籍整理研究所于2012年以"法律文献学"为题申报了中国政法大学第一批交叉学科培育建设项目,同年获得批准及资助,2018年又获得中国政法大学第二批交叉学科建设项目的继续支持。几年来,在培养人才、完善课程体系的同时,编撰一部兼具论著与教材性质的读本,一直是实施学科建设的一个具体目标。如今此书集众人之力而成,可视为学科建设的主要成果之一。

本书撰写者如下(以撰写章节为序):

绪　　论　徐世虹(中国政法大学法律古籍整理研究所)
第一章　李　力(中南财经政法大学法学院)
第二章　徐世虹

第三章　李雪梅（中国政法大学法律古籍整理研究所）
第四章　赵　晶（第一至第四节，中国政法大学法律古籍整理研究所）
　　　　李典蓉（第五至第六节，中国政法大学法律史学研究院）
第五章　赵　晶
第六章　郭瑞卿（中国政法大学法律古籍整理研究所）
第七章　张蓓蓓（中国政法大学法律古籍整理研究所）
第八章　阿　风（中国社会科学院古代史研究所）
第九章　李守良（序言，第一、二节第一部分，第三节，兰州大学法学院）
　　　　徐世虹（第一、二节第二部分）
第十章　孙　旭（中国政法大学法律古籍整理研究所）

此书虽然集众人之力且历数年而成，但由于各种原因与无奈，必存不备或谬误之处，尚请学界不吝赐教。

2014年，在中国政法大学法律古籍整理研究所建所30周年之际，研究所实施了编辑出版"中国古代法律文献研究丛刊"的计划。丛刊为开放式的系列丛书，不定期陆续推出，目前已出版数种。丛刊的出版，得到了中国政法大学重点学科、交叉学科建设经费的资助与上海古籍出版社的支持，对此谨致谢忱。

谨以此书纪念中国政法大学法律古籍整理研究所建所35周年。

徐世虹
2019年1月1日

目 录

前言 ································· 徐世虹 1

绪论 ··· 1
 第一节 范围与存量 ···························· 2
 第二节 类别 ································ 7
 第三节 整理研究 ···························· 12
 第四节 研究展望 ···························· 18

第一章 金文法律文献 ···························· 21
 第一节 文献概述 ···························· 21
 第二节 整理与研究 ·························· 22
 第三节 "治地之约"与"治民之约" ·············· 33
 第四节 两周金文中的法令 ······················ 45

第二章 出土简牍法律文献 ························ 55
 第一节 文书与文献 ·························· 56
 第二节 性质辨析 ···························· 60
 第三节 类别及其内容之一 ······················ 64
 第四节 类别及其内容之二 ······················ 82
 第五节 研究展望 ···························· 91

第三章 石刻法律文献 ···························· 94
 第一节 概念界定、整理模式及分类 ················ 94

第二节　发展演变及时代特色 ·· 106
  第三节　研究现状与趋势 ·· 118

第四章　唐至清代的立法文献 ·· 126
  第一节　历代律典 ·· 126
  第二节　唐代的令、格、式与《唐六典》 ······························ 140
  第三节　宋代的条法事类 ·· 153
  第四节　元代的条格与断例 ·· 160
  第五节　明代条例与事例 ·· 169
  第六节　清代的"例"、则例、省例及其他 ···························· 174

第五章　正史《刑法志》 ·· 183
  第一节　点校整理 ·· 184
  第二节　多语种译注 ·· 188
  第三节　文本型构分析 ··· 193

第六章　古代判牍文献 ··· 200
  第一节　文献概述 ·· 200
  第二节　体例结构 ·· 205
  第三节　价值与内容 ·· 211
  第四节　研究状况 ·· 223
  第五节　研究展望 ·· 230

第七章　古代司法档案文献 ·· 233
  第一节　文献概述 ·· 233
  第二节　存藏情况 ·· 238
  第三节　整理研究 ·· 252
  第四节　古代司法档案与法律史研究 ································· 254

第八章　古代契约文献 …………………………………… 263
第一节　早期契约的发展 ………………………………… 263
第二节　宋代以后契约样式与语言的变化 ……………… 270
第三节　古代契约的发现、整理与研究 ………………… 289
第四节　契约与法律史研究 ……………………………… 299

第九章　古代律学文献 …………………………………… 302
第一节　先秦至魏晋时期的律学及其要籍 ……………… 303
第二节　隋唐宋元时期的律学与典籍 …………………… 310
第三节　明清律学与律学著作 …………………………… 316

第十章　古代文学中的法律资料 ………………………… 339
第一节　古代文学中法律资料研究概述 ………………… 339
第二节　明代小说中法律资料的主要内容 ……………… 344
第三节　明代小说中法律资料的优、缺点 ……………… 365

绪　论

关于文献一语的基本含义,诸多历史文献学的论著皆以《论语·八佾》所见"文献"为语源,意指文字与言论。又引马端临《文献通考》"自序"述其概念发展:叙事以经史为本,以历代会要、百家传记之书为辅,此为"文";论事则以奏疏、评论、燕谈、记录为次第,此为"献"。可知彼时对"文献"的释义仍然未出文字及言论资料的范畴,只是后者已经通过文字的形式表现。张舜徽在辨析了上述两条史料后指出,"我国古代的历史书籍以'文'和'献'为主要内容……自有它原来的含义和范围"。① 这个"含义"若在马端临所阐释的文献意义上延伸思考,便是今天历史学家一般认同的有历史意义的比较主要的书面材料。以这一含义理解中国古代法律文献,即是指以书籍形式或非书籍形式记载中国古代法律的文字资料。

所谓书籍形式与非书籍形式,实际包容了甲骨、金石、简帛与纸等文字资料记载的载体,析其大类则有传世文献与出土文献之别。当然,就文献学的研究对象而言,还应区分史料与文献的不同。梁启超先生认为历史研究获得史料的途径不外两种,"一曰在文字记录以外者;二曰在文字记录者"。② 张舜徽先生在厘定"文献"一语的概念时,则认为将具有历史价值的古迹、古物、模型、绘画称为历史文献,与"文献"二字的原意不合。③ 从历史研究的方法而言,以"视觉史料"为证史的材料之一,已是治史者的共识。如《点石斋画报》将晚清的历史场景变换为各个具有鲜明可视效果的画像,遂有"图像晚清"之说。在法律史研究领域,如今天人们所能看到的各种官衙建筑,由其布局、规格、功能、遗物自可想见官制、法制乃至那个时代的国家权力的实际运行;由

---

① 张舜徽:《中国文献学》,中州书画社,1982,第3页。
② 梁启超:《中国历史研究法》,《梁启超全集》第14卷,北京出版社,1999,第4107—4111页。
③ 张舜徽:《中国文献学》,第3页。

画像砖所见的髡笞图,亦可对彼时刑罚的执行获得感性认识。及至《守望和谐的法文明：图说中国法律史》,①则可视为这一方法运用于法律史研究而取得的成果。但从文献学的角度而论,既然其研究对象为"在文字记录者",则无文字记载的史料自不在此学的研究范畴。然而承认史料与文献的差异,也不意味着文献学视角下的研究将必然隔绝器物研究。由于某些文字载体的特殊含义,因此在研究载体上的文字时必兼及载体自身。例如简牍所记录的文字自然属于文献学的范畴,但简牍本身又有所谓六寸之符、尺牍、尺一诏、二尺书、二尺四寸简、三尺法等称谓,长度的差异意味着功能、使用主体、书写对象乃至文体的不同,因此简牍形制在具有视觉功能的同时,也具有文献学意义上的研究价值。

中国古代法律文献是今人对专科性历史文献的定名,它是指由立法、司法、普法、解释、学术等活动而产生的文字资料,其种类有政书律典、行政与司法文书、审判档案、律学文献、实务参考、乡规民约、便民指南等。这些数量可观的法律文献是认识中国古代法治文明的重要对象。在中国法律史学科发展已逾百年,历史文献学学科设立亦历三十余载的当下,对中国古代法律文献予以学理、学科的梳理,是上述两个学科共同面临的任务。

第一节 范围与存量

中国古代法律文献的范围、存量与概念和类别的厘定互为关联,与制度因革、学者识见乃至学科发展密切相关。

中国古代的"刑书",②春秋诸国即已有之。所谓"春秋之时各国多自为

---

① 马小红、庞朝骥:《守望和谐的法文明：图说中国法律史》,北京大学出版社,2009。
② 关于先秦史籍中的刑书概念,还应区分一般意义上的"常法"与"书籍"或"法典"的差异,未必"刑书"必言后者。邱濬说"成周之世,未有律令之书",沈家本不以为然,指出"周代律令之书,今不传耳。《左传》明言作九刑,《逸周书》明言正刑书,不得云未有也"(中国政法大学法律古籍整理研究所、中国社会科学院法学研究所法制史研究室整理:《沈家本全集》第3卷,中国政法大学出版社,2010,第572页)。但对《玉海》以《尚书·康诰》中的"殷罚"、"殷彝"为"殷刑书"的判断,沈家本同样不以为然:"玉海引此二条,标目曰'殷刑书'。然《书》之本意,'殷罚',殷之罚。彝,常也。'殷彝',殷之常法也。孔疏以刑书释之,亦是通常之语,未必为殷时律令之名也。"(同前,第564页)这意味着在运用古代法律资料时, (转下页)

法，如晋之被庐、刑鼎，郑之刑书、竹刑，楚之仆区，皆非周法"。①及至战国，明法与否成为国势强弱的关键：

  当魏之方明立辟、从宪令行之时，有功者必赏，有罪者必诛，强匡天下，威行四邻；及法慢，妄予，而国日削矣。当赵之方明国律、从大军之时，人众兵强，辟地齐、燕；及国律慢，用者弱，而国日削矣。当燕之方明奉法、审官断之时，东县齐国，南尽中山之地；及奉法已亡，官断不用，左右交争，论从其下，则兵弱而地削，国制于邻敌矣。故曰：明法者强，慢法者弱。②

  这里的宪令、国律及所奉之法，皆是治国规范的称谓。在律令时代，又有"法律令"之语。《管子·七法》对它的解释是："夫法者，所以兴功惧暴也。律者，所以定分止争也。令者，所以令人知事也。"③这是较早的有关法的功能及其规范的认识，"法"在此是位于律令之上的涵盖性的规范总称。《韩非子·难三》："法者，编著之图籍，设之于官府，而布之于百姓者也。"此明言图籍为法律的载体，官府为其存藏所在，④而百姓为其宣教对象。就法律文献的形成而言，由公权机构掌握、保管并主导宣传的法律文本，是中国古代法律之学的基础文献之一。

  在传统学术中，《汉书·艺文志》是辨章学术、考镜源流的史志目录，因而是了解古代法律文献条理、传承的重要依据，但在《汉书·艺文志》中，有"法家"之类而无律令之书。宋人王应麟言其原因为"律令藏于理官，故志不著

(接上页)尚须考量语义与当时立法状况的契合。如《左传·昭公七年》"吾先君文王，作仆区之法"注："仆区，刑书名。……服云：仆，隐也；区，匿也。为隐匿亡人之法也。"(杜预注，孔颖达等正义：《春秋左传正义》卷四四，阮元校刻：《十三经注疏》，中华书局，1980，第2048页上栏。)所谓"仆区"，是刑书名还是笼统言"隐匿亡人之法"，尚难遽断。
① 中国政法大学法律古籍整理研究所、中国社会科学院法学研究所法制史研究室整理：《沈家本全集》第3卷，第575页。
② 陈奇猷校注：《韩非子集释》(上)，上海人民出版社，1974，第309页。
③ 黎翔凤撰，梁运华整理：《管子校注》(中)，中华书局，2004，第998页。
④ 《商君书·定分》记载了法律副本的保管与行用之制："法令皆副置。一副天子之殿中。为法令为禁室，有铤钥为禁而以封之。内藏法令。一副禁室中，封以禁印。有擅发禁室印，及入禁室视禁法令，及禁剟一字以上，罪皆死不赦。"

录",①余嘉锡又进一步指出,"盖班固作《志》,用《七略》之成例,《七略》不录国家官书,故不得而入之也"。② 章学诚在《文史通义》中认为叔孙章程、韩信军法、萧何律令有如《周礼》六典,《汉志》难以赅备,而另一方面其书隶于官府,自可咨于有司而得之,③"笾豆之事,则有司存"为史部书志通例;④而在《校雠通义》提出"此非当时之遗漏,必其本志有残逸不全者矣",⑤又提出"无从部录"说:"刘向校书之时,自领《六艺》、《诸子》、《诗赋》三略,盖出中秘之所藏也。至于《兵法》、《数术》、《方技》,皆分领于专官,则《兵》、《术》、《技》之三略,不尽出于中秘之藏,其书各存专官典守,是以刘氏无从而部录之也。"⑥姚振宗亦从此说,言"礼仪律令,旧皆录藏于理官……张仓(苍)作章程,魏相奏故事……斯皆在中秘书之外,《七略》所未尝注意者也"。⑦

章学诚旨在追寻《七略》何以不录律令,于诸家之说中用力最深。但他的"本志有残逸不全"与"无从部录"之间的不合,已为王重民先生所指出:"章学诚说《汉书·艺文志》内没有萧何《律令》、叔孙通《朝仪》等不是由于遗漏,而是'本志有残逸不全'的地方。可是在一页以后,《补校汉艺文志》第十之二又不是这样说的。他说西汉的制度……《七略》所以不收,是由于'刘氏无从而部录之也'……这与残逸之说显然是自相矛盾的。"⑧而"中秘之藏"与"各存专官典守",则指出了《七略》校书的对象不同。据此或可推论,汉志不入律令之书,主要是《七略》的特定性使然。所谓特定性,一是自刘向受诏校书,其对象已指定为诸子诗赋、兵书、数术、方技,⑨律令之书自不入内;一是《七略》所校之书主要来自中秘之藏,未及中秘之外。还有一种可能,即《七略》首重六艺,旨在

---

① (宋)王应麟著,张三夕、杨毅点校:《汉制考 汉艺文志考证》,中华书局,2011,第232页。
② 余嘉锡:《目录学发微 古书通例》,上海古籍出版社,2013,第148页。
③ (清)章学诚:《文史通义·亳州志掌故例议中》,叶瑛校注:《文史通义校注》(下),中华书局,2011,第814页。
④ (清)章学诚:《文史通义·方志立三书议》,叶瑛校注:《文史通义校注》(下),第574页。
⑤ (清)章学诚著,刘公纯标点:《校雠通义》,古籍出版社,1956,第14页。
⑥ (清)章学诚著,刘公纯标点:《校雠通义》,第15页。
⑦ (清)姚振宗:《汉书艺文志拾补》,《续修四库全书》编纂委员会编:《续修四库全书》第914册,上海古籍出版社,2002,第123页。
⑧ (清)章学诚著,王重民通解:《校雠通义通解》,上海古籍出版社,2009,第40页。同样观点的表述,又见第46—47页。
⑨ 《汉书·艺文志》:"至成帝时,以书颇散亡,使谒者陈农求遗书于天下。诏光禄大夫刘向校经传诸子诗赋,步兵校尉任宏校兵书,太史令尹咸校数术,侍医李柱国校方技。"

叙述学术源流，即章学诚所谓"辨章学术，考镜源流"，而律令典籍未及入流。

以《七略》的特定性而言，其未收律令典籍固不可苛求，然而其遗憾亦不能免。章学诚指出："惟是申韩家言，次于诸子，《仲舒治狱》，附于春秋，不知《律令》藏于理官，《章程》存于掌故，而当时不责成于专官典守，校定篇次，是《七略》之遗憾也。"①而在宋人郑樵看来，刘、班不收律令、章程，则是"书籍之亡者皆校雠之官失职矣"的例证。②为弥补这一缺憾，自宋代王应麟以汉令、汉律补《汉志》后，清人亦通过辑佚而补官书入志，其拾遗补阙的重要性毋庸赘言。

官书之入志，以西晋荀勖《中经新簿》创立四分法而见端倪。《中经新簿》以甲乙丙丁部总括群书，其丙部为"史记、旧事、皇览簿、杂事"。旧事即故事，指旧时的典章制度与惯例，其来源不一。③梁阮孝绪《七录》的"记传录"则有旧事部、职官部、仪典部、法制部，各部下列种、帙、卷数，法制部凡 47 种，95 帙，886 卷，眉目渐清。《隋书·经籍志》以四部分类，史部亦有旧事、职官、仪注、刑法诸篇。其中的旧事包括旧有政令、品式章程，职官为官职、官仪、官名之书，仪注为礼仪制度之书，刑法为晋至隋的律令、律注之书，其体例可谓自汉志以来而一大变。官书之入志，不仅使唐以前法律文献中的典章制度侧于史部，亦令天下之书门类扩充，条理清晰，因而成为后世经籍志、艺文志的编撰定制。如《旧唐书·经籍志》、《新唐书·艺文志》乙部史录，皆列旧事（故事）、职官、仪注、刑法类，《宋史·艺文志》《明史·艺文志》亦然。至《四库全书总目》，国政朝章、六官所职仍入此类，仪注、条格"均为成宪，义可同归"，只是"未可仍袭旧名"，于是以"政书"领属通制、典礼、邦计、军政、法令、考工，以"见综括古今之意焉"。④

历朝历代的典章之制，于官修目录的史部自可循其踪迹，撮其大要，而若将中国法律史的视野扩展到制度以外，则追寻礼法关系、诸子法律观念、法言法语、乡里秩序，又必不可无视经、子、集部。如此说来，意欲探究中国古代法

---

① （清）章学诚著，刘公纯标点：《校雠通义》，第 15 页。
② （宋）郑樵：《通志》卷七一《校雠略·亡书出于后论》，中华书局，1987，第 833 页。
③ 邢义田辨析故事的内容有：律令、仪制、百官奏章、历朝注记、行政中的不成文惯例、君臣理事而成的典故、君臣之间的誓约或与外族的约束等等。它们基本上是武帝所谓的"汉一家之事"，汉人因而特别称之为"国家故事"或"汉家故事"。参见邢义田：《秦汉史论稿》，台湾东大图书股份有限公司，1987，第 336 页。
④ （清）永瑢等撰：《四库全书总目》卷八一，中华书局，2008，第 693 页。

律,则四部之书当无所不涉,其存量之夥,自可想见。

伴随着编纂史志目录传统的继承及学科研究对象的延伸,新的史志目录在政书类的定位、归属上呈现出进一步的拓展。如《中国古籍总目》是全面反映当下中国古代文献流传与存藏状况的总目录,①历时十七年而成。其《史部·政书类》,下辖丛编、通制、仪制、邦交、军政、刑法、考工、水利、章则、公牍、档册、杂录之属,刑法之属包括了律例、刑案、刑制、检验、治狱、判牍各类。② 以刑法之属所见,其类别与范围显然要大于既往目录,包括了立法、司法、律学、普法、司法档案诸类。尽管其类目有的彼此关系不清,③类目与书目也有不尽贴切之处,④但合理的范围扩大无疑有益于法律文献的归类。

据《中国古籍总目》研究统计,中国古籍的著录总数为二十万种,其中"刑法之属"就有近八百种,若再网罗系于他类他部者,其数量将更为繁多。然而毋庸赘言,事实上中国古代法律文献的存量远未穷尽。百年来出土文献的丰富、金石资料的发掘、各级政府司法档案的迭见、各类契约的存藏,是充实其存量的重要来源。以出土的秦汉法律文献为例,敦煌、居延汉简是汉代西北边境屯戍者的生活记录,数量庞大,内容丰富,是研究秦汉法律史重要的资料来源之一;而湖北云梦睡虎地秦墓竹简(1975)、甘肃武威王杖诏书令木简(1981)与东汉墓汉简(1989)、湖北江陵张家山 247 号汉墓竹简(1983)与 336 号汉墓竹简(1988)、云梦龙岗秦简(1989)、尹湾汉简(1993)、湘西里耶秦简(2002)、湖南长沙走马楼汉简(2003)与东牌楼简牍(2004)、湖北云梦睡虎地 M77 号墓汉简(2006)、岳麓书院藏秦简(2007)等,内容涉及秦汉律令、司法文书、行政文书,它们的相继发现极大地充实了秦汉时期的法律文献。再如晚近时期中央各部院衙门的各类档案、地方政府的司法档案,也是占据古代法律文献份额的重要资料群。仅据邢永福主编的《北京审判制度研究档案资料选编》(清代部分)所见,其书即包容了第一历史档案馆所藏内阁、军机处、大理寺、顺天府、京师高等审判厅、宗人府、内务府、宪政编查馆等 21 个全宗,近百万件

---

① 《中国古籍总目》编纂委员会编:《中国古籍总目》,中华书局、上海古籍出版社,2009。
② 《中国古籍总目》编纂委员会编:《中国古籍总目·史部》1,"目录"第 2 页。
③ 例如"律例"与"刑制",单就类目看应是规范,但就关系而言,刑制应在律例之下,二者并非并列关系,更何况刑制类下所系书目多为研究刑制之作,本身并不是规范。
④ 例如《读律心得》《法官须知》《公民必读》《直隶法律学堂讲习科讲习》之类,系于"律例"类下或有不妥。

档案资料,成精装26册。各地地方司法档案见知者则有巴县档案、淡新档案、南部县档案、宝坻档案、黄岩档案、冕宁县档案、龙泉司法档案等,它们之于地方司法的认识作用自然毋庸赘言。与此同时,非汉语的古代法律文献也是中国古代法律文献的重要组成部分,它们的存世与整理同样具有重要的学术价值。

铜器铭文、石刻文献、秦汉简牍、敦煌吐鲁番文书、黑水城文献、明清档案、契约文书,这些耳熟能详的资料群已是继传统的四部分类后古代法律文献重要的组成部分。张伟仁主编的《中国法制史书目》("中研院"历史语言研究所,1976)按规范、制度、理论、实务归类,著录书目 2352 种,爬梳网罗,范围宽广,是迄今为止最为宽泛、详备的法律文献目录,但其缺憾之一是实物法律文献未列其中。因此若续编以实物法律文献目录,古代法律文献的全貌可以得到更详尽的反映。

在中国法律史研究早已突破了"刑法"的视域而延伸至更广泛领域的当下,如果将法律史视为"国民法律生活的历史",①则意味着中国古代法律文献的产生不仅在于典章制度,亦涉及思想史、文化史乃至社会史。学科视域的拓展将有赖于文献的发掘与精研,因此无论是传世文献还是出土文献,其发掘整理尚未有止境,其存量也有待获得更符合学科意义的评估。

第二节 类 别

中国古代法律文献的类别,在传统的史志目录中主要体现于史部与子部。在《七录》之前,史籍附丽于春秋,律令失载;诸子中的"法家"类固然可以

---

① 泷川政次郎论何谓"法制史学":"一言以蔽之,就是法律的历史。换言之,就是国民法律生活的历史。如果将人类的生活置于文化价值中分类,则可分为经济生活、法律生活、道德生活、宗教生活等。从文化价值系统叙述人类生活之变迁的,是文化史或广义的社会史,其中只叙述法律生活的发展变迁的即是法制史。因此,法制史终究是史学而非古代法律学。法制史研究即使屡屡要对古代法典予以解释,这一解释也不是其自身目的,其目的在于据此而明确古人的法律生活。……法制史是法律生活的历史,不是法规的历史。因此,只是罗列各时代的法规还不是法制史。法规之成为法制史,必须要考察各时代的法规在多大程度并以何种方式规范当时国民的法律生活。"(〔日〕泷川政次郎著:《日本法制史》〔上〕,讲谈社,1985,第 41—42 页)泷川政次郎从文化价值的分类以及法律的功用论述了法制史的定义,不过以"法律生活"的广泛涉及面而言,法律与文化史、社会史又难以两分,因此对古代法律文献、资料的判断,需要更宽阔的学科视野与广博的知识积累。

视为法律文献,且也有先贤认为其中有律令之书,①但从总体而论,学派著述与典章性质的法律制度终究不能等同。自《七录》于"记传录"列旧事、职官、仪典、法制诸部后,官私目录大抵循此,只是将法制改为刑法(间有称"法令"者,如《直斋书录解题》《四库全书总目》),直至《四库全书总目》取类为职官、政书。如前所述,后者实际包括了旧事、仪典、法制诸部。

以《隋书·经籍志》而见,刑法篇收书35部,712卷,涉及律、令、律注、律解、议驳、弹事、奏事、驳事、决事、服制。这其中的议驳、奏事等看似范围过大,未必皆属刑法,但郑樵辨析了其名实关系:"隋人编入刑法者,以隋人见其书也。若不见其书,即其名以求之,安得有刑法意乎?"②此外应劭所撰《汉朝议驳》也可得《后汉书·应劭传》中的相关记载佐证。③因此《隋书·经籍志》刑法篇的类别,大致可析为立法及其解释(如律、令,律注、律解)、具体规范(服制)、司法案例(决事)以及有关司法案件的奏议。《旧唐书·经籍志》刑法类51部,814卷,可辨类别为律令格式、律疏律解、奏事决事,未出《隋书·经籍志》。《新唐书·艺文志》刑法类61部,1004卷,除与旧书相同者,又有敕、事类、统类等立法文献,还有要录、手鉴类的法律读本。《宋史·艺文志》刑法类收书数量较前陡增,凡221部,7955卷,其以各种立法规范、法律读本为主,另又有案例选编与官箴书。《明史·艺文志》刑法类46部,509卷,范围亦未出前者。至《四库全书总目》,政书下的"法令"只著录两部,存目5部,④而《折狱龟鉴》等案例汇编、《读律

---

① 沈家本有论:"《汉书·艺文志》法家有《李子》三十二篇,《法经》当在其中。此书为秦法之根原,必不与杂烧之列,不知何时其书始亡,恐在董卓之乱。故《隋书·经籍志》已不著其名,《晋志》但存目次,他无考焉。"(中国政法大学法律古籍整理研究所、中国社会科学院法学研究所法制史研究室整理:《沈家本全集》第3卷,第580页)不过《法经》当在其中",或是推测之语。如果《法经》是"秦法之根原",则或如前述王应麟所说,"藏于理官,故志不著录"。
② (宋)郑樵:《通志》卷七一《校雠略·见名不见书论》,第832页。
③ 相关考证可参章宗源《隋书经籍志考证》。(清)章宗源撰,项永琴、陈锦春、郑民令整理:《隋书经籍志考证》,清华大学出版社,2012,第222页。
④ 其理由是:"刑为盛世所不能废,而亦盛世所不尚。兹所录者,略存梗概而已,不求备也。"(〔清〕永瑢等撰:《四库全书总目》卷八二,第712页)而子部法家类收入管仲诸家,目的在于"观于管仲诸家,可以知近功小利之隘;观于商鞅、韩非诸家,可以知刻薄寡恩之非。鉴彼前车,即所以克端治本"(同前,第847页)。沈家本对纪文达的观点与做法颇不以为然,认为以"《四库目录》乃奉命撰述之书,天下趋向之所属,今创此论于上,下之人从风而靡,此法学之所以日衰也"(中国政法大学法律古籍整理研究所、中国社会科学院法学研究所法制史研究室整理:《沈家本全集》第4卷,第690页)。郑樵言"书籍之亡者皆校雠之官失职矣",看来亦非虚言。王应麟在《汉艺文志考证》"法家者流,盖出于理官"条下,集宋人诸说,辨刑名之学存世之由。如吕祖谦曰"六经孔孟子之教,与人之公心合,故治世宗之。申、(转下页)

佩觿》等律学著作则入子部法家类,与《隋志》以来有所不同。其理由或在于:"法令与法家,其事相近而实不同。法家者私议其理,法令者官著为令者也。"①

郑樵的《通志·艺文略》与马端临的《文献通考·经籍考》是影响较大的文献学著作。郑樵主张"编次必谨类例",认为"学之不专者为书之不明也,书之不明者为类例之不分也",②因此他创立了三级分类法以为实践。其于史类刑法下列出的律、令、格、式、敕、总类、古制、专条、贡举、断狱、法守等种类,实际就是对所收法律文献的分类。总类包括了律令故事、刑律统类、刑律、刑统、格令科要、刑法要录、格式律令事类、法例、总统要目、敕令格式、赦书德音等,古制则胪列了前代议驳、奏事、杂制、新制等书,专条是涉及相关地区、部门、事项的规范,贡举与断狱包含了相关规范、制度,后者还有案例选编、治狱指南类书籍。上述11类目中的律、令、格、式、敕诸类,以年代为序,内涵外延明确,而总类、古制、专条则缺乏明确性。另分类标准也有交错,如同是规范而被列为各类的原因,即在于有规范形式、规范对象及时代的不同。当然,郑樵分类旨在"类例",如果跳脱类目而从文献性质考察,其仍不外乎规范、奏章、案例。马端临的《文献通考·经籍考》兼具公私目录之长,"凡各种学术之渊源,各书内容之梗概,览此一篇而各说俱备"。③ 检其刑法类所收,也未出律令格式、编敕断例、法律读本、专门法规、案例选编。

在传统学术的目录中,"刑法"是辐辏法律文献的大类,但这一概念的内涵伴随着历史的演进而不断丰富。以公私目录所收书目而见,它所统摄的文献呈现出这样的分布状态:第一,律令典籍是基础文献(包含不同时代的法律规范形式的载体);第二,中央与地方颁发的各种专门规范;第三,由前两类而衍生出的编纂、解释类文献;第四,司法案件的记录及其编纂物;第五,奏章与学术著述。若再纳入子部,则学派、人物、思想自可又成一类。

(接上页)商、韩非之说,与人之私情合,故末世宗之";黄裳曰"九家之学,今存者独刑名家而止耳,佛老氏而止耳。高者喜谈佛老,而下者或习刑名,故两家之说,独存于世";苏轼曰"自汉以来,学者虽鄙申、韩不取,然世主心悦其言,而阴用之。小人之欲得君者,必私习其说,或诵言称举之,故其学至于今犹行也"。(〔宋〕王应麟著,张三夕、杨毅点校:《汉制考 汉艺文志考证》,第233页)在公私、高下的评价下,刑名之学地位已失。然而法家之于治国,一日不可或缺,则其学存世,亦在必然。
① (清)永瑢等撰:《四库全书总目》卷八二,第712页。
② (宋)郑樵:《通志》卷七一《校雠略·编次必谨类例论》,第831页。
③ 姚名达:《中国目录学史》,上海古籍出版社,2001,第179页。

上述中国古代法律文献的生成途径，不外公权与学术，分类也未出传统学术的范围，"刑法"之书作为史学下的一个类别，始终无法在学科上取得独立的地位。此种状况，自因20世纪初中国法律史学科的设立而改变。1934年问世的《中国历代法家著述考》，①是首部中国古代法律文献的专科目录。其辑书572种，以法理、立法、治狱、检验、实务为类，②第一次对典籍记载中的法律文献进行了学理上的分类。1957出版的《中国法制史参考书目简介》，③辑书932种，以法家著作、法制史料、法律法令、则例章程、会要会典、检验证据、审理判决、监狱囚政、政牍公牍以及其他著述为类。其类别较孙书有明显扩充，即以法制史料、会要会典、政牍公牍各为一类，范围已延及政书的通制与会要类以及奏章公文。此后张伟仁主编的《中国法制史书目》著录书目凡2352种，在兼顾中国传统学者的看法与现代法学和社会科学发展方向的设想下，将"中国传统法学者必然研究的各种资料"也纳入目录。如"规范"类收入"礼节仪制"，"制度"类以政治、司法、经济、教育考举、军事、社会、地方、综合为目，"实务"类除前述外还有外交子目。

　　法律文献分类标准的确定与范围的大小，事实上并无一个统一的原则。以"刑"统书，以"法令"统书，以"政书"统书以及以"中国法制史"统书，反映了人们对中国古代法律认识的古今之变。例如在中国法制史学科的发展初期，研究对象本身即有所谓"广义"与"狭义"的理解。④ 不同的理解影响着人们对研究范围与对象的选择，由此也影响着人们对文献分类归属的判断。又如若

---

① 孙祖基：《中国历代法家著述考》，台湾进学书局，1970。
② 此书"例言"阐述了分类想法："本书分为六编。第一编为法理，凡历代法家之说编名言，阐明法理者，均属之。第二、三编为立法，凡历代法家在官所撰之律令格式、编敕条例，均属之；其关于刑法之疏议、提要、考证等，亦附入焉。第四编为治狱，凡历代法家之治讼清刑，足资矜式者，均属之。第五编为检验，有宋以来之检验三录及其考证注释之书，均属之。第六编为实务，凡历代法家之著述关于司法行政实务者，均属之。"孙祖基：《中国历代法家著述考》"例言"，第1页。
③ 国务院法制局法制史研究室编：《中国法制史参考书目简介》，法律出版社，1957。据"说明"，实际编纂者为李祖荫、杨清源、汪国堂。
④ 持"广义"说的代表人物为陈顾远，他对法制史的定义是："为社会生活之轨范，经国家权力之认定，并具有强制之性质者，曰法；为社会生活之形象，经国家公众之维持，并具有规律之基础者，曰制。条其本末，系其终始，阐明其因袭变革之关系者，是为法制之史的观察，曰法制史。"（陈顾远：《中国法制史》"序"，商务印书馆，1934，第1页）持"狭义"说的代表人物为朱方，他在《中国法制史》"序言"中表明了自己的主张："一部法典，其条文至繁琐，苟举是而融会贯通之，则所谓职官制、兵制、田赋制、货币制、考绩制、斥陟制、礼乐制、教育制、交通制以及地方自治制，亦可以思过半，不必再为之一一网列也。故本书之所谓法制史，则专以讲述历代法律之制度。凡其制入于法者，皆为之编列于其内，而无关于法者，则概从（转下页）

以礼为中国传统法律的精神及社会行为的规范之一，则宏富的礼仪典籍自当符合辑录标准；若关注中国古代法律在民间社会的存在样态，则各种契约、规约、章程乃至方志也会成为研究的对象；① 若欲揭示乡里社会的人们获得法律知识的途径及现实中的涉及法律的生活经验，则各种讼师秘本、世俗便民乃至公案小说，又可纳入遴选的视野。如《新编事文类要启札青钱》被视为与日常生活密切相关的百科全书，是了解当时士庶社会的珍贵资料。② 其卷十一"公私必用"胪列了各种契式、约式、榜式、批式、书式，涉及田地、房屋、山林的典买，钱谷借贷，继子承嗣，雇女为妾（将亲生女儿雇与他人为妾），雇子为仆（将亲生儿子雇与他人为仆），雇佣脚夫、船只，购买马牛等，在向民众提供生活经验范本的同时，也揭示了契约文书所包含的官民之间、民众之间的法律生态。近来法律史学者已有此类研究专著问世，其关注点即是利用日常生活用书揭示庶民的日常法律生活。③

要言之，所谓古代法律文献的分类，首先需要就文献本身的性质予以分类，在此基础上再给予目录学上的定义。因此基于其生成路径的多元格局取类，第一要尽可能符合历史生态，第二要符合历史文献学的学科定义，第三要符合中国法律史的学科定义。要在于大致清楚并相对可靠地发掘出其存在状况，以窥其历史演进与文化积累，以为治学门径。以此为据，中国古代法律文献的大类大致可作以下分类：出于各级公权机构的立法文献（如律令、律

（接上页）割弃，盖为狭义之法制史。"（朱方：《中国法制史》，上海法政学社，1932，第 19 页）20 世纪 80 年代初，学者在探讨法制史的研究对象与方法时，将此前中外学者的中国法制史著作的研究对象归纳为立法史、国家制度史、部门法史与专题史、刑法史，可见对象的繁杂不一（韩延龙、刘海年：《关于法制史的研究对象与方法》，中国法律史学会编：《法律史论丛》第一辑，中国社会科学出版社，1981）。

① 章学诚论方志体例，主张须"立三书"，所谓"凡欲经纪一方之文献，必立三家之学，而始可以通古人之遗意也。仿纪传正史之体而作志，仿律令典例之体而作掌故，仿《文选》、《文苑》之体而作文征。三书相辅而行，阙一不可；合而为一，尤不可也"；又言"方州虽小，其所承奉而施布者，吏、户、礼、兵、刑、工，无所不备，是则所谓具体而微也"（〔清〕章学诚著，叶瑛校注：《文史通义校注》〔下〕，第 571、573 页），可见方志既博览也辅治，是区域史志、地方全书，治法律史自不可忽略。

② 〔日〕仁井田陞：《〈新编事文类要启札青钱〉解题》，《新编事文类要启札青钱》（德山毛利家藏），古典研究会，1963。

③ 如徐忠明：《〈老乞大〉与〈朴通事〉：蒙元时期庶民的日常法律生活》，上海三联书店，2012；尤陈俊：《法律知识的文字传播：明清日用类书与社会日常生活》，上海人民出版社，2013。集成编纂此类用书的成果有：中国社会科学院历史研究所文化室：《明代通俗日用类书集刊》（全 16 册），西南师范大学出版社、东方出版社，2011；〔日〕酒井忠夫监修，坂出祥伸、小川阳一编：《中国日用类书集成》（全 14 卷），汲古书院，1999—2003。

令格式、诏敕及各种单行规范等）；立法文献的衍生物（提要、撮要、汇编、解释）；司法文献（档案、汇编、选编）；律学文献（讲习、传授）；普法教育文献（官箴、世俗便民）；学术论述（诸子）；民间法律文献（契约、乡规民约）等。① 事实上对于学者的研究而言，对文献资料的捕提未必应有一个既成的类别予以约束，而古代法律文献的类别扩充反有赖于学者对史料的发掘与识别。因此所谓类别或分类，只是就既有的文献资料做出一个概观描述，以突显其整体存续的状况及在传统学术中的地位。至于类别是否有等差，学者或识见不同，要在于研读利用者如何辨析定位，合理利用。

第三节　整　理　研　究

　　中国古代法律的编纂历史悠久，解释之学其来有自。如果以律学、吏学视角考察中国古代法律文献的整理研究，其源流自成一脉。从睡虎地秦简《法律答问》、岳麓书院藏秦简《为狱等状四种》、张家山汉简《奏谳书》、汉律章句到魏晋律学、《唐律疏议》、《名公书判清明集》乃至明清公私注律著作，经学者与法吏之手而成的治狱范本、律学著作颇为可观。尽管律学、吏学的传承带有明显的经世致用的观念主导，法律适用与普法宣传的需要也是国家、法吏、学者参与其事的动因，其著作的产生与传承并不具备学科意义上的独立品格，但它们作为历史文献之一端，无疑具有传统学术的方法与经验。如章句与疏本是解经的方法，以此解释律文便产生了律章句与律疏。学者于此论述已多，此不赘述。② 复如岳麓书院藏秦简《为狱等状四种》、张家山汉简《奏

---

① 社会史学者将民间文献分类为族谱、碑刻、契约文书、诉讼文书、乡规民约、账本、日记、书信、唱本、剧本、宗教科仪书、经文、善书、药方、日用杂书等（郑振满：《民间历史文献与文化传承研究》，《东南学术》2004 年增刊，第 293 页），这其中的碑刻、契约文书、诉讼文书已成为法律史研究者的重要资料来源。
② 有关律章句的研究成果，可参：邢义田：《秦汉的律令学——兼论曹魏律博士的出现》，收入氏著《秦汉史论稿》，东大图书股份有限公司，1987；龙大轩：《汉代律家与律章句考》，社会科学文献出版社，2009；梁健：《曹魏律章句研究——以如淳〈汉书〉注为视角》，西南政法大学硕士学位论文，2007；张忠炜：《汉代律章句学探源》，《史学月刊》2010 年第 4 期。律疏的研究成果，可参〔日〕八重津洋平：《故唐律疏议》，收入滋贺秀三主编：《中国法制史——基本资料的研究》，东京大学出版会，1993；钱大群：《唐律与唐代法制考辨》，社会科学文献出版社，2013；岳纯之点校：《唐律疏议》，上海古籍出版社，2013。

谳书》,是秦及汉初的案例汇编,作用在于提炼经验,指导治狱。这两种文献是目前所见最早的司法案例的编纂,前者有原书标题"为狱讞状",后者原书篇题为"奏谳书"。研究者认为,以前者的"状"字可以看出,编者是有意识地搜集向上奉进的司法文书,并加以编辑、分类,在内容上可分为谳与覆、奏;① 后者收录了春秋至西汉初22则案例,大致以时间为序排列,各案不是原件,而是摘录、合成件。② 这意味着这些司法案件已不是原始文书或档案,而是经过第二次整理编纂后的产物。这其中遴选何种案件,程序如何,罪刑如何,指导性如何,编者自有考量,即在提高司法行政效率上体现其编纂价值。司法案件的整理汇编是中国古代法律文献的重要组成部分。经法吏之手整理的司法档案固然是出于实务之需,但记录的累代存续,却使彼时的司法状况形成知识体系的一个环节,令今人得以窥见法律的具体运行。就此而言,此种整理的价值与律典编纂、诏令汇编同等重要,在专门知识的提炼上亦不在其他学科之下。

春秋战国至秦汉时期的法律,经历了由简至繁、不断孳乳的变化。及至东汉末年,断罪时具有法律效力的律令、章句总量已多达七百七十三万二千二百余言,而如此浩繁的文本经魏晋至隋唐,唯存《律疏》三十卷。因此欲知唐以前的法制状况,非爬梳剔发而不能。南宋王应麟为汉律辑佚之开先者,其于《汉制考》辑佚《周礼》郑注及《说文》所见汉律令,又于《汉制考 汉艺文志考证》"法家"增汉律、汉令二种;他所撰写的大型类书《玉海》凡21门,其中"诏令"门下有律令、赦宥、刑制。

王应麟的律令辑佚,至清而为老吏与学者继承。老吏辑佚汉律,有薛允升的《汉律辑存》。据沈家本介绍,"大司寇长安薛公,自释褐即为理官,讲求法家之学,生平精力,毕瘁此事。所著有《汉律辑存》、《唐明律合刻》、《服制备考》、《读例存疑》诸书。……公所著《汉律辑存》,庚子逸于京师,传闻为某舍人所获,秘不肯出"。③ 1970年代,日本学者言于台北"中研院"傅斯年图书馆发现此书稿本,但相关考证未详。清末民初汉律辑佚的最高成就,自属沈家

---

① 朱汉民、陈松长主编:《岳麓书院藏秦简(叁)》,上海辞书出版社,2013,"前言"。
② 参见李均明:《张家山汉简〈奏谳书〉是一部判例集》,收入氏著《简牍法制论稿》,广西师范大学出版社,2011,第247页。
③ 中国政法大学法律古籍整理研究所、中国社会科学院法学研究所法制史研究室整理:《沈家本全集》第4卷,第743—744页。

本的《汉律摭遗》。此书虽完成于1912年,但它在复原一代之制、传承旧法精微、构建汉律体系上完整体现了清末汉律研究的特点,因而毋宁说它是真正意义上的清末汉律研究的代表作。学者辑佚汉律,有被誉为"近世汉律研究划时代"之作的杜贵墀的《汉律辑证》,又有张鹏一的《汉律类纂》,①沈家本的《汉律摭遗》是在杜、张二书的基础上重新编次,此可见二书的价值。民国初,更有程树德踵行前贤而成《汉律考》。程树德的《九朝律考》为鸣世之作,而《汉律考》于篇幅占其四成,可见其分量之重。②

　　清朝辑佚学的兴盛,也使中国古代法律文献的存量与内涵得以扩充。其代表性的成就就是对史志官书的补遗。继王应麟的《考证》之后,对《汉书·艺文志》的辑佚考证又有清沈钦韩的《疏证》、姚振宗的《条理》与《拾补》。其中尤以姚著为上。如《汉志》于法家部列十家217篇,无详考,王应麟《考证》则详考七家,丰富了目录内容,姚振宗《条理》同为十家217篇,但考证较王氏更详。以"商君二十九篇"条为例,王书只征引了太史公曰、《正义》、《馆阁书目》、《魏书·刑罚志》数条记载,寥寥不足百字;而《条理》详征本传、本纪、刑法志、经籍志并公私书目,博采众说以明其人其书,行文千余言。又,对于《汉志》不收律令之书,郑樵早就有所批评:

> 按萧何律令、张苍章程,汉之大典也。刘氏《七略》、班固《汉志》全不收。按晋之故事,即汉章程也。有《汉朝驳议》三十卷、《汉名臣奏议》三十卷,并为章程之书,至隋唐犹存,奈何阙于汉乎?刑统之书本于萧何律令,历代增修,不失故典,岂可阙于当时乎?又况兵家一类,任宏所编,有《韩信军法》三篇、《广武》一篇。岂有《韩信军法》犹在,而萧何律令、张苍章程则无之?此刘氏、班氏之过也。③

---

① 据张鹏一(1867—1943)履历,其步入仕途始于1908年出任山西省长治县代理知县,此前在家乡书院讲学,潜心经史研究,《汉律类纂》即刊刻于光绪三十三年(1907),故其时可视为学者。有关张鹏一的履历,可参见陕西省地方志编辑委员会编:《陕西省志》第79卷《人物志(中册)》,陕西人民出版社,2005,第534—536页。
② 参见徐世虹:《秦汉法律研究百年(一)——以辑佚考证为特征的清末民国时期的汉律研究》,载中国政法大学法律古籍整理研究所编:《中国古代法律文献研究》第5辑,社科文献出版社,2012。
③ (宋)郑樵:《通志》卷七一《校雠略·亡书出于后世论》,第833页。

姚氏也意识到了《七略》收书之不备，指出"《七略》惟录中秘书，自温室徙之天禄阁者，乃得以论次之。若夫兰台石室之储，故府录藏之籍，民间传习之本，博士章句之书，当时不胜枚举，故皆未尝遍及也"。① 因此他在《汉志》之外复拾补八家十部，即张苍《程品》，汉尚书故事，汉律六十篇，杜周律章句，杜延年律章句，汉令三百余篇，京房考功课吏法，王莽法五十条、六莞令、吏禄制度。姚氏辑佚，在成书年代上早于辑佚汉律的第一部著作《汉律辑证》，②其成果不仅清理了汉代法律文献的存量，更有对文献源流的具体考证与梳理，为彰显古代法律的专书专学做出了贡献。

对《隋书·经籍志》的辑佚考证，也以章宗源与姚振宗的著述为经典，二人各撰有《隋书经籍志考证》，其书"广征古籍，以补其阙遗，且详载各书之原委，学者便焉"。③ 如刑法篇"《律本》二十一卷　杜预撰"一条，章氏以本传、《通典》、《唐六典》、《北堂书钞》、《艺文类聚》为说，力图勾勒原委。姚氏在征引本纪、刑法志、本传及《唐六典》的基础上，以"案"阐述己见，从律章句论及律本，指出"汉魏相传之律本章句，大都亡于永嘉之乱，故此篇以晋代律本章句为首焉"。④ 章、姚二氏的考证，不仅使唐以前的法律典籍备于一帙，亦令当时的法典编纂及传承具有了史的性质，堪称史志目录中的"法制史"。

及至民国，有识者依旧继承前学，以图其存。前述孙祖基的《中国历代法家著述考》是中国古代法律文献目录的开山之作，孙氏在"序言"中叙述了史志法律文献的沿革与式微。他认为史志对历代刑书记录甚详，但至明志"第就当代为断"，已与传统断裂；至《四库全书》收书寥寥，更是由于一二人偏见

---

① （清）姚振宗：《汉书艺文志拾补》"例言"，载《续修四库全书》编纂委员会编《续修四库全书》第914册，第123页。
② 据姚氏《汉书艺文志拾补》"例言"，"光绪戊子岁仲冬之月，编辑觕具。越四岁辛卯，复以续有所得，整齐排比，诸所附按，为前人所已言者则芟除，厘订一过，录为定本"，可知《拾补》始编于光绪戊子(1888)，修订、成书于辛卯(1891)。又据《汉书艺文志条理》"叙例"纪年为"光绪壬辰"，知其书成于1892年。杜贵墀的《汉律辑证》序于光绪二十三年(1897)。以此而言，清代辑佚学者的成果似早于老吏。以上各参见（清）姚振宗：《汉书艺文志拾补》"例言"，载《续修四库全书》第914册，第124页；同著：《汉书艺文志条理》"叙例"，载《续修四库全书》第914册，第6页；（清）杜贵墀：《汉律辑证》"律叙"，光绪己亥年(1899)湘水校经堂刻本。
③ 姚名达：《中国目录学史》，第174页。
④ （清）姚振宗：《隋书经籍志考证》卷一九，载《续修四库全书》编纂委员会编《续修四库全书》第915册，第293页。

所致。因此孙氏致力于沿波讨源，以求历代法令因革损益及世轻世重之由。①1957年刊行的《中国法制史参考书目简介》虽无序跋，但学者的业绩依旧可看作是对前学的继承。

百年来，在传统学术的浸润与先贤业绩的影响下，尤其是伴随着新发现文献的价值彰显，古代法律文献的整理研究成果迭现。传世法律文献的整理成果钩其要者：如目录以张伟仁主编的3册《中国法制史书目》为案头必备。注释成果以形成两个峰值的刑法志与《唐律疏议》为代表，前者有内田智雄主编的《译注中国历代刑法志》(创文社，1964)，②高潮、马建石主编的《中国历代刑法志注译》(吉林人民出版社，1994)，梅原郁编的《译注中国近世刑法志》(上、下)(创文社，2002、2003)，③另中、日学界还有若干单篇《刑法志》的译注成果；后者有日本律令研究会编的《唐律疏议译注》(东京堂，1979—1996)，美国学者Wallace Johnson的英文译本(The T'ang Code，Princeton University，1979、1997)，曹漫之主编的《唐律疏议译注》(吉林人民出版社，1989)，刘俊文撰写的《唐律疏议笺解》(上、下)(中华书局，1996)，韩国学者任大熙、金铎敏主编的《译注唐律疏议》(韩国法制研究院，1994—1998)，钱大群撰写的《唐律疏义新注》(南京师范大学出版社，2007)。辑佚成果中影响较大者，为仁井田陞的《唐令拾遗》(东方文化学院东京研究所，1933)与池田温主编的《唐令拾遗补》(东京大学出版会，1997)。至于各种汇编、点校成果则更不胜枚举。

出土及新见古代法律文献问世后，相关的整理研究取得了更为突出的成

---

① 孙氏原序言："汉、晋、隋、唐、宋、明各志，均次第著录。《隋书·经籍志》于前代法令之虽已亡逸者，犹存其名。唐宋艺文诸志亦皆甄取弗失。隋唐《天府目》不传，所传者仅有宋《崇文总目》，其于历代刑书录之甚详。惟《明史·艺文志》始以秘书已亡，无凭记载，第就当代为断，毫非古法。而清纪文达编纂《四库全书》，政书类法令之属仅收《唐律疏议》及《大清律例》二部，存目仅收五部。又法家类亦仅收《管子》等八部，存目仅收十九部，遂使历代朝章政典以及古人精心结撰之作，于七厄之余，更因一二人之偏见，鄙夷屏黜，促其失传。吾人今日欲求唐以上之刑书，百不得一，而法家书亦如凤毛麟角。学者思究其源委考焉，而弗能详，莫不引以为憾。"孙祖基：《中国历代法家著述考》"序"，第1页。
② 此书为《汉书·刑法志》《晋书·刑法志》《魏书·刑法志》三志译注。1971年创文社出版了《译注续中国历代刑法志》(隋志、两唐志)，书后附有梅原郁的"补记"；2005年创文社出版了《译注续中国历代刑法志(补)》，书后增补了冨谷至的"解说"。
③ 该书上卷为《旧五代史》《宋史》《辽史》《金史》刑法志译注，下卷为《元史》《明史》刑法志译注。

就。如睡虎地秦简法律文献面世四十余年来，已有中、日、英、韩文译注本行世，目前新的集释研究正在进行中，显示了这一划时代发现所具有的深远影响；又如张家山247号汉墓所出法律文献价值宏富，海内外的译注、集释成果已多达十种，语种涉及中、日、英、德；敦煌吐鲁番文书中的法制资料是研究唐代法制的重要文献，对此中日学者悉心研判，爬梳钩稽，产生了如山本达郎、池田温等编纂的《敦煌吐鲁番社会经济资料集》（东洋文库1978—2001年版）、刘俊文撰的《敦煌吐鲁番唐代法制文书考释》（中华书局1989年版）等系列成果；而《天圣令》的基础研究亦未止步于整理成果的出版，中、日、韩等多语种的译注研究同在进行之中。或可如是说，中国古代法律文献的整理研究在当下体现了较高的国际化程度。

古代法律文献的整理研究方法多端，其中的译注校释最见学者的基本功力。文献的本真非整理者潜心钻研、切身体味而不得，因而也最费力费时，甚至代际传承亦不乏其例。研究者旷日持久的点滴推进，在令古代法律文献存量增加的同时，也表明其整理研究将是一个漫长的过程。例如对出土法律文献的性质判断，并不能因其为律令条文而笼统地视为国家律典、令典的原本。《管子·立政》言："宪既布，有不行宪者，谓之不从令。"此"既布"之"宪"自然是国家或一级公权机构颁布的法律，但是在法律的传播过程中，因用途不一而导致抄本各异的情况并不能排斥，如抄本中有无抄写者出于某种原因而存在的主观提炼，出于法律宣教、传习之用的文本与单纯的立法文本的差异何在，这在利用墓葬出土法律文献时是应当首先思考的。① 再如对律文的层次、条款、一般规定与特别规定以及术语的把握，是探索当时立法技术、水准以及立法意图与制度背景的途径。如何使这一途径变为通道，令今人不受历史与当下的制约而契合于文献中的社会，殊非易事。这些理解与思考当然不可能一蹴而就，需要经过长期的研读而逐步获得接近真实的识见。前述几种法律文献所产生的若干版本，正反映了整理研究的过程漫长。

伴随着古代法律文献存量的增多及研究的需要，一门新的分支学问——"法律文献学"亦孕育而生。张伟仁主编的《中国法制史书目》堪称一部详备

---

① 参见徐世虹：《文献解读与秦汉律本体认识》，《"中研院"史语所集刊》第86本第2分，2015，第30—33页。

的专科目录,每书写明版本、作者小传、重要内容及存藏处,其学颇已予焉。1986 年,中国政法大学法律古籍整理研究所第一任所长高潮先生与学者史幼华首倡建立法律文献学,并阐述了该学的特点、文献分布及研究方法。[①] 此后高潮、刘斌所撰的《中国法制古籍目录学》(北京古籍出版社,1993)堪称破茧之作,为古代法律的"辨章学术,考镜源流"做了有益的尝试。张伯元的《法律文献学》(浙江人民出版社,1999)则是第一部冠以此名的专著,全书内容由类目、文献概况、法典编纂、整理研究四章构成,为此学的开创不遗余力。李振宇、李润杰的《法律文献学》(湖南人民出版社,2010)则涵盖古今,意在构建中国法律文献学学科理论体系。

中国古代法律文献的整理研究,既往或依附于实学而自成一脉,或因时局之变而钩沉图存,终究藉传统学术的浸润与现代学术的发展而渐成规模,蔚然可观。其学之出,亦在必然。然而有关此学的冠名、对象、范围、内容以及体系,仍需要进一步探讨完善。

第四节 研 究 展 望

中国古代法律文献是中国古代法律的载体,研究中国古代法律的第一要务就是精读相关文献,这在方法论上无需赘言。近年来学界对中国法律史的学科属性多有申说,由此还涉及了对研究路径、方法的评价。但是从总体而言,法律史学科的双重属性是人们早已认同的基本识见。这一属性为研究者设定了双重门槛:既要求有法学的素养,又不允许历史学的缺位。割裂学科的双重属性而过度强调单一属性,或据学缘而自负其能,或身居此学而无意甚至回避汲取彼学,都不能真正推动法律史研究的进步。

事实上有关中国法律史研究的基本方法,中外先贤早已论之详确。日本明治、大正以来的法制史学界,有法科派与文科派之别,两派各以比较法制史与文化史为主要的研究方法与路径。被视为法科派"牙城"的法学博士泷川

---

① 高潮、史幼华:《建立法律文献学 推进法学古籍整理工作》,《政法论坛》1986 年第 5 期,第 60—65 页。

政次郎在论及法制史的研究方法时,即以史料的蒐集—史料的批判—史料的整理与解释—史论的构成与表现为逻辑关系。① 史料的蒐集需要史家的意识与法律史学的眼力,史料的批判又要求文献学的知识乃至史学史的眼光,史料的整理与解释更是对学者各科学识的考量,史论的构成则是所有逻辑关系的最终落脚点。陈顾远论中国法制之"史疑",指出推测之辞不可为信,设法之辞不可为据,传说之辞不可为确,②强调的是对史料的信疑之辨。林咏荣认为,考订史实以判别史之真伪,整理史料以贯通史之系统,确定史观以把握史之重心,是研究法制史应持有的态度与方法。③

先贤论之既备,法律史研究的基本方法亦无复赘言。在法律史的研究范围已由制度史、思想史扩展至文化史、社会史的当下,方法论颇为论者关注,然而先贤所强调的方法的指导意义仍当明察。其要义有三:其一,法律史研究者当亲身研读基础史料,等待"服务"的意识难以规避人误我亦误的风险;其二,对新材料的占有与旧材料运用的反思,是推动法律史研究进步的动因之一;其三,论从史出的精耕细作与宏观提炼在本质上并无二致,二者是逻辑上的渐进关系,"见微知著"是其必然途径。"见木不见林"固然令研究价值失半,而"见林不见木"则难免空中楼阁之虞。中国法律史的研究有方法、理论、对象、流派的不同,自然不是非此即彼的关系。但对史料的重视与考证不等于对史论的必然漠视,对宏观考察的强调也不意味着对细节的必然忽视。一个真实的"碎片"要好过虚幻的"宏大",而由若干真实的"碎片"构筑而成的"宏大",自然也好过单一的"碎片"。

法律史学科的双重属性对历史文献学的促进作用亦不言而喻。在法学学科,中国法律史是一门成熟学科,对基础文献的重视自研究产生之始即为先学所重,百年来在学科建设与发展中人们认识一致,身体力行;而在历史学科,文献学的学术历史更为悠久,学科谱系下的历史文献学作为二级学科也已发展日久。但现实状况是,栖身法学的文献研究难以在学科层面破茧而出,历史文献学下的法律文献也需要符合学科特征的表述。在中国古代法律文献的整理研究既不能脱离历史文献学而为之,亦不能隔绝法律史学而独行

---

① 〔日〕泷川政次郎:《日本法制史》(上),第49—58页。是书初版,1928年由有斐阁刊行。
② 陈顾远:《中国法制史》,第3—10页。
③ 林咏荣:《中国法制史》,三民书局,1980(增订八版),第2—4页。

的现状下,古代法律文献学是目下已事实存在且有待进一步完善的新的学科发展点。古代法律文献的产生、聚散、存量、种类、编纂、实证、解释,是法律文献学的研究对象与目的,它的准确揭示与学理提炼,将更有益于丰富中国古代史、历史文献学与中国法律史的学科内涵。

第一章　金文法律文献

第一节　文献概述

金文，即青铜器铭文，是商周以及秦汉时代铸（或刻）在青铜器上的文字，过去也称为"钟鼎文字"或"彝器款识"。

迄今为止，可以见到的商周时期有铭铜器大约有一万六千件。① 其中，铭文内容与法律相关的屈指可数，且多见于两周时期的青铜器之上。这些铭文应是目前所见古文字资料中所属时代最早的法律文献。正如美国学者夏含夷（Edward L. Shaughnessy）在《中国古文字学导论》一书谈到青铜器铭文的作用时所说的，"为纪念诉讼事件而作的铜器铭文把中国司法实践最早的实物证据上推了好几个世纪"。②

西周时期，金文多为记事性质，其内容较为丰富，包括祭祀、赏赐、册命、战事、旌功、约剂等。《周礼·秋官·司约》："凡大约剂，书于宗彝；小约剂，书于丹图。"③ 站在法律史的角度来看，这些"大约剂"应当属于相当珍贵的法律文献。

这些所谓"大约剂"，大致可以分为"治地之约"与"治民之约"两类。④ 前者，可见有关土地使用、交易、侵权赔偿等引起的土田事件，如"裘卫盉"铭文、

---

① 张桂光：《商周金文摹释总集》第一册，北京大学出版社，2010，"前言"第1页。
② 〔美〕夏含夷主编，本书翻译组译，李学勤审定：《中国古文字学导论》，中西书局，2013，第14页。
③ （清）阮元校刻：《十三经注疏》上册，中华书局，1980，第881页。
④ 此处借用《周礼·秋官·司约》之职掌。（清）阮元校刻：《十三经注疏》上册，第880页。这种分类参见马承源主编：《中国青铜器（修订本）》，上海古籍出版社，2003，第357—358页。

"五祀卫鼎"铭文、"九年卫鼎"铭文、"格伯簋"铭文、"散氏盘"铭文等。后者，则涉及不从王征、违约、抢劫、分家析产等事案或诉讼，如"师旂鼎"铭文、"琱生"三器铭文、"曶鼎"铭文、"亻朕匜"铭文、"鬲攸从鼎"铭文等。这些立约事件或诉讼，都与个人、家庭的权利尤其是财产权等密切相关，在当时属于"大事"，因此要将其立约或者争讼的过程与结果铸在鼎上。这些法律文献也因此而得以保留下来，对于了解西周法律制度有着不可替代的作用。西周金文的这种特征，与周初致力于礼制建设的形势密切相关。因而，可以说作器铸铭在本质上也是礼的体现。其作用正如《礼记·祭统》所云："夫鼎有铭，铭者自铭也。自名以称扬其先祖之美，而明著之后世者也。"①

东周时期，礼崩乐坏，王室衰微，整个社会都处于转型过程之中，因此法律制度也随之发生根本性的变化。据《左传》昭公六年的记载，春秋末期曾发生"铸刑书（鼎）"事件，即郑国与晋国相继将其法律铸在鼎上，公布于众。② 此后，战国时期的金文中开始出现了若干的单行法规和法令。

众所周知，有关上古时代的史料相当匮乏，而现有传世文献的成书时代亦多存争议，聚讼纷纭，且因历经传写刊刻而难免会出现讹误。金文除去后代伪造者之外，则为当时古人留下的真迹，其真实性与可靠性无与伦比。因而，金文法律文献具有较高的史料价值，不仅可以弥补西周时期传世法律文献不足的缺憾，印证和充实史籍的有关记载，而且还可能会改变或订正以往研究所得出的某些结论。

第二节 整理与研究

一、整 理 状 况

"西周的法律问题，以前很少有人涉足。自 20 世纪 70 年代以来，由于周原等地相关器铭的不断出土，西周刑罚、诉讼等法律问题才逐渐被

---

① （清）阮元校刻：《十三经注疏》下册，第 1606 页。
② （清）阮元校刻：《十三经注疏》下册，第 2043 页。

人重视。"①

　　正是在这样的大背景之下,直至1980年代,中国大陆的法律史学界首先提出"金文法律文献"这一概念,并开始尝试付诸整理工作之中。

　　其初期即着手尝试整理,并在理论上简要阐述其学术意义。例如,1986年,为了适应各大学法律系开设"中国法制史"这门课程教学的需要,司法部所属的法学教材编辑部,组织编写《中国法制史资料选编》(上、下册)一书,作为《中国法制史》教材的参考书。在第一部分"商周"法律史料中,于"甲骨文法律文献"之后,专列一节"金文法律文献"。其中,首先介绍倗匜、师旂鼎、卫盉、矢人盘(散氏盘)、卫鼎甲(五祀卫鼎)、曶鼎、琱生簋、大盂鼎、永盂,然后录其铭文释文。② 1987年,刘海年《文物中的法律史料及其研究》一文之第二部分"金文中记载的若干诉讼案件",以师旅鼎、鬲攸从鼎、曶鼎、倗匜铭文为例,介绍西周青铜器中与诉讼案件相关铭文的主要内容,并强调其在法律史上的史料价值。③

　　1990年代,法学界、历史学界较系统地整理金文法律文献,主要有以下两项阶段性的整理成果。

　　其一,刘海年、杨一凡总主编《中国珍稀法律典籍集成》甲编第一册《甲骨文金文简牍法律文献》。其中的"金文法律文献译注",收录西周至战国时代与法律有关的传世或出土的41件青铜器铭文,按其内容分为六个方面:国家法令,契约文书,司法官身份,诉讼案件,遗嘱性文书,有关法律思想的内容;其体例为:青铜器铭文的释文,译文,注释。该书"金文铭文一般收录全器铭,有些器铭内容以事为主而关涉法律者,则仅摘录其有关法律部分内容"。这种系统集录译注有关法律之金文的做法,正如其译注者所云"确属首创"。④

　　其二,张传玺主编《中国历代契约会编考释》。该书从"中国契约学"的角度,收录西周时期8件铜器即卫盉、五祀卫鼎、九年卫鼎、格伯簋、曶

---

① 陈絜:《商周金文》,文物出版社,2006,第208页。
② 法学教材编辑部《中国法制史资料选编》编组:《中国法制史资料选编》上册,群众出版社,1988,第2—13页。
③ 刘海年:《文物中的法律史料及其研究》,《中国社会科学》1987年第5期,第211—212页。
④ 刘海年、杨一凡总主编:《中国珍稀法律典籍集成》(甲编第一册),刘海年、杨升南、吴九龙主编:《甲骨文金文简牍法律文献》,科学出版社,1994,第233—365页。

鼎、鬲从盨、鬲攸从鼎、矢人盘（散氏盘）的铭文，并将之归为"契约录文"类。①

与此同时，从事法律文献学教学研究的学者，也开始在"法律文献学"领域中将金文法律史料列为法律文献。② 老一代法制史学者继续发表其成果，如 2001 年问世的蒲坚《中国法制史丛钞》（全四卷），其第一卷"西周法律制度"也收入西周金文法律文献。③ 尤其值得关注的是，近年来以集释或汇释方式整理金文法律文献的著作已经面世，主要有王沛《金文法律资料考释》、④王晶《西周涉法铭文汇释及考证》。⑤

此外，日本学者亦相当重视中国法制史史料的整理和研究。1990 年始，以滋贺秀三为首的法制史学者着手实施编辑《（从史料文献看）中国法制史》，其成果《中国法制史——基本资料的研究》的特点是：由各断代史或研究各种史料的专家，以论文形式来对其各自非常熟悉的史料进行介绍和解说，以作为研究指南。

由松丸道雄、竹内康浩执笔的《西周金文中的法制史料》列于该书篇首，确实是研究西周法制史的指南。其由以下四部分组成：序言，与西周法制史有关的金文，结束语，附录（与中国古代法制史有关的文献目录）。具体而言，其正文列出与西周法制史相关的 10 件青铜器即师旂鼎、五祀卫鼎、九年卫鼎、永盂、格伯簋、曶鼎、亻朕匜、五年琱生簋（五年召伯虎簋）/六年琱生簋（六年召伯虎簋）、鬲攸从鼎、散氏盘铭文，介绍其各自基本情况、著录出处，录下铭文释文并译成日语，阐述其铭文大意，列举有关研究论文；附录为 1945 年至 1990 年代有关殷商、西周时期中国古代法制研究之中文论著、日文论著和西文论著的索引。⑥ 尤其便于中国学者掌握日文与西文方面研究成果的学术信息及其相关线索。

---

① 张传玺主编：《中国历代契约会编考释》上册，北京大学出版社，1995，"导言"第 21—22 页，"正文"第 3—22 页。
② 张伯元：《法律文献学》，浙江人民出版社，1999，第 117、119 页。
③ 蒲坚编著：《中国法制史丛钞》第一卷，光明日报出版社，2001，第 63、68、71—77、83—94 页。
④ 王沛：《金文法律资料考释》，上海人民出版社，2012。
⑤ 王晶：《西周涉法铭文汇释及考证》，中国社会科学出版社，2013。
⑥ 〔日〕滋贺秀三编：《中国法制史——基本资料的研究》，创文社，1993，"序"第 3—55 页。

二、研 究 状 况

杨鸿烈恐怕是最早尝试从法律史学科的立场运用金文法律文献研究西周法制的学者。其《中国法律发达史》第一章"导言"阐述"法律史的史料"时，曾叙说如下：

> 周代法律史料的原料为《书经》里的几篇《吕刑》《康诰》《酒诰》《柴誓》和记载民事诉讼序一篇的《曶鼎》金文；至《汲冢周书》等只足为"副料"。

同时在该书第三章"周"之中，以清代刘心源《奇觚室吉金文述》有关《曶鼎》铭文的释文和解释为根据，在近代部门法的架构之下复原这个时期"民法"之"物之法"。①

在松丸道雄、竹内康浩《西周金文中的法制史料》的附录中，列出1945年至1990年代有关西周金文法律文献的研究论著。以下，按照中文、日文及发表时间的先后顺序，择其中之重要者抄录如下。由此或可窥见两周金文法律文献研究状况之一斑。

首先，看一看中文相关论著的发表情况。

1940年代，最为重要的论文就是陈小松的系列论文，即《释扬殷"讯讼取徽五孚"（周礼"以两剂禁民狱入钧金"）新证之一》《释趞殷"取徽五孚"（周礼"以两剂禁民狱入钧金"）新证之二》《释牧殷"取徽五孚"（周礼"以两剂禁民狱入钧金"）新证之三》《释𢼸殷"取徽五孚"（周礼"以两剂禁民狱入钧金"）新证之四》《释毃甗"取徽十孚"（周礼"以两剂禁民狱入钧金"）新证之五》《释番生

---

① 杨鸿烈：《中国法律发达史》上册，上海书店，1990，第14、43—47页。按：此处（1）"柴誓"，即《费誓》；（2）其原文即作"民事诉讼序"，这里恐有脱字，当为"民事诉讼程序"。又，杨氏在《中国法律思想史》第一章"导言"之"史料及其鉴别"中谈及"古代遗物"时说："如殷墟甲骨，两周彝器，汉、晋木简等虽说关于法律思想的史料不多，但亦不能不加以参考。"在第二章"殷周萌芽时代"，以《说文》"灋"字解释和孙诒让《名原》上之"象形原始"第三引《盂鼎》等铭文所见"灋""廌"字为据，主张"神判法的思想初见于金文"（杨鸿烈：《中国法律思想史》上册，商务印书馆，1998，第17、19、27—28页）。

毁"取徵廿孚"（周礼"以两剂禁民狱入钧金"）新证之六》《释毛公鼎"取徵卅孚"（周礼"以两剂禁民狱入钧金"）新证之七》。①

1950—1960年代，学界研究主要围绕传世器"格伯簋""曶鼎"进行，相关成果有：斯维至《古代的"刑"与"赎刑"》，②以及谭戒甫《格伯毁铭综合研究》《西周"曶"器铭文综合研究》，③姚孝遂《"曶鼎"铭文研究》，④杨宽《释"臣"和"鬲"》。⑤

1970年代，因陕西省新出土金文而引发相关研究成为热点问题，主要成果有：程武（田昌五）《一篇重要的法律史文献——读㝬匜铭文札记》，⑥唐兰《陕西省岐山县董家村新出西周重要铜器铭辞的译文和注释》，⑦林甘泉《对西周土地关系的几点新认识——读岐山董家村出土铜器铭文》，⑧周瑗《矩伯、裘卫两家族的消长与周礼的崩坏》，⑨盛张（黄盛璋）《岐山新出㝬匜若干问题探索》，⑩孙常叙《曶鼎铭文浅释——〈曶鼎铭文通释〉前篇》，⑪李学勤《岐山董家村训匜考释》，⑫赵光贤《从裘卫诸器铭看西周的土地交易》。⑬

1980年代，相关的研究开始向纵深发展，主要成果有：林沄《㺇生毁新释》，⑭来因《我国法律史上的一篇重要文献——西周青铜器"㝬匜"铭文》，⑮黄盛璋《卫盉、鼎中"贮"与"贮田"、及其牵涉的西周田制问题》，⑯孙常叙《则、

---

① 先后发表于上海《中央日报·文物周刊》第40、41、42、43、44、45、46期，1947年。
② 斯维至：《古代的"刑"与"赎刑"》，《人文杂志》1958年第1期。
③ 谭戒甫：《格伯毁铭综合研究》，《光明日报》1962年8月30日第二版。谭戒甫：《西周"曶"器铭文综合研究》，《中华文史论丛》第三辑，中华书局，1963，第65—90页。
④ 姚孝遂："曶鼎"铭文研究》，《吉林大学社会科学学报》1962年第2期。
⑤ 杨宽：《释"臣"和"鬲"》，《考古》1963年第12期。
⑥ 程武：《一篇重要的法律史文献——读㝬匜铭文札记》，《文物》1976年第5期。
⑦ 唐兰：《陕西省岐山县董家村新出西周重要铜器铭辞的译文和注释》，《文物》1976年第5期。
⑧ 林甘泉：《对西周土地关系的几点新认识——读岐山董家村出土铜器铭文》，《文物》1976年第5期。
⑨ 周瑗：《矩伯、裘卫两家族的消长与周礼的崩坏》，《文物》1976年第6期。
⑩ 盛张：《岐山新出㝬匜若干问题探索》，《文物》1976年第6期。
⑪ 孙常叙：《曶鼎铭文浅释——〈曶鼎铭文通释〉前篇》，《吉林师大学报（哲社版）》1977年第4期。孙常叙：《曶鼎铭文通释》，载氏著《孙常叙古文字学论集》，东北师范大学出版社，1998，第163—261页。
⑫ 李学勤：《岐山董家村训匜考释》，载《古文字研究》第一辑，中华书局，1979，第149—156页。又，李学勤：《新出青铜器研究》，文物出版社，1990，第110—114页。
⑬ 赵光贤：《从裘卫诸器铭看西周的土地交易》，《北京师范大学学报》1979年第6期。
⑭ 林沄：《㺇生毁新释》，载《古文字研究》第三辑，中华书局，1980，第120—135页。
⑮ 来因：《我国法律史上的一篇重要文献——西周青铜器"㝬匜"铭文》，《法学杂志》1981年第1期。
⑯ 黄盛璋：《卫盉、鼎中"贮"与"贮田"、及其牵涉的西周田制问题》，《文物》1981年第9期。

瀘度量则、则誓三事试解》,①王玉哲《西周金文中的"贮"和土地关系》,②陕西日报《我国最早的法律判决书——"㝬匜"铭文》,③李学勤《西周金文中的土地转让》《论曶鼎及其反映的西周制度》,④胡留元、冯卓慧的系列相关论文即《从陕西金文看西周民法规范及民事诉讼制度》《西周刵刑》《西周誓审——兼与殷代神判之比较》和著作《西周法制史》《长安文物与古代法制》,⑤刘翔《释五年瑚生簋"仆"土田》,⑥刘海年《㝬匜铭文及其西周刑制》,⑦余树声《西周法制与西周社会性质》,⑧王明阁《从金文中看西周土地王权所有制的变化》,⑨陈守利《考古资料反映的商周刵刑》,⑩陈淑珍《周公旦"明德慎罚"的法律思想》,⑪马承源《说䐓》,⑫冯卓慧《鬲从盨所反映的西周契约关系》,⑬茅彭年《西周确立了我国古代的刑事诉讼制度》,⑭冯卓慧、胡留元《西周军法判例——〈师旅鼎〉述评》,⑮刘宗汉《金文贮字研究中的三个问题》,⑯连邵名《倗生簋铭文新释》,⑰郎淑芝《周公"明德慎罚"的法律思想浅说》,⑱陈恩林《试论先秦的军事刑

---

① 孙常叙:《则、瀘度量则、则誓三事试解》,载《古文字研究》第七辑,中华书局,1982,第7—24页。
② 王玉哲:《西周金文中的"贮"和土地关系》,《南开大学学报》1983年第3期。
③ 陕西日报:《我国最早的法律判决书——"㝬匜"铭文》,《陕西日报》1983年10月4日第三版。
④ 李学勤:《西周金文中的土地转让》,《光明日报》1983年11月30日,后收入氏著《新出青铜器研究》(第106—114页)。李学勤:《论曶鼎及其反映的西周制度》,《中国史研究》1985年第1期。
⑤ 胡留元、冯卓慧:《从陕西金文看西周民法规范及民事诉讼制度》,《考古与文物》1983年第6期。胡留元、冯卓慧:《西周刵刑》,《西北政法学院学报》1984年第1期。胡留元、冯卓慧:《西周誓审——兼与殷代神判之比较》,《西北政法学院学报》1987年第2期。胡留元、冯卓慧:《西周法制史》,陕西人民出版社,1988。胡留元、冯卓慧:《长安文物与古代法制》,法律出版社,1989。
⑥ 刘翔:《释五年瑚生簋"仆"土田》,《古文字论集》(一),《考古与文物丛刊》第2号,1983年。
⑦ 刘海年:《㝬匜铭文及其西周刑制》,《法学研究》1984年第1期。
⑧ 余树声:《西周法制与西周社会性质》,《西周史研究》,《人文杂志》丛刊第二辑,1984年。
⑨ 王明阁:《从金文中看西周土地王权所有制的变化》,《西周史研究》,《人文杂志》丛刊第二辑,1984年。
⑩ 陈守利:《考古资料反映的商周刵刑》,《文博》1985年第2期。
⑪ 陈淑珍:《周公旦"明德慎罚"的法律思想》,《法学杂志》1985年第2期。
⑫ 马承源:《说䐓》,《古文字研究》第十二辑,中华书局,1985,第173—180页。
⑬ 冯卓慧:《鬲从盨所反映的西周契约关系》,《考古与文物》1985年第6期。
⑭ 茅彭年:《西周确立了我国古代的刑事诉讼制度》,《法学杂志》1986年第1期。
⑮ 冯卓慧、胡留元:《西周军法判例——〈师旅鼎〉述评》,《人文杂志》1986年第5期。
⑯ 刘宗汉:《金文贮字研究中的三个问题》,载《古文字研究》第十五辑,中华书局,1986,第211—228页。
⑰ 连邵名:《倗生毁铭文新释》,《人文杂志》1986年第3期。
⑱ 郎淑芝:《周公"明德慎罚"的法律思想浅说》,《法律学习与研究》1987年第6期。

罚》,①张亚初、刘雨《西周金文官制研究》,②赵忠文《试论周代刑法中的"保民"思想》,③李力《中国古代徒刑制度的起源(兼谈徒刑制度发展的两个阶段)》,④高潮、刘斌《铜器铭文中的法律资料(兼论周代的财产所有权)》,⑤黄盛璋《岐山新出僟匜若干问题探考》,⑥李朝远《论西周天子土地所有权的实现》,⑦陈云鸾《解开曶鼎的哑谜(曶鼎综合评释与今译)》,⑧吕智荣《从考古资料试论商周的刖刑》。⑨

1990年代之后,史学界、法学界的法制史学者,都较为倾力于运用金文法律资料研究西周法制史,并尝试着在此基础上复原西周的法律与审判过程。其相关研究成果主要有:杨广伟《铜器铭文所见西周刑法规范考述》⑩吴镇烽《用金文资料来研究西周政治法律制度》,⑪王贻梁《周官"司寇"考辨》,⑫罗伯健《鬲从簋盖铭文考释及金文中的诉讼》,⑬李力《〈九刑〉、"司寇"考辨》,⑭赵平安《从金文看西周诉讼制度》,⑮陈公柔《西周金文所载约剂的研究》《西周金文诉讼辞语释例》《西周金文中的法制文书述例》,⑯魏涌娥《僟匜新读》,⑰刘桓

---

① 陈恩林:《试论先秦的军事刑罚》,《史学集刊》1987年第4期。
② 张亚初、刘雨:《西周金文官制研究》,中华书局,1987。
③ 赵忠文:《试论周代刑法中的"保民"思想》,《辽宁师范大学学报》1987年第1期。
④ 李力:《中国古代徒刑制度的起源——兼谈徒刑制度发展的两个阶段》,《北京大学研究生学刊》1987年第2期。
⑤ 高潮、刘斌:《铜器铭文中的法律资料——兼论周代的财产所有权》,《中国法学》1988年第6期。
⑥ 黄盛璋:《历史地理与考古论丛》,齐鲁书社,1982,第366—380页。
⑦ 李朝远:《论西周天子土地所有权的实现》,《江西社会科学》1988年第3期。
⑧ 陈云鸾:《解开曶鼎的哑谜——曶鼎综合评释与今译》,《海南师范学院学报》1989年第2期。
⑨ 吕智荣:《从考古资料试论商周的刖刑》,载《文物研究》总第五辑,黄山书社,1989。
⑩ 杨广伟:《铜器铭文所见西周刑法规范考述》,《上海大学学报》1990年第5期。
⑪ 吴镇烽:《用金文资料来研究西周政治法律制度》,载考古学研究编委会:《考古学研究——纪念陕西省考古研究所成立三十周年》,三秦出版社,1993,第437—450页。
⑫ 王贻梁:《周官"司寇"考辨》,《考古与文物》1993年第4期。
⑬ 罗伯健:《鬲从簋盖铭文考释及金文中的诉讼》,《中国历史博物馆刊》1993年第1期。
⑭ 李力:《"九刑""司寇"考辨》,《法学研究》1999年第2期。
⑮ 赵平安:《从金文看西周诉讼制度》,原载《历史大观园》1990年第12期,收入氏著《金文释读与文明探索》,上海古籍出版社,2011,第186—191页。
⑯ 陈公柔:《西周金文所载约剂的研究》,《第二届国际中国古文字学研讨会论文集》,香港中文大学,1995年,第323—336页。陈公柔:《西周金文诉讼辞语释例》,《第三届国际中国古文字学研讨会论文集》,香港中文大学中国语言及文学系1997年10月,第231—240页。陈公柔:《西周金文中的法制文书述例》,载广东炎黄文化研究会编:《容庚先生百年诞辰纪念文集(古文字研究专号)》,广东人民出版社,1998,第307—325页。以上,今均收入氏著《先秦两汉考古学论丛》,文物出版社,2005,第108—145页。
⑰ 魏涌娥:《僟匜新读》,《陕西历史博物馆刊》第8辑,三秦出版社,2001,第377—381页。

《鬲攸比鼎铭新释》，①温慧辉《"钧金"与"束矢"——先秦诉讼中的缴费问题》《试论先秦时期两种主要的契约形式："傅别"与"质剂"》，②陈美琪《西周金文中的法律用语》，③连劭名《金文所见西周时代的法律史料》，④王晶《西周曶鼎铭文中寇禾案所牵涉法律问题的研究》，⑤张振林《师旂鼎铭文讲疏》，⑥黄天树《鬲比盨铭文补释》，⑦涂白奎《对曶鼎铭文第二段的考释》，⑧王红《对僰匜铭文涉及问题的几点认识》，⑨王辉《散氏盘新解》，⑩胡寄樵《〈散氏盘铭〉左书考辨》，⑪黄荣珠《"铜"证如山——散氏盘》，⑫陈絜、李晶《弄季鼎、扬簋与西周法制、官制研究中的相关问题》，⑬王沛《金文法律术语类考》。⑭

其次，再看看日本方面发表相关论文与著作出版的大致情况。

1940 年代，主要有贝塚茂树《西周时代的罚金征收制度》。⑮ 1950 年代，

---

① 刘桓：《鬲攸比鼎铭新释》，《故宫博物院院刊》2001 年第 4 期。
② 温慧辉：《"钧金"与"束矢"——先秦诉讼中的缴费问题》，《寻根》2004 年第 3 期。温慧辉：《试论先秦时期两种主要的契约形式："傅别"与"质剂"》，《史学月刊》2004 年第 12 期。
③ 陈美琪：《西周金文中的法律用语》，载许锬辉教授七秩祝寿论文集编辑委员会编：《许锬辉教授七秩祝寿论文集》，万卷楼图书股份有限公司，2004，第 199—218 页。按：该文未见读，其线索来自张懋镕主编《青铜器论文索引（2002—2006）》上册第 284 页。
④ 连劭名：《金文所见西周时代的法律史料》，《文物春秋》2006 年第 5 期。
⑤ 王晶：《西周曶鼎铭文中寇禾案所牵涉法律问题的研究》，《中国历史文物》2006 年第 6 期。
⑥ 张振林：《师旂鼎铭文讲疏》，载陕西师范大学、宝鸡青铜器博物馆主办《黄盛璋先生八秩华诞纪念文集》，中国教育文化出版社，2005，第 146—157 页。
⑦ 黄天树：《鬲比盨铭文补释》，载陕西师范大学、宝鸡青铜器博物馆主办《黄盛璋先生八秩华诞纪念文集》，第 183—188 页。
⑧ 涂白奎：《对曶鼎铭文第二段的考释》，载北京大学考古文博学院编：《考古学研究（六）——庆祝高明先生八十寿辰暨从事考古学研究五十年论文集》，科学出版社，2006，第 416—419 页。
⑨ 王红：《对僰匜铭文涉及问题的几点认识》，《历史文物月刊》2006 年第 1 期。
⑩ 王辉：《散氏盘新解》，载《周秦社会与文化研究》编委会编：《周秦社会与文化研究——纪念中国先秦史学会成立 20 周年学术研讨会论文集》，陕西师范大学出版社，2003，第 664—673 页。
⑪ 胡寄樵：《〈散氏盘铭〉左书考辨》，《中国文物报》2005 年 5 月 25 日第 7 版。
⑫ 黄荣珠：《"铜"证如山——散氏盘》，《中国语文》2005 年第 5 期。
⑬ 陈絜、李晶：《弄季鼎、扬簋与西周法制、官制研究中的相关问题》，《南开学报（哲学社会科学版）》2007 年第 2 期。
⑭ 王沛：《金文法律术语类考》，载王沛主编：《出土文献与法律史研究》第三辑，上海古籍出版社，2014，第 234—255 页。
⑮ 〔日〕贝塚茂树：《西周时代的罚金征收制度》，原载氏著《中国古代史学的发展》，弘文堂书店，1946；收入氏著《贝塚茂树著作集》第二卷《中国古代社会制度》，中央公论社，1977，第 229—241 页。

主要有白川静《琱生簋铭文考释——古代的审判及其彝铭》《皋辜关系字说——》。① 1960 年代,主要有:贝塚茂树《周代的土地制度——特别是通过新出金文所见》,②守屋美都雄《中国古代法形成过程中的若干问题》。③ 1970 年代,主要有伊藤道治《裘卫诸器考——关于西周期土地所有形态之拙见》《关于西周时代的审判制度》。④

1980 年代,主要有松井嘉德《关于西周土地转让金文的一个考察》,⑤松丸道雄《西周后期社会所见的变革之萌芽——曶鼎铭解释问题之初步的解决》,⑥木村秀海《西周后期的代诉记录——五年琱生簋·六年琱生簋铭》,⑦久富木成大《在春秋左氏传中"免"字的用法与刑鼎的公开》《释神罚——在刑鼎中神罚的影响》,⑧栗原圭介《在古代中国王权中的"刑罚"之概念》。⑨

最后,要提到的重要研究成果,是美国学者郭锦的系列论文《"鬲攸比鼎"

---

① 〔日〕白川静:《琱生殷铭文考释——古代的裁判及其彝铭》,载氏著《甲骨金文学论丛》第四集,1956 年。
〔日〕白川静:《皋辜关系字说——主要是中国古代咒术仪礼的一个方面》,载氏著《甲骨金文学论丛》第八集,1958。后者收入氏著《甲骨金文学论集》,朋友书店,1975,第 507—553 页。
② 〔日〕贝塚茂树:《周代的土地制度——尤其通过新出金文所见》,《史林》第 49 卷第 4 号,1966 年。
③ 〔日〕守屋美都雄:《中国古代法形成过程中的若干问题——以春秋时代为中心》,原载仁井田陞博士追悼论文集编集委员会编:《前近代亚洲的法与社会——仁井田陞博士追悼论文集 1》,劲草书房,1967;收入氏著《中国古代的家族与国家》,东洋史研究会,1968,第 531—547 页。
④ 〔日〕伊藤道治:《裘卫诸器考——关于西周时期土地所有形态之拙见》,《东洋史研究》第 37 卷第 1 号,1979 年。〔日〕伊藤道治:《关于西周时代的审判制度》,载《神户大学部三〇周年纪念论集》,1979 年。
⑤ 〔日〕松井嘉德:《西周土地转让金文的一个考察》,《东洋史研究》第 43 卷第 1 号,1984 年。
⑥ 〔日〕松丸道雄:《西周后期社会所反映的变革萌芽——曶鼎铭文解释问题的初步解决》,载西嶋定生博士六十花甲纪念论丛编集委员会编:《西嶋定生博士六十花甲纪念·东亚史中的国家与农民》,山川出版社,1984,第 29—74 页。
⑦ 〔日〕木村秀海:《西周后期的代诉记录——五年琱生殷·六年琱生殷铭文》,《史林》第 69 卷第 2 号,1986 年。
⑧ 〔日〕久富木成大:《春秋左氏传中"免"字的用法与刑鼎的公开》,《论集》(金泽大·教养·人文科学篇)第 23 卷第 2 号,1986 年。〔日〕久富木成大:《释神罚——刑鼎中神罚的影响》,《论集》(金泽大·教养·人文科学篇)第 24 卷第 1 号,1986 年。按:此两文未见。
⑨ 〔日〕栗原圭介:《古代中国王权中"刑罚"的概念》,《大东文化大学纪要(人文科学)》第 25 号,1987 年。按:此文未见。

三则——兼论中国早期之法律观念及其法律的性质》、①《法律与宗教：略论中国早期法律之性质及其法律观念》、②《西周的法律制度与法律传统（约前1045—前771）》。③

此外，由孙稚雏编著的《青铜器论文索引》，④可以据此把握1982年以前的相关研究情况；而张懋镕、张仲立编著的《青铜器论文索引》，⑤续有1983年至2001年的研究情况；张懋镕主编的《青铜器论文索引（2002—2006）》，⑥则续有2002年到2006年的研究成果。再者，赵诚《二十世纪金文研究述要》一书在回顾20世纪金文研究的学术史时，也有部分内容涉及与法律有关的金文资料研究的进展。⑦

尤其值得一提的是，法律史学界也开始着手从学术史角度总结有关青铜器铭文与西周法制的研究状况，其成果如温慧辉《近二十多年西周法制研究综述》就专设一节"关于金文中所体现的西周法制"，⑧据此可知近年利用金文法律文献研究西周法制的大致状况。

简言之，有关金文法律文献的整理与研究工作是在1970年代末至1990年代进行的，主要是因为不断有新资料出土面世。同时，在中国，自1978年起，历史学、法学领域的研究工作才开始逐渐步入正常的学术研究轨道，社会背景的变化有力地促进了金文法律文献的整理、运用与研究，为扩展西周法制史的研究领域提供了较正规的、充分的研究条件。

---

① 〔美〕郭锦：《"禺攸比鼎"三则——兼论中国早期之法律观念及其法律的性质》，载《第二届国际中国古文字学研讨会论文集续编》，香港中文大学中国语言及文学系，1995，第285—307页。
② 〔美〕高道蕴、高鸿钧、贺卫方编：《美国学者论中国法律传统（增订版）》，第52—81页。
③ Laura A. Skosey, *The Legal System and Legal Tradition of the Western Zhou*, CA. 1045-771 B.C.E., Unpublished PhD thesis: University of Chicago, 1996. 案：此为其博士学位论文，未见。其相关英文信息来自李峰著，吴敏娜等译：《西周的政体：中国早期的官僚制度和国家》，三联书店，2010，第366页。
④ 孙稚雏：《青铜器论文索引》，中华书局，1986。
⑤ 张懋镕、张仲立编著：《青铜器论文索引》（全三册），香港明石文化国际出版有限公司，2005。
⑥ 张懋镕主编：《青铜器论文索引（2002—2006）》（上下册），线装书局，2008。按：据该书"前言"可知，主编与出版社商定，"今后每5年出一本《索引》，并不断将漏收的条目补充进去"。
⑦ 赵诚：《二十世纪金文研究述要》，书海出版社，2003，第227—245页。
⑧ 温慧辉：《近二十多年来西周法制研究综述》，《中国史研究动态》2006年第7期。

三、存在的问题

"20世纪的金文研究,其实就是一个金文材料史料化以及以此为基础的先秦古史重构过程。"①金文法律文献的整理与研究,可以说就是该过程中的一个重要环节。

基于文献学的基本立场,作为整理与研究金文法律文献的前提,首先必须面对如下几个问题。限于篇幅,这里暂不赘述,仅提出问题,并理清基本思路。

其一,金文法律文献的性质问题。以往的法律史学界比较忽略此问题。值得注意的是,海外学者有不同认识。例如,罗泰主张,"有必要考虑铜器铭文在其他西周文字记录中的地位","铜器铭文本质上是宗教文书","严格说来,它们已不是第一手的史料"。②然而,李峰不大赞同此说,认为"铸造金文的目的其实是无限制的",有例证表明"西周有铭铜器的使用并非仅限于宗庙中进行宗教—礼仪仪式时,也可能用于其他社会场合","因此根据一种场合下铜器的使用来决定有铭铜器的性质是很危险的"。佣生簋、曶鼎、九年卫鼎等器所具有的"参考性功能(referntial function)"表明,"作器者纪念重要历史事件的愿望需求促成了这些铭文的出现",因此"宗教并不是西周有铭青铜器制作并使用的唯一社会环境,更不应是我们现在理解它们的唯一方式"。③这些意见对于确定金文法律文献的性质不无益处。

其二,如何界定金文法律文献的范围?也就是说,以什么标准来对目前所见一万六千件金文从法律文献学的角度进行分类整理?是否可以法律或法律活动为标准?所谓"金文法"的提法是否妥当?这些都需再作研究和讨论。

其三,金文法律文献整理与研究面临相当大的难度与不确定性。因其年

---

① 陈絜:《商周金文》,第20页。
② 〔美〕罗泰:《西周铜器铭文的性质》,载北京大学考古文博学院编:《考古学研究(六)——庆祝高明先生八十寿辰暨从事考古学研究五十年论文集》,第343—374页。又,白川静也有类似的主张。〔日〕白川静著,温天河、蔡哲茂译:《金文的世界:殷周社会史》,联经出版事业公司,1989,第2—3页。
③ 李峰著,吴敏娜等译:《西周的政体:中国早期的官僚制度和国家》,第13—23页。

代久远,有的字迹不甚清楚,有些文字的隶定在古文字学界颇有分歧,有些文句的理解也不尽同。由此导致学者对于铭文的认识存在多种意见,甚至对于铭文的性质、案情、当事人的看法等,都存有一定的偏差或距离。例如,关于师旂鼎铭文涉及刑罚的两个字,有不同隶释;曶鼎铭文难以顺利读通,且诸家理解有分歧;关于永盂铭文、鬲从盨铭文以及"琱生三器"铭文所涉事案的性质,存在不同看法。甚至,对于西周时期法律条文之有无问题,由于对目前所见金文资料有不同理解,也存在着截然相反的判断。

其四,是否可以在近代部门法的框架下以近代法律理念来重构西周法制? 当如陈公柔所说的,"近年以来在讨论《僭匜》等的论文中,论者往往以现代民法、刑法等概念相牵合,用意至善,而颇有圜枘方凿之感。按中国古代法律历史,从李悝著《法经》至汉九章律,直至清律为止,在法律的款目、格式、次序上,大体是从同一系统发展而来的。后世在研讨西周法制及其公文书(判牍)的程式时,不必以近代的民法、刑法概念相衡量。因为其中若干内容,皆与当时社会背景相密合,用近代法律观点剖析,必有甚多不易解释之处"。①

无论如何,正确解读铭文并据此种法律文献来复原两周法制,将是我们整理研究金文法律文献的最终目的。

第三节 "治地之约"与"治民之约"

一、"治地之约"

1. 裘卫盉铭文

裘卫盉,又称"卫盉""三年卫盉",西周中期器,118 字。1975 年出土于陕西省岐山县董家村,现藏于陕西省岐山县博物馆。其铭文如下:②

---

① 陈公柔:《先秦两汉考古学论丛》,第 144—145 页。
② 中国社会科学院考古研究所编:《殷周金文集成释文》第五卷,9456 号器,香港中文大学中国文化研究所,2001,第 378 页。按:为便于印刷,除个别字之外,所引铭文均采宽式,写作通行简化字。以下所录铭文的释文、断句,有不同意见,在此暂且统一采用《殷周金文集成释文》。关于铭文大意的理解,参考刘海年、杨升南、吴九龙主编:《中国珍稀法律典籍集成》甲编第一册的相应部分。

唯三年三月既生霸壬寅，王禹旗于豊。矩伯庶人取瑾璋于裘卫，才八十朋，厥贮，其舍田十田。矩或取赤琥两、麂𩊚两、𩊚韐一，才廿朋，其舍田三田。裘卫迺誓告于伯邑父、荣伯、定伯、𤱭伯、单伯。伯邑父、荣伯、定伯、𤱭伯、单伯乃令叄有司：司徒微邑、司马单旗、司空邑人服，眔受田。燹、趞、卫小子𧧩逆者其乡。卫用作朕文考惠孟宝盘，卫其万年永宝用。

该铭文记载矩伯与裘卫之间以玉器、毛皮交换土地之事案的经过与结果，其大意是：三年三月既生霸壬寅这一天，周王在"豊"地举行"禹旗"典礼仪式。矩伯曾两次以田为代价，与裘卫交换玉器和裘皮制品。第一次，是以"田十田"交换一件用来朝觐的玉璋，价值80朋；第二次，是以"田三田"交换两张赤色虎皮、两件牝鹿皮饰，和一件有文饰的蔽膝，价值20朋。裘卫将这两次交易之事，报告执政大臣伯邑父等人，于是司徒、司马、司空受命参加此次交易的土地交割活动。最后，裘卫设宴款待参与土地交割的人员，并作器记载此事，以纪念先祖保其万年使用。

由此可知，得到土地的裘卫摘抄有关此交换事案所达成契约的主要内容并记录下其过程的主要环节，铸在该盉上以告慰祖先神灵。

2. 五祀卫鼎铭文

五祀卫鼎，又称"卫鼎（甲）"，西周中期器，201字。1975年出土于陕西省岐山县董家村，现藏于陕西省岐山县博物馆。其铭文如下：①

唯正月初吉庚戌，卫以邦君厉告于邢伯、伯邑父、定伯、𤱭伯、伯俗父，曰：厉曰：余执恭王恤工，于邵大室东逆荣二川。曰：余舍汝田五田。正迺讯厉曰：汝贮田否？厉迺许曰：余审贮田五田。邢伯、伯邑父、定伯、𤱭伯、伯俗父迺顜，使厉誓。迺令叄有司司徒邑人赵、司马颂人邦、司空陶矩、内史友寺𠣟，帅履裘卫厉田四田，迺舍寓于厥邑。厥逆疆眔厉田，厥东疆眔散田，厥南疆眔散田、眔政父田。厥西疆眔厉田。邦君厉眔付裘卫田。厉叔子夙、厉有司𨠱季、庆癸、燹㬰、荆人敢、邢人偈屋、卫小

---

① 中国社会科学院考古研究所编：《殷周金文集成释文》第二卷，2832号器，第401—402页。

子逆其，乡僷。卫用朕文考宝鼎，卫其万年永宝用。惟王五祀。

该铭文记载裘卫与邦君厉"因土地取予而涉讼"①之事案的解决过程。其大意是：邦君厉为在昭太室东北营治河川，兴修水利，需动用裘卫的田地，裘卫愿意以"田五田"交换邦君厉的"田四田"。裘卫将此案控告到邢伯等执政大臣那里，并在其主持审讯后，与厉达成换田协议，厉立誓永不反悔。于是，邢伯、伯邑父等人命令三有司，即司徒、司马、司空及内史友率人前去勘定裘卫应得土地的田界，办理相关的交割手续。事后，裘卫设宴招待厉一方参加交割土地的人员，并铸鼎将此事记载下来。

在"卫氏诸器中，以《五祀卫鼎》铭文最具《约剂》文字规模"。而"此铭文盖由胜诉者裘卫为纪其胜诉，并得到按照原议应得到的田地；当系根据当时审判经过、口述情况，在文字上刻意描绘，因能历历如画"。另外，"此器所记《约剂》之异于他铭之处，在于裘卫一方记其胜诉经过以及并不述及对方诅誓之词等等，情辞沾沾，溢于言表"。②

3. 九年卫鼎铭文

九年卫鼎，又称"卫鼎（乙）"，西周中期器，191 字。1975 年出土于陕西省岐山县董家村，现藏于陕西省岐山县博物馆。其铭文如下：③

唯九年正月既死霸庚辰，王在周驹宫，格庙。眉敖诸朕卓使见于王，王大黹。矩取省车軜幩，鞹虎，幎帛，幃画，鞞鞍席鞃，帛辔乘，金镳鋞，舍矩姜帛三两，乃舍裘卫林䣁里。戯！厥唯颜林。我舍颜陈大马两，舍颜姒虞爯，舍颜有司寿商貉裘、盠幎。矩廼眔濂粦令寿商眔意曰：顝履，付裘卫林䣁里，则乃成封四封。颜小子俱惟封，寿商闉。舍盠冒梯羝皮二，选皮二，燮舄箙皮二，朏帛，金一瓪，厥吴喜皮二，舍濂虔幎，櫌萃，轙鞥，东臣羔裘，颜下皮二。眔受。卫小子□逆者，其僷卫臣䚷朏。卫用作朕文考宝鼎，卫其万年永宝用。

---

① 陈公柔：《先秦两汉考古学论丛》，第 111 页。
② 陈公柔：《先秦两汉考古学论丛》，第 112 页。
③ 中国社会科学院考古研究所编：《殷周金文集成释文》第二卷，2831 号器，第 399—400 页。

该铭文记载裘卫以车等若干实物与矩交换山林土地之事案的经过,其大意是:裘卫以一辆省车、一套车马饰具等,与矩交换"林晋里"这块田地,但是这块地里有片树林归矩的属下颜家所有。于是,裘卫又以裘皮等物与颜家交易这片树林。最后,矩命令属下以及颜家的管家等人会同裘卫勘查地界,并将之交付给裘卫。事毕,裘卫向参加交割的所有人员赠送礼品,并设宴款待,然后铸鼎记载此事。

先后得到土地、山林的裘卫将此事案契约的主要内容例如交换的标的、数量、具体地点并以及地界勘踏的过程,铸在鼎上以报告祖先神灵。

4. 格伯簋铭文

格伯簋,又称"倗生簋""周癸子彝""甬生敦",共有三器,西周中期器。器盖各有铭文77字,但均不完整,合三器完整的铭文有81字。传世品,现分别藏于北京故宫博物院、中国历史博物馆、上海博物馆。其铭文如下:①

> 唯正月初吉癸巳,王才成周。格伯取良马乘于倗生,厥贮卅田,则析。格伯䢔殴。妊彶仡人从格伯反彶甸:殷人䚯零谷杜木、原谷旅桑,涉东门。厥书史戳武立盠成壁。铸保簋,用典格伯田。其万年子子孙孙永宝用。

该铭文记载格伯与倗生自愿以马易田的交易、立约经过。其大意是:格伯和倗生之间以4匹骏马交换30田。事毕,双方写成契券,并从中间分开此契券,两人各执一半。格伯回去后与随从一同勘查田界,书史戳武亲临现场,将新勘定的田界记下来。格伯作此器以登录获得田地之事。

此铭虽短,但问题、疑难点却不少。其释字、断句等有多种看法,目前仍有不解之词语,这些使人们对交换的双方理解也不同,甚至影响到谁是作器者、该器之名为何、如何理解该器铭文。或以为,"此约当类质剂,即所谓'结信而止讼'者",其"性质近于约剂"。② 实际上该铭文并非其约之原件,恐怕只是摘抄其契约的要点,记录立约的主要环节。

---

① 中国社会科学院考古研究所编:《殷周金文集成释文》第三卷,4262—4265号器,第375—377页。
② 陈公柔:《先秦两汉考古学论丛》,第109页。

5. 散氏盘铭文

散氏盘，又名"散盘""夨人盘"，西周晚期器，349 字。系传世品。清乾隆年间出土于陕西省凤翔县。① 原藏于北京故宫博物院，现藏于台北故宫博物院。其铭文如下：②

　　用夨扑散邑。廼即散用田履。自瀗涉，以南，至于大沽，一封。以陟，二封。至于边柳，复涉瀗，陟雩戲譯陕，以西，封于播城枉木，封于刍来，封于刍道。内陟刍，登于厂湶，封剖、析陞陵、刚析。封于冪道，封于原道，封于周道。以东，封于𩇦东疆右。还，封于履道。以南，封于楮道。以西，至于堆莫。眉邢邑田：自根木道左至于邢邑封，道以东一封，还，以西一封。陟刚三封。降以南，封于同道。陟州刚，登析，降棫，二封。夨人有司履田：鲜、且、微、武父、西宫襄，豆人虞丂、录贞、师氏右眚、小门人𠒭、原人虞芇、淮司空虎、孠𠫑、丰父、堆人有司、刑丂，凡十又五夫。正履夨舍散田，司徒逆𡨦、司马𩧢麐、𢀖人司空駚君、宰遹父、散人小子履田戎、微父、教栗父、裹之有司棄、州喜、倏从鬻，凡散有司十夫。唯王九月，辰才乙卯，夨俾鲜、且、𢀖、旅誓，曰：我既付散氏田器，有爽，实余有散氏心贼，则爰千罚千，传弃之。鲜、且、𢀖、旅则誓。廼俾西宫襄、武父誓，曰：我既付散氏㬎田牆田，余有爽变，爰千罚千。西宫襄、武父则誓。厥受图，夨王于豆新宫东廷。厥左执要，史正中农。

该铭文记载夨国因攻击散国并侵害其土地而割让土地赔偿散国之事案的经过，其大意是：夨人付给散氏的土地有二：一是眉地之田，一是井邑之田。夨国15人与散国10人一起勘定地界所在具体位置、四至，以及如何封树。双方交割完毕，夨国派官员向散氏立誓如约，否则将受惩罚，由官方执行流放刑。最后，散氏在位于豆这个地方的新宫东廷，从夨王那里接受了新土地的地界图，双方正式成立契约，各执一半。夨人执左约，由史官仲农保存。

---

① 中国大百科全书总编辑委员会《考古学》编辑委员会编：《中国大百科全书·考古卷》，中国大百科全书出版社，1986，第 431 页。另有一说清道光年间出土于陕西省宝鸡县。吴镇烽编著：《陕西金文汇编》上册，三秦出版社，1989，"拓本目录表"第 50 页。
② 中国社会科学院考古研究所编：《殷周金文集成释文》第六卷，10176 号器，第 134—135 页。

获得土地的散氏,铸器记载此事。

"此铭之所以重要,在于录铸了勘定田界的整篇《约剂》",且"盘铭列述了诉讼的原因,胜诉的经过,划定勘察田界的情况,诅誓的内容,最后土地授受以及宴享的仪式等等"。① 不过,细读整篇铭文,似乎并不能确定是否存在着该立约事件与诉讼有任何关联的事实。

二、"治民之约"

1. 师旂鼎铭文

师旂鼎,又名"师旅鼎""弘鼎",西周中期器,79字。系传世品。据说出土于民国初年(1920年代末1930年代初),出土地点不详。现藏于北京故宫博物院。其铭文如下:②

> 唯三月丁卯,师旂众仆不从王征于方雷,使厥友引以告于伯懋父,才莽。伯懋父廼罚得显古三百锊,今弗克厥罚。懋父令曰:宜播!虩!厥不从厥右征。今毋播,其又纳于师旂。引以告中史书。旂对厥赘于尊彝。

"如果订《师旂鼎》在康王时,则这篇铭文应是现在所能见到的最早一篇有关法制(判词)的文字,因而是极为重要的。"③该铭文记载一件不从王征案件的审理过程,其虽"难解,然文例却很不寻常",④大意是:师旂的属下不跟从王征伐方雷。于是,师旂派遣其僚友弘将此事报告正在莽地的伯懋父。起初,伯懋父因师旂驭下无方而要罚其三百锊,后来又决定免除这一惩罚,并判令说:"依法也应该对师旂的众仆处以流放之刑(一说为死刑),现在也一并免除,但他们必须重新归于师旂的督率之下,并随王征伐。"弘将此告于史官,史官记录。师旂将此判决铸于鼎上。

---

① 陈公柔:《先秦两汉考古学论丛》,第111、115页。
② 中国社会科学院考古研究所编:《殷周金文集成释文》第二卷,2809号器,第376页。
③ 陈公柔:《先秦两汉考古学论丛》,第132页。
④ 〔日〕白川静著,温天河、蔡哲茂译:《金文的世界:殷周社会史》,第70页。

该铭文"乃照录中史据伯懋父口头判词而定谳之案卷。此判词首叙案由；其次叙案情经过；然后叙述伯懋父判词"。特别是，"判词简赅，通篇用词遣字，极具分寸"。该"鼎铭记述了西周早期的判词，而能完整精慎如此，其书成案卷之中史，在公文书的处理上已有很深的法制方面的修养"。①

2. 琱生三器铭文

所谓琱生三器，即指传世的五年琱生簋、六年琱生簋二器与新出土的五年琱生尊。

五年琱生簋，又名"五年召伯虎簋"，为西周晚期器。系传世品。出土时间、地点不详，可能出土于陕西省境内。早年被盗至国外，现藏美国纽约穆尔处。②

六年琱生簋，又称"六年召伯虎簋"。为西周晚期器。系传世品。出土时间、地点不详，可能出土于陕西省境内。虽留在国内，但曾一直由私人收藏，现藏于中国历史博物馆。

这两器各有铭文104字。其形制、花纹和大小相同，其铭文的格式一样，其内容也衔接，显属一对，因而连读起来，才在铭文的理解上获得突破性的进展。③

五年琱生尊，2006年11月出土于陕西省扶风县五郡西村，为西周晚期器。共有两件，其形制、纹饰、大小、铭文基本相同，腹内壁有铭文113字。其中所见的"琱生"，与琱生簋两器铭文所见"琱生"当为同一人，其铭文内容也相关联；若与传世的两个琱生簋连读，正好婉转地反映了当时一场旷日持久的"仆庸土田多刺"官司。④

---

① 陈公柔：《先秦两汉考古学论丛》，第135页。
② 中国社会科学院考古研究所编：《殷周金文集成释文》第三卷，4292、4293号器，第413—414页。中国社会科学院考古研究所编：《殷周金文集成（修订增补本）》第四册，中华书局，2007，04292号器，"铭文说明"第3419页。一说，现藏美国耶鲁大学博物馆。李学勤：《琱生诸器铭文联读研究》，《文物》2007年第8期，第71页。王辉：《琱生三器考》，《考古学报》2008年第1期，第39页。
③ 林沄：《琱生簋新释》，载《古文字研究》第三辑，第120—135页。又，〔日〕白川静著，温天河、蔡哲茂译：《金文的世界：殷周社会史》，第191—192页。
④ 宝鸡市考古队、扶风县博物馆：《陕西扶风县新发现一批西周青铜器》，《考古与文物》2007年第4期，第5—11页。宝鸡市考古研究所、扶风县博物馆：《陕西扶风五郡西村西周青铜器窖藏发掘简报》，《文物》2007年第8期，第5、26—27页。

五年琱生簋铭文如下：①

　　唯五年正月己丑，琱生又事，召来合事。余献妇氏以壶，告曰：以君氏令曰，余老止，公仆庸土田多諌，弋伯氏纵许。公宕其参，汝则宕其贰；公宕其贰，汝则宕其一。余惠于君氏大璋，报妇氏帛束、璜。召伯虎曰：余既讯厌我考我母令，余弗敢乱，余或至我考我母令。琱生则瑾珪。

五年琱生尊铭文如下：②

　　唯五年九月初吉，召姜以琱生虢五帅、壶两，以君氏命曰：余老止，我仆庸土田多諌，弋许，勿变敢亡。余宕其三，汝宕其二。其兄公，其弟乃余。蠲大璋，报妇氏帛束、璜一，有司眔登两，犀。琱生对扬联宗君休，用作召公尊毁。用蕲通禄、得屯霝终，子孙永宝用之享。其又敢乱兹命，曰：汝事召人公则明亟。

六年琱生簋铭文如下：③

　　惟六年四月甲子，王在荟。召伯虎告曰：余告庆曰：公厥禀贝，用狱諌为伯。有祗又成。亦我考幽伯幽姜令。余告庆！余以邑讯有司，余典勿敢封。今余既讯，有司曰：厌令！今余既一名典，献伯氏。伯氏则报璧。琱生对扬朕宗君其休，用作朕烈祖召公尝簋，其万年子子孙孙宝用享于宗。

该三器铭文连读，共同记载一件有关分家析产过程中所发生的土田争讼案件审理经过的三个阶段，其大意是：召伯虎参与处理有关琱生的一起分家

---

① 中国社会科学院考古研究所编：《殷周金文集成释文》第三卷，4292、4293号器，第413—414页。
② 宝鸡市考古研究所、扶风县博物馆：《陕西扶风五郡西村西周青铜器窖藏发掘简报》，《文物》2007年第8期，第6页。
③ 中国社会科学院考古研究所编：《殷周金文集成释文》第三卷，4292、4293号器，第413—414页。

析产土田诉讼。琱生以壶行贿召伯虎的母亲，请求以召伯虎父亲的名义向召伯虎求情，以获得有利的处理。召伯虎父母幽伯、幽姜应允，琱生又以玉帛答谢。不久，收到琱生所送礼物的其母召姜，以其夫宗君的名义，宣布处理此案的基本原则。琱生又送给宗君等相关人员礼物。一年多后，这场官司有了结果。召伯虎向琱生报喜，说明了该案处理的情况。琱生则赠璧以谢，并铸簋记载此事。

从早期分开理解各单器铭文，到将五年/六年簋连读，再到近年因五年尊的偶然发现而三器连读，此三器的解读与理解极富戏剧性和趣味性。不过，其内容究竟是否与诉讼有关，有截然相反的认识；若干字句的理解，尚存在较大分歧。这些都有进一步研究的余地。

3. 曶鼎铭文

曶鼎，西周中期时器。清乾隆年间出土于陕西省长安县。① 初为毕沅所收藏，今下落不明，据说有可能毁于兵火。传世仅有拓片数张，有拓本和摹本两种。拓本又分为剔字、未剔字两种。其铭文长达403字，今存380字。其铭文如下：②

唯王元年六月既望乙亥，王在周穆王大[室，王]若曰：曶，令汝更乃祖考司卜事。锡汝赤雍[市、鸾]用事。王在邌居，邢叔锡曶赤金荨，曶受休[命于]王。曶用兹金作朕文考究伯䵼牛鼎。曶其万[年]用祀，子子孙孙其永宝。

唯王四月既生霸辰在丁酉，邢叔在异为[士]。[曶]使厥小子𫖮以限讼于邢叔：我既赎汝五[夫，效]父用匹马束丝。限许曰：邸则俾我偿马，效[父则]俾复厥丝束贤。效父廼乃许。赘曰：于王参门□□木榜用征，延赎兹五夫，用百锊，非出五夫[则□]，詑廼䛐又詑罙鞾金。邢叔曰：裁王人乃赎用[徵]，不逆，付曶，毋俾贰于邸。曶则拜稽首，受兹五[夫]：曰陪、曰恒、曰劦、曰㚔、曰省，使鋘。以告邸，廼俾[飨]以曶酒及羊、兹三锊，用致兹人。曶廼诲于䛐[曰]：女其舍𫖮矢五秉。曰：弋当俾处厥邑，

---

① 吴镇烽编著：《陕西金文汇编》上册，"拓本目录表"第40页。另一说，或认为出土于陕西省扶风县。马承源主编：《商周青铜器铭文选》（三），文物出版社，1988，第169页。
② 中国社会科学院考古研究所编：《殷周金文集成释文》第二卷，2838号器，第412—414页。

田［厥］田。舐则俾复令曰：诺。

　　昔馑岁，匡众、厥臣廿夫寇曶禾十秭。以匡季告东宫，东宫廼曰：求乃人，乃弗得，汝匡罚大。匡廼稽首，于曶用五田，用众一夫曰嗌，用臣曰疐、［曰］朏、曰奠，曰：用兹四夫。稽首曰：余无由具寇足［秭］，不出，鞭余。曶或以匡季告东宫，曶曰：弋唯朕［禾是］偿。东宫廼曰：偿曶禾十秭，遗十秭，为廿秭。［若］来岁弗偿，则付卅秭。廼或即曶用田二，又臣［一夫］。凡用即曶田七田，人五夫，曶觅匡卅秭。

其铭文内容以难以读懂而著称。一般认为，曶鼎三段铭文"分记三事，皆曶家蒙时王恩赏及因财产涉讼获胜诸事"。① 其各为起讫，这在青铜器铭文中确是一个特例。②

第一段铭文，记载周王册命曶之事。其大意是：周王命曶继承其祖父、父亲主管占卜的工作，并赏赐曶赤雍市、銮铃，要求曶尽力于其职事。曶用邢叔赏赐的赤金铸造了此鼎，记载受册命之事。

第二段铭文，记载一件悔约案件（"违约事件"）的审理过程。其大意是：邢叔在"异"这个地方审理该案，曶、舐一方是原告，效父、限一方则是被告。曶的代理人髭控告说：我们已经向你赎了 5 个人，而效父却付给 1 匹马、1 束丝，但不肯交人。接着，限陈述：要他赔偿马，效父又叫他退还丝。接着又由效父陈述。随后，髭又进一步陈述起诉理由：双方在王的三门订立过赎约，有木方为证，即用 100 鋝赎 5 个人。如果不交出 5 个人，就是违约，是对舐反悔而想索取更多的金钱。最后，邢叔裁决：赎约有效，应该履约将人交给曶，不要让他们离开舐。于是，曶向邢叔行礼，接受所赎的 5 个人，如约交付赎金 100 鋝。曶把结果告诉舐，并教诲说：要让 5 个人住在原来住的居邑，种原来种的田地。舐表示从命，派人送给曶一份礼物，将 5 个人接回去。③

---

① 陈公柔：《先秦两汉考古学论丛》，第 109 页。又，〔日〕白川静著，温天河、蔡哲茂译：《金文的世界：殷周社会史》，第 128 页。
② 〔日〕白川静通释，曹兆兰选译：《金文通释选译》，武汉大学出版社，2000，第 156 页。〔日〕松丸道雄：《西周后期社会所反映的变革萌芽——曶鼎铭文解释问题的初步解决》，载西嶋定生博士六十花甲纪念论丛编辑委员会编：《西嶋定生博士六十花甲纪念·东亚史中的国家与农民》，第 32 页。李学勤：《论曶鼎及其反映的西周制度》，《中国史研究》1985 年第 1 期，第 96 页。
③ 李学勤：《论曶鼎及其反映的西周制度》，《中国史研究》1985 年第 1 期，第 97—98 页。

该段"所述讼案经过,在当时皆用口语叙述,反复驳辩,最后定谳,则用公文习语记录。其情况,极类似汉代的爰书"。虽"文辞简要,但对曶以胜诉者口气叙述案情经过、邢伯判辞(对曶有袒护之意)等等,记述却极为详明"。①

第三段铭文,记载一起抢劫案件("寇禾事件")的审理经过,其大意是:在从前发生饥荒的年月,匡季属下的众、臣共20人抢了曶的十秭禾。因此,曶向周王的太子东宫起诉,控告匡季。东宫受理此案后,责令匡季追查抢劫者,否则重罚匡季。匡季行礼并表示屈服,给付"五田"及3名臣、1名众,以赔偿曶的损失,并声明无法交齐抢劫者及被抢走的禾,如有不实就施以鞭刑。曶对于这一结果不满意,再次诉于东宫,坚持叫匡季偿还所抢之禾。最后,东宫判决:原应赔偿曶10秭禾,现另加10秭,共20秭;如果第二年仍不赔偿,就加倍还40秭。匡季又付给曶"二田"、1个臣,先后共付给"七田"、5个人,曶减免匡季30秭禾。②

该段所载为"岁馑寇禾,自与一般土田纠纷涉讼不同。此案虽为追记往事,但因:① 匡率众寇禾十秭,已超出一般缠讼范围;② 十秭之禾,数量不多,但在饥馑之年,案情自与一般不同。故将此案告于东宫"。③

4. 㒸匜铭文

㒸匜,又作"训匜""牐匜",西周晚期器,其器、盖内共有157字,内容相联成篇。1975年出土于岐山县董家村,现藏于陕西省岐山县博物馆。其铭文如下:④

唯三月既死霸甲申,王在荦上宫。伯扬父廼成麸,曰:牧牛!䜌,乃可湛,汝敢以乃师讼。汝上卹先誓,今汝亦既又御誓,尃、趞、啻、靚、㒸复,亦兹五夫,亦既御乃誓,汝亦既从辞从誓,弋可。我宜鞭汝千,黜𢾭汝,今我赦汝。宜鞭汝千,黜𢾭汝,今大赦汝鞭汝五百,罚汝三百鋝。伯扬父廼或使牧牛誓曰:自今余敢夒乃小大事。乃师或以汝告,则致乃鞭千、黜𢾭。牧牛则誓。厥以告使虢、吏曶于会。牧牛辞誓成,罚金。㒸用

---

① 陈公柔:《先秦两汉考古学论丛》,第110页。
② 李学勤:《论曶鼎及其反映的西周制度》,《中国史研究》1985年第1期,第99—100页。
③ 陈公柔:《先秦两汉考古学论丛》,第111页。
④ 中国社会科学院考古研究所编:《殷周金文集成释文》第六卷,10285号器,第169—170页。

作旅盉。

或以为该铭文"是一篇完整的诉讼判决书。这样的铭文还是第一次发现",①实际上其中保留的只是一份判决书的主要内容。其大意是:牧牛因违背其誓言,而被上司指控犯了违背誓言罪。伯扬父判决:"牧牛,再立信誓,并让尃、趞、嗇、覣,僰到场作证;你只有信守誓言,才能再去任职。我本应打你1000鞭,并施以墨刑,现在我宽赦你。应该打你1000鞭,施墨刑,现在赦免你应打的500鞭,改罚金300䥅。"伯扬父又命牧牛立誓:"从现在起,我如敢再扰乱您的任何事务","你的长官又控告你,那就执行应打的1000鞭和墨刑。"牧牛立誓,并缴纳罚金。史官将这一判决记入计簿。僰因而制作此器。②

作为"我国目前发现的最早的一篇法律判决书",③该"铭文反映了西周的刑法和狱讼盟誓制度,在铜器的铭文中,全面涉及这方面问题的,这可以说是唯一的一件"。④

值得注意的是,"《僰匜》所述,表面上似因财产涉讼(论者或以为约合于近代的民事诉讼)。但在判词中,似有偏袒师僰之意。这实际上反映了当时社会等级的森严、大小奴隶主之间的争夺、兼并,特别是反映了以下犯上之罪。西周之后,儒家对此更加以发展,尊卑上下,构成了从奴隶社会到封建社会中,维护王权与宗法统治在法律上的指导思想"。⑤

5. 鬲攸从鼎铭文

鬲攸从鼎,又名"鬲从鼎""鬲比鼎""鬲攸比鼎",西周晚期器,98字。系传世品。出土时间、地点不详。其器主"鬲从"又见于鬲从盨、散氏盘铭文,因而其出土地点可能相去不远。现藏于日本京都黑川古文化研究所。其铭文如下:⑥

---

① 程武:《一篇重要的法律史文献——读僰匜札记》,《文物》1976年第5期,第50页。
② 参见李学勤:《岐山董家村训匜考释》,载《古文字研究》第一辑,第154—155页。李学勤:《新出青铜器研究》,第114页。
③ 岐山县文化馆、陕西省文管会等:《陕西省岐山县董家村西周铜器窖穴发掘简报》,《文物》1976年第5期,第33页。
④ 盛张:《岐山新出僰匜若干问题探索》,《文物》1976年第5期,第40页。
⑤ 陈公柔:《先秦两汉考古学论丛》,第143页。
⑥ 中国社会科学院考古研究所编:《殷周金文集成释文》第二卷,2818号器,第384页。

唯卅又二年三月初吉壬辰,王在周康宫夷大室。鬲从以攸卫牧告于王,曰:汝觅我田牧,弗能许鬲从。王令省史南以即虢旅。廼使攸卫牧誓曰:我弗具付鬲从其且射、分田邑,则播。攸卫牧则誓。从作朕皇且丁公皇考惠公尊鼎。鬲攸从其万年子子孙孙永宝用。

该铭文记载一件违约侵占土地案件的处理过程,虽短却有点费解。其大意是:鬲从向周王控告,攸卫牧违约侵占其田地,并拒付田租等。周王命令省史到虢旅那儿去审理此案。虢旅让攸卫牧立誓:如果敢再不支付田租、自行分田邑,就处以流放刑。攸卫牧立誓。鬲攸从铸鼎记载此事。

其铭文本中,有些地方还是比较难以理解的(例如,"铭中的'其且',意思不甚明了"),主要原因在于"此铭行文简括,于情节、叙述,多所略脱","盖当时记录诉讼之辞,往往失之过简,以致难于明了"。另外,也有"似照录当时的'爰书'"及"判辞"之处。①

第四节　两周金文中的法令

一、西周时期兮甲盘铭文与周王法令

兮甲盘,又名"兮田盘""兮伯盘""兮伯吉甫盘""伯吉父盘",西周晚期(宣王)器,129字。系传世品。据说始发现于宋代,但具体时间、地点不详。② 至元代,该器损坏,盘足以下残损。后入保定官库。在清代,由陈介琪珍藏,此后才开始有其铭文拓本流传于世。残损的原器至今仍下落不明。③ 后世却有仿制品流传。④ 其铭文如下:⑤

---

① 陈公柔:《先秦两汉考古学论丛》,第115、116页。
② 陈公柔:《先秦两汉考古学论丛》,第135页。或将其列入陕西出土的青铜器。详见吴镇烽编著:《陕西金文汇编》上册,"拓本目录表"第50页。
③ 一说该器现藏于日本书道博物馆(吴镇烽编著:《陕西金文汇编》上册,"拓本目录表"第50页)。
④ 以上,根据刘翔等:《商周古文字读本》,语文出版社,1988,第305页。
⑤ 中国社会科学院考古研究所编:《殷周金文集成释文》第六卷,10174号器,第131页。

唯五年三月既死霸庚寅，王初各伐玁狁于䣙盧。兮甲从王，折首执讯，休亡敃。王赐兮甲马四匹、驹车。王令甲：政𤔲成周，四方责至于南淮夷。淮夷旧我𦥑畮人，毋敢不出其𦥑、其责、其进人。其贮，毋敢不即次即市。敢不用令，则即刑扑伐。其唯我诸侯百姓，厥贮毋不即市，毋敢或入蛮宄贮，则亦刑。兮伯吉父作盘，其眉寿万年无疆，子子孙孙永宝用。

该铭文记载周宣王五年征伐玁狁的战争，并命令兮甲管理成周地区及南淮夷部族的粮草征收与商贾贸易的史实。其大意是：兮甲跟随周宣王征伐，荣立战功，安然返回，因而得到宣王赏赐4匹马和驹车的奖励。同时，周宣王向兮甲发布一项关于管理南淮夷及诸侯百姓贡赋和商业贸易的法令：征收管理成周地区的粮草委积，直至南淮夷地区。淮夷过去就是我周朝的赋贡之臣，不敢不贡纳其丝帛、粮草和劳役；其商贾不敢不到周朝军队的驻扎地和集市进行贸易。如敢违命，就施以刑罚，并进行征伐。望我周朝诸侯百姓的商贾全都到集市上去，不能再去淮夷之地进行贸易，否则也要处以刑罚。兮甲制作该盘，希望长寿无疆，世代珍爱使用。

或以为，这个命令"很像后世的诏书"。① 或以为，这"是我国最早的一篇关于市场管理的法令"。② 或以为，"这即后世（例如清代）通常谓之'谕'的"，"此节自'王令'以下，皆时王谕兮甲之词"；"此盘铭所记王命（谕），为传世青铜器铭文中所仅见者，材料十分重要"。③ 无论如何，兮甲盘铭文所记载的是政府的法律条令。④ 但更准确地说，兮甲盘铭文应属于记事铭文，其中保留了周王向兮甲发布的一个法令的全文或者片段。

兮甲因征伐有功而受到周王的赏赐并受命，因而铸器以作纪念，并非出于公布周宣王命令之目的。因此，兮甲盘铭文所记载的法令，与战国时期青铜器铭文中所见的律令有本质的区别。甚至兮甲铸器与春秋末期子产等人"铸刑鼎"也不能相提并论。不过，从兮甲盘铭文中，可以看到西周时期周王

---

① 连劭名：《〈兮甲盘〉铭文新考》，《江汉考古》1986年第4期，第90页。
② 刘海年、杨一凡总主编：《中国珍稀法律典籍集成》（甲编第一册），刘海年、杨升南、吴九龙主编：《甲骨文金文简牍法律文献》，第236页。
③ 陈公柔：《先秦两汉考古学论丛》，第137、139页。
④ 马承源主编：《中国青铜器（修订本）》，第360页。

发布法令的大致情况。

二、战国金文所见法令

1. 标准量器上的单行法规

战国时期，各诸侯国为了统一度量衡制度，纷纷制定标准量器，其上刻有铭文，性质是有关使用该标准量器的单行法规。现存这种量器主要有：秦商鞅量，齐子禾子釜，秦高奴权。

（1）商鞅量铭文

商鞅量，又名"商鞅方升"。战国时期秦孝公时器。75字。系传世品。具体出土时间、地点不详。① 现藏于上海博物馆。该器呈长方形，有短柄。其器壁三面及底部均刻有铭文，具体如下：②

十八年，齐遣卿大夫众来聘。冬十二月乙酉，大良造鞅爰积十六尊五分尊壹为升。（左壁）

重泉（前壁）

其大意是：秦孝公十八年（前344），齐国派遣卿大夫多人前来通问修好。冬十二月乙酉日，大良造商鞅以十六又五分之一立方寸的容积定为一升。

"重泉"，为地名，在今陕西省蒲城县南重泉村，西汉始置为县。因其字体与左壁铭文的字体相同，故该地为商鞅方升第一次所置之地。

廿六年，皇帝尽并兼天下诸侯，黔首大安，立号为皇帝，乃诏丞相状、绾：法度量则不壹，歉疑者皆明壹之。（底部）

临（右壁）

此为秦始皇二十六年的诏书。其大意是：二十六年（前221），秦始皇统

---

① 一说出土于陕西咸阳。参见胡留元、冯卓慧：《长安文物与古代法制》，第142页。
② 中国社会科学院考古研究所编：《殷周金文集成释文》第六卷，10372号器，第204页。

一天下,立了皇帝的称号。于是,诏令丞相隗状、王绾,度量衡标准器不统一或有怀疑者,均统一之。

"临",地名,春秋时或为晋地,在今河北省临城县西南。因其字体与廿六年诏书相同,故为商鞅方升第二次所置之地。

从铭文字体和内容来看,该器左壁和前壁铭文是秦孝公十八年所刻,底部和右壁铭文是秦始皇二十六年所刻。最初,它是颁发给"重泉"的标准器;秦始皇统一天下后,又继续以它为标准器,来统一混乱的度量衡,并刻上统一度量衡的诏书,颁发给"临"地。由此可见,秦朝是以战国时期的秦制来统一天下的度量衡的。

(2) 子禾子釜铭文

子禾子釜,又名"左关釜""陈子禾釜""陈太公釜"。战国中晚期齐国量器。108 字。传世品。1857 年出土于山东省胶县灵山卫古城,现藏于中国历史博物馆。其铭文如下:①

　　□□茌事岁,稷月,丙午,子禾子□□内者御和□□命謑陈得:左关釜节于廩釜,关鉧节于廩䵼,关人筑杆灭釜,闭□,又□外盪釜,而车人制之,而以□□退。如关人不用命,则寅□御。关人□□其事,中刑,厥遂,赎以□半钧。□□其盈,大辟,厥遂,②赎以□犀。□命者,于其事区亦丘关之釜。

该铭文多处缺蚀,但大致可以通读。从整篇铭文的内容来看,可知这是关于左官署使用标准量器的法令。其大意是:子禾子命其下属通告陈得,要求左关之釜以廩釜为准,关鉧以䵼为准。如果官吏在釜内筑杆以减少其量值,或在釜外加物以添益其量值,则应当制止。如果官吏违背此令,则应根据其犯罪情节轻重,来追究其刑事责任。

(3) 陈纯釜铭文

陈纯釜,又名"左关釜""齐陈犹釜""齐釜"。战国晚期齐国量器。34 字。

---

① 中国社会科学院考古研究所编:《殷周金文集成释文》第六卷,10374 号器,第 206 页。
② 这里从李家浩之说,读作"中刑,厥遂""大辟,厥遂","遂"为赦免之意(李家浩:《著名中年语言学家自选集·李家浩卷》,安徽教育出版社,2002,第 40—43 页)。

1857 年出土于山东省胶县灵山卫古城,现藏于上海博物馆。其铭文如下:①

  陈猷莅事岁,畿月戊寅,各兹安陵仐。命左关师发,敕成左关之釜节于稟釜。敦者曰陈纯。

该铭文是左关署使用标准量器的法令。其大意是:陈猷到达安陵某地,命令左关师发说:左关釜的容量完全以仓稟之釜作为标准。

(4) 高奴禾石权铭文

高奴禾石权,1964 年出土于陕西省西安市郊高窑村阿房宫遗址。现藏于陕西省博物馆。其形制多做成圆如覆盂形,很像今天的馒头。古代用来测量重量,类似现代的砝码。其正面有 16 字,另一面加刻始皇廿六年诏书,旁边加刻秦二世元年诏书。其正面铭文如下:②

  三年,漆工䣴、丞诎造、工隶臣牟。禾石,高奴。

高奴,地名,在今陕西省延安市东北。该铭文是秦昭王十三年或三十三年所刻。其上有漆地工官主造者、制作工匠的名字,其用途是称谷物。这是秦昭王颁发给高奴地区使用的。始皇统一度量衡时,曾将之调回检定,并在其上刻有廿六年诏书,以之为据统一度量衡;二世元年(前 209),再次调回检定,并补刻诏书,但是未及发还,秦朝就灭亡了。该权因此而留在了阿房宫。③

2. 符、节所见的单行法规

符是中国古代传达命令或调遣军队的凭证。战国时期调动军队即以"符"为凭。这种用来调动军队的符,一般又称之为"兵甲之符"或"甲兵之符",其形往往呈伏虎形或走虎形,因此又称之为"虎符"。其上刻有铭文,并从中间一分为二,底部有合榫;右半部分存国君处,左半部分发给将领。在调

---

① 中国社会科学院考古研究所编:《殷周金文集成释文》第六卷,10371 号器,第 203 页。
② 中国社会科学院考古研究所编:《殷周金文集成释文》第六卷,10384 号器,第 210 页。
③ 以上,参见陕西省博物馆:《西安市西郊高窑村出土秦高奴铜石权》,《文物》1964 年第 9 期,第 42,44 页。

遣军队时，必须将以国君处的右半部分虎符与发给将领的左半部分虎符会合，以作为凭信，否则不得调动军队。现存世的秦虎符主要有四件：杜虎符、新郪虎符、阳陵虎符和栎阳虎符。① 这些刻在"甲兵"虎符上的铭文，就是当时关于军队调动的单行军事法规。

节是中国古代通行的凭证。最初是以竹节制成的，战国时期多以青铜铸成。其上有铭文，主要规定水陆通行的路线、车船数目等。常常几枚合成圆形的竹节状，作为通行的证件。其最著名者，就是战国时期楚国的鄂君启节；此外，还有供给饮食的凭证王命龙节。

(1) 杜虎符

杜虎符，40字（错金书）。1973年出土于陕西省西安市郊区北沉村，②战国中期秦器，③现藏于陕西省博物馆。其铭文如下：④

> 兵甲之符，右在君，左在杜，凡兴士被甲，用兵五十人以上，必会君符，乃敢行之；燔燧之事，虽毋会符，行也。

杜，地名，周为杜伯国，秦武公时成为杜县。⑤ 其大意是，兵甲之符，右半归国君掌握，左半由驻守杜地的将领掌握。凡用兵50人以上，必须会合国君的右半符，如果发生外敌入侵、边塞有烽火紧急军情，也可相机行事。

(2) 新郪虎符

新郪虎符，系传世品，38字，最早著录于《秦汉金文录》。据王国维考证，该符是战国末年秦攻得魏地新郪后所造，是秦统一六国前二三十年间之物。⑥

---

① 后两者为秦朝时期之器物，但仍是战国时期秦国虎符形式与内容的延续，故一并列举，以供参考。
② 陕西省博物馆（黑光）：《西安市郊发现秦国杜虎符》，《文物》1979年第9期，第93页。
③ 陈直：《秦兵甲之符考》，《西北大学学报》1979年第1期，第72页。马非百：《关于秦杜虎符之铸造年代》，《文物》1982年第11期，第85页。戴应新：《秦杜虎符的真伪及其有关问题》，《考古》1983年第11期，第1013页。中国社会科学院考古研究所编：《殷周金文集成（修订增补本）》，12109器"铭文说明"，第6651页。
④ 中国社会科学院考古研究所编：《殷周金文集成释文》第六卷，12109号器，第777页。
⑤ 陕西省博物馆（黑光）：《西安市郊发现秦国杜虎符》，《文物》1979年第9期，第93页。又，（汉）班固：《汉书》第6册，中华书局，1962，第1544页。（汉）司马迁：《史记》第1册，中华书局，1982，第182页。
⑥ 王国维：《观堂集林（外二种）》下册，河北教育出版社，2001，第560页。

现藏"日本某氏"。其铭文如下：①

> 甲兵之符，右在王，左在新郪，凡兴士被甲，用兵五十人以上会王符，乃敢行之；燔燧事，虽毋会符，行也。

新郪，地名，在今安徽省太湖县东北。② 其铭文格式、内容与杜虎符相同。

(3) 王命龙节

王命龙节，又称"王命传节""王命传""传赁龙节""王命传龙节"，③战国中期楚国器。8字(又重文一)。1946年出土于湖南省长沙市东郊黄泥坑墓葬，现藏于湖南省博物馆。此前有四个与此相同之器，各家著录的名称不一。④加上未见著录一器，共有六器。⑤

其铭文如下：⑥

> 王命命传赁(正面)，一檐(担)飤(食)之(反面)。

该铭文是有关供给楚王所雇佣之驿传者饮食的法律，其性质与秦律《传食律》相同，大意是：楚王之命所任命的从事驿传的雇佣者，每月供给一担食量。⑦

---

① 中国社会科学院考古研究所编：《殷周金文集成释文》第六卷，12108号器，第776—777页。按：中国社会科学院考古研究所编：《殷周金文集成(修订增补本)》第八册，12108器"铭文说明"，第6651页，写作现藏"法国巴黎陈氏"，与其后所附现藏地索引不符，恐系笔误。
② 刘海年、杨一凡总主编：《中国珍稀法律典籍集成》(甲编第一册)，刘海年、杨升南、吴九龙主编：《甲骨文金文简牍法律文献》，第256页。
③ 唐兰：《王命传考》，载故宫博物院编：《唐兰先生金文论集》，紫禁城出版社，1995，第53页。李家浩：《著名中年语言学家自选集·李家浩卷》，第101页。
④ 张振林：《"楷徒"与"一檐飤之"新诠》，《文物》1963年第3期，第48页。
⑤ 周世荣：《湖南出土战国以前青铜器铭文考》，载《古文字研究》第十辑，中华书局，1983，第256—257页。中国社会科学院考古研究所编：《殷周金文集成(修订增补本)》第八册，12097、12098、12099、12100、12101、12102号器，图版第6593—6596页，"铭文说明"第6651页，中华书局，2007。其中，12100号为本文此处所引用之器，12097、12098、12099、12101号则为曾著录过的四器，12102号未见著录。又，唐兰说传世著录者有七器(故宫博物院编：《唐兰先生金文论集》，第53页)。
⑥ 流火：《铜龙节》，《文物》1960年第8、9合期，第81页。李家浩：《著名中年语言学家自选集·李家浩卷》，第101页。
⑦ 李家浩：《著名中年语言学家自选集·李家浩卷》，第116页。

(4) 鄂君启节

1957 年出土于安徽省寿县丘家花园。共 4 枚。该节用青铜铸成，腰部有一道竹节状隆起线，将器面分为上、下两段，上长下短，节上有错金铭文。可分为两组：第一组是舟节，161 字，现藏于中国历史博物馆。第二组是车节，3 枚，每枚铭文相同，144 字，现 1 枚藏于中国历史博物馆，2 枚藏于安徽省博物馆。其铭文如下：①

> 大司马邵阳败晋师于襄陵之岁，夏层之月，乙亥之日，王处于葴郢之游宫。大工尹脽以王命命集尹昭粺、织尹逆、炽令阢，为鄂君启之府赎铸金节。屯三舟为一舿，五十舿，岁一返。自鄂市逾油，上汉，庚厝，庚㵋阳，逾汉，庚邔，逾夏，入㵋。逾江，庚彭泽，庚枞阳，入泸江、庚爰陵。上江，入湘，庚䑷，庚洮阳；入耒，庚彬；入资、沅、澧、油。上江，庚木关，庚郢。见其金节则毋征，毋舍桴飤。不见其金节则征。如载马牛羊以出入关，则征于太府，毋征于关。（舟节）

> 大司马邵阳败晋师于襄陵之岁，夏层之月，乙亥之日，王居于葴郢之游宫。大工尹脽以王命命集尹昭粺、织尹逆、织令阢，为鄂君启之府赎铸金节。车五十乘，岁一返。毋载金革黾箭。如马、如牛、女牯，屯十台当一车；如担徒，屯廿担台以当一车，以毁于五十乘之中。自鄂市，庚阳丘、庚方城、庚象禾、庚柳棼、庚繁阳、庚高丘、庚下蔡、庚居巢、庚郢。见其金节则毋征，毋舍桴飤。不见其金节则征。（车节）

该舟节和车节由战国时期的楚国颁发的。舟节是水路运输过关免税的凭证，车节是陆路运输过关免税的凭证。从其铭文可知，鄂君启节是楚国的大司马邵阳在襄陵击败晋军的那年，即夏层二月乙亥日，楚王命属下大臣为鄂君启的府库继续铸造金节而得的。舟节、车节的有效期为一年，只限 50 只（辆）船或车。

舟节铭文记载水路各条交通路线及所经关卡，要求沿途见此节就不要征

---

① 中国社会科学院考古研究所编：《殷周金文集成释文》第六卷，12110—12113 号器，第 778—783 页。

税,但是也不必安排其馈食。若不见此节,则须征税。如果运载马、牛、羊出入关卡,就由大府征税,不必由关卡征税。

车节铭文大意是:陆路运输不得运载金属、皮革、箭竹等军用物资。如果以马、牛等驮载货物,就集10头以当一车。若是挑担之徒,则以20担当一车。以上折合车数须从50辆车总数中减去。最后,记载陆路交通路线,要求沿途关卡见此金节不征税,否则要征税。

从秦虎符、楚鄂君启节铭文内容可以推测,战国时期直接将有关军队调遣的法规和有关交通运输、征税的法规刻在符、节之上,其目的就是为了更好地实施这些法令,以保证当时在军事上和经济上的需要。

(5) 中山王陵园建筑平面图上的法令

此即"兆域图版"所见中山王营陵之令,又称为"中山王营陵诏书"。① "兆域图版",1974年11月至1978年4月出土于河北省平山县战国时期中山国第一号墓椁室,为一长94、宽48、厚约1厘米的铜板,②其性质为中山王陵园的建筑平面图。③ 现藏于河北省文物研究所,其中所见中山王营陵之令的铭文如下:④

  王命赒为逃乏阔狭小大之则。有事者官图之。进退逃乏者死无赦。不行王命者,殃联子孙。其一从,其一藏府。

---

① 刘海年、杨一凡总主编:《中国珍稀法律典籍集成》(甲编第一册),刘海年、杨升南、吴九龙主编:《甲骨文金文简牍法律文献》,第263页。按:其发掘报告即称"中山王的诏书"(河北省文物管理处:《河北省平山县战国时期中山国墓葬发掘简报》,《文物》1979年第1期,第5页),恐有不确。本文暂称之为"王令"。又,关于该图版的名称,李学勤等、黄盛璋认为当称为"兆窆图"(李学勤、李零:《平山三器与中山国史的若干问题》,《考古学报》1979年第2期,第168页;李学勤:《新出青铜器研究》,第196页;黄盛璋:《中山国铭刻在古文字、语言上若干研究》,载《古文字研究》第七辑,第72页)。或认为是"宫堂图"及"搜身的禁令"(徐中舒、伍仕谦:《中山三器释文及宫堂图说明》,《中国史研究》1979年第4期,第94页),其释文及定性恐怕均有欠准确。
② 河北省文物管理处:《河北省平山县战国时期中山国墓葬发掘简报》,《文物》1979年第1期,第5页。
③ 朱德熙、裘锡圭:《平山中山王墓铜器铭文的初步研究》,《文物》1979年第1期,第45页。
④ 中国社会科学院考古研究所编:《殷周金文集成释文》第六卷,10478号器,第237—238页。朱德熙、裘锡圭:《平山中山王墓铜器铭文的初步研究》,《文物》1979年第1期,第44页。

这是针对修建中山王陵园一事而发布的单行法令。其大意是：中山王命令賙修建陵园时要按照规定的大小标准。有司诸官已将这些标准绘制成图。若不遵从而有所出入，则处以死罪不得赦免。不执行本王命者，罪及子孙。该铜板一件从葬，一件藏于王府。①

---

① 河北省文物管理处：《河北省平山县战国时期中山国墓葬发掘简报》，《文物》1979年第1期，第5页。刘海年、杨一凡总主编：《中国珍稀法律典籍集成》（甲编第一册），刘海年、杨升南、吴九龙主编：《甲骨文金文简牍法律文献》，第263页。

第二章　出土简牍法律文献

20世纪以来是简牍大发现的时代。就年代而言，有战国简、秦简、汉简、吴简、魏晋简牍，反映了我国古代以简牍为主要书写材料的年代跨度；就主要的出土地而言，例如战国简有湖南慈利楚简、湖北荆门包山楚简、郭店楚简、河南信阳楚简，秦简有湖南湘西里耶秦简、湖北云梦睡虎地秦墓竹简、云梦龙岗秦简、江陵王家台秦墓竹简、荆州沙市关沮周家台简牍、四川青川秦墓木牍、甘肃天水放马滩秦简，汉简有甘肃敦煌汉简、居延汉简、武威汉简、肩水金关汉简、地湾汉简、陕西未央宫汉简、湖北江陵凤凰山汉简、江陵张家山汉简、云梦睡虎地汉简、荆州印台汉简、荆州松柏汉代木牍、荆州谢家桥汉简、随州孔家坡汉墓简牍、湖南长沙马王堆简牍、长沙走马楼西汉简牍、益阳兔子山战国至三国简牍、长沙东牌楼东汉简牍、长沙五一广场东汉简、长沙尚德街东汉简牍、四川天回汉墓竹简、江苏扬州仪征胥浦竹简、连云港尹湾汉墓简牍、山东临沂银雀山汉墓简牍、安徽阜阳汉简、江西海昏侯墓简牍、广东南越国宫署汉简、河北定州汉墓竹简、青海大通上孙家寨汉简，吴简有湖南长沙走马楼三国吴简等。① 此外还有上海博物馆藏楚竹书、岳麓书院藏秦简、清华大学藏战国竹简、北京大学藏秦汉简牍。

绵延百余年出土、发现的简牍，时代自先秦而至魏晋，类别有古书、律令、行政文书、司法文书、簿籍、卜筮、遣策等，不仅涵盖了传统文献学的四部大类，而且还补充了传世文献缺失或不多见的内容。在认识、探究中国古代文明的进程中，出土文献的价值堪与传世文献比肩，二重证据法已是研究者习以为常的方法。

---

① 参见〔日〕横田恭三著，张建平译：《中国古代简牍综览》，北京联合出版公司，2017；山东博物馆、中国文化遗产研究院编：《书于竹帛：中国简帛文化》，上海书画出版社，2017，第13—17页。

在已出土与发现的简牍中,法律文献所占有的分量无疑是引人注目的。仅以内容单纯或主要为律令、司法文书且数量达百枚以上的简牍而言,即有云梦睡虎地秦墓竹简(1975)、云梦龙岗秦简(1989)、岳麓书院藏秦简(2007)、江陵张家山 247 号汉墓竹简(1983)及 336 号汉墓竹简(1988)、长沙走马楼西汉简牍(2003)、荆州印台汉墓简(2002)、云梦睡虎地 M77 号墓汉简(2006)、长沙五一广场东汉简(2010)以及新近披露的荆州胡家草场 M12 出土的西汉律令简(2018),对它们的整理研究已是中国古代史与中国法律史学界重要且持续的学术活动之一。

在出土简牍总量可观,研究早期的中国古代法制文明已不能脱离简牍而为之的今天,从文献学的角度概观简牍法律文献,对其定名、性质、类别、价值及其利用作一整体认识,无论是对历史文献学还是对中国法律史学,都是必要之举。①

第一节　文书与文献

百年来伴随着简牍的不断出土,对它的分类与定名也成为简牍学需要解决的问题之一。在既往研究中,一些具有代表性的简牍学论著,或在"文书"下统属律令,或在"书檄"下归纳司法文书,或以"官文书"包括法令、案例,以求以类相从。但在整体认识并整合出土简牍中的法律资料时,这样的分类与定名并不利于"辨章学术",原因即在于"文书"的概念还不能统摄各种法律文献。

在传世文献中,"文书"一语应有广、狭二义。广义的"文书"包含书籍与

---

① 本章下文所引睡虎地秦墓竹简简文,出自睡虎地秦墓竹简整理小组《睡虎地秦墓竹简》(文物出版社,1990);所引岳麓书院藏秦简,出自朱汉民、陈松长主编《岳麓书院藏秦简(叁)》(上海辞书出版社,2013)、陈松长主编《岳麓书院藏秦简(肆)》(上海辞书出版社,2015)、同编《岳麓书院藏秦简(伍)》(上海辞书出版社,2017);所引张家山汉简,出自张家山二四七号汉墓竹简整理小组《张家山汉墓竹简〔二四七号墓〕》(文物出版社,2001);所引敦煌汉简,出自甘肃省文物考古研究所编《敦煌汉简》(文物出版社,1991);所引居延汉简,出自谢桂华、李均明、朱国炤《居延汉简释文合校》(文物出版社,1987)与甘肃省文物考古研究所、甘肃省博物馆、文化部古文献研究室、中国社会科学院历史研究所编《居延新简　甲渠候官第四燧》(文物出版社,1990)。为避文烦,文中不再逐一出注。

文书。学者据《史记·秦始皇本纪》"秦王怀贪鄙之心……禁文书而酷刑法",①《汉书·刑法志》"律令凡三百五十九章,大辟四百九条,千八百八十二事,死罪决事比万三千四百七十二事,文书盈于几阁,典者不能遍睹",王充《论衡·别通篇》"萧何入秦,收拾文书,汉所以能制九州者,文书之力也"等记载,指出"文书"有时泛指书籍、经籍,有时指律令条文,有时泛指律令法典以及户口、垦田簿册。② 可知文书包含了书籍、律令、司法案例、图籍、簿册以及行政运行中的"文书"。因此王充所言的"文书之力也",可理解为一切行用帝国权力的典章以及文书所产生的效力。在"法"是位于律令之上的涵盖性规范总称的意义上,《韩非子·难三》"法者,编著之图籍"之"图籍",也可视为书籍文书。

狭义的"文书"则单指公文案牍。在早期帝国的行政、司法运行中,文书更多的是用于此意。睡虎地秦简《秦律十八种》、张家山汉简《二年律令》及岳麓书院藏秦简皆有《行书律》,"书"即文书,《行书律》是有关传送文书的各种规定。③ 律文涉及的文书之名有命书、制书、二千石官书、狱辟书等。④ 而现实中的文书种类远非仅此,如里耶秦简所见,除制书外,各级官署的文书即有御史书(8-152)、廷书(8-173)、司空曹书(8-375)、尉曹书(8-453)、守府书(8-653)、狱东曹书(8-1155)、户曹书(8-1533)、狱南曹书(8-1886);⑤ 而据学者对秦汉简牍中官府往来文书的分类,就有语书、除书、遣书、病书、视事书、予宁书、调书、债书、直符书、致书、传等,⑥体现了地方行政机构通过文书运行的日常状态。正是由于公文性的文书在现实政治中具有通畅政令、维系

---

① 贾谊《新书·过秦下》此句为"秦王怀贪鄙之心……焚文书而酷刑法"。(汉)贾谊撰,阎振益、钟夏校注:《新书校注》,中华书局,2000,第14页。
② 汪桂海:《汉代官文书制度》,广西教育出版社,1999,第19页。
③ 如以睡虎地秦墓竹简《秦律十八种·行书律》为例,183简所见,是对传送命书及急件、非急件的规定,同时还设定了对滞留文书送达行为的惩罚;184简所见,则是有关收发文书的登记、丢失文书的报告、传送文书者的资格等规定,还有对未能按文书要求而送达者的追查。
④ "命书"见睡虎地秦墓竹简《秦律十八种·行书律》183简,《秦律杂抄》4简;"制书"见张家山汉简《二年律令·行书律》265简;"二千石官书"见《岳麓书院藏秦简(肆)》1250(192)简,"狱辟书"见张家山汉简《二年律令·行书律》276简。
⑤ 陈伟主编:《里耶秦简牍校释》(第1卷),武汉大学出版社,2012,第92、104、140、152、192、285、352页。
⑥ 参见李均明:《秦汉简牍文书分类辑解》,文物出版社,2009,第44—69页。

统治的作用，往来于上下级之间的公文是各级官署履职的实际形态，因此如汉简文书所见，他官代行本官职责往往以"行某某文书事"表达，"行某某文书事"成为行使职权的代称。① 永田英正以"文书行政"概言汉代的上下行文书与簿籍制度，正是揭示了文书与政务运行的密切关系。②

"文书"的广、狭二义，在历史文献的理解中并不产生窒碍。但若作为出土简牍法律文献的定名，则不利于其价值的凸显与认识。例如若以狭义文书为标准，则律令文献就不能类属于此。概言之，律令文献并非往来于官府间并呈运行状态的公文，而是经由一级公权机构立法的产物，具有普遍的适用范围与对象，是运行中的法规。它与运行于上下级或平级机构间的行政文书并不能划等号。例如《二年律令》，尽管未必是对原书、原篇的全部抄录，但所谓"某某律"可视为书籍之篇章，其难以为狭义的"文书"概念所涵盖。奏谳书、死罪决事比等也是如此。见其书即知其非某一案牍，而是汇总案牍而成的编纂物。它们在编纂前或是一个案件的文书，但若干种案件的文书在按某种标准编纂后即成为书籍，完成了自文书至书籍的转化。譬如《奏谳书》在被编纂前是若干个具有指导意义的案例，但它们在被编纂者出于某种目的且按一定的标准编纂为案例汇编后，便不再是文书或档案，而是成为具有书籍性质的编纂物。如果它是司法官吏在现实中的决狱依据，则还起着成文法的作用。在这种情况下若仍以狭义的"文书"指称，则不利于客观认识当时的法律文献。反之，若对这样的简牍文献适用以广义，一方面"文书"之名易混淆书籍与文书的界限，另一方面出土简牍中的六艺、诸子之书已可自成一类，律令之书若可视为书籍，自可入此而不必厕身文书。③

---

① 例如《居延新简》EPF22.153－154简："建武五年八月甲辰朔戊申，张掖居延城司马武以近秩次行都尉文书事，以居延仓长印封，丞邯告劝农掾褒，史尚谓官县：以令秋祠社稷，今择吉日如牒。书到，令丞循行，谨修治社稷，令鲜明，令丞以下当侍祠者斋戒，务以谨敬鲜洁约省为故。褒、尚考察不以为意者，辄言，如律令。"所谓"行都尉文书事"，即代行都尉职权处理事务。

② 〔日〕永田英正：《文书行政》，收入佐竹靖彦主编：《殷周秦汉史学的基本问题》，中华书局，2008，第224—243页。

③ 事实上在有些学者的简牍分类研究中，书籍已被单独为类。如籾山明（1999）将简牍分为书籍、文书、簿籍、检、楬诸类，冨谷至（2003）则依简牍内容分为两大类，第一大类各种证明书、检、檄楬、符等，第二大类分书籍与簿籍（参见〔日〕高村武信：《中国古代简牍分类试论》，《木简研究》第34号，2012，第136页）。张显成分简帛为书籍与文书两类（氏著《简帛（转下页）

近年来学者对简牍文书的分类有更深入思考,①反映了简牍的固有特征及简牍学的深入发展。与传世文献相比,简牍的发现、书写材料、编纂形式以及流传过程自然有所不同,不过从"辨章学术,考镜源流"的角度考虑,依据传统文献学的部类对简牍内容分类,应更能凸显"历史文献"的同一性,充实人们对学术史的认识。李学勤先生指出:"对于这个时期的简帛书籍,我一直主张参照《汉书·艺文志》来分类。这是因为《汉志》本于《别录》《七略》,比较适合当世流传书籍的情况。"随后他举例分类,列出六艺、诸子、诗赋、兵书、数术、方技、算术、医药等文献。② 刘钊亦认为,"对于出土简牍帛书的分类,最好的办法是将其纳入当时的图书分类中去,这样才能站在当时的立场了解和分析图书的性质和内容",并主张可按《隋书·经籍志》的分类,将睡虎地秦简等法律资料列入史部刑法类。③ 张显成的《简帛文献学通论》则在简帛书籍中辟出"史"书类,收入律令类简牍。④

　　依据史志看待出土简牍中的法律文献,不仅有利于整体认识古代图书的形成与类别,也有利于考察中国古代法制的发展源流。如据《汉书·艺文志》可知,律令之书当时并未纳入收书标准,法制类书籍经西晋荀勖《中经新簿》创立四分法而至《隋书·经籍志》,方于史志中获得一席之位。而丰富的出土律令简牍说明,这些"藏于理官"的文献自成一类,也是"天下之书"的门类之一。事实上也正是有赖于出土秦汉法律文献的不断面世,秦汉法律的本体才逐渐呈现出其原有状况,秦汉法律史的研究才获得了长足的进步。因此从文献学的角度将简牍中的法律文献归为一类,有助于总体认识这一历史时期的法制状况。

　　当然,主张将律令类简牍归入书籍并作为独立的门类,并不意味着这一

(接上页)文书学通论》,中华书局,2004,第 226 页),骈宇骞、段书安亦同(《二十世纪出土简帛综述》,文物出版社,2006,第 175—370 页)。只是在律令的归属上,二书有所不同。前者归于书籍类的"史书",而后者归入"文书"。

① 高村武幸的《中国古代简牍分类试论》(《木简研究》第 34 号,第 133—158 页)是较具代表性的成果之一。该文梳理了历来简牍的分类及其问题所在,认为构成简牍性质的因素有形状、用途与机能、内容、材质、制作技法及出土状况,以此六要素确定简牍的性质,是分类的理想状态。文章同时还以敦煌、居延汉简为例,探讨了形状分类与机能、内容分类。
② 李学勤:《简帛佚籍与学术史》,江西教育出版社,2001,第 8—12 页。
③ 刘钊:《出土简帛的分类及其在历史文献学上的意义》,《厦门大学学报(哲学社会科学版)》2003 年第 6 期,第 67、69 页。
④ 张显成:《简帛文献学通论》,第 228 页。

门类唯有律令书籍。① 如果按《隋书·经籍志》史部刑法篇的收书种类,至少律注、律解也在此类。若再按历史上的公私书目所括文献,则律令典籍、专门规范、律令注解、司法案牍、奏章著述亦不能外。因此,其分类无论是曰刑法还是曰法令或曰法律,所包含的类别并非仅是律令。此外若跳脱门类来看,在被划分为"文书"类的简牍中,亦包含着可认识当时法制状况的内容。例如司法文书与律令的适用,文书传递与《行书律》的执行,户籍管理与《户律》的关系等,都体现了现实政治与律令的密切关系。在此意义上,法律文献所包含的元素也不能仅仅就是律令,史志目录所不著录的官文书也应给予关注。在出土法律文献的总量不断上升的今天,遵循史志目录的分类而不拘泥于此,就能统摄种类不同而内容相关的资料,以全面反映当时法制的状况。而有历史意义的、比较主要的书面材料这一文献定义,也适用于这一统摄对象。

目前所见出土简牍法律文献的主要类别有律令、案件汇编、司法文书、司法档案。但是如果扩展视野,注重官吏自律修身及为政经验总结的官箴吏训,蕴含着丰富法律资料的各级机构的行政文书,反映了特定地区以及民间社会法律生活的债务文书与实物券书,体现了当时人们的法观念、法律思想的理论阐述,自然也具有法律文献的价值。因此以"出土简牍法律文献"而不以"法律文书"称谓各种简牍法律文献,更能反映当时法律文献的实际状况。

第二节 性 质 辨 析

我们目前所获知的简牍法律文献的来源主要有四,即边境出土文书、墓葬出土随葬品、井窖遗址出土档案以及近年来一些高校的入藏品。前三种皆为通过科学考古发掘而发现,后一种则属于流失简。

在这些出土简牍法律文献中,边境遗址与井窖遗址出土简牍的产生主体

---

① 关于"书籍"的标准并未古今同然。余嘉锡先生的《古书通例》对古书体例有精当总结,学界一般认为这对简牍古书的认识具有指导意义。

多为官府,因此其"官文书"的特征明显。如敦煌、居延汉简是汉代西北边境屯戍者的生活记录,数量庞大,内容丰富,其中所蕴含的法律资料为秦汉法律研究开拓了进一步的空间。① 里耶秦简出土于里耶古城遗址1号古井,是秦朝洞庭郡迁陵县政府的档案,包含了各种文书、簿籍以及与法制相关的资料。② 长沙走马楼西汉简牍2003年出土于走马楼街J8古井,初步考证是武帝时期长沙国刘发之子刘庸在位时的官文书,性质大部分属于司法文书。③ 长沙五一广场东汉简牍2010年出土于五一广场1号窨,亦多为官文书,有大量涉及刑法、司法的内容。④ 这些文书主体明确,上下行及平行关系大体清楚,藉此可以体察政令的实际运行状况。因此对它们的性质判断大致不会产生分歧。

与遗址出土简牍相比,墓葬出土简牍在性质的判断上则稍显复杂。

首先从根本而言,应当充分尊重墓葬出土法律文献的整理者对文献性质的基本判断。以性质较为明显的法律文献为例,整理者对睡虎地秦简的性质判断是"大部分是法律、文书,不仅有秦律,而且有解释律文的问答和有关治狱的文书程式",⑤对张家山汉简《二年律令》的认识是"是吕后二年施行的法律","简文包含了汉律的主要部分,内容涉及西汉社会、政治、军事、经济、地理等方面,是极为重要的历史文献"。⑥ 这个基本判断是利用这些材料进行秦汉法律史研究的基础。在公权力的运行范围内,公权力对法律的权威性与立法权限有严格掌控。法律的产生、修订、下达尽管有主体的不同,但承载了国家或地方权力机构意志的法律文本不能脱离公权制约而另行其事。墓葬出土的法律文献虽然皆为抄本,但其原本应是公权的立法产物。如果对这样的法律文献缺乏一个基本判断,则研究将滑向虚无的边缘。

但与此同时也应当注意到,墓葬出土的简牍皆为随葬品,它们不可排斥地具有一定的私人性。这一私人性是否对源于公权力的法律文献产生了影

---

① 相关内容的整理,可参李均明、刘军:《汉代屯戍遗简法律志》,科学出版社,1994。
② 湖南省文物考古研究所编著:《里耶秦简(壹)》"前言",文物出版社,2012,第1—4页。
③ 国家文物局主编:《2004中国重要考古发现》,文物出版社,2005,第93—96页。
④ 长沙市文物考古研究所:《湖南长沙五一广场东汉简牍发掘简报》,《文物》2013年第6期,第4—25页。
⑤ 睡虎地秦墓竹简整理小组编:《睡虎地秦墓竹简》"出版说明",文物出版社,1990,第2页。
⑥ 张家山二四七号汉墓竹简整理小组:《张家山汉墓竹简〔二四七号墓〕》,第133页。

响,例如应如何看待文献来源及因何而葬,是在认识这类文献时需要思考的问题。① 以学界探讨已久的"王杖诏令册"为例,就有受杖主者自己编集成册、个人为了将既得利益推及身后的黄泉文书、在民间被反复抄写的具有"护身符"作用的法律文书等说法。② 这意味在将墓葬出土的简牍法律文献等同于官方法律文献之前,还应考虑到现实中经公权力产生的文本与作为随葬品而下葬者的差异。从目前所见的墓葬出土的法律文献来看,推测其来源大致有二:一是墓主人生前履职时已然产生的抄本,二是墓主人去世时为陪葬而抄就或编就的本子。那么抄本是否受维护法律权威性的公权力的制约,书手在抄写时有无一定的自主处理,如采用提炼、摘要、节略、缩略甚至改写等方法,就不是断然可以排斥的问题。例如睡虎地秦简《田律》4-7简,是有关季节性的渔猎禁令以及百姓之犬进入禁苑的相关规定,而《龙岗秦简》77-83简虽然残缺明显,但主要内容仍可看出与上述《田律》4-7简的后半部分相同,这意味着《龙岗秦简》的利用者只是依据需要而选择性地抄录了《田律》。③ 又如《秦律十八种》,有学者认为是"为了实施县、都官的管理事务而从各律中挑选出必要的条文汇总而成的书",④而龙岗秦简的中心内容为"禁苑",是摘抄各种法律条文编集而成,⑤这又表明抄写者的主观用意是明确的。这些文献所具有的"摘录"特征,提示着人们在利用时有必要考虑原本与抄本的差异,不能一概视抄本为原本的复制。

就目前所知见的墓葬出土简牍来看,有的本身就是律令文本、司法文书,具有可判断其性质的篇题或内容特征;有的虽含有法律资料,但其本身是否法律文献却需要审慎对待。银雀山汉墓竹简出土后,其中的《守法守令十三篇》最初被认为是"主要记述战国时代齐国的'法'和'令'",⑥部分篇章"是当

---

① 相关探讨可参见张忠炜:《读〈张家山二四七号墓汉简法律文献研究及其述评(1985.1—2008.12)〉》,载中国政法大学法律古籍整理研究所编《中国古代法律文献研究》第4辑,法律出版社,2010。
② 相关之说可参徐世虹:《百年回顾:出土法律文献与秦汉令研究》,《上海师范大学学报(哲学社会科学版)》2011年第5期,第74页。
③ 参见中国文物研究所、湖北省文物考古研究所编:《龙岗秦简》,中华书局,2001,第5页。
④ 〔日〕江村治树:《春秋战国秦汉时代出土文字资料的研究》,汲古书院,2000,第693页。
⑤ 中国文物研究所、湖北省文物考古研究所编:《龙岗秦简》,第5页。
⑥ 吴九龙:《银雀山汉简齐国法律考析》,《史学集刊》1984年第4期,第16页。

时齐国通行的法、令"，①但是伴随着研究的深入，学界对其性质的认识渐趋明晰，形成了学派著作、文集或论文汇编的说法，认为是稷下学派融合治国经验、国家管理制度、治国理念而成。② 因此在看待含有较多法律资料的出土文献时，也需要对其做出本身是否法律文献的判断。

对于即使可确定为法律性质的文献，其产生主体以及文体、功能的定谳也并非易事。如睡虎地秦简《语书》，整理小组的判断是南郡守腾颁发给本郡各县、道的一篇文告，而有的学者则认为是喜为训练官吏如何从政、行政以及如何为吏而编的教材；③而对《法律答问》的认识，则有具有法律效力的解释、秦律说、学吏教材、职务指南、法官私家解释、墓主人的法律知识笔记等诸说。④ 其文本无论是官方抑或私人所出，固然皆可成为当时培育官吏职业素养的佐证，但法律解释的公私与否，则直接影响到产生主体的权威性，因此性质不可不辨。再如前述有关王杖简的性质认识，对王杖十简有附金布令篇说、死罪决事比说、王杖授予证明说，对"王杖诏令册"除前述见解外又有挈令与律令读本说，见解殊为不一。王杖简是学者讨论汉令所利用的重要资料之一，其性质的廓清无疑将涉及立论的可靠与否。

有的出土简牍在内容上可判断为法律文献，然而因无律名，故在整理过程中其内容归属是否契合古意，也难以遽然定谳。例如对龙岗秦简，总体上可作出"是秦律"的判断，但相关内容属于秦律中的何篇何类，则需要逐步探索而趋臻备。最初的整理者为其拟定了《禁苑》《驰道》《马牛羊》《田赢》《其它》等五个篇题，而后续整理者则认为只有"禁苑"这一个中心。⑤ 可见整理者的识见直接影响着简牍法律文献的内容与性质判断。又如《晋书·刑法志》所言"大体异篇，实相采入"是汉律的现实状况，也是魏人所批评的汉律缺陷之一，这就意味着在利用当时的法律文献时，应当认识到这种缺陷而警惕以

---

① 刘海年：《战国齐国法律史料的重要发现——读银雀山汉简〈守法守令等十三篇〉》，《法学研究》1987年第2期，第75页。
② 郭丽：《银雀山汉简〈守法〉〈守令〉等十三篇概说》，《中国社会科学报》2013年5月29日A05版。
③ 张金光：《论秦汉的学吏教材——睡虎地秦简为训吏教材说》，《文史哲》2003年第6期，第68页。
④ 王伟：《秦汉简牍所见刑罚制度研究》，中国人民大学博士学位论文，2013，第21—25页。
⑤ 中国文物研究所、湖北省文物考古研究所编：《龙岗秦简》，第4—5页。

后律目前律。魏人改汉律,析出《盗律》中的受所监、受财枉法而另入《请赇律》,这一变化因晋志的记载而得以明了。但更多的律文、律篇变化可能并未得到记载,如此在认识出土文献中的律文归属时,差异意识便不可或缺。换言之,如何认识出土简牍法律文献与传世文献之间的差异,意识到篇章与律文的调整是古代法律伴随着法理观念、立法技术的逐步成熟而带来的变化,是性质判断的一个前提。

百年来出土的简牍法律文献是中国古代法制文明的重要载体,它们的问世,不仅扩充了书籍门类,令律令之学入流,也促进了中国法律史研究的拾级而上。但随葬品的性质、简册的扰乱、利用目的不同、年代的久远、认识的差异,又使部分法律文献的性质判断并非易事,还需要学界的长期研究以取得共识。

第三节　类别及其内容之一

论及类别,必然涉及分类标准。《隋书·经籍志》收入"刑法"篇之书,涉及律、令、律注、律解、驳议、弹事、奏事、驳事、决事、服制。而在中国法律史研究已历经百年,人们对中国古代法律的认识已经历了古今之变的当下,再以"刑法"统摄古代法律文献,难免有泥古之嫌。当然,以现代法学及社会科学的概念削足适履,穿衣戴帽,也将导致本末倒置。因此若确定出土简牍法律文献的分类标准,当然首先应以出土简牍文献的自身内容为据,其次自传统文献及史志目录中所获得的中国古代法律文献的大类,亦可借鉴。其大类为:立法文献及其衍生文献、司法文献、律学文献、普法教育文献、学术论述、民间法律文献。[①] 如果说这些文献涵盖了历史上的法律活动,则其分类亦适用于出土简牍法律文献的划分。尽管目前我们所见出土简牍法律文献,大多还处于初始或散见的状态,尚未经过系统的综合的整理归纳,加之有些文献的性质判断也存在不确定性,因此上述大类不意味着皆可获得对应关系,但是其基础性的类别则具有契合性。如《汉代屯戍遗简法律志》[②]是首部分类

---

① 有关大类的划分,参见本书"绪论"。
② 刘海年、杨一凡总主编:《中国珍稀法律典籍集成》(甲编第 2 册),李均明、刘军主编:《汉代屯戍遗简法律志》,科学出版社,1994。

集成西北地区出土汉简法制史料的著书,其上编为诏书、律、令、科、品(附"坐罪与刑罚"),中编为司法文书(附"债"),下编为与司法有关的其他文书。其中的法源形式与司法文书即与传世文献的类别契合。因此,若以出土文献本身的性质与内容为依据,同时参酌传世文献、史志目录及既有研究成果而对出土简牍法律文献做合理的类别划分,可使简牍法律文献的价值更得彰显。

鉴此,以下以律、令、法律解释、案例汇编、散见案件、司法档案、司法文书及官箴吏训为类,概述出土简牍法律文献。需要说明的是,官箴吏训类文献从严格意义上说并非产生于立法、司法及有关法律的学术活动,将其归入法律文献或生疑义。但如果考虑到在行政事务与法律规定密不可分的时代,官箴吏训的教条往往即是律文规范的职责所在,[①]法律内容也是吏训教材的内容之一,则将官箴吏训纳入法律文献便具有一定合理性,故于此析为一类。

一、律

在梳理律文时,有明确律名且有一定书写格式的自然可知律篇。有些律文虽无律名,但通过与同类条文的比较或分析其规范对象,也可推测出所属律篇。只是在判断是否律篇时,有两种情况需要留意:一是虽有"某某律"之名,但未必就是律篇名。例如张家山汉简《二年律令》条文中有"奴婢律"之名,其未必即指有此律篇名,较为稳妥的理解是"有关奴婢的律文"。[②] 此学界已有共识。二是即使是推测为某篇,律篇自身的发展变化也为这样的归纳带来一定的不确定性。例如汉简所见"证不言请(情)律",[③]惩治的是证人证言中的伪证罪,但其律篇归属并非一成不变。《二年律令·具律》110 简:"证不

[①] 例如学者在论述岳麓书院藏秦简《为吏治官及黔首》的取材时认为,"有的文句可能取材于当时的律令条文",如"牛饥车不攻闲"当出于《秦律十八种·司空》"不攻闲车"等内容,"库臧(藏)羽革""杨(炀)风必谨"当由《效律》"官府臧(藏)皮革,数穊(煬)风之"之类律文略加变化而成,"擅段(假)县官器"当由《秦律十八种·工律》"毋擅段(假)公器……"之类律文析出。参见陈松长等著:《岳麓书院藏秦简的整理与研究》,中西书局,2014,第 128 页。相关内容由许道胜撰写。
[②] 张家山二四七号汉墓竹简整理小组:《张家山汉墓竹简〔二四七号墓〕》,第 155 页。
[③] 《居延汉简释文合校》3.35 简:"☐史敢言之:爰书:郚卒魏郡内安定里霍不职等五人☐☐☐☐☐敵剑庭刺伤状。先以证不言请出入罪人辞……";《居延新简》EPT52.417 简:"☐……先以证不请律辨告,乃验问。""请",情。

言请(情),以出入罪人者,死罪,黥为城旦舂;它各以其所出入罪反罪之。狱未鞫而更言请(情)者,除。吏谨先以辨告证。"可知此罪由具律(或囚律)规范。汉律中的诈伪行为分见于各篇,如《二年律令》所见,有贼律的伪写玺印、诈增减券书,捕律的捕罪人购赏诈伪,具律(或囚律)的证不言情、译讯人诈伪,关市律的买卖欺骗,户律的诈代户、诈增减户籍,爵律的诈伪自爵免、爵免人等;《晋书·刑法志》所见,有贼律的欺谩、诈伪、踰封、矫制,囚律的诈伪生死。魏改汉律,析出相关内容设"诈律"之篇。从唐律《诈伪律》来看,伪造御宝、伪写官文书印、伪写符节、诈为制书及增减、对制上书不以实、诈为官文书及增减、证不言情及译人诈伪等罪皆在该篇,由此可见律篇之变。因此律篇之推测,还需要一定数量的文献以及长期的研究积累。从普及性考虑,下文所录,主要是本身标明律名及通过比较而可明确律名的律篇,一些明显属于律文但尚不明确律篇归属者,暂不列入。

1. **魏户律、奔命律**

在1975年出土的睡虎地秦墓竹简《为吏之道》第16—28简的第五栏,抄写有标题为"魏户律"与"魏奔命律"的两条律文。律文均颁布于魏安釐王二十五年(前252),前者是对特殊身份者的立户、分田的限制规定,后者是对特殊身份及怠于劳作者的待遇处置规定。这是首次出现的完整的魏律佚文,它所体现的王命入律的形式,有助于认识当时的律令关系。户律、奔命律皆见于汉律。如《二年律令》有户律,睡虎地汉简有奔命律。

2. **睡虎地秦墓竹简秦律**

1975年出土于湖北省云梦县睡虎地11号秦墓。据同墓所出《编年纪》记载,年代为秦昭王元年(前306)至始皇三十年(前217)。一般认为,秦简所反映的年代为战国末期至秦始皇时期。整理者将内容分为《秦律十八种》(整理者拟定书题)、《效律》(原简标有篇题)、《秦律杂抄》(整理者拟定书题)。《秦律十八种》共201枚简,内容有:田律、厩苑律、仓律、金布律、关市、工律、工人程、均工、徭律、司空、军爵律、置吏律、效、传食律、行书、内史杂、尉杂、属邦;《效律》共60枚简,内容较《秦律十八种》中的《效律》更为详细;《秦律杂抄》共42枚简,内容有:除吏律、游士律、除弟子律、中劳律、藏律、公车司马猎律、牛羊课、傅律、敦表律、捕盗律、戍律等。可见秦律律名繁多,并非仅是"六篇"。《秦律十八种》中未见"六篇",应与抄用者的取舍有关。

睡虎地秦简被学界称为"划时代的发现",其影响力历经数十年而不衰,是研究中国法律史重要的基础读物之一,相关研读活动至今仍在持续。睡虎地秦简的整理版本有5种之多,整理小组1978年版的平装本《睡虎地秦墓竹简》(文物出版社,1978)最具有普及性,同社所出的1990年版精装本则是学术研究的定本。2014年武汉大学出版的《秦简牍合集〔壹〕》(上、中、下),是对睡虎地秦简再度整理的成果。整理采用红外影像技术获取简牍图像,在既有成果的基础上"形成在识字、断读、缀合、编连上有重要改进的释文文本",①因而也是基础读本之一。

3. 青川木牍《为田律》

1979年至1980年出土于四川省青川县郝家坪50号战国秦墓,书写于一枚木牍之上,内容是秦武王二年(前309)十一月以王命形式修订颁布的《为田律》,律文规定了田亩大小、修改封埒、修道造桥、疏通河道等事项,②可与张家山汉简《二年律令·田律》246—247简的相关记载对读。

4. 龙岗秦简所见秦律

1989年出土于湖北省云梦县龙岗6号秦墓,共有竹简150余枚,墓葬年代为秦末。③ 龙岗秦简未见具体律名,其内容据学者研究,大抵可分为三类:一是直接涉及禁苑,二是间接涉及禁苑,三是与禁苑事务相关,中心内容是"禁苑",是摘抄各种法律条文编集而成。④ 龙岗秦简的基础读本为中华书局2001年版的《龙岗秦简》。

5. 江陵王家台秦简《效律》

1993年出土于湖北省江陵县荆州镇郢北村15号墓,共有96枚残简,书写年代不晚于秦代,尚未全部公布。据学者介绍,与睡虎地秦简《效律》相比,王家台秦简《效律》残缺较多,内容也基本相同,但排列顺序有所不同,文字也略有不同,两相对读,可了解《效律》的条文排列情况。⑤

---

① 陈伟主编:《秦简牍合集(壹)》,武汉大学出版社,2014,"序言",第9页。
② 四川省博物馆、青川县文化馆:《青川县出土秦更修田律木牍——四川青川县战国墓发掘简报》,《文物》1982年第1期,第11—12页。
③ 湖北省文物考古研究所、孝感地区博物馆、云梦县博物馆:《云梦龙岗秦汉墓地第一次发掘简报》,《江汉考古》1990年第3期,第24—25页。
④ 中国文物研究所、湖北省文物考古研究所编:《龙岗秦简》,第5页。
⑤ 王明钦:《王家台秦墓竹简概述》,收入艾兰、邢文主编:《新出简帛研究》,文物出版社,2004,第39页。

6. 岳麓书院藏秦简秦律

岳麓书院藏秦简由湖南大学岳麓书院于 2007 年自香港购藏,内容分为七大类：质日、为吏治官及黔首、占梦书、数、奏谳书、秦律杂抄、秦令杂抄。目前已出版五册：第一册的内容为质日、为吏治官及黔首、占梦书。第二册的内容是数学。第三、四、五册皆为法律文献。第三册的内容为司法文书,涉及奏谳文书,对司法官员的推荐文书及乞鞠案件。① 第四册的内容"既有秦律,也有秦令,还有具体事类的决事比",②所见秦律有亡律、田律、金布律、尉卒律、繇律、傅律、仓律、司空律、内史杂律、奔敬（警）律、戍律、行书律、置吏律、贼律、具律、狱校律、兴律、杂律、关市律、素（索）律等。第五册的内容"以秦令为主",③出现了较多的令名。岳麓书院藏秦简所见秦律令,是继睡虎地秦简、龙岗秦简后的又一次发现,它的价值将伴随着整理研究的深入而逐步显现。

7. 里耶秦简中的秦律

里耶秦简 2002 年出土于湖南省龙山县里耶战国——秦代古城遗址 1 号古井,数量达 38000 余枚,是秦朝洞庭郡迁陵县遗留的公文档案,年代为秦始皇二十五年（前 222）至秦二世二年（前 208）。里耶秦简将分 5 辑出版,目前已出版第 1、2 辑,④第 1 辑包含第 5、6、8 层出土的简牍,第 2 辑为第 9 层出土的简牍。据整理者梳理,涉及律令类的有律（均为引用律文）、令（更名诏令等）、令目、式（式令、书式）,司法文书则有爰书、劾讯、辟书、诊书、病书、谳书。⑤ 如第 1 辑所见,律名虽仅有工律（8-463）,但不少记载可印证秦律在现实中的运用。如异地追索赀赎钱文书,可印证《秦律十八种·金布律》中"有责（债）于公……辄移居县责之"的执行；有关校雠律令的记载（6-4、8-173）,可与《秦律十八种·尉杂》"岁雠辟律于御史"之文对读；仓吏的出禀记录,体现了《秦律十八种·仓律》的内容特征之一,即规定了向为官府服役的刑徒供应口粮的各种标准；涉及畜官考课的"徒隶牧畜死负、剥卖课"与"徒隶牧畜畜死不请课"（8-490+8-501）,是《秦律十八种·厩苑律》相关律文

---

① 参见朱汉民、陈松长主编：《岳麓书院藏秦简（叁）》,上海辞书出版社,2013,"前言"。
② 陈松长主编：《岳麓书院藏秦简（肆）》,中西书局,2015,"前言"。
③ 陈松长主编：《岳麓书院藏秦简（伍）》,中西书局,2017,"前言"。
④ 湖南省文物考古研究所：《里耶秦简（壹）》,文物出版社,2012。湖南省文物考古研究所：《里耶秦简（贰）》,文物出版社,2017。
⑤ 湖南省文物考古研究所：《里耶秦简（壹）》"前言",第 2—3 页。

的体现;而金布课目更是反映了与《金布律》的对应关系。又据学者缀合的律文"上造、上造妻以上有罪,其当刑及当城旦舂,耐以为鬼薪白粲。其当【耐罪各】以其耐致耐之。其有赎罪各以其赎读论之",①可见《二年律令·具律》相关条文与它的承袭关系。

里耶秦简是秦代文献又一次重要的考古发现,伴随着今后整理成果的相继出版与研究的深入,其中的秦律价值将会进一步充实。第1、2辑的读本,除湖南省文物考古研究所编著的《里耶秦简(壹)》《里耶秦简(贰)》外,陈伟主编的《里耶秦简牍校释(第一卷)》《里耶秦简牍校释(第二卷)》也是基础读本,二书的"前言"均以一定篇幅论述了里耶秦简之于秦代法制的认识价值。

8. 张家山汉墓竹简《二年律令》

1983年出土于湖北省江陵县张家山247号汉墓,墓葬年代为西汉早期,墓中历谱为汉高祖五年(前202)至吕后二年(前186)。《二年律令》是墓中所出8种文献之一,共有竹简526枚,1简背面书有"二年律令","二年"一般认为是吕后二年。除去《津关令》38枚简,律简共有487枚。所见律名有:贼律、盗律、具律、告律、捕律、亡律、收律、杂律、钱律、置吏律、均输律、传食律、田律、关市律、行书律、复律、赐律、户律、效律、傅律、置后律、爵律、兴律、徭律、金布律、秩律、史律,共27种。② 其见于睡虎地秦简《秦律十八种》的有9种,即田律、金布律、关市律、徭律、爵律、置吏律、效律、传食律、行书律,见于岳麓书院藏秦简的亦9种,又有未见于睡虎地秦简而见于岳麓书院藏秦简的具律、亡律、兴律,显示了与秦律的继承关系。从《二年律令》的排序来看,性质比较明显的"罪名之制"较为靠前,涵盖了盗、贼、囚、捕、杂、具诸篇。

《二年律令》是继睡虎地秦简后又一次重要的考古发现,具有重大的法律文献价值。其主要的整理、集释读本有:张家山二四七号汉墓竹简整理小组的《张家山汉墓竹简〔二四七号墓〕》及释文修订本,③彭浩、陈伟、工藤元男主编的《二年律令与奏谳书——张家山二四七号汉墓出土法律文

---

① 陈伟主编:《里耶秦简牍校释(第二卷)》,武汉大学出版社,2018,第168页。"读",作者指出"似当读为'赎'"。
② 学者认为《具律》中当可分出《囚律》篇。若然,则应为28种。李均明:《〈二年律令·具律〉中应分出〈囚律〉条款》,《郑州大学学报(哲学社会科学版)》2002年第3期。
③ 张家山二四七号汉墓竹简整理小组:《张家山汉墓竹简〔二四七号墓〕》《张家山汉墓竹简〔二四七号墓〕(释文修订本)》,文物出版社,2001、2006。

献释读》，①冨谷至主编的《江陵张家山二四七号墓出土汉律令的研究》，②日本专修大学《二年律令》研究会的《张家山汉简〈二年律令〉译注》系列，③朱红林的《张家山汉简〈二年律令〉集释》。④《二年律令》价值重大，研究成果宏富，秦汉法律史研究由此进入一个新阶段。

9. 张家山 336 号汉墓竹简所出汉律

1988 年出土于湖北江陵县张家山 336 号汉墓，墓葬年代的上下限为文帝前元七年（前 173）至十三年（前 167）。出土竹简的 F 组有 372 枚，所见汉律有 15 种，各篇皆有篇名，内容与 247 号墓出土的竹简大致相同，但缺简较多。⑤ 由于这批简目前尚未公布，故 15 种律名未详。但据学者介绍，其中有《朝律》。⑥ 可以预期，《朝律》对了解汉初的律礼关系及法律编纂具有重要意义。

10. 睡虎地 M77 号汉墓出土汉律

2006 年出土于湖北省云梦县睡虎地 M77 号汉墓，墓葬年代约在西汉文景时期。2008 年考古工作者发布了发掘报告，简要介绍了出土汉律简牍。2018 年研究者进一步披露了出土简牍的概况：出土的律简分两卷。Ⅴ 组 306 枚，所见有盗、告、具、贼、捕、亡、杂、囚、兴、关市、复、校、厩、钱、迁等 15 种律文；Ⅳ 组 544 枚，所见有金布、均输、户、田、徭、仓、司空、尉卒、置后、傅、爵、市贩、置吏、传食、赐、史、奔命、治水、工作课、腊、祠、赍、行书、葬等 24 种律文。这近 40 种律名多见于张家山汉简《二年律令》与睡虎地秦简，但也有像葬律等首次出现的少数律名。尤其值得关注的是，在两卷的第一枚简的背面，分别写有卷题"□律"（Ⅴ 组"盗律"背面）、"旁律"（Ⅳ 组"金布律"背面）二字。⑦

---

① 彭浩、陈伟、〔日〕工藤元男主编：《二年律令与奏谳书——张家山二四七号汉墓出土法律文献释读》，上海古籍出版社，2007。
② 〔日〕冨谷至主编：《江陵张家山二四七号墓出土汉律令的研究》，朋友书店，2006。
③ 〔日〕专修大学《二年律令》研究会：《张家山汉简〈二年律令〉译注》，《专修史学》第 35—48 号，2003 年 11 月至 2010 年 3 月。
④ 朱红林：《张家山汉简〈二年律令〉集释》，社会科学文献出版社，2005。
⑤ 荆州地区博物馆：《江陵张家山两座汉墓出土大批竹简》，《文物》1992 年第 9 期，第 4、10 页。发掘报告中的 M136，后在学者的论述中被称为 336 号墓。彭浩：《湖北江陵出土西汉简牍概说》、李学勤：《论江陵张家山 247 号墓汉律竹简》，收入〔日〕大庭脩主编：《汉简研究的现状与展望》，关西大学出版部，1993，第 171、174 页。
⑥ 彭浩：《湖北江陵出土西汉简牍概说》，第 171 页。
⑦ 有关 M77 号汉墓及其出土简牍的介绍，参见湖北省文物考古研究所、云梦县博物馆：《湖北云梦睡虎地 M77 发掘简报》，《江汉考古》2008 年第 4 期；熊北生、陈伟、蔡丹：《湖北云梦睡虎地 77 号西汉墓出土简牍概述》，《文物》2018 年第 3 期。

这是继《晋书·刑法志》以"正律""旁章"叙述汉律后,首次出现于正式公布的出土简牍中的类似用语,它对于认识汉律的编纂与结构无疑颇具意义。这批简的整理公布,对秦汉法律文献、秦汉法律史的研究应具有重要价值。

11. 敦煌、居延、悬泉、肩水金关汉简所见汉律

敦煌汉简与居延汉简分别于 20 世纪初及 30 年代初次发现于河西疏勒河流域汉代烽燧遗址,以后皆有数次发现。1990 年至 1992 年,敦煌悬泉汉简出土于敦煌的汉代悬泉置遗址;自 2011 年始,20 世纪 70 年代发掘汉代肩水金关遗址所得的肩水金关简陆续分卷出版。这些数量庞大的简牍是汉代西北边境屯戍者的工作、生活记录,内容丰富,其中有不少法律资料,也出现了一些律名。如敦煌汉简:祠律(499)、捕律(983);居延汉简:囚律(EPT10:2A)、户律(202.10)、捕律(395.11);悬泉汉简:贼律(Ⅱ0115③:421)、囚律(Ⅰ0112①:1)。[1]

上述律名除去祠律、户律外,一般以律篇名+律文的形式出现。不过需要注意的是,在这些简牍中,还有不少律文并非以此种形式出现,而是以"律曰"+律文及"·"+律文的形式引述律文。例如敦煌汉简 2325 简"律曰:诸使而传不名取卒、甲兵、禾稼簿者,皆勿敢擅予",此条律文虽未冠律名,但据张家山汉简《二年律令·置吏律》216 简的同文记载,知其有可能出自该篇。又如悬泉汉简Ⅱ0112②:8 简"·诸与人妻和奸及所与□为通者,皆完为城旦舂。其吏也,以强奸论之。其夫居官……",[2]而据《二年律令·杂律》192 简"诸与人妻和奸,及其所与皆完为城旦舂。其吏也,以强奸论之",知其为《杂律》之文。还有一些律文规定虽不能明确律篇为何,但据其行用或可推测归属。如金关汉简 73EJT3:55:

河平四年二月甲申朔丙午,仓啬夫望敢言之:故魏郡原城阳宜里王禁自言,二年戍属居延,犯法论,会五月甲子赦令,免为庶人,愿归故县。谨案律曰:徒事已,毋粮。谨故官为封偃检,县次续食,给法所当得。谒移过所津关,毋苛留止,原城收事。敢言之。

二月丙午,居令博移过所如律令　　掾宣、啬夫望、佐忠[3]

---

[1] 胡平生、张德芳编撰:《敦煌悬泉汉简释粹》,上海古籍出版社,2001,第 8、17 页。
[2] 胡平生、张德芳编撰:《敦煌悬泉汉简释粹》,第 9 页。
[3] 甘肃简牍保护研究中心、甘肃省文物考古研究所等:《肩水金关汉简(壹)》,中西书局,2011,下册,第 33 页。标点为笔者所加。

这是成帝河平四年（前25）二月，仓啬夫望所写的一份报告。其中提到原籍为魏郡原城阳宜里的王禁自述：本人于河平二年来居延戍边，犯法论罪后，以五月甲子赦令免为庶人，所以希望返回家乡。望认为按法律规定，刑徒服役结束，就不再提供口粮。王禁应由原管辖机构为其出具相关文书，由返乡沿途各县提供食物，给予依法所得。以《仓律》负责刑徒的口粮供应及《传食律》规范驿传的伙食供应来看，这一事务的处理可能实际涉及了两种律的执行。

12. 武威旱滩坡汉简所见汉律

武威旱滩坡汉简1989年出土，有残简17枚，年代为东汉初年，内容皆为简要的律令之文。其中所见有田律："吏金二两，在田律。"①内容应是对官吏某种涉及农事违法行为的惩罚规定。

13. 张家界古人堤遗址出土木牍汉律

1987年出土于湖南省张家界市城西古人堤遗址。据简文中记载的年号及书法，大致可判断是东汉时期遗物。汉律书写在两方木牍之上。一方残存贼律数条律文："贼律曰：伪写皇帝信玺、皇帝行玺，要（腰）斩以□。伪写汉使节、皇太子、诸侯、三列侯及通官印，弃市；小官印，完为城旦舂。敢盗之及私假人者，若盗充重以封及用伪印，皆各以伪写论。伪皇太后玺印，写行玺法……贼律曰：诈伪券书。"相关内容可与汉初律《二年律令·贼律》对读。一方有6栏，1、2栏为《盗律》目录，除"盗出故（？）物""诸诈绐入"，其他残破而不可识，其余为《贼律》目录，大致完整者有：逾封、毁封、诸食□肉、贼杀人、斗杀以刀、人杀戏（戏杀人）、谋杀人已杀、怀子而……、□蛊人、□子贼杀、父母告子、奴婢贼杀、殴父母、奴婢悍、父母殴笞子、诸入食官、贼燔烧宫、失火、贼伐燔□、贼杀伤人、犬杀伤人、船入□人、诸□弓弩、奴婢射人、诸坐伤（？）人等。②

14. 长沙尚德街出土东汉简牍所见汉律

简牍2011年出土于长沙尚德街，共有300余枚，书写年代为东汉后期的灵帝时期。其中212、254两牍分正反、上下栏记载了罪名与刑罚。212木牍正面上栏所见，是适用完城旦、司寇刑罚的犯罪行为；下栏是对某一赃等的刑

---

① 李均明、刘军：《武威旱滩坡出土汉简考述——兼论"挈令"》，《文物》1993年第10期。下文所引旱滩坡简皆出此文，为避文烦，不再逐一出注。
② 参见湖南省文物考古研究所、中国文物研究所：《湖南张家界古人堤遗址与出土简牍概述》《湖南张家界古人堤简牍释文与简注》，《中国历史文物》2003年第2期，第68—69、76、79页。

罚适用(鬼薪白粲)以及对不敬、坐赃为盗的认定。木牍反面,上栏是适用不道、大不敬罪名的犯罪行为;下栏是适用弃市刑罚的犯罪行为。254 木牍的正面,上栏为"以赋还赃畀主",中栏是适用腰斩的犯罪行为,下栏是适用右趾、弃市以及加罪的犯罪行为;背面上下栏,分别是适用髡钳与完城旦刑的犯罪行为。① 牍文未见律篇名与律目,似乎是相关内容的摘抄。

上述墓葬出土简牍,除旱滩坡、古人堤简牍、尚德街简牍为东汉之物外,其余年代跨度为战国秦至汉初,而西北边陲遗址出土简的时期为西汉中后期至东汉时期,如果钩稽并集成其中的律名,就能在一定程度上弥补传世文献对秦汉律篇记载甚少的缺憾,进而使秦汉律篇呈现出可认识的发展变化线索(参见下表)。

表 1　传世文献与出土简牍所见秦汉律名表

传世文献(《晋书·刑法志》、《汉书·昭帝纪》注)	
秦六律	盗　贼　囚　捕　杂　具
汉九章	盗　贼　囚　捕　杂　具　户　兴　厩
汉律六十篇	盗　贼　囚　捕　杂　具　户　兴　厩　旁章十八　越宫二十七　朝六
魏改汉律时引述	盗　贼　囚　杂　具　厩　金布
《昭帝纪》注	尉
出　土　文　献	
睡虎地秦简《秦律十八种》	田　厩苑　仓　金布　关市　工　工人程　均工　徭　司空　军爵　置吏　效　传食　行书　内史杂　尉杂　属邦
睡虎地秦简《秦律杂抄》	除吏　游士　除弟子　中劳　藏　公车司马猎　牛羊课　傅　敦表　捕盗　戍
岳麓书院藏秦简	亡　田　金布　尉卒　徭　傅　仓　司空　内史杂　奔警　戍　行书　置吏　贼　具　狱校　兴　杂　关市　索②

---

① 长沙市文物考古研究所:《长沙尚德街东汉简牍》,岳麓书社,2016,第 117—119 页。
② "索律",整理者认为"当是'捕律'的秦代称法"(陈松长主编:《岳麓书院藏秦简(肆)》,第 175 页)。不过如果承认秦律与李悝法经六篇有渊源关系,则六篇中盗、贼、囚、杂、具一仍其名,唯捕律另出他名,似有疑问。

(续表)

出 土 文 献	
里耶秦简	工
张家山汉简《二年律令》	贼 盗 具 囚 告 捕 亡 收 杂 钱 置吏 均输 传食 田 关市 行书 复 赐 户 效 傅 置后 爵 兴 徭 金布 秩 史
张家山336号墓	朝
睡虎地M77号墓	盗 告 具 贼 捕 亡 杂 囚 兴 关市 复 校 厩 钱 迁 金布 均输 户 田 徭 仓 司空 尉 卒 置后 傅 爵 市贩 置吏 传食 赐 史 奔命 治水 工作课 腊 祠 赍 行书 葬
西北汉简	贼 囚 捕 杂 置吏 户 祠
武威旱滩坡木简	田
张家界古人堤木牍	贼 盗

据上表可见,尽管有的名称尚难确定是否律篇之名(如《秦律杂抄》中的除吏、游士、除弟子、中劳、藏、公车司马猎、敦表等),但可以确定的是秦汉律名有数十种之多。如睡虎地M77号墓所见有39种,再加上336号墓、《晋书·刑法志》所见的朝律,则有40种左右。当然,这些律名是否自始至终存在于秦汉律体系之中,从秦律到魏人所见的汉律之间有怎样的变与不变,当时的人们在编纂、分类时依据怎样的标准与原则,还需要更深入的研究及更多的出土文献求证。

敦煌、居延及散见简牍中的法律资料的整理研究成果,可读前揭李均明、刘军的《汉代屯戍遗简法律志》。悬泉汉简目前只公布了一小部分,前揭胡平生、张德芳的《敦煌悬泉汉简释粹》披露了一些涉及法制的内容。

二、令

这里所说的令,是指经整理编纂后具有法源意义及一定名称与形式的令。①

---

① 滋贺秀三曾言:"无视单行指令与编纂物的区别而去讨论战国秦是否有令这一法律形式,是没有意义的。毋庸赘言,被称为令的单行指令是明显存在的,但是确切使用应当解释为编纂物的'令'字的例子,未见于战国时期的史料。"〔日〕滋贺秀三:《中国法制史论集 法典与刑罚》,创文社,2003,第40页。

单条诏令或一级公权机构产生的具体之令,有时也具有法源效力(如汉简时见"诏书律令""府书律令",还有"丞相御史律令"之谓),然而它只是就某一具体事项而发出的令,虽然也是立法文件,但还不是编纂意义上的令,故以下暂不收录。又所谓"某某令"如前述"某某律",有时也未必为篇名,而只是指某令条文。如张家山汉简《津关令》495 简中的"以越塞令论之",非指有"越塞令"之篇,而是指《津关令》篇首有关惩罚越塞阑关罪的令文。另外,有些抄本本身虽然不是法律文献,但由于较集中地抄录了法令内容,是我们认识当时令的一种途径,故也不排斥收录(如上孙家寨汉简)。

1. 岳麓书院藏秦简秦令

岳麓书院藏秦简中的秦令简有千余枚,经整理者近十年的整理研究,认为岳麓秦简中的秦令至少可以分为两类。一类是篇名:内史郡二千石官共令,廷内史郡二千石官共令,内史官共令,安台居室、居室共令,食官共令,给共令,四司空共令,四司空令,四谒者令,尉郡卒令;一类是单一的令名:内史仓曹令,内史户曹令,内史旁金布令,祠令,辞式令,郡卒令,廷令,廷卒令,卒令,县官田令,迁吏令,备盗贼令,史学童诈不入诚令,迁吏归吏群除令,新黔首挟兵令,稗官令。[①] 有关它的产生主体、名称、排序及内容,学界正处于探究之中。这些秦令是否可在此基础上形成新的认识,尚需时日。

2. 津关令

出自张家山汉墓竹简《二年律令》。《津关令》简共有 37 枚,与律同编。令文基本是制诏,编号有第 1 号至第 23 号,但其中有 8 条失号,2 条无号而前置以墨钉。"津关令"为自有篇题。制诏涉及的内容有:对越塞阑关罪的惩罚;禁止携带黄金、金器出关;允许吏卒出入边界追捕罪犯;对诈用他人通行证出入津关罪的惩罚;严格检验出入津关者的特征及马匹标记;因公死亡者棺柩出入关时的检查手续;对通关者随行子女证件的请示批复;中大夫等官在关中买私马后的出入关手续;禁止百姓买私马出关,允许购买的要严格申报、检验手续;乘私马出关后马死亡的申告、查验手续;关外郡所献马的办理手续;对马出入关欺诈行为的惩罚;家在关外的郎骑自用马死后,有关买马的

[①] 陈松长:《岳麓秦简中的秦令令名订补》,收入王捷主编:《出土文献与法律史研究》第 6 辑,法律出版社,2017,第 98—99 页。

各种规定；长沙国关于买马的申请及批复；有关在窦园服役的刑徒出入扞关的通行证发放；关于特殊地区、特殊身份者在关中买马的规定；有关置关设亭的请示批复。其涉及罪罚、禁物、证件、置关、查验，而其中最主要的就是马匹出入关中的查验规定。

《津关令》是首次出现的经过编纂而有篇题、序号、令文的令篇，它为人们探究汉令的形成以及与律的关系带来了新的认识。相关读本可参前张家山汉简《二年律令》条。

3. 功令

《史记·儒林列传》"功令"《索隐》："谓学者课功著之于令，即今《学令》是也。"《汉书·儒林传》"请著功令"注："功令，篇名，若今《选举令》。"在出土文献中，居延汉简、张家山336号汉墓出土竹简皆见《功令》。居延汉简多见"功令第卅五"令文，内容是有关边境士兵秋射的合格及赐劳规定。336号汉墓所出《功令》尚未公布，据介绍有180余枚简，自题篇名"功令"，部分简首有编册序号，内容是有关官吏考绩、升迁的规定，制定年代不晚于汉文帝前元七年（前173）。其明确规定，考核与计算官吏功劳必须从为汉朝效力开始。[1] 肩水金关汉简新见《功令》佚文，如73EJT31∶163简"·功令：诸自言功劳，皆证其岁，与计俱。新视事若有相前后其等，不上功，来岁并数上"，[2] 内容是有关申告功劳的规定。睡虎地汉简所见《十五年功次》（前元十五年，前165）、《二年官佐功次》（后元二年，前162）、《三年功次》（后元三年，前161）文书，"对了解当时的功次文书和功劳制度，具有重要的参考价值"，[3] 或可印证《功令》的实际行用。

4. 尉令

首见于1989年发现的甘肃武威旱滩坡东汉墓汉简，简文为"代户父不当为正，夺户。在尉令第五十五"。即《尉令》第55条规定，对不具有合法继承

---

[1] 荆州地区博物馆：《江陵张家山两座汉墓出土大批竹简》，第4页；彭浩：《湖北江陵出土西汉简牍概说》，第171—172页。
[2] 甘肃简牍博物馆、甘肃省文物考古研究所、甘肃省博物馆、中国文化遗产研究院古文献研究室、中国社会科学院简帛研究中心编：《肩水金关汉简（叁）》（下），中西书局，2013，第137页。标点系笔者所加。张俊民将释文改读作："·功令：诸自占功劳，皆讫其岁，与计俱。初视事，若有物故，后其等，不上功；来岁，并数上。"张俊民：《金关汉简73EJT31∶163解读》，武汉大学简帛研究中心主办"简帛网"2014年12月3日首发。
[3] 陈伟、熊北生：《睡虎地汉简中的功次文书》，《文物》2018年第3期，第65页。

权的非嫡长子,须剥夺其户主身份。尉令与律的关系,有待进一步探讨。

5. 公令

见甘肃武威旱滩坡东汉墓汉简,简文为"坐臧为盗,在公令第十九,丞相常用第三☐"。学者将此文与另一简连缀,复原出该令文:"诸自非九月,吏不得发民车、马牛给县官事。非九月时吏擅发民车☐☐,坐臧为盗,在公令第十九,丞相常用第三。"①《汉书·何并传》"公令"注:"如淳曰:'公令,吏死官,得法赙。'师古曰:'赠终者布帛曰赙。'"令文规定了对因公死亡官吏的治丧待遇。汉简所见,则是对官吏履职中违法行为的惩罚,而且由于这种行为具有常态性,故该令同时被编为丞相常用之令的第三条。

6. 兵令

悬泉汉简Ⅱ0114③:54 简:"·兵令十三:当占缗钱,匿不自占,〔占〕不以实,罚及家长戍边一岁。"学者推测"《兵令》可能是适用于军人的律令汇编"。② 简文内容涉及"算缗钱"之制,而这里被编为兵令第十三条,或与"戍边一岁"相关。

7. 王杖诏书令

最早的王杖简为 1959 年出土于武威 18 号汉墓的王杖十简,内容涉及受王杖者的权利规定、对殴辱受王杖者案件的判决,所见令名及编号有"兰台令第卌三"与"御史令第卌三"。与王杖十简同时出土的还有两根鸠杖。前述武威旱滩坡简也有两枚涉及相关内容的简。1981 年同在武威地区发现的王杖诏书令简册,共有 27 枚简,内容与王杖十简大致相同,册书末简写有"☐右王杖诏书令　在兰台第卌三"。③ 关于王杖十简与王杖诏书令册的结构、性质以及编写者,学界素有不同看法,④但其规范内容的来源应是国家法令,因此它们是认识汉令以及尊老、养老制度的重要资料之一。

---

① 〔日〕大庭脩:《武威旱滩坡出土的王杖简》,《史泉》第 82 号,1995 年 7 月,第 8—9 页。
② 胡平生、张德芳:《敦煌悬泉汉简释粹》,第 11、12 页。
③ 三种王杖简资料,分别见武威县博物馆:《武威新出土王杖诏令册》(党寿山执笔),收入甘肃省文物工作队、甘肃省博物馆编:《汉简研究文集》,甘肃人民出版社,1984,第 35—37 页;甘肃省博物馆、中国社会科学院考古研究所编:《武威汉简》,中华书局,2005,第 140 页;前揭李均明、刘军文,第 34 页。
④ 有关王杖简研究的学术史,可参徐世虹:《百年回顾:出土法律文献与秦汉令研究》,第 73—74 页。

8. 上孙家寨汉简所见军令

1978年出土于青海省西宁市大通县后子河乡上孙家寨115号汉墓，墓葬年代为西汉晚期。所出残简共有400片，残断严重。① 学者经整理研究，认为简册的内容包括两大部分，一是兵书、兵法，二是军法、军令。后者来源于兵法原则及当时的律令之制，通行于西汉，内容涉及军令、军爵、奖惩、军纪等。另还有目录简，如"☐首捕虏☐☐论廿一""☐不法廿六☐""☐车一两卌四☐"，可知抄本至少应有44个以上的篇题(章节)。② 虽然该抄本本身未必是军法、军令原文，但由于它较集中地反映了当时军事法律的内容，因此仍可作为认识军令的一个对象。

9. 令甲、令乙、令丙

《汉书·宣帝纪》"令甲"注如淳曰："令有先后，故有令甲、令乙、令丙。"贾谊《新书·等齐》："天子之言曰令，令甲、令乙是也。"可知令是"天子之言"，其经编纂后有甲、乙、丙之次。目前以出土文献所见，秦令有岳麓书院藏秦简所见秦令，汉令有武威旱滩坡简的"民作原蚕，罚金二两，令在乙第廿三☐"；又有2004年发掘湖北荆州纪南松柏汉墓所得57号木牍记载的"令丙第九"，内容是运输枇杷的相关规定，令文颁发于文帝前元十年(前170)，抄写于武帝初年。③ 秦汉令在编纂时采用天干与数字两种序列编号。如岳麓书院藏秦简《内史郡二千石官共令》有从第甲到第庚的编号，《尉郡卒令》也有甲乙丙丁戊的整齐序号，④这应是对相同令篇的分篇编号。而在某令篇中，秦令如"·廷卒乙廿一"所示，⑤汉令如前述《津关令》编号及"功令第卌五""尉令第五十五""公令第十九""兵令第十三"所示，令文的排序以数字表示。沈家本指出"《续志》称《令甲》第六，第六者，又《令甲》中之次第也"，⑥其说与出土文献所见相

---

① 青海省文物考古工作队：《青海大通县上孙家寨一一五号汉墓》(刘万云执笔)，《文物》1981年第2期，第16—21页。
② 有关这批简的释文、内容、性质，可参李零：《青海大通县上孙家寨汉简性质小议》，《考古》1983年第6期；陈公柔、徐元邦、曹延尊、格桑本：《青海大通马良墓出土汉简的整理与研究》，《考古学集刊》第5集，中国社会科学出版社，1987年，第293—315页。
③ 该令释文见彭浩：《读松柏出土的四枚西汉木牍》，载武汉大学简帛研究中心主办：《简帛》第四辑，上海古籍出版社，2009年，第334页。
④ 参见陈松长：《岳麓秦简中的几个令名小识》，《文物》2016年第12期，第60、63页。
⑤ 陈松长主编：《岳麓书院藏秦简(伍)》，第84页。
⑥ 中国政法大学法律古籍整理研究所、中国社会科学院法学研究所法制史研究室整理：《沈家本全集》第4卷，第176页。

合。汉甲、乙、丙令历来是研究重点之一,其编纂主体、编纂时间、分篇标准、内容类别及与事项令、挈令的关系,尚待进一步明确。

10. 挈令

传世文献中的"挈令"之例,有《汉书·张汤传》中的"廷尉挈令",《燕刺王刘旦传》颜师古注所引的"汉光禄挈令",《说文·系部》中的"乐浪挈令"。出土简牍所见,则有敦煌汉简的"太尉絜令"(982)、"大鸿胪挈令"(2027),居延汉简的"北边挈令"(562.19),旱滩坡简的"御史挈令""兰台挈令""卫尉挈令"。其存在形式有两种,一是机构+挈令,二是地区+挈令。挈,悬持、约束。学界一般认为,挈令的内容与官吏、官署的职务相关,它编录、摘抄于既有的国家法令。

下表为传世文献及出土简牍所见令名,可资比较。

表 2 传世文献与出土简牍所见秦汉令名表①

	传 世 文 献	出 土 文 献
甲乙丙	令甲　令乙　令丙	令乙　令丙
事　项	公令　功令　秩禄令　宫卫令 祀令　祠令②　品令　戍卒令	津关令　功令　尉令　公令　兵令 王杖诏书令
挈　令	廷尉挈令　光禄挈令　乐浪挈令	太尉絜令　大鸿胪挈令　北边挈令 御史挈令　兰台挈令　卫尉挈令

三、关于课、科、程、品、式

课有文书与规范二义。居延汉简中的邮书课、驿马课及里耶秦简中的"课志"简,大致属于文书的范畴,而睡虎地秦简的"牛羊课"则具有规范特征。里耶秦简也有对漆生产收入考核后的"漆课"规定:"䣼〔漆〕课:得钱过程四分一,赐令、丞、令史、官啬夫、吏各襦;徒人酒一斗、肉少半斤。过四分一到四分二,赐襦、绔;徒酒二斗、肉泰半斗。过四分二,赐衣;徒酒三斗、肉一斗。得

---

① 说明:第一,岳麓书院藏秦简所见秦令,名称较多,以篇题与编号所见,这些令显然经过了整理编纂。但是整理编纂的主体、被编辑的令的来源、编辑的方式(是汇编还是摘编)尚待研究明确,故此暂不列入。第二,传世文献中秦汉令名的辑佚考证,可参沈家本的《汉律摭遗》与程树德的《九朝律考》,此只列出令名,出处从略。第三,为某一具体事项而颁布之令,未必自为一篇,亦略。
② 沈家本认为,"祀令、祠令当为一书"。中国政法大学法律古籍整理研究所、中国社会科学院法学研究所法制史研究室整理:《沈家本全集》第4卷,第174页。

钱不及程四分一以下,赀一盾;笞徒人五十。过四分一到四分二,赀一甲;笞徒百。过四分二,赀二甲;笞徒百五十。"①如果"得钱"超过标准,赏赐逐等增加;未达标准,赀、笞逐等加重。睡虎地汉简见"工作课"与其他律名共同排列,但尚不清楚是"工作课"还是"工作课律"。总之,课的存在形态以及与律令的关系,尚待更多的资料出现以助探讨。

《后汉书·安帝纪》:"旧令制度,各有科、品。"可理解为科、品是令的下位规则,是对令的具体分解。居延汉简所出"购赏科别",②具体规定了捕获、斩杀敌人者的奖励标准。程,标准、规格。睡虎地秦简《秦律十八种》有"工人程",是有关手工劳作中劳动量的换算标准。式,标准、规范。睡虎地秦简《封诊式》有简98枚,除《治狱》《讯狱》涉及官吏审判的优劣标准及刑讯规定外,其余都是司法文书的格式范例。品也有标准、等级的含义。居延汉简有"罪人得入钱赎品""烽火品约",③前者是纳钱赎罪的等级数量,后者是边境烽火的具体规定。

需要说明的是,程、品、式均可以说是一种规范形式,但在地位上并不等同于律令。《汉书·孔光传》:"光以高弟为尚书,观故事、品、式,数岁明习汉制及法令。"这里的故事、品、式,既有汉制也有法令,但它们不与律令同类,体现的是国家政务中的规章细则。《晋书·刑法志》载"其常事品式章程,各还其府,为故事",也说明品式章程是各官署的行政规则。此外,所谓式也不意味着必然就是法律形式。④ 里耶秦简中所见的"群志式",即指各种记录文书的书写范式。

四、法律解释

《大明律·吏律·公式》"讲读律令"条:"凡国家律令,参酌事情轻重,定立罪名,颁行天下,永为遵守。百司官吏,务要熟读,讲明律意,剖决事务。"此理古今同然。遵守法律,明习律令,是不同时代的国家对各级官吏法律素养

---

① 简文见湖南省文物考古研究所(张春龙、龙京沙执笔):《里耶秦简中和酒有关的记录》,收入吴荣曾、汪桂海主编:《简牍与古代史研究》,北京大学出版社,2012,第15页。
② 甘肃省文物考古研究所等编:《居延新简 甲渠候官与第四燧》,第492页。
③ 甘肃省文物考古研究所等编:《居延新简 甲渠候官与第四燧》,第308—309、469—470页。
④ 关于式的内容、性质分析及其演变,可参邢义田:《从简牍看汉代的行政文书范本——"式"》,载中国社会科学院简帛研究中心编:《简帛研究》第3辑,广西教育出版社,1998,第295—309页。

的基本要求。另一方面,"律者,幽理之奥,不可以一体守也",①"九章之律,自古所传,断定刑罪,其意微妙",②又要求官吏能够洞彻律意,把握其理,以求中允。应此需要,法律解释的产生亦在必然。

目前所见秦汉魏晋时期的法律解释文献,有睡虎地秦墓竹简《法律答问》与玉门花海所出《晋律注》两种。需要说明的是:第一,由于学者对《法律答问》的性质认识不一,因此对法律解释的定义也有异议。第二,《晋律注》为纸本文献,严格来说不当入"简牍法律文献"之类,但考虑到汉晋律的渊源关系,且目前所见秦汉魏晋时期的纸本法律文献唯此一种,难以为类,故暂入于此。

1. 睡虎地秦墓所出《法律答问》。这批简有210枚,标题为整理小组拟定。整理小组认为内容是对秦律中的主体部分即刑法的解释。伴随着研究的深入,学者指出其内容可分为两大类。第一类是特定用语的概念性解释,包括三小类:难解词语的词典式定义,指向不明用语的具体定义,容易混淆的两个用语的区别;第二类是律无所定情况下的判断,包括两小类:正文不完整与正文完全阙如。③ 关于《法律答问》的性质,学界见解不同,有具有法律效力的法律解释、秦律说、学吏教材、职务指南、法官私家解释诸说。④ 最近的研究成果则认为,《法律答问》是法律实务题集,是学吏制度的产物,⑤是"喜的法律知识笔记"。⑥

2. 玉门花海所出《晋律注》。2002年6月,考古工作者在抢救性发掘玉门花海毕家滩十六国墓葬群时,在M24的棺木盖板内侧发现了贴有《晋律注》的纸文书,存4000余字。整理者根据其中的"诸侯律注第廿"及墓地属于十六国时代,判断这些棺板文字是《晋律注》的部分内容,写本年代可能是西晋末年,撰写者可能是杜预。写本正文与注释同录,注释采用双行小注。⑦ 其中所见的一些数字,如"四条□二百廿九字"、"□□律注□□九"、"□凡十三条五百九十六"、"□律第八"、"盗律六百一十八字"、"□诸侯律注□廿录",

---

① (唐)房玄龄等撰:《晋书》卷三〇《刑法志》,中华书局,1974,第930页。
② (晋)陈寿撰:《三国志》卷二一《魏书·卫觊传》,中华书局,1971,第611页。
③ 〔日〕籾山明:《中国古代诉讼制度的研究》,京都大学学术出版会,2006,第22—23页。
④ 参见王伟:《秦汉简牍所见刑罚制度研究》,第21—24页。
⑤ 曹旅宁:《睡虎地秦简〈法律答问〉性质探测》,载《西安财经学院学报》2013年第1期。
⑥ 王伟:《秦汉简牍所见刑罚制度研究》,第25—34页。
⑦ 有关玉门花海所出《晋律注》的情况介绍及部释文,可参张俊民、曹旅宁:《毕家滩〈晋律注〉相关问题研究》,《考古与文物》2010年第6期;曹旅宁、张俊民:《玉门花海所出〈晋律注〉初步研究》,《法学研究》2010年第4期。

"文五万二千卌言"等，一定程度上反映了当时律及律注的篇幅。

第四节 类别及其内容之二

一、案例汇编

秦汉时期，典型的审判案件可以产生廷行事、比等规则，而典型案例的汇编，对司法官吏的指导作用亦不言而喻。目前我们所见的秦及汉初的案例汇编有两种，均为出土文献。

1. 张家山汉简《奏谳书》

其与《二年律令》同出土于 247 号墓，共有竹简 228 枚，末简背面自题名"奏谳书"。《奏谳书》是议罪案例的汇编，包含春秋至西汉初期的案例、事例 22 件，其事由分别是：1. 逃避军役，2. 奴婢逃亡及其户籍登记，3. 诸侯王国官吏娶女子为妻阑出关，4. 娶亡人为妻，5. 追捕逃亡男奴而至斗伤，6. 笞奴于辜限内死亡而先自告，7. 女子受贿而不发告书，8. 官吏未得越塞逃亡者，9—10. 私使刑徒而诈为簿册，11. 盗改马传，12. 稽留文书而更改送达时间，13. 受赃而放出拘押者，14. 私匿无户籍男子，15. 县令盗窃官米，16. 贼杀人与谋贼杀人及纵囚，17. 黥城旦乞鞫，18. 对儋乏不斗及纵囚行为的认定，19. 卫国史猷为宰人与婢辩护的事例，20. 鲁国柳下季所审理的佐丁盗粟案，21. 关于和奸案适用律条的讨论，22. 侦破抢劫案的范例。《奏谳书》是首次发现的反映了秦及汉初司法现状的出土文献，对于人们认识当时的律令、诉讼、奏谳、刑罚及文书制度具有重要价值。

《奏谳书》的主要读本，有整理小组的《张家山汉墓竹简〔二四七号墓〕》及释文修订本，①彭浩、陈伟、工藤元男主编《二年律令与奏谳书——张家山二四七号汉墓出土法律文献释读》，②池田雄一编《奏谳书——中国古代的审判记

---

① 《张家山汉墓竹简〔二四七号墓〕》《张家山汉墓竹简〔二四七号墓〕（释文修订本）》，文物出版社，2001、2006。
② 彭浩、陈伟、〔日〕工藤元男主编：《二年律令与奏谳书——张家山二四七号汉墓出土法律文献释读》，上海古籍出版社，2007。

录》《追溯汉代的奏谳——中国古代的审判记录》。①

2. 岳麓书院藏秦简《为狱等状四种》

岳麓书院藏秦简的组成部分之一，经拼合后共有简252枚，主要内容是秦王政时代的司法文书。整理者依据原书标题"为狱訽状"而将其命名为《为狱等状四种》，同时依据材质、书写体裁等方面而将内容分为四类，并为每件案例拟定了名称。第一类136枚简，7件案例：癸、琐相移谋购案，尸等捕盗疑购案，猩、敞知盗分赃案，芮盗卖公列地案，多小未能与谋案，暨过误失坐官案，识劫婉案；第二类73枚简，6件案例：譊、妘刑杀人案，同、显盗杀人案，魋盗杀安、宜等案，得之强与弃妻奸案，田与市和奸案，善等去作所案；第三类27枚简，1件案例：学为伪书案；第四类9枚简，1件案例：绾等畏耎还走案。另还有一类为待考残简。整理者认为，《为狱等状四种》与张家山汉简《奏谳书》存在一定的继承关系，前者可视为后者的原型。②

上海辞书出版社2013年出版的《岳麓书院藏秦简（叁）》即为《为狱等状四种》，整理小组所撰的《前言》可视为此书的导读。

二、散见案件

《奏谳书》与《为狱等状四种》是经过编纂的案例汇编，而在出土简牍中还有一些散见案件，也是珍贵的法律资料。居延汉简还有为数不少的"劾状"，是边境官吏移送上级机关的起诉文书。起诉事由涉及刑事的有"斗伤盗官兵，持禁物阑越于边关""阑越塞天田出入""以县官事贼伤"等，涉及行政职责的有"失亡马""不忧事边""私去署""软弱不任吏职"等。③ 对这些"劾状"及其相关文书的深入研究，有助于了解汉代边境地区司法、行政的运行状况。

伴随着出土简牍数量的增加，稀见的债务、土地诉讼案件也得以面世。如居延汉简所见，永始二年（前15）大昌里男子张宗诉隧长赵宣偿马案，处理

---

① 前者由刀水书房2002年出版，后者由汲古书院2015年出版。
② 以上参见朱汉民、陈松长主编：《岳麓书院藏秦简（叁）》"前言"。
③ 这些"劾状"主要出土于居延甲渠候官遗址探方68，参见甘肃省文物考古研究所等编：《居延新简　甲渠候官与第四燧》，第456—467页。李均明、刘军的《汉代屯戍遗简法律志》对此有所整理，可参。

结果是令赵宣赔偿马价七千。① 众所周知的《候粟君所责寇恩事》册书,则反映了东汉初年边境地区官民间的债务纠纷。建武三年(27)代理塞尉放诉隧长焦永偿马驹案也是较为完整的册书,甲渠候官对此案的初步处理意见是"永不当负驹,放以县官马擅自假借,坐藏(赃)为盗"。该案是了解边境地区审级关系的第一手材料。② 长沙东牌楼东汉简牍所出灵帝光和六年(183)李建诉精张夺田案,③最后当事人自行和解,以一定的分田比例解决了纠纷。这对于了解当时社会化解纠纷的方式不无裨益。长沙走马楼三国吴简中的许迪贪污余米案,④也是了解当时长沙地区法制运行的第一手材料。

出土简牍中的司法案件,有汇编、个案、某个诉讼程序的文书的不同,如何掌握案件的完整事实以及诉讼过程、律令适用、审级关系,需要研读者综合运用简牍学、文书学以及法学的知识详加辨析。

三、司法档案

出土简牍中的司法档案主要发现于古井窖遗址。目前已知的有三种。

1. 长沙走马楼西汉简牍

2003年发现于湖南长沙走马楼街编号为J8的古井,数量约有万余枚,时代为武帝早期。据介绍,走马楼汉简大多是当时的官文书,内容多涉及司法案卷,反映了当时从案发、起诉告劾、侦查拘捕、审讯判决的过程,其中数量较多的是告劾文书与验问调查爰书;另外在罪刑之制上也可印证文景时期的改革。⑤ 这批简目前正在整理之中,尚未公布。

---

① 简文见谢桂华、李均明、朱国炤:《居延汉简释文合校》,上册,第371页。
② 简文见甘肃省文物考古研究所等编:《居延新简 甲渠候官与第四燧》,第489—491页。有关该案的解读,可参〔日〕籾山明:《居延新简"驹罢劳病死"册书——为汉代诉讼研究而作(续)》,收入《简帛研究译丛》第2辑,湖南人民出版社,1998,第178—192页。
③ 简文见长沙市文物考古研究所、中国文物研究所:《长沙东牌楼东汉简牍》,文物出版社,2006,第73—74页。相关研究论文,可参邬文玲:《长沙东牌楼东汉简牍〈光和六年自相和从书〉研究》,《南都学坛(人文社会科学学报)》2010年第3期;〔日〕籾山明:《东汉后半期的诉讼与社会——以长沙东牌楼出土一〇〇一号木牍为中心》,收入夫马进主编:《中国诉讼社会史研究》,京都大学学术出版会,2011,第124—154页。
④ 牍文释读可参胡平生:《长沙走马楼三国孙吴简牍三文书考证》,《文物》1999年第5期;王素:《长沙走马楼三国孙吴简牍三文书新探》,《文物》1999年第9期。
⑤ 国家文物局主编:《2004中国重要考古发现》,文物出版社,2005,第93—96页。

2. 益阳兔子山遗址简牍

2013 年发现于湖南益阳兔子山遗址。据介绍，遗址共有古井 16 口，在已清理的 9 口古井中皆出土有简牍，初步统计约有 13000 余枚，时代从战国楚经秦、张楚、两汉至三国孙吴时期。其中 J3 出土的简牍数量最多，约有 8000 余枚，是西汉晚期刘姓长沙国益阳县档案。简牍内容多为刑事案件审结记录，包括了文书产生的年月日、承办官吏的职位及姓名、涉案人员、案件发生的时间、地点及其经过、判决结果、记录者姓名等，是了解西汉时期司法制度的珍贵资料。据整理者披露的两方牍文，即 J3⑤：1：

鞫（正面）

鞫：勋，不更。坐为守令史署金曹，八月丙申为县输元年池加钱万三千临湘，勋匿不输，即盗以自给。勋主守县官钱，臧二百五十以上。守令史恭劾，无长吏使者。审。元始二年十二月辛酉，益阳守长丰、守丞临湘、右尉顾兼、掾勃、守狱史胜言：数罪以重，爵减，髡钳勋为城旦，衣服如法，驾责如所主守盗，没入臧县官，令其同居会计备偿少内，收入司空作。（背面）

及 J3⑤：2：

益阳守令史张勋盗所主守加钱，论决言相府（第一栏）
元始二年计后狱夷（第）一（第二栏）①

牍文包含了较丰富的法制内容，如"主守盗"之罪名，"臧二百五十以上"之计赃等级，"无长吏使"之同僚举劾原则，"数罪以重""爵减"之法律适用，"衣服如法"之刑徒着装规定，赃物入官且令其"备偿"以及"收入司空作"之执行，"鞫"之诉讼程序，都给人以具体而又真实的认知。相信伴随着这批简牍内容

---

① 释文据张春龙：《益阳兔子山遗址三号井"爱书"简牍一组》，载何驽主编：《李下蹊华——庆祝李伯谦先生华诞论文集》（下），科学出版社，2017，第 859 页。引用时标点有所改动。关于该牍文及相关制度的解读，可参徐世虹：《西汉末期法制新识——以张勋主守盗案牍为对象》，《历史研究》2018 年第 5 期。

的逐步公布,人们对汉代法制的认识将更加深入。

3. 长沙五一广场东汉简

2010年出土于湖南长沙五一广场1号窖,初步推测数量有万枚左右,形制有木牍、两行简、小木简、封检、封泥匣、签牌(木楬)、竹简、竹牍、削衣、异型简等10类,其中以木牍居多。简牍的书写年代为东汉中期偏早,性质多为官文书,有学者认为其归属地应属临湘县。这批简牍之于法律史研究的价值是:各级官吏职官名目繁多,是研究东汉官僚体系的第一手资料;各种罪刑、诉讼记录,对于认识东汉刑罚与司法制度具有重要意义;直符书、举劾书、解书等文书的出现,为既往资料偏少的东汉法制增加了认识对象。① 长沙五一广场东汉简牍的清理工作目前在进行之中。2015年,整理者从已经清洗的3000枚简中选出较具代表性的176枚,编辑出版了《长沙五一广场东汉简牍选释》一书。② 2018年,《长沙五一广场东汉简牍》第1、2辑由中西书局出版,以后将逐年推出整理成果。

4. 关于包山楚简中的"司法文书"

包山楚简1987年出土于湖北省荆门包山2号墓,墓葬为战国中期偏晚楚墓,墓主是担任楚国左尹的邵佗,下葬年代推断为公元前316年。据整理者介绍,2号墓出土有文书简196枚,可分为七类。前四类有篇题:1. 集箸(13枚),验查名籍的案件记录;2. 集箸言(5枚),有关名籍告诉及呈送主管官员的记录;3. 受期(61枚),受理各种诉讼案件的时间与审理时间及初步结论的摘要;4. 疋狱(23枚),起诉的简要记录。后三类无篇题:5. 贷金籴粮的记录(17枚);6. 一些案件的案情与审理情况的记录(42枚);7. 各级司法官员审理或复查诉讼案件的归档登记(35枚)。③ 包山楚简另有签牌"廷等(志)",学者认为是这批文书的标题。④

关于这批简的定名,学界一般称为司法文书。所谓司法文书,是指在起诉、逮捕、调查、审判及侦查勘验过程中产生的文书,而司法档案则指经过分类归档而集中保管的司法文书,前者尚在现实的司法活动中发挥作用,后者

---

① 参见长沙市文物考古研究所:《湖南长沙五一广场东汉简牍发掘简报》,《文物》2013年第6期;夏笑容:《"2013年长沙五一广场东汉简牍学术研讨会"纪要》,《文物》2013年第12期。
② 长沙市文物考古研究所等编:《长沙五一广场东汉简牍选释》,中西书局,2015。
③ 参见湖北省荆沙铁路考古队:《包山楚墓》,文物出版社,1991,第267—273页。
④ 陈伟:《新出楚简研读》,武汉大学出版社,2010,第27页。

则已经过整理而存档备查。因此,尽管包山楚简文书反映了当时的诉讼程序,是当时司法活动的记录,然而如"受期""疋狱"等是原始文书之名还是记录者或整理者给予的分类之名,尚需辨析。如有学者认为"疋狱"简、"受期"简是左尹官署的工作记录,是留存备查的文书,①又从"廷等(志)"签牌来看,说明这批简已经过了整理。② 在此意义上,包山楚简涉及司法的文书简亦可视为司法档案。

有关包山楚简的读本,有湖北省荆沙铁路考古队的《包山楚墓》《包山楚简》(文物出版社,1991)、陈伟《包山楚简新探》(武汉大学出版社,1996),陈伟等著《楚地出土战国简册[十四种]》(经济科学出版社,2009)。

1992 年出土于江陵砖瓦厂 370 号战国楚墓中的 6 枚简,学者认为也是与司法有关的私人文书。③

四、司 法 文 书

"萧何入秦,收拾文书,汉所以能制九州者,文书之力也",王充所言,总结了秦汉时期文书政治的根本功效。由此亦可推知,具有如此治国理政功效的文书必有规范要求。例如式,既有研究成果已指出式为汉代的行政文书范本,④而里耶秦简中的式呈现出了更具体的文书样态。如 8-94 简为楬,上书"群志式具此中"。"群志"指各种志,如田官课志(8-479)、尉课志(8-482)、司空课志(8-486)等,又有事志(8-42)、户当出户赋者志(8-518)、庸作志(8-949)、禾稼租志(8-1246 背)、畜志(8-2491)等,"群志式"应是各种志的文书范式。对行用于司法活动中的文书,同样有规范要求。例如睡虎地秦简《封诊式》共 98 枚简,25 条简文。除"治狱"与"讯狱"两节外,"其余各条都是对案件进行调查、检验、审讯等程序的文书程式",⑤体现了对司法活动中文书规范的严格要求。

---

① 陈伟:《包山楚简初探》,武汉大学出版社,1996,第 64 页。
② 诸家之说可参见陈伟等著:《楚地出土战国简册十四种》,经济科学出版社,2009,第 2—3 页。
③ 陈伟:《新出楚简研读》,第 34—40 页。
④ 邢义田:《从简牍看汉代的行政文书范本——式》,第 295—309 页。
⑤ 睡虎地秦墓竹简整理小组:《睡虎地秦墓竹简》,第 147 页。

在目前出土的法律文献中,所见较多的司法文书为举劾文书与爰书。

举劾文书主要产生于官僚机构的成员对职责范围内犯罪行为的起诉。居延汉简25.4简"居摄三年十月甲戌庚子,累虏隧长彭敢言之,谨移劾状一编,敢言之",又EPT56-118简"·右劾及状",可见劾状的用例。据学者研究,完整的劾状通常由劾文、状辞及相关呈文构成。劾文是对被告身份及其犯罪事实的陈述、原告对事实的调查以及处理,状辞是原告的自述且有一定的格式要求,呈文则是呈送劾文与状辞的报告。① 劾状中承担起诉作用的是劾文。劾文多见于居延汉简,新出长沙五一广场东汉简也有相关内容。如J③:281-5A:

> 案(?):都乡利里大男张雄,南乡匠里舒俊、逢门里朱循、东门里乐竟,中乡泉阳里熊赵皆坐。雄贼曹掾,俊、循吏,竟骖驾,赵驿曹史。驿卒李崇当为屈甫证。二年十二月卅一日,被府都部书逐召崇,不得。雄、俊、循、竟典主者掾史,知崇当为甫要证,被书召崇,皆不以征逮为意,不承用诏书。发觉得。
>
> 永初三年正月壬辰朔十二日壬寅,直符户曹史盛劾,敢言之。谨移狱,谒以律令从事,敢言之。②

永初二年(108)十二月三十一日,郡府都部下令,要求征召重要证人李崇,但张雄等五人未能征召到李崇,为此被当值的户曹史劾以"不以征逮为意,不承用诏书",并将此案移交上级机关,请求按律令行事。牍文所见是劾文中"案"的部分及呈文。就文书的适用对象与范围而言,劾文是性质较为单一的起诉书。

爰书也是常用于司法活动中的文书。睡虎地秦简《封诊式》:"爰书:以某数更言,毋(无)解辞,治(笞)讯某。"整理小组认为"'爰书'以下系爰书的格式,以下各条类推"。③ 从《封诊式》所列爰书涉及的事项来看,有讯狱、封守、

---

① 李均明:《秦汉简牍文书分类辑解》,第77页。
② 长沙市文物考古研究所:《长沙五一广场东汉简牍发掘简报》,《文物》2013年第6期,第21页。
③ 睡虎地秦墓竹简整理小组:《睡虎地秦墓竹简》,第148页。

盗自告、□捕、□□、盗马、争牛、群盗、夺首、□□、告臣、黥妾、覂（迁）子、告子、疠（疠）、贼死、经死、穴盗、出子、毒言、奸、亡自出等，范围甚广；而《候粟君所责寇恩事》册书所见爰书则为供词笔录，因此可以说，爰书是行用于司法活动中且具有法律意义的文书。不过需要指出的是，爰书未必是司法文书的专名，司法文书只是它的功能之一而已。据学者辨析，居延汉简中的爰书种类有自证爰书、吏卒相牵证任爰书、秋射爰书、疾死（病诊）爰书、死马爰书、殴杀爰书、贳卖爰书等，[1]在性质上具有"自辩书"与"证书"的特征，[2]因而具有较广的适用范围。

所谓司法文书，是指在起诉、逮捕、调查、审判及侦查勘验过程中产生的具有法律效力的文书。上报疑难案件而请求上级定性、判决的"奏谳"，就性质而言也可视为司法文书，即该文书体现了通过"奏谳"而获得终审这一程序。但从另一角度看，目前所见的"《奏谳书》"是一部书籍，经过一番编辑，文书格式已与文书原貌有一定差距"，[3]因此还应区分文书原件与编辑本的不同。另外，张家山汉简《二年律令·行书律》276 简："诸狱辟书五百里以上，及郡县官相付受财物当校计者书，皆以邮行。"这里的"辟书"可理解为"调查""验问"文书，居延汉简所见的"推辟验问"文书，[4]可佐助理解。司法文书的种类相应于司法程序，在秦汉司法程序研究已经比较成熟的当下，文书种类及其格式、功能的探究，尚需更进一步。

五、官箴吏训

中国古代历来重视官吏道德的培养、为政经验的总结及法律素养的积累，在已出土的秦简中也不乏此类文献。

---

[1] 关于爰书的研究，可参见〔日〕大庭脩著，徐世虹等译：《秦汉法制史研究》，中西书局，2017，第 440—473 页；〔日〕籾山明：《爰书新探——兼论汉代的诉讼》，收入《简帛研究译丛》第 1 辑，湖南出版社，1996，第 142—183 页。
[2] 陈槃：《汉晋遗简识小七种》上册，"中研院"历史语言研究所，1975，第 18 页。
[3] 〔德〕陶安：《〈为狱等状四种〉标题简"奏"字字解订正——兼论张家山汉简〈奏谳书〉题名问题》，载中国政法大学法律古籍整理研究所编：《中国古代法律文献研究》第 8 辑，社会科学文献出版社，2014，第 42 页。
[4] 此类文书的集成，见李均明：《秦汉简牍文书分类辑解》，第 85—88 页。不过这里仍然需要区分司法文书与行政文书的不同。

1. 睡虎地秦简《语书》

出土于睡虎地 11 号秦墓,文书简 14 枚,标题简 1 枚。整理小组认为,《语书》是南郡守腾颁发给本郡各县、道的一篇文告。内容有二:一是要求举劾犯法的吏民,二是提出了良、恶吏的标准并要求惩罚恶吏。关于该文书的结构,整理小组提出后半部分 6 枚简的书写位置略低于前 8 简,故有可能原来是分编的。学界也多认同此说,并对两件文书的命名及性质提出不同看法。① 近来则有学者根据契口与编绳位置、出土位置、容字与书体以及篇题与内容,认为《语书》与《南郡守腾文书》并非同篇,《语书》应编联在《为吏之道》之后,"语书"之题应涵盖"为吏之道"。②

2. 睡虎地秦简《为吏之道》

出土于睡虎地 11 号秦墓,共 51 枚简。简文分五栏书写,句型一般为短句或四字句,多见官吏习见用语,故整理小组推测是学习做吏者的识字课本。但从内容上看,它实际也是官箴吏训读本。"为吏之道"是第一简第一栏的首句,以下内容包括:为吏的基本准则,吏有五善、五失的界定,为政之本与治理纲要,职责的具体内容,为政经验及其规范的总结等。第五栏最后还附抄了两条魏律,一为《户律》之文,二是《奔命律》之文。《为吏之道》是目前所见最早的官箴读本。

3. 岳麓书院藏秦简《为吏治官及黔首》

见《岳麓书院藏秦简(壹)》,共有 80 余枚简,大部分分三栏和四栏抄写,整理者认为与睡虎地秦简《为吏之道》多可互校互补,因此是秦代宦学教材的又一版本。③ 例如其中所见有"吏有五善""吏有五失""吏有五过""吏有五则",内容多与《为吏之道》相同。1531(87)简的正面有总结性之语,所谓"此治官黔首及身之要也与。它官课有式令能最,欲毋殿,欲毋罪,皆不可得。欲最之道把此",简背面则是篇题"为吏治官及黔首"。

---

① 诸家之说可参中国政法大学中国法制史基础史料研读会:《睡虎地秦简法律文书集释(一):〈语书〉》(下),载中国政法大学法律古籍整理研究所编:《中国古代法律文献研究》第 7 辑,社会科学文献出版社,2013,第 80—81 页。
② 陈侃理:《睡虎地秦简"为吏之道"应更名"语书"——兼谈"语书"名义及秦简中类似文献的性质》,载清华大学出土文献研究与保护中心编:《出土文献》第 6 辑,中西书局,2015。
③ 朱汉民、陈松长主编:《岳麓书院藏秦简(壹)》"前言"。

4. 北大藏秦简《从政之经》

北大藏秦简为香港冯燊均国学基金会捐赠,共有 10 卷,《从政之经》属卷九,共有简 46 枚。其中 37 枚分上下四栏抄写,最末 7 简通栏抄写。其内容可分为六节:第一、二节涉及官吏的自律、修身,第三节与官吏职责有关,第四节讲治民之术,第五节为为官宜忌,第六节为题为"贤者"的文章杂抄。"从政之经"为第五节首句,类似于标题。据学者考证,《从政之经》与睡虎地秦简《为吏之道》应源于同一文本,且抄写年代也比较接近,而岳麓书院藏秦简《为吏治官及黔首》的成本与抄写年代要略晚于前二者。①

5. 王家台秦简《政事之常》

共 65 枚简,内容可与睡虎地秦简《为吏之道》参校。《政事之常》最大的特点是并非分栏书写,而是以图形表现内容。该图分为四层,中心部分写"员(圆)以生枋(方),正(政)事之常",第二层是《为吏之道》的相关内容,第三层是对第二层内容的解释,第四层是进一步的解释。这种结构被学者解释为经传与注疏的关系。② 这意味着当时的吏训已相当成熟,读本已出现疏解的方式,与律令的答问形式相呼应。

第五节 研 究 展 望

以上所介绍的不过是出土法律文献的大类,但还有三点尚需说明:第一,在占有出土简牍重要份额的大量的行政文书中,同样蕴含着丰富的法律资料,当时的律令之制往往通过行政文书体现。虽然行政文书的本身不属于"法律文书"的性质,但治法律史不可忽视这一类别。第二,边境地区出土的为数不少的债务文书以及墓葬出土的实物券书,也是了解当时特定区域以及民间社会法律生活的第一手资料;还有反映了当时人的法观念、法律思想的文献,同样也属于法律文献的范畴,只是限于能力与篇幅,难以一一详述。第三,类别的细化与扩充,有赖于文献数量的增加与

---

① 以上参见朱凤瀚:《北大藏秦简〈从政之经〉述要》,《文物》2012 年第 6 期。
② 王明钦:《王家台秦墓竹简概述》,第 39—41 页。

学者的深入研究。例如性质较为明确的律令类文献,自然易为人所识并撮以为类,但如课、科、程、品、式等,不仅数量远逊于前者,学界对其存在样态以及性质、地位的判断也还处于探讨阶段。在这种情况下,分类又与律令体系、法律形式的判断相关,分类的认同须建立在研究所取得的共识之上。但另一方面,中国古代法律文献的类别扩充反有赖于学者对史料的发掘与识别,在此意义上,文献类别的划分自然不应受制于一定之规。

出土简牍法律文献对于历史文献学、中国法律史的研究进程乃至学科建设与发展,无疑起到了重要的促进作用。在今天的学科目录中,历史文献学包含了敦煌学与古文字学,而以简帛学的产生、发展以及影响来看,它在中国古代史研究中所具有的地位与分量日益重要,已形成新的学科增长点。简牍文献之于中国法律史研究的重要意义,更无需赘言。自 1975 年以来,出土秦汉法律文献数量的突破与递增,使秦汉法律史研究处于持续活跃的状态,研究所产生的宏富成果,不仅使秦汉律令体系的揭示承前而进入一个新阶段,也为客观认识中国古代法律体系的构造及其发展提供了新知。

在充分认识出土简牍法律文献的价值及其意义的同时,也需要对整理研究中的重点、难点问题有所关注。如前文已述,出土简牍法律文献的性质判断并非易事,其是否为法律文献,是何种法律文献,是某种法律文献中的何篇,有时难以一言定谳。又如某一知识体系在传世文献的传承中被凝练化,而在出土文献中所表现的往往是某一时点上的原始化,如何消弭二者间的差异,也是需要有所意识的问题。再如在阅读出土简牍法律文献时,意识到秦汉律令处于编纂历史进程中的前期阶段,当时的律篇划分是秉承传统或因时而为的产物,与后世之律甚至今人之意有明显的差异,这又是客观认识法律发展进程的题中之义。还有秦及汉初的简牍法律文献,有的文辞古奥,律意不彰,有的摘抄节录,并非全文,因而要想疏通文义,了解律意,往往非反复研读、逐字推敲、触类旁通而不能。与此同时,出土简牍法律文献涉及考古、史学、法学以及简牍学、古文字学等多种学科,对它的了解需要融合相关的学科知识。例如简牍出土地的区分,涉及对官文书的运行乃至权力机构管辖的判断;简册的收卷、标识、篇题、形制,涉及对书籍及文书的样态认识,对此自然不可忽视。还有古人立法自有其考量,涉及定罪量刑未必事事立法,而是以关键术语在此罪与彼罪间建立关联,要想捕捉此种关联,缺乏规范分析也难以为之;而在规范分析之时,又需要运用一定的法学思维与方法。例如对睡虎地秦简《法律答问》41、42简的理解,自然会产生何以"诬人盗千钱,问盗六百七十"的结果是"毋论",而告人盗钱"诬加"则要"赀二甲"的疑问。如果从罪刑角度切入,考虑到告者的内容是否会影响被告的量刑,其不同的结果也许就能获得相对合理的解释。① 凡此种种,都是在研读简牍法律文献时需要留意的。

在出土简牍法律文献的数量不断增加的今天,文字辨识、简册复原、内容考证等基础研究依旧是承前不变的方向。与此同时,通过对简牍群的综合考察而把握简牍中的法制内容,以此证史、补史而还原简牍时代的法制状况,也是需要长期努力之所在。而在持续推进基础研究的同时,提炼新的知识体系,以新的理论与方法观照出土简牍文献,又是目前学界正在努力的方向之一。所谓"古文书学"与"简帛学"的倡导,②正是促使出土简牍法律文献研究拾级而上的途径选择。

---

① 关于此二简的讨论,参见中国政法大学中国法制史基础史料研读会:《睡虎地秦简法律文书集释(七):〈法律答问〉1~60简》,载中国政法大学法律古籍整理研究所编:《中国古代法律文献研究》第12辑,社会科学文献出版社,2018,第97—99页。
② 有关建立"古文书学"的主张,可参见黄正建:《"中国古文书学":超越断代文书研究》《中国社会科学报》2012年7月25日A—05历史版)、〔日〕籾山明:《日本居延汉简研究的回顾与展望——以古文书学的研究为中心》(载《中国古代法律文献研究》第9辑,社会科学文献出版社,2015);有关"简帛学"的理论与学科建设主张,可参《中国史研究动态》2016年第2期刊发的胡平生、刘国忠、蔡万进、孙闻博等多名学者的专题文章,亦可参《河南师范大学学报(哲学社会科学版)》2016年第5期刊发的杨振红与蔡万进之文。

第三章 石刻法律文献

第一节 概念界定、整理模式及分类

一、概念界定和属性

(一) 石刻法律文献与法律碑刻

碑有狭义和广义之分。广义的碑泛指镌有述德、铭功、纪事等文字兼及图示的各种形制的刻石,包括碑碣、摩崖、造像与墓志等。清代叶昌炽在《语石》中强调:"凡刻石之文皆谓之碑,当是汉以后始。"[1]经过历代发展演变,到清代时,碑已成为碑、碣、摩崖、墓志、刻经、造像记、塔铭、石阙铭、桥栏桥柱题记、井栏题记、祠堂纪事、墓莂、界石、画像题字、石刻字帖等一切有文字的石刻和线刻图画碑的总称。而狭义的碑特指刻镌文辞并有一定规格和形制(一般由碑首、碑身、碑座组成)的长方形立石,是诸多刻石形式之一。为便于叙述,本文特以"石刻文献"指代广义的碑,以"碑刻"指代狭义的碑。

石刻文献指以石为载体、经雕刻而形成的文献。石刻形制除基础类别——碑刻外,还有摩崖、买地券、墓志、经幢、造像等。同理,石刻法律文献也包括基础类别的碑刻和墓志、经幢等其他石刻类别。石刻法律文献以载于碑刻者为大宗,此即通称的"碑刻法律史料",简称为"法律碑刻";但在摩崖、墓志、经幢、造像等石质铭刻中,也不乏与法律有关的内容。故石刻法律文献

---

[1] (清)叶昌炽撰,柯昌泗评:《语石·语石异同评》,陈公柔等点校,中华书局,1994,第151页。

的涵义较法律碑刻为广,而法律碑刻是石刻法律文献的主体。

中国历代碑刻种类繁多,内容驳杂,何种内容属于法律碑刻呢?概括的界定是:内容能传递法律信息,并具有公开性、社会性和真实性等特征。公开性、真实性是法律碑刻的标志特征,但这些特征在石刻法律文献中的墓志、买地券中难以体现。这也是本文区分法律碑刻和石刻法律文献的重要原因。

(二) 法律碑刻的三重属性

法律碑刻除具有一般石刻的文献、文物属性外,还有制度属性。具体而言,文献属性偏重于内涵,指法律碑刻的内容能传递法律信息并具有客观性、真实性,此是其史料价值的体现;文物属性偏向于外观,指公开性和社会性等特征,亦多指碑石刻立的场所和地点,以及碑石上的一些标志性特征;制度属性强调碑石的刻立程式和功能。前两个属性是从内容和形式上对法律碑刻的界定,后一个属性突出了法律碑刻的生成方式,及其所具有的社会管理功能和承载的权利义务关系等。

强调法律碑刻的多重属性,也意在强调古代法律碑刻不仅仅是一种文献史料,还具有明显的实际功用,如传布律典禁令,记录律典的实施与变通,确定权利义务关系等。与一般石刻文献不同的是,法律碑刻是公权力运作的结果。中国传统法制具有政府公权(国家权力)和民间公权(民间基于公议和认同形成的权威)两种运作传统。在政府公权的法制表达与实践中,君言皇权刻石始终占主导地位,与实施行政管理有关的公文碑在唐宋金元颇为发达,具有创制性内涵的禁令碑在明清时期较具系统性,明确权益界限的争讼纪事碑自宋代以后日渐增多。民间公权的法制表达与实践主要体现为村社、家族、行业、信众等公议的规范禁约,对田土、房屋等公私产业的买卖、捐施处分的合同契约等。①

在已有的研究中,碑志的文献属性已得到充分展现,但作为一种独特的文字载体和刻石过程,其所蕴含的制度功能尚缺乏充分重视。而法律碑刻与一般碑刻的不同之处即在于它的制度属性。碑石文字是一种静态的史料记

---

① 参见李雪梅:《法制"镂之金石"传统与明清碑禁体系》,中华书局,2015,第 5、227、249、315 页。

载,但立碑纪事却是一种动态的制度创设过程,"演戏立碑""立碑为例""奉官示禁"等仪式和程序,均赋予碑刻特别的效力。基于此因,碑石的原始面貌,如格式体例、尺寸大小乃至刻立地点,加刻、续刻文字,碑阳、碑阴文字的关系,都蕴含着重要信息。因此搜集、探访古代碑石,了解其整体面貌,也是法律碑刻研究的一部分。

二、石刻文献整理模式及检讨

(一) 近百余年石刻文献整理模式

石刻文献整理研究是传统金石学的重要组成部分。自宋代金石学发轫,历经千余年的积累,石刻文献已成为中国古代史研究中不可或缺的史料,并大致形成四种石刻文献载录形式,即:① 碑志例和通论式,以元潘昂霄《金石例》、清叶昌炽《语石》等为代表;② 碑目式,如清孙星衍、邢澍《寰宇访碑录》,赵之谦《补寰宇访碑录》,缪荃孙《艺风堂金石文字》,罗振玉《墓志征存目录》等;③ 题跋式,如宋欧阳修《集古录跋尾》、赵明诚《金石录》,清钱大昕《潜研堂金石文字跋尾》及《续》《又续》《三续》等;④ 目录、录文兼题跋式,如宋洪适《隶释》《隶续》,明都穆《金薤琳琅》、赵崡《石墨镌华》,清王昶《金石萃编》、陆增祥《八琼室金石补正》,以及罗振玉《昭陵碑录》等。这些传统金石著录为后人了解元代以前法律碑刻的大致面貌,提供了较完备的资料线索。

20世纪,随着甲骨、简牍、敦煌吐鲁番文书、明清档案等新史料的批量发现,引起中外学者的高度关注,并相继成为当代显学,以致自宋代以来日渐发达的传统显学——金石学相形黯然,但石刻文献的整理研究并未止步不前。近百余年来,石刻文献研究不断涌现新的热点,如民国时期对先秦石鼓文和诅楚文、秦汉刻石、汉魏石经、边陲石刻、墓志经幢的考释研究,[①]20世纪50至70年代对太平天国石刻和阶级斗争类碑刻的特别关注,[②]近几十年对新发

---

① 民国时期对石鼓文的研究较充分,章太炎、马叙伦、沈兼士、张政烺、杨寿祺、唐兰、童书业等诸多学者参与其中,文章近30篇。关注汉魏石经的学者有章太炎、陈子怡、王献唐、马衡、罗振玉、屈万里、苏秉琦等,文章计有30余篇。参见北京大学考古系资料室编:《中国考古学文献目录(1900—1949)》,文物出版社,1991,第184—185页。

② 参见《文物》1956年第7期、1957年第9期、1972年第7期、1973年第12期等。

现的石刻及墓志的考释研究,以及陆续出版的地区和断代石刻资料汇辑等,使石刻学涉及的领域更广,研究内容和方法也多有创新。

20世纪初对石刻文献整理研究有突出贡献的学者,当属叶昌炽、罗振玉。叶昌炽(1849—1917)所著《语石》是一部通论性研究著述。该书写定于清宣统元年(1909),作者对石刻形制与分类、碑文格式体例、书体演变、制作工艺等均有较详细的考述,强调"汉之孔庙诸碑,魏之《受禅》《尊号》,宋之道君《五礼》,可补《礼志》。唐之《令长新诫》,宋之《慎刑箴》《戒石铭》,可补《刑法志》",并总结出立碑之例有四端,分别为述德、名功、纪事、纂言,并在此基础上将石刻细分为石经、字书小学、封禅、诏敕、符牒、书札、格论、典章、谱系、界至等42类,其中不乏对官私文书发展源流和特征的评述,对传统金石学研究多有创新。①

叶昌炽在《语石》序言中自述写作方式和目的"既非欧、赵之目,亦非潘、王之例,非考释,非辑录,但示津途,聊资谈圃"。② 其所谓"欧、赵之目"和"潘、王之例",指传统石刻研究的两大流派。"欧"指欧阳修的《集古录跋尾》,"赵"指赵明诚的《金石录》,为宋代金石学肇端的标志性成果。"潘"指元代潘昂霄所开创的金石义例之学。中国传统金石学具有碑史互证、跋尾范式、义例总括等研究特色。其中前两个特色在宋代金石学创立时已经显现,而义例总括研究在元明时初兴,至清代达到繁盛。碑志义例学的形成与发展,与潘昂霄《金石例》有密切关联。继潘氏作《金石例》十卷总括碑版文体之后,明代王行作《墓铭举例》,明末清初又有黄宗羲撰《金石要例》,三部著作合称为"金石三例",③至此,金石义例研究渐成规模。梁启超将清代金石学中的石学研究,细分为以顾炎武、钱大昕为代表的"专务以金石为考证经史之资料"的考据派,以黄宗羲等为代表的"从此中研究文史义例"的义例派,以翁方纲、黄易为代表的"专讲鉴别,则其考证非以助经史"的鉴藏派,以包世臣为代表的"专讲书势"的书艺派,以及以叶昌炽为代表的"集诸派之长"的综合派。④

---

① (清)叶昌炽撰,柯昌泗评:《语石·语石异同评》,第180—380、398页。笔者注:标点有所改动。
② (清)叶昌炽撰,柯昌泗评:《语石·语石异同评》,第1页。
③ (清)卢见曾辑《金石三例》有乾隆二十年(1755)在扬州刊行的《雅雨堂丛书》本、嘉庆十六年(1811)郝懿行重印本、光绪四年(1878)南海冯氏读有用书斋刻朱墨套印本。
④ 梁启超:《清代学术概论》,东方出版社,1996,第52—52页。

罗振玉(1866—1940)毕生钻研金石考据，石刻方面的著述有《金石萃编校字记》《寰宇访碑录刊谬》《补寰宇访碑录刊误》《增订汉石存目》《魏晋石存目校补》《西陲石刻录》《西陲石刻后录》《石鼓文考释》《冢墓遗文》《墓志征存目录》《雪堂金石文字跋尾》《集古遗文》《碑别字补》《昭陵碑录》《秦汉瓦当文字》等十余种。其所关注内容，均为当时学术热点，同时也将石刻与金文、木简等进行融会贯通式考察，使传统金石考据之学与新材料、新史学有了较为紧密的结合，可谓"开近百年学术研究之新风"。①

20世纪的石刻资料整理工作在传统金石学基础上也多有创新，并大致形成五种模式：

一是地方性和专题性的资料整理。民国年间，各省编纂省志，也连带完成了一批地方石刻资料汇辑，单独刊行者有缪荃孙辑《江苏金石志》(1927)、武善树辑《陕西金石志》(1935)、徐乃昌辑《安徽通志金石古物考稿》等。近几十年，陕西、山西、河南、广西等省的石刻文献集成工作也全面推进，陆续出版了《陕西金石文献汇集》《三晋石刻大全》等系列资料集。与传统金石志收录文献多止于宋元不同的是，新出地域性资料集涵盖明清甚至民国，石刻的种类和数量，均大幅提升。

此外，断代和专题石刻文献整理与研究也取得明显成就。断代碑文整理有高文《汉碑集释》(河南大学出版社，1997)、王新英《金代石刻辑校》(吉林人民出版社，2009)、冯承钧《元代白话碑》(商务印书馆，1931)、蔡美彪《元代白话碑集录》(科学出版社，1955)，专题碑文整理有冯俊杰编著《山西戏曲碑刻辑考》(中华书局，2002)、蔡美彪《八思巴字碑刻文物集释》(中国社会科学出版社，2011)等。在墓志整理方面成果尤为突出，代表性成果有赵超整理《汉魏南北朝墓志汇编》(天津古籍出版社，1992)，周绍良主编《唐代墓志汇编》(上海古籍出版社，1992)，周绍良、赵超主编《唐代墓志汇编续集》(上海古籍出版社，2001)，吴钢主编《全唐文补遗》(9辑，三秦出版社，1994—2007)并《千唐志斋新藏专辑》(三秦出版社，2006)，故宫博物院编《故宫博物院藏历代墓志汇编》(紫禁城出版社，2010)等。

二是以拓本、图片存真形式为主的资料汇集。20世纪90年代，北京图书

---

① 张舜徽：《罗振玉学术论著集》"序"，上海古籍出版社，2013。另有关罗振玉对石刻文献的整理研究，可参见陈维礼：《罗振玉石刻遗文校史之研究》，《古籍整理研究学刊》1989年第1期，第11—14页。

馆组织编纂的《北京图书馆藏历代石刻拓本汇编》(101册,中州古籍出版社,1989—1991)收录了该馆20世纪50年代以前入藏的所有石刻拓本,涉及地域广,时段长。所收录的每一件拓片均写明镌刻时代、石刻所在地、拓片尺寸及撰文、书者等信息,使石刻文献的原始特征得到较全面展示。诸如此类的成果,还有赵万里《汉魏南北朝墓志集释》(科学出版社,1956)、广西博物馆编《中国西南地区历代石刻汇编》(10册,天津古籍出版社,1998)、《西安碑林全集》(200卷,广东经济出版社、海天出版社,1999)、赵平编《中国西北地区历代石刻汇编》(10册,天津古籍出版社,1998)等。

三是拓片与释文并举者,如毛汉光撰《唐代墓志铭汇编附考》18册(台北"中研院"历史语言研究所,1985—1993),《新中国出土墓志》15册(文物出版社,1994—2009),毛远明著《汉魏六朝碑刻校注》(线装书局,2009),胡戟、荣新江主编《大唐西市博物馆藏墓志》(北京大学出版社,2012)等,均是具有深度内涵的石刻文献整理成果。地方石刻文献汇编也多有采用图文并见形式,如陕西省古籍整理办公室和三秦出版社陆续推出的《陕西金石文献汇集》,已出版有《安康碑石》(1991)、《高陵碑石》(1993)、《华山碑石》(1995)、《汉中碑石》(1996)、《重阳宫道教碑石》(1998)、《潼关碑石》(1999)、《澄城碑石》(2001)、《咸阳碑刻》(上下册,2003)、《榆林碑石》(2003)、《户县碑刻》(2005)、《药王山碑刻》(2013)等。山西省的石刻文献整理工作更为全面深入,《三晋石刻大全》系列按县(市、区)分卷,仅临汾市已出版有《临汾市洪洞县卷》(2009)、《临汾市侯马市卷》(2011)、《临汾市尧都区卷》(2011)、《临汾市曲沃县卷》(2011)、《临汾市安泽县卷》(2012)、《临汾市浮山县卷》(2012)、《临汾市蒲县卷》(2013)、(临汾市乡宁县卷)(2014)、《临汾市大宁县卷》(2014)、《临汾市永和县卷》(2015)、《临汾市襄汾县卷》(2016)、《临汾市吉县卷》(2017)等。各卷编排分现存石刻与佚失石刻,配图清晰,信息明确,方便核查使用。

四是以调查研究为主的资料编纂。如民国时期全国范围的古物碑刻调查,[①]

---

① 清光绪三十四年(1908),内阁民政部发布文告,咨行各省调查古迹,并制定统一表格,要求按表格填注,限期送部。1916年10月,内务部在颁布《保存古物暂行办法》的同时,也发出《通咨各省调查古迹列表报部》文告。古物调查项目分建筑、遗迹、碑碣、金石、陶器等12类,调查表列名称、时代、地址、保管、备考等栏目。载中国第二历史档案馆编:《中华民国史档案资料汇编》第3辑《文化》,江苏古籍出版社,1991,第200—201页。1918年民国《政府公报》详载《各县古物调查表》的内容。

20世纪40年代日本学者仁井田陞等对北京工商会馆碑刻的调查,①近20年社会史研究者对山陕水利碑刻、北京寺庙碑刻的调查和文献整理,均有重要成果集结出版。法国远东学院和北京师范大学合作完成的四集《陕山地区水资源与民间社会调查资料集》,通过对陕山地区古代村社水利碑刻的深入田野调查和细致解读,凸显了碑刻文本价值之外的实用社会功能。②

五是"碑目""索引"类工具书。缪荃孙(1844—1919)于民国初年所撰《艺风堂金石文字目》18卷和《续目》3卷,载录自藏金石碑版10800余种,不仅创单部书籍载碑石数目的新高(朝代截止于元,清王昶所编《金石萃编》截止到金,收录金石1500余种),编写方式也值得称道。其编纂特色是内容简练扼要,碑石撰写人、书体、格式、刻时、所在地等关键性要素俱全,提示性强,命名合理。③ 杨殿珣所撰《石刻题跋索引》,将元代以前的历代石刻分为墓碑(墓碣、墓幢、塔铭、纪德碑俱属之)、墓志、刻经(石经、经幢俱属之)、造像(画像附之)、题名题字(题名碑、神位题字、食堂题字、石人题字、石盆题字等俱属之)、诗词与杂刻(砖瓦、法帖附之)七类,各类条目按刻石年代排序,条理清晰,便于使用。④ 断代的题跋汇编,有容媛辑录、胡海帆整理《秦汉石刻题跋辑录》(上海古籍出版社,2009)等。另王壮弘、马成名著《六朝墓志检要》(上海书店出版社1985年初版,2008年修订版)对近千种墓志的时代、年月、尺寸、行数、书体、原石出土地及版本、真伪等情况一一介绍,有时代及笔画两种索引,便于查找。日本气贺泽保规对唐代墓志的编目整理工作已持续20年,从1997年初版《唐代墓志所在总合目录》收载墓志5826件,到2017年第4版《新编唐代墓志所在总合目录》(明治大学东洋史资料丛刊13)收载墓志12523件,

---

① 日本学者仁井田陞等于1942年到1944年间对北京60家工商会馆进行实地调查,调查结果载〔日〕仁井田陞辑:《北京工商协会资料集》(6册),日本东京大学东洋文化研究所,1975—1983。
② 法国远东学院和北京师范大学合作完成的四集《陕山地区水资源与民间社会调查资料集》,依次为秦建明、〔法〕吕敏编著:《尧山圣母庙与神社》,白尔恒等编著:《沟洫佚闻杂录》,黄竹三等编著:《洪洞介休水利碑刻辑录》,董晓萍、〔法〕蓝克利:《不灌而治——山西四社五村水利文献与民俗》,中华书局,2003。
③ 张廷银、朱玉麒主编:《缪荃孙全集·金石》第1册,凤凰出版社,2014。
④ 杨殿珣:《石刻题跋索引》,商务印书馆,1941年初版,1990年重印。

20 年间数量增长两倍以上。①

近百余年石刻文献整理研究的突出特点有二：

一是新出土墓志整理和研究较碑刻整理研究更为充分，中外学者均作出突出贡献。尽管墓志与法律碑刻的公开性、真实性等特色有一定偏离，但数以千计的庞大体量，未来可预期的新发现，使墓志史料在法制史研究中愈显重要。仇鹿鸣曾撰文介绍，"在过去的二十年中，我们所见唐代墓志的总量增加了一倍有余，超过了之前一千余年的总和"。② 黄正建认为：现在的金石资料比以往有了成倍的增长，仅唐代墓志一项，近 30 年新发现或新公布的就远远超过 20 世纪五六十年代之前。③ 唐代墓志的爆发式增长，大量石刻文献的重新发现，也带来新的研究课题。墓志研究中所涉及的官制和政治制度研究，对科举制度、婚姻制度以及司法官员的培养等方面的研究，均有助于古代法律制度研究的细化和深入。

二是传世的经典碑石和新发现的碑刻受到持续关注。《乙瑛碑》是传世汉碑名作，历代金石学家的题跋考据连篇累牍，当代学者分析诏书形制与类型时亦多引注此碑。碑文记载的重点是对鲁相乙瑛提议增设基层行政编制——百石卒史一事的文书往来。《乙瑛碑》所载公文件数历来众说纷纭，代表性观点有 3 件说（宋洪适《隶释》卷一）④、4 件说（劳榦《孔庙百石卒史碑考》）⑤、2 件说（侯旭东《东汉〈乙瑛碑〉增置卒史事所见政务处理：以"请"、"须报"、"可许"与"书到言"为中心》）⑥。侯旭东的 2 件公文说，即由壬寅诏书和鲁相平等给司空府的回复构成，是基于对公文中"请""须报""可许"与"书

---

① 1997 年版《唐代墓志所在总合目录》收载墓志 5826 件（包括志盖 344 件），2004 年版《新版唐代墓志所在总合目录》收载墓志 5828 件（包括志盖 369 件），2009 年《新版唐代墓志所在总合目录》（增订版）收载墓志 8747 件（包括志盖 462 件），到《新编唐代墓志所在总合目录》（2015 年迄）收载墓志 12523 件（包括志盖 481 件）。参见〔日〕气贺泽保规：《近年中国唐代墓志的整理研究史概述》，《隋唐辽宋金元史论丛》第八辑，上海古籍出版社，2018。
② 仇鹿鸣：《十余年来中古墓志整理与刊布情况述评》，《唐宋历史评论》第 4 辑，社会科学文献出版社，2018，第 4—5 页。
③ 黄正建：《唐代法典、司法与〈天圣令〉诸问题研究》，中国社会科学出版社，2018，第 206 页。
④ （宋）洪适：《隶释》卷一，中华书局，1986，第 19 页。
⑤ 劳榦：《孔庙百石卒史碑考》，《史语所集刊》34 本（上册），1962，第 99—144 页。
⑥ 侯旭东：《东汉〈乙瑛碑〉增置卒史事所见政务处理：以"请"、"须报"、"可许"与"书到言"为中心》，载《法律文化研究》第 10 辑《古代法律碑刻专题》，社会科学文献出版社，2017，第 36—63 页。

到言"等关键词的精准分析。通过对这些常用字词的"考古",分析其在不同语言环境中语意的变化、用例等,有助于正确断句并理清行政程序,进而判定公文结构。另 1973 年在河南偃师出土的《侍廷里父老僤约束石券》,在 20 世纪 80 年代形成研究热潮,之后跟进研究未曾中断,海内外学者做了大量扎实的考证工作。① 日本学者籾山明《汉代结僤习俗考》一文,自 1986 年首次发表,到 2015 年修订,是这一碑石考证研究历程的参与者和见证者。②

(二) 石刻文献研究现状及存在的问题

综观当代的中国石刻文献研究,尚存在一些需要关注的问题:

一是石刻文献的主体史料和辅助史料问题。在石刻文献的专题研究如墓志、断代研究如蒙元史方面,石刻文献的主体性史料特征较明显;在秦汉和唐宋行政文书研究方面,石刻文献的重要性相对突出。但在整个史学研究领域(也包括法制史研究),石刻文献的独立性尚未得到广泛认同。这既与人们对史料的敏感、自觉有关,同时也受制于石刻文献的整理研究水准,尤其是石刻文献的分类整理和研究水平。

全国石刻文献的存世量,目前尚未有准确数据,只有个别省份进行过一些调查和统计。如碑刻存留较多的山西省,经过文物部门的普查,认为山西现存各类碑碣大约 2 万通。至 2006 年,山西有 9 个市出版了《三晋石刻总目》,共收录存碑 11878 通,佚碑 4168 通,合计 16046 通。③ 保守估计,中国历代所存石刻文献,当不下 20 万种,古代法律碑刻的总数不少于 1.5 万通。④

---

① 对此碑的考证,可参见俞伟超:《中国古代公社制度的考察——论先秦两汉的单、弹、僤》,文物出版社,1988;黄士斌:《河南偃师县发现汉代买田约束石券》,《文物》1982 年第 12 期,第 17—20 页;宁可:《关于〈汉侍廷里父老僤买田约束石券〉》,《文物》1982 年第 12 期,第 21—26 页;邢义田:《汉代的父老、僤与聚族里居——汉侍廷里父老僤买田约束石券读记》《汉侍廷里父老僤买田约束石券再议》,收入邢义田:《天下一家:皇帝、官僚与社会》,中华书局,2011,第 436—488 页;林甘泉:《"侍廷里父老僤"与古代公社组织残余问题》,《文物》1991 年第 7 期,第 52—59 页;张金光:《有关东汉侍廷里父老僤的几个问题》,《史学月刊》2003 年第 10 期,第 17—25 页;林兴龙:《东汉〈侍廷里父老僤买田约束石券〉相关问题研究》,《云南师范大学学报》2007 年第 4 期,第 67—70 页;南玉泉:《东汉侍廷里僤约束石券的发现与研究》,《法律文化研究》第 10 辑《古代法律碑刻专题》,社会科学文献出版社,2017,第 26—35 页。
② 〔日〕籾山明:《汉代结僤习俗考》,《法律文化研究》第 10 辑《古代法律碑刻专题》,第 3—25 页。
③ 参见李玉明:《三晋石刻大全·临汾市洪洞县卷》"总序",三晋出版社,2009。
④ 根据笔者对传统金石志的整理,法律碑刻在古代石刻中所占比例约为 8.47%。此数目尚不包括古代刑徒砖、买地券、墓志以及民国碑刻的数目。

这是一笔数量可观且系统性强的珍贵史料,无论进行专题、断代还是综合研究,均可作为一种主体文献加以利用。

二是石刻文献研究中的个案与专题关系问题。目前对个别碑志的研究和考释成果较多,专题性和系统性研究相对薄弱。与此相关的是,学界普遍重视对新发现碑志的考释,却长期忽视对传世石刻文献的整理,以致传统金石志、地方志、寺观志中相关资料的整理、复核工作颇为迟滞。另石刻文献研究中也存在重视隋唐以前碑志、轻视明清和民国碑刻的现象,致使石刻文献自身的发展规律和特性难以显现。

三是古今学术传统的割裂,对传统金石学的考据研究方法承继出现断档,基础性研究尚有待提升。传统金石学研究多将金石视作整体。在当代研究中,金文与石刻已成为不同学科的关注对象。古文字、考古及上古史研究学者更关注金文,中古史研究学者侧重于墓志和造像题记,近古史和社会史学者偏向于利用明清碑刻,这种现象是史料的性质使然。但与此同时,如何注重石刻文献的整体价值,也是研究的题中之义。目前石刻文献的断代整理研究和地区性资料汇集成果显著,而整体性研究尚显薄弱。另在石刻文献中,一碑多名现象较为普遍,对新出土的石刻文献也存在命名歧出的情况。这些现象给研究者造成资料检索和研究上的诸多不便。是故,诸如石刻文献的定名、分类等基础性研究,均亟需加大投入。

三、法律碑刻的分类

(一) 法律碑刻之分类概观

中国石刻文献著录源自汉魏,兴盛于两宋,完备于清。现传世的宋代以来的石刻文献著录,计有上千种。[①] 加上佚失不传者,共约 2200 余种。[②] 传统金石著录以按朝代分卷、按时间先后编排为主导,综合性著录如宋代赵明

---

① 黄立猷《金石书目》(民国十五年活字本)著录 878 种,补遗 47 种,总计 925 种。林钧《石庐金石书志》(民国十七年自刊本)著录 970 种。容媛《金石录目》收尚存之书上千种。参见容媛:《金石录目》"容庚序"和"分类目",民国十九年刊本,第 5—10、17—19 页。
② 据宣哲之:《金石学著述考》,引自朱剑心:《金石学》,浙江人民美术出版社,2015,第 61 页。

诚《金石录》，清代王昶《金石萃编》、陆增祥《八琼室金石补正》，地方专志如《山左金石志》《山右石刻丛编》《江苏金石志》等均是如此。

　　古代刻石载文运用广泛。与法律相关的刻石，偏向于对日常政治秩序和法制常态的纪录。载于碑石上的古代公文、禁令、规章、契约、讼案等，自秦汉至明清绵延不断，数量可观。在传统金石志和当代碑志辑录中，上述内容的碑石均占有相当比重。但对于法律碑刻的分类，探讨者不多。当下石刻文献多按碑石功用、文献成因及文体形式进行分类，法律类碑文主要归在应用文中，但尚有大量的石刻法律文献未能容纳，不能真实反映石刻法律文献的整体面貌和实际价值。

　　基于法律碑刻的特殊性，对其分类，既要考虑它赖以生长壮大的根基和传统，也要顾及法律史、法律文献等学科和专业研究的需求。从法律研究的视角看，石刻法律文献的分类需兼顾以下层面：从社会应用的角度，可分为现世石刻和冥用石刻（哀册、买地券、告地状、敕告文等）等，其中现世石刻又可分为公文碑（诏书、圣旨、敕牒、告身等）、私约碑（契约、遗嘱、捐施财产声明、乡规等）、纪事碑、图示碑等；从存世数量与类别的角度，可分为官箴、赋役、水规、学规等类；从效力级别及类型化的角度，可分为神禁碑（包括盟诅类刻石）、圣旨碑（敕禁碑）、官禁碑、乡禁碑、公约碑（包括宗规碑、学规碑、行规碑等）、凭证碑和讼案碑等。在兼顾其社会应用、存世数量、效力级别和类型化以及铭刻传统等多重因素的情况下，石刻法律文献大致可分为公文碑、讼案碑、契证碑和法规禁令碑等。

（二）法律碑刻之分类依据

　　除了充分考虑法律碑刻的文献、文物和制度属性外，以下内容也是确定其分类的重要依据：

　　第一，铭刻法律纪事的共性与类别的稳定性。以碑石铭刻法律事项，是中国古代法制"镂之金石"传统的重要组成部分，也是以青铜铭刻法律事项的延续。无论"铭金"还是"刻石"法律纪事，总有一些共性的内容。累见于金石的契证、讼案、盟誓、诅咒之文，并非单纯记事，同时也具有永久保存、备查核验的功能。在法律碑刻的发展过程中，契证碑和公文碑相伴始终，而且从宋代开始，公文和契证类碑石在法律碑刻中的数量比均有显著提高。讼案碑的数量虽逊色于公文、契证等类别,但其内容翔实丰富,诉求多样。而且将讼案勒于金石的目的、理念和实效,无论是基于文献整理还是侧重于制度研究,在法律碑刻中均是具有经典意义的类别。

第二,法律碑刻的自身发展规律及特色。"碑以明礼""碑以载政""碑以示禁"是中国古代法律碑刻在唐以前、唐宋金元和明清三大时段的基本特色。① "碑以载政"的形式多样,内容以君言刻石和公文碑为主,用现在的眼光看,多属行政规范,展示出碑石在国家机器运转和社会治理中的重要作用。以敕牒、公据、榜示等政务实践为主的公文碑的大量存世,也表明法律碑刻具有政务公开和有案可稽的档案属性。明清"碑以示禁"的基础,是由中央、地方、民间等不同层次的禁碑所构筑的"碑禁体系",各类禁碑遍布城乡,较之公文碑更加普及。是故,公文碑和示禁碑也当是法律碑刻中不可或缺的类别。

第三,法律碑刻的实用和规范功能。法律碑刻的刻立有较强的目的性,所期望达到的效果,无外乎规范、秩序和权益保障。契证碑、讼案碑具有明显的权益属性和利益格局。学规、水规、乡约等规范性章程以及箴铭训诫,在规范社会秩序方面发挥着积极效用。禁碑的针对性强,多涉及社会治安、官员腐败、衙役贪弊以及恶风劣俗等社会顽疾,是化解社会矛盾、平衡社会冲突的重要措施。即使是有关神禁、冥判等内容的纪事碑,在社会治理方面,也能发挥律典所不及的功效。②

基于法律碑刻的特性和前述分类依据,本文将法律碑刻分为公文碑、示禁碑、规章碑、讼案碑、契证碑、法律纪事碑六大类。至于分类中常见的重合、交叉,可从文体格式、主体内容、主要诉求及功能等角度进行判定,以尽量避免一碑两属、三属等分类上的冲突。如判定公文碑可遵循文体优先的原则,判定示禁碑可采用罚则优先的原则,判定讼案碑强调注重结果的原则等。

需要特别强调的是,法律碑刻的主要功能是满足社会需要、稳定社会秩序、化解社会矛盾,即法律碑刻有别于墓碑、题名碑和一般纪事碑等的重要标志是,它具有社会管理性(公文碑)、行为规范性(规章碑)、违禁处罚性(禁令禁约碑)、财产和权益保护性(契证类碑刻)、争讼化解性(讼案碑)、自觉遵守

---

① 详见李雪梅:《法制"镂之金石"传统与明清碑禁体系》,第 66—140 页。
② 参见李雪梅:《明清信仰碑刻中的"禁"与"罚"》,台湾《法制史研究》第 27 期,2015 年 6 月,第 75—120 页。

性(神禁、冥判等法律纪事碑)。这是解决分类冲突的根本,也是法律碑刻的分类基础。①

第二节 发展演变及时代特色

中国古代法律碑刻的发展可分为初创期、发展期和完备期三个阶段,并大致对应于秦汉魏晋南北朝、唐宋金元、明清三个时段。这三个时段的法律碑刻,各有鲜明特色。

一、初创期

(一)秦诏书刻石的宣示性

秦国具有刻石的传统,诅楚文、石鼓文均是重要明证。秦始皇统一天下后,为炫耀自己的功德伟业,多次出巡,先后留下7处刻石。②

《泰山刻石》立于秦始皇二十八年(前219)。刻石宣扬秦始皇统一天下的功绩道:"治道运行,诸产得宜,皆有法式。"秦二世胡亥于公元前209年东巡时,在始皇刻石之阴加刻诏书以颂扬始皇帝的盛德:"皇帝曰:'金石刻尽始皇帝所为也。今袭号而金石刻辞不称始皇帝,其于久远也,如后嗣为之者,不称成功盛德。'丞相臣斯、臣去疾、御史大夫臣德昧死言:'臣请具刻诏书刻石,因明白矣。臣昧死请。'制曰:'可。'"《琅琊台刻石》载:"端平法度,万物之纪……匡饬异俗,陵水经地。忧恤黔首,朝夕不懈。除疑定法,咸知所辟……欢欣奉教,尽知法式。"③这些内容在歌颂秦始皇功绩的同时,也在传播秦始皇创制的法制内容及其效果,故而统一法令和推行法制被视为秦始皇丰功伟绩

---

① 参见中国政法大学石刻法律文献研读班:《法律碑刻之分类探讨》,载中国政法大学法律古籍整理研究所编:《中国古代法律文献研究》第9辑,社会科学文献出版社,2015,第431—468页。
② 秦始皇刻石分别为《碣石刻石》《泰山刻石》《芝罘刻石》《东观刻石》《琅琊台刻石》《峄山刻石》和《会稽刻石》。现《泰山刻石》残石立于山东泰安岱庙东御座院内,《琅琊台刻石》藏于中国国家博物馆,其余原石均不存。
③ (汉)司马迁:《史记》卷五《秦始皇本纪》,中华书局,1959,第243—246页。

的一部分被铭刻下来,旨在颂扬帝业并彰显法制的稳定性。

秦朝刻石初兴,尚未形成固定形制,且石质粗砺。清末叶昌炽对秦始皇刻石评述道:"上邹峄、泰山,皆云所刻所立石,不言立碑,则秦时碑字尚用于宫庙系牲之石及窆木。凡刻石之文皆谓之碑,当是汉以后始。"①

(二) 两汉刻石的实用性

现在所见的汉代碑石,西汉少,且字数简略,与法律关系密切的不过《杨量买山地记》《襄盗刻石》《莱子侯刻石》等数种。东汉是中国古代碑刻的蓬勃发展时期,表现出碑石规制完备、文字内容丰富、存世数目可观、立碑功能多样等特色。当时,树碑立传成为推行教化的一种手段,所谓"褒功述德,政之大经"。② 另碑石上所见记产记值、划界、申约等内容,亦表现出立碑具有明显的实用性。

汉代记值刻石有两个特点。一是记值刻石多与丧葬活动有关。在盛行厚葬的汉代,为营建墓葬而购买冢地,是系列丧葬活动的基础。浙江绍兴东汉建初元年(76)《大吉买山地记》刻载:"大吉。昆弟六人,共买山地,建初元年,造此冢地,直三万钱。"③内容旨在表明墓地的价值和归属。二是记值刻石与分家析产和家产争讼有关,代表性碑刻有东汉时期的《郑子真宅舍残碑》和《金广延母徐氏纪产碑》。前碑表明家长对家庭财产拥有完全处分权,后碑记述了因家财争讼经官府定值分割之事。④《簿书残碑》记录了一批家庭财产,包括田地、奴婢、牛等,并注明其价值,属于"资簿"文书记录。⑤ 记值、记产刻石的流行,应与汉代的财产登记及相应的资产检核制度有关。

约束性内容出现于碑石上,在法律碑刻发展史上具有重要意义。史载西汉元帝时(前48—前33),南阳太守召信臣"为民作均水约束,刻石立于田畔,

---

① (清)叶昌炽撰,柯昌泗评:《语石·语石异同评》,第388页。
② (汉)蔡邕:《蔡中郎集》卷五《陈太丘碑铭》,载(清)严可钧辑,许振生审订:《全后汉文》卷七八,商务印书馆,1999,第782页。
③ 〔日〕永田英正编:《汉代石刻集成:图版·释文篇》,日本同朋舍,1994,第22页。
④ (宋)洪适:《隶释》卷一五,中华书局,1986,第161—163页。
⑤ 参见蒙默:《犀浦出土东汉残碑是珎石"资簿"说》,《文物》1980年第4期;张勋燎、刘磐石:《四川郫县东汉残碑的性质和年代》,《文物》1980年4期。

以防分争"。① 立碑以定分止争、令民知常禁,是政府及官员进行社会管理的一种手段,法律意义较为明显。

民间刻石有家族约束和乡里约束之分。家族约束多为警告。山东邹县出土的天凤三年(16)《莱子侯刻石》刻于新莽年间,文字为:"始建国天凤三年二月十三日,莱子侯为支人为封,使诸子良等用百余人,后子孙勿坏败。"②意为莱子侯为封田或封墓一事,举行祭祀活动,以赡养宗支家族,立石告诫子孙,永守勿替,流传后世。乡里约束性石刻以建初二年(77)《侍廷里父老僤约束石券》较具代表性。僤(亦作弹、单)是汉代乡里一种组织的名称。里有父老,其级别低于乡、县三老,是汉代基层社会中负责沟通官方与民间事务的人物。里中父老接受官府差遣,但没有俸禄。因此出任父老一职在获得当地百姓尊重的同时,也要承受一定的经济负担。"父老僤"正是为解决这一问题而由民间自发设立的互助组织,碑文中的约束性内容,反映了民间社会存在一定程度的自治与管理功能。

公文性内容在汉代频见于碑石,现所知者有元初六年(119)《赐豫州刺史冯焕诏》、永兴元年(153)《乙瑛碑》、建宁二年(169)《史晨碑》、熹平四年(175)《闻喜长韩仁铭》、光和二年(179)《樊毅复华下民租田口算碑》等。其"所载文书,或为天子下郡国,或为三公上天子,或为郡国上三公,或为郡国下属官,种种形式,犹可考见汉制之一(班)[斑]"。③

(三) 魏晋南北朝碑石上的公文和法令

魏黄初元年(220)《上尊号奏碑》和《受禅表》,黄初二年(221)《封孔羡碑》,黄初三年(222)《下豫州刺史修老子庙诏》,均为经典的公文碑。其中《封孔羡碑》系魏文帝曹丕于在黄初二年命孔子二十一代孙"奉议郎孔羡为'宗圣侯',邑百户,奉孔子之祀。令鲁郡修起旧庙,置百石吏卒以守卫之"。④ 柯昌泗认为此碑的价值不亚于《乙瑛碑》。他说《乙瑛碑》"以奏章为主,所录王言,仅

---

① (汉)班固:《汉书》卷八九《召信臣传》,第3642页。施存蛰考证此碑至郦道元作《水经注》时已不存,参见施蛰存:《水经注碑录》卷八《晋六门陂》,天津古籍出版社,1987,第332—333页。
② 〔日〕永田英正编:《汉代石刻集成:图版·释文篇》,第12页。
③ 马衡:《凡将斋金石丛稿》,中华书局,1977,第88页。
④ 孔伟:《曲阜历代著名碑文校注》,中国图书出版社,2009,第1页。

为批答。尚不如魏黄初修孔子庙碑所载制诏三公之文,为符所言之例也"。①

此阶段产生了许多新的石刻品类和形制,如墓志、造像、经幢等。由于朝廷推行禁碑政策,法律碑刻较为零散,但仍随着社会发展而表现出创新体式。西晋《荀岳墓志》中出现的诏书内容,长篇纪功碑《好太王碑》中的盟誓内容和守墓烟户管理教令,《集安高句丽碑》中的守墓烟户法令,均印证着制度和法令的演变。

就刻石形制而言,除常见的墓志、造像碑外,柱状刻石也占有一席之地。《标异乡义慈惠石柱》为北齐太宁二年(562)由武成帝高湛降旨修建,并易木为石。柱身刻有"标异乡义慈惠石柱"题额,题额左下有"大齐太宁二年四月十七日省符下标"的题记。柱身四面刻"颂文"三千四百余言,可谓刻石载文的长篇巨制。其中"符命"和施舍田地等内容,与法律制度相关。②

整体看,初创期的法律碑刻形制多样,有随形刻石、长方形立碑、石柱、造像碑等。与法律相关的内容,或隐含于纪功碑、颂德碑、墓志铭中,如秦诏书刻石、汉公文碑、西晋《荀岳墓志》、东晋《好太王碑》、北齐《标异乡义慈惠石柱》等;或独立彰显,如汉《连岛苏马湾界域刻石》《侍廷里父老僤约束石券》等申约、界域、记产等类碑石。其所涉法律内容,大至国家之交往、界域划分,细至财产登记和对财产的处分,表明法律碑刻在初兴之时即与社会现实生活关联紧密,实用性强。

另从铭刻发展历史看,秦汉魏是由铭金向刻石发展的关键转折期,铭刻主体也由权贵向社会基层下移,而此时也是新的政治体制的创立和发展期,刻石与社会发展的脉动息息相关。秦汉魏公文碑约占当时法律碑刻数量的三分之一,表现形式多样;约束刻石、界碑、记值记产刻石的流行(约占当时法律碑刻数量的四分之一),县界、州界、郡界等官界刻石和私人墓地、产业界址刻石并存,亦颇值得关注。这些石刻现象的出现,都有深刻的时代背景和社会需求。

二、发 展 期

唐代是继汉代之后的又一个碑刻蓬勃发展期,刻石种类多样,内容丰富,

---

① (清)叶昌炽撰,柯昌泗评:《语石·语石异同评》,第203页。
② 参见唐长孺:《北齐〈标异乡义慈惠石柱颂〉所见的课田与垅田》,《武汉大学学报(人文科学版)》1980年第4期;刘淑芬:《北齐标异乡义慈惠石柱——中古佛教救济的个案研究》,台湾《新史学》5卷4期,1994。

除将秦汉以来的颂德、明产、申禁、行政等主题发扬光大外,又多有创新,法律化、规范化是这一阶段法律碑刻的鲜明特征。

(一) 君言刻石的多样性

唐宋时期,代表国家行政行为的君言刻石形式多样,诏、敕、诫谕等屡见于石。唐代的《武德二年诏》《武德九年诏》《贞观诏》《乾封元年诏》,宋代的《辟雍诏》《籍田诏》等,均刻石流传。自唐宋开始,皇帝的训诫言辞也频现于碑石,成为朝政和国家治理的重要手段。唐开元年间(713—741)的《令长新诫》(也称《敕处分县令》)曾广为刊刻。宋欧阳修言:"唐开元之治盛矣,玄宗尝自择县令一百六十三人,赐以丁宁之戒。其后天下为县者,皆以《新戒》刻石,今犹有存者。余之所得者六,世人皆忽,不以为贵也。"①

唐代册封赠告类刻石的流行,与唐代法制有重要关系。唐《通典》载:凡文武选举,上于三省,三省审毕,"各给以符,而印其上,谓之'告身'。其文曰'尚书吏部告身之印'。自出身之人,至于公卿,皆给之"。② 告身是为官凭证,同时也是为官者及其亲属享有政治荣誉和法律特权的依据。唐代石刻告身在中原、西北、东南等地均有发现,现存数量多于纸质告身,且较纸质告身保存完好。唐代出现的告身法帖,也强化了石刻告身的普及和流传。

宋代皇帝御制箴言,北宋有真宗"诏诸州以《御制七条》刻石"。③ "大中祥符元年(1008),真宗以祥符降锡,述大中清净为治之道,申诫百官,又作《诫谕辞》二道,易旧辞,赐出使京朝官及幕职、州县官。其后,又作《文》《武七条》……仍许所在刊石或书厅壁,奉以为法。"④南宋官箴刻石见于载录者,有绍兴二年(1132)高宗敕命诸州刻《戒石铭》(宋太宗撰文,黄庭坚正书)、孝宗于淳熙年(1174—1189)所撰《戒谕军帅五事》《手诏戒谕漕臣》、理宗(1225—1264)所书《戒饬士习诏》《戒贪吏手诏》等。

元代君言刻石以圣旨碑最具影响力。马衡认为:"元之诏敕,凡史臣代言者曰诏,以国语训敕者曰圣旨,诸王太子谓之令旨……其文多为语体,或蒙古文与

---

① (宋) 欧阳修:《集古录跋尾》卷六,邓宝剑等笺注,人民美术出版社,2010,第 137 页。
② (唐) 杜佑:《通典》卷一五《选举三》,中华书局,1988,第 360 页。
③ (元) 脱脱等:《宋史》卷八《真宗三》,中华书局,1977,第 158 页。
④ (元) 脱脱等:《宋史》卷一六八《职官志八》,第 4008 页。

汉文并列。其称制诏者，如《加封孔子》等制诏皆为通敕，天下郡邑多有之。"①当时崇奉孔、孟等儒学圣旨碑以及寺观护持圣旨碑遍布大江南北，一碑刻多旨现象较为普遍，现存尚多达数百通者，亦可见当时君言碑石刻立的繁盛。

（二）公文碑的复杂化

唐宋金元公文碑在同期法律碑刻数目中占比高达三分之二。除天子诏敕外，尚有敕牒、公据、省札、使帖、札子等类官文书，各类公文有严格的使用规范和格式。"唐代应制碑文，书撰皆称臣、称奉敕。……高丽碑皆称奉教，南诏碑皆称奉命，所以别于中国，示不敢僭。"②"其自中书以下下行之文书，曰牒，曰札子，曰帖，曰公据。……盖牒与札子皆给自中书门下，或尚书省，或礼部，帖给自常平茶盐诸司，公据则给自所在官司也。"③

由于碑石所载公文往往具有完整的行政流程，每个环节有相对应的公文文种，除了程序衔接紧密的公文如牒帖外，诏表、敕答、奏答、敕表、牒表答等组合性公文也在碑石上屡见。陕西岐山县周公庙大中二年（848）《润德泉记》，碑阳顺次刻凤翔节度使崔珙奏状、中书门下签呈、唐宣宗李忱答诏、崔珙答谢表，反映了公文报批程序及君臣沟通公务的环节。

上申下达是公文碑的基本特征。宋元丰四年（1081）《富乐山兴教禅院使帖并开堂记》完整反映了住持的资格证书——"传法主持"申准文书上下运行的全过程。据碑文可知，"传法主持"资格的取得，除有学识品性的要求外，还需履行一套法定程序，即由寺院申报州僧司，州僧官再报礼部，经礼部奉敕准予给牒，乃下发州长官，再转给受牒僧人。但兴教禅院的智海没有收到州政府发出的证书，故再次提出申请，在收到敕帖后刻石为记。④

公文碑中较常见者还有公据碑。公据又称执照，为官府发出的凭据。"宋制，敕牒之外又有公据，以绍圣四年戒香寺一通为最古。南宋著录，指不胜屈。其制不上请，即由所在官司给付。此外有省札，有部符，有使帖。省札给于尚书

---

① 马衡：《凡将斋金石丛稿》，第89页。
② （清）叶昌炽撰，柯昌泗评：《语石·语石异同评》，第401页。
③ 马衡：《凡将斋金石丛稿》，第88页。
④ 龙显昭主编：《巴蜀佛教碑文集成》，巴蜀书社，2004，第131页。

省,部符给于礼部,使帖当给于常平、茶盐诸司。此类刻石,亦至南宋始有之。"①

宋代公文应用广泛,涉及宗教管制、水利分配、家族救济等诸多方面,展示出行政管理的触角延伸至社会诸多领域,并呈现程序规范与实体规范并重的态势。另宋代公文碑有"长文"趋势。山东济南长清北宋熙宁三年(1070)《敕赐十方灵岩寺碑》以公文格式完整、内容翔实著称。宋元的长篇公文碑往往与复杂事项和权益争执有关,且多涉及宗教领域。安徽当涂元至治元年(1321)《灵应观甲乙住持札付碑》额题"中元水府承天观奉三十九代天师大真人给甲乙住持公据",文种包括咨、状告、札付、照会、榜文、公据等。札付计有七个部分,每个部分都是先引用呈文、申文,然后是正一教主张嗣成的意见。碑文重点是甲乙住持和十方丛林之争,实质上是围绕寺观管理权与寺观产业的利益之争。②

(三) 立碑程序严密

自隋唐开始,立碑之事逐渐被纳入国家法律制度层面,并以法令形式确定官员丧葬礼仪及用碑形制与尺寸。隋开皇《丧葬令》规定:"诸三品以上立碑,螭首龟趺,趺上高不得过九尺。七品以上立碣,高四尺,圭首方趺。若隐沦道素、孝义著闻者,虽无爵,奏听立碣。"唐代将立碑者的身份由三品降至五品。开元《丧葬令》规定:"诸碑碣,其文须实录,不得滥有褒饰。五品以上立碑,螭首龟趺,趺上高不得过九尺。七品以上立碣,圭首方趺,趺上高四尺。若隐沦道素、孝义著闻,虽不仕亦立碣。"③

由于立碑之事涉及官品与丧仪,在国家法律中,开始出现了"护碑"的条文。《唐律疏议·杂律》"毁人碑碣石兽"条规定:"诸毁人碑碣及石兽者,徒一年。"④唐宋法令除对死者墓碑形制尺寸加以规定外,还特别针对"郡邑吏民,为其府主伐石颂德"所立德政碑(也称"生碑")做出严格规范。

---

① (清)叶昌炽撰,柯昌泗评:《语石·语石异同评》,第 205 页。
② 参见刘晓:《元代道教公文初探——以〈承天观公据〉与〈灵应观甲乙住持札付碑〉为中心》,载《法律文化研究》第十辑《古代法律碑刻专题》,社会科学文献出版社,2017,第 205—231 页。
③ 文中有关隋、唐葬令的规定,均引自〔日〕仁井田陞:《唐令拾遗》,栗劲等译,长春出版社,1989 年,第 766—769 页。
④ (唐)长孙无忌等:《唐律疏议》卷二七《杂律》"毁人碑碣石兽"条,刘俊文点校,中华书局,1983,第 517 页。

唐宋法律对德政碑的调控，主要从政绩考课的角度出发。《唐律疏议》规定："诸在官长吏，实无政迹，辄立碑者，徒一年。若遣人妄称己善，申请于上者，杖一百；有赃重者，坐赃论。受遣者，各减一等。虽有政迹而自遣者，亦同。"此条是针对在任官吏而言，故列入《职制律》中。辅之以疏义文字，得知立碑的形式要件有两条：一是具备"导德齐礼，移风易俗"等显著政迹，二是不得有"遣人立碑"等暗箱操作行为。凡无政迹自立碑，或遣人立碑者，官吏及其下属乃至民众，将分别情节轻重，受到杖八十至徒二年不等的处罚，如赃重者处罚加重，且所立碑均要除毁。① 宋代将唐代的"长吏辄立碑"条目名称简化为"长吏立碑"，但条文内容基本未变。②

除了法律规定的限制性条件外，对在任官吏立颂碑的审批程序也颇为繁复。《唐六典》记载："凡德政碑及生祠，皆取政绩可称，州为申省，省司勘覆定，奏闻，乃立焉。"③顾炎武根据所见碑文和史料总结称："唐时颂官长德政之碑，必上考功，奉旨乃得立。"④立碑程序中"考功"和"奉旨"，关系到唐代官员的政绩考核及对官员的任免。

宋代对"长吏立碑"的制度规范，在政权初建时以诏书为主，如太祖于建隆元年（960）十月下诏称："诸道长贰有异政，众举留请立碑者，委参军验实以闻。"⑤待到政治秩序稳定后，"长吏立碑"的内容被纳入到国法之中。《庆元条法事类》规定："诸在任官虽有政迹，诸军辄举留，及余人非遇察访监司所至而举留者，各杖一百，建祠立碑者，罪亦如之。并坐为首之人，碑祠仍毁。本官知情与同罪。若自遣人建祠，论如辄立碑律。"⑥此处"论如辄立碑律"的规定，仍可反映出唐律"长吏辄立碑"条目的影响。

在辽金元等少数民族建立的政权中，有关官员立墓碑及刻石颂德之事，多秉承旧制。元成宗于大德五年（1301）七月发布有关"官员茔坟立碑"的圣旨道："官人每、有气力富豪，与自己父、祖修理坟茔立碑石，动军夫、官吏气力起盖修理有。今后官人每不拣是谁，与自己父、祖建坟茔碑石，休动摇官司、

---

① （唐）长孙无忌等：《唐律疏议》卷一一《职制律》"长吏辄立碑"条，第217页。
② （宋）窦仪等：《宋刑统》卷一一《职制律》，吴翊如点校，中华书局，1984，第173—174页。
③ （唐）李林甫等：《唐六典》卷四，陈仲夫点校，中华书局，1992，第120页。
④ （清）顾炎武著，陈垣校注：《日知录校注》，安徽大学出版社，2007，第1240页。
⑤ （元）脱脱等：《宋史》卷一《太祖一》，第7页。
⑥ （宋）谢深甫：《庆元条法事类》卷八〇《杂门·职制敕》，上海古籍出版社，2002，第680页。

军夫者。这宣谕了,动摇军夫的每,有罪过。"① 即规定官员为自己父、祖立碑,不得动用公项、使用公力。

三、完 备 期

(一) 中央和地方的布政刻石

明清时期的法律碑刻,在学规、官箴等类别上表现出较强的继承性。现所见洪武十年(1377)江苏昆山《卧碑》、洪武十三年(1380)江苏苏州《礼部钦依出榜晓示生员卧碑》和洪武十五年(1382)陕西户县《敕旨榜文卧碑》,是明代通行全国的教育法规,内容以严禁生员无故涉讼为主旨。碑文以"礼部钦依出榜晓示郡邑学校生员为建言事"开头,结尾强调"榜文到日,所在有司即便命匠置立卧碑,依式镌勒于石,永为遵守。右榜谕众通知"。② 同样内容的榜文碑还有明成化十五年(1480)广东《肇庆府学卧碑》和嘉靖四十四年(1565)安徽《晓示生员碑》,以及清顺治九年(1652)敕谕全国各学刻立的《卧碑》等。

明清时期,在刻石布政中,地方官员成为主导力量。以他们名义颁刻的法规碑和官禁碑等如雨后春笋般快速普及,一改元朝时圣旨碑风行天下的面貌。刻载于碑石上的地方法规或条令,多以示谕、禁令等为表现形式,如明万历年间山西《介休县水利条规碑》,清康熙四十年(1701)安徽《治河条例碑》、乾隆五十二年(1787)《苏州府示谕整顿苏郡男普济堂碑》和咸丰五年(1855)《苏州府示谕敬惜字纸碑》等。其内容或针对专门社会问题因时制宜而制定若干规则,或为某些事项设定相应的权利义务,一般具有针对性明显、约束性强、内容与社会生活密切相关等特色。

明代后期开始流行的有关丈地均粮及税赋格式的公示碑,是中央和地方政府推行"一条鞭法"税赋改革的重要措施,同时也确立了以刻石公示国家政务、明确百姓义务并防止官吏贪弊的范式。万历十六年(1588)《抚院明文碑》

---

① 《元典章》附录一《文书补遗》,陈高华等点校,中华书局、天津古籍出版社,2011,第2271页。
② 刘兆鹤、吴敏霞编著:《户县碑刻》,三秦出版社,2005,第345—348页。

（也称《税粮会计由票长单式样碑》）系常熟县署遵照抚院指示，将该县田地应纳税粮银米数目及税粮本折法则等"立石刻碑遵守施行"。这种政务公示碑具有明显的强制性和约束性，如规定税民必须履行的义务是："责令该区粮长大户照依后开期限，如数完纳，仍将花户完过粮银填注明白。……如有人户恃顽不完，及粮长大户不遵限完者，定行拘究不恕。"对于政务公示而言，公平合理及有必要的救济措施，是其得以推行的关键。碑文也着重强调："奉院道明文将本县各项本（祈）[折]钱粮，俱已查明，验法均派，并无偏累不平等弊。该管粮里及吏书人等，敢有受贿那移情弊，许花户人等执票赴告，定以飞诡税，依律例问军，决不轻恕。"①

类似这些内容的碑刻，在清代也比较流行，如康熙三十年（1691）"令直省州县卫所照赋役全书科则输纳数目，勒石署门外"，②以及道光年间（1821—1850），湖南华容知县徐台英"清田册，注花户粮数、姓名、住址，立碑垅上，使册不能改"③等，均是中央和地方政府以碑石布政为常态的实证。

（二）碑禁体系的建立

刻石申明禁令，是明清地方禁令的重要表现形式。就明清禁令的级别和效力而言，大致可分为两类：一是中央发布的针对地方弊端的禁令，主要指皇帝或中央其他机构为矫正特定地方弊端所颁发的敕禁，如清乾隆三十一年（1766）礼部奉旨所颁《敕禁生监把持寺庙条例》，系依据浙江学政的条奏及其"请旨饬部通行示禁"的请求，皇帝特发圣旨，礼部奉旨依议后，在全国颁行。陕西留坝县张良庙中乾隆三十一年所刻《敕禁生监把持寺庙碑》便记载了这一敕谕在地方示禁的过程："乾隆三十一年四月初八日奉上宪信牌：乾隆三十一年三月二十五日准礼部札开：仪制司案呈礼科，抄出浙江学政钱条奏贡监换照等一疏，奉旨依议，钦此钦遵。抄出到案，相应生监侵牟恶习，宜勒石严禁也。"④另陕西汉中嘉庆八年（1803）《敕旨护道榜文碑》和江苏苏州嘉庆十年（1805）《谕禁生监勒索漕规碑》等，也均属此类。

---

① 江苏省博物馆编：《江苏省明清以来碑刻资料选集》，三联书店，1959，第544—545页。
② 赵尔巽等：《清史稿》卷一二一《食货志二》"赋役条"，中华书局，1977，第3531页。
③ 赵尔巽等：《清史稿》卷四七九《循吏传四·徐台英传》，第13068页。
④ 陈显远编：《汉中碑石》，三秦出版社，1996，第214页。

二是各级地方官员为矫正地方弊端而发布的禁令。严禁官吏苛索扰民等革除弊政的内容,在明代布政性石刻中经常涉及。从明末开始,中央或地方官府在行使行政权力进行社会治理时,如果发现某一个案具有典型性,就经常以立碑的方式将处置结果或解决措施颁之于众以昭公信,以儆效尤,旨在为此后同类问题的处理确立长久规范,此即"勒石永禁"。明初,刘崧任北平按察司副使时,曾"勒石学门,示府县勿以徭役累诸生",①旨在禁止地方官以徭役之事扰累享有免役特权的生员士子。万历四十二年(1614)南直隶宁国府太平县刻载巡按直隶监察御史批示的《察院禁约碑》,规定禁止官吏骚扰当铺取借绒衣布帐等物。崇祯五年(1632)《抚院司道府为胖袄药材不许签报铺商禁约碑》强调"永不许佥报铺商","勒石遵守,以作永规"。② 值得注意的是,大部分官禁碑都较明确地指明了立碑地点。如万历四十四年(1616)《禁止木铺供给碑》要求"立石县门";③崇祯九年(1636)《长洲县奉宪禁占佃湖荡碑》明示"谕令原呈里排地方渔户俞乔等自立石碑,示禁于朝天、独墅等湖口,永为遵守,违者协拿解院重究,仍将石碑刷印二张申报"。④ 综观这类禁碑的竖立之地,以人员往来频繁的交通要津、府县衙署、寺庙祠堂、孔庙学校等为主,以便于禁令传播周知;而竖于违禁行为发生地的禁碑,则凸显其针对性和警示性。

清代"勒石永禁""勒石严禁"多针对特定弊端或现象而为。在工商业较为发达的苏州、上海等地,以严禁敲诈、苛索商贩等内容为主;在人口流动性较大的地方,常见严禁刁民借命案(或借尸骸)讹诈他人的示禁碑。现所见的此类碑刻多达数十通,时间从乾隆、嘉庆、道光,直到同治和光绪,地点涉及台湾、福建、广东、广西、江苏和上海等地,反映出借命案诈索钱财之事在清代持续时间之长、为害范围之广。

明清碑石上常见的"勒石永禁""奉宪示禁"等题额,是官民互动建构地方法律秩序的一种颇具代表性的模式。以清代为例,虽然许多禁碑是以官府名义颁刻的,但前序一般特别声明是绅民向官府呈请呼吁的结果。同治八年

---

① (清)张廷玉等:《明史》卷一三七《刘崧列传》,中华书局,1974,第3958页。
② 章国庆编:《天一阁明州碑林集录》,上海古籍出版社,2008,第158页。
③ 江苏省博物馆编:《江苏省明清以来碑刻资料选集》,第556—558页。
④ 苏州历史博物馆等合编:《明清苏州工商业碑刻集》,江苏人民出版社,1981,第583页。

(1869)陕西紫阳县芭蕉乡众绅粮同立的《地方告示碑》是一通官府批准的示禁碑。碑文内容也涉及立碑的缘起：

> 钦加同知衔署紫阳县正堂孔，为出示刊碑永垂远久、以靖地方事。照得里党不可无规条，尤朝廷不可无法律。无法律莫由振四海之颓风，无条规何一洗一乡之敝俗。居功琚朝桢、监生张瑞友、职员姜道富、职员胡洪珍等有鉴于兹，议规十条，禀恳示禁，真言言金玉，堪为斯乡程式。为此示仰该地诸色人等，将所禀十条刊石立碑，永远遵行，倘敢故违，禀案拘究，决不宽恕。特此示知。①

这一记载表明，以监生、职员为代表的民间精英力量在参与地方法律秩序构建中起着重要的作用。从立碑的过程看，它体现了乡村社会的权威力量和结构特征。一般立碑的提议者是村社中的耆老士绅，他们是乡村秩序的建立者和维护者。耆老乡绅在基层社会的威望本身也成为这些乡禁得以执行的保证。所以，很多碑文特别标明"合族绅耆仝立""集绅粮公议"等字样，强调这种民间权威对于建立和维护秩序的作用。

明清乡禁碑的刻立，大致经过公议、报官府备案批准、宣示告知、正式刻碑等过程。程序的繁复，意味着立禁碑在乡村社会生活中的重要性。一般乡禁碑有乡立、村立、姓立及合族公立等多种形式。尽管内容详略或表达方式各有不同，但文中"集众商议勒碑严禁""合族绅耆仝立""集绅粮公议""众商铺仝立"等样的字句却异常显著，以表明乡禁碑所维护的是乡村公益而非个人私利。

经众姓公议的禁约是否具有权威性或实际约束力，官府认可或报官备案是一个重要依据。在民众心目中，州县官是父母官，得到他们的认可，自治性规范便有了坚强后盾，也就披上了"合法化"的外衣。所以报官备案，得到官府的批示行文，或借助官府权力立碑示禁，成为民间努力争取的一个方向，而这也是将属于民间自治规范的乡规民禁碑与官规政令接轨并合法化的必由之途。

---

① 李启良等编：《安康碑版钩沉》，陕西人民出版社，1998，第 224 页。

第三节　研究现状与趋势

一、研　究　现　状

中国古代法律碑刻历经 2000 余年的发展，既有迭经记载的传世之作，也有新近面世的古刻残篇，形式多样，内涵丰富，与国家行政运转、社会治理、秩序构建、权益保护等紧密关联，是了解中国古代治国理政及法律应用的珍贵原生史料，已引起中外学者的广泛关注。

（一）综合研究

目前所见对石刻法律文献的专门整理研究著述有 3 部，按出版时间顺序简述如下。

《碑刻法律史料考》（李雪梅著，社会科学文献出版社，2009）是首部对历代碑刻法律史料进行系统搜集、整理、研究的学术专著。该书着重阐述了碑刻法律史料的界定原则、形式特征、分类特色以及时代演进，揭示了碑刻史料在法律史研究中的重要意义。在有关碑刻史料分类的研究中，该书提出以碑刻形式为主而辅之以碑文内容的新的分类法，将碑刻法律史料分为圣旨碑、示禁碑、公约碑、凭证碑、讼案与纪事碑等类别，并对各类碑文的主要特色、分布规律和史料价值进行深入分析。同时，该书在充分掌握第一手材料基础上，对族规碑、乡约碑、行规碑、学规碑等作重点考述，对某些特定地区如台湾等地的碑刻法律史料历史情形进行了个案研究。作者力图透过遗存于世的碑石，展示一部真实、鲜活的地方社会与法律史志。

《法制"镂之金石"传统与明清碑禁体系》（李雪梅著，中华书局，2015）将对法律碑刻的解读纳入到更为宏观的金石铭刻体系中。作者认为，将禁令、规范、公文、契约和讼案等"镂之金石"即铭刻于青铜器或石碑上，公布彰显，以备查考，以垂久远，是中国古代法制文明的一个重要传统，即"镂之金石"法律纪事传统，这一传统由"铭金"和"刻石"组成。作者透过对文字承载从铭金到刻石，从偶见的禁碑到碑禁体系的发展演变的梳理，通过对铭刻文字法律内涵的不断扩充发展的现象分析,阐释中华法制文明的多元构成,进而指出中国法制"镂之金石"传统的核心是彰显"礼制"和布行"公政"。另该书从法律碑刻的数据演变出发,探讨宋元流行的公文碑、圣旨碑向明清禁碑转化的动因,以及明清时期的三类禁碑,即颁宣圣旨敕谕的敕禁碑、传布地方政令公文的官禁碑、公示乡约行规的民禁碑,在地方法律秩序建构中的特定功用。

《两汉魏晋南北朝石刻法律文献整理与研究》(李明晓著,人民出版社,2016)是以两汉魏晋南北朝的买地券、界碑、砖铭为核心的一部文献叙录。其中较有意义的部分为第四章"两汉魏晋南朝地界碑"。另李明晓著《散见出土先秦两汉法律文献校注》(西南师范大学出版社,2015)对甲骨文、金文、简帛、碑刻等出土法律史料进行分类综述,其中第三章"石刻法律文献校注"对先秦秦汉26种具有代表性的刻石,按解题、释文、校注、译文、相关问题研究等进行考证分析。两书为学界利用相关史料提供了充分便利。

(二) 法律碑刻专题研究

1. 宋元公文碑研究

在传世和新发现的宋元碑文中,公文碑占有相当比重。国内学者对元代公文碑的整理研究起步较早,冯承钧和蔡美彪对白话圣旨碑的集录工作,为后来学者的研究提供了诸多便利,同时也开国内研究元代公文碑之先河。[①] 近二三十年,国内外学者对蒙元碑刻的整理和研究更加深入全面。蔡美彪从语言、文体学角度对元代白话碑进行深入考析,并发表了一系列成果;[②] 对蒙元道教碑铭进行整理考证的成果,除陈垣等编纂的《道家金石略》(文物出版社,1988)收录882份金元碑文、王宗昱编《金元全真教石刻新编》(北京大学

---

① 冯承钧《元代白话碑》(上海商务印书馆,1931)由绪言、泰定登极诏及追封颜子父母诏(收2份诏书)、关于释道二教辩争之白话圣旨(收录8份圣旨和1份圣旨碑)、保护道教之白话公文(收录札文1份、给文碑2份、令旨碑2份、圣旨碑8份)、保护释教之白话公文(收录圣旨碑4份、札付碑3份、榜示碑、法旨碑、令旨碑各1份、圣旨、法旨、札文各1份)等部分组成,总计收录碑文26份,不能确定是否勒碑者14份,总计40份;蔡美彪《元代白话碑集录》(科学出版社,1955)收录111份蒙元圣旨碑文,凡一碑上有数份圣旨者,均按份计算。
② 论文可参见蔡美彪:《林州宝严寺八思巴字圣旨碑译释》,《考古》1995年第4期,第376—380页;《八思巴字蒙文碑石存存》,《蒙古学信息》1996年第3期,第1—4页;《元代道观八思巴字刻石集释》,《蒙古史研究》第5辑,内蒙古大学出版社,1997,第55—114页。著作可参考罗常培、蔡美彪编著:《八思巴字与元代汉语(增订本)》,中国社会科学出版社,2004;蔡美彪:《八思巴字碑刻文物集释》,中国社会科学出版社,2011。

出版社，2005)补录 185 份金元碑石外，尚有中国和日本学者的系列考证研究。① 对元代佛教和伊斯兰教相关碑文的研究也不乏力作。② 上述研究成果，以及亦邻真、张帆、党宝海等学者的成果，多涉及元代公文的形态及其运作体制。③ 另近几年兴起的中国古文书学研究，尤其是学者对唐宋公文运作体制的研究，也均展示了石刻史料在相关研究中的重要性。④

值得关注的是近几十年日本学者对宋金蒙元碑石尤其是公文碑的全方位研究。日本的蒙元史研究，自 20 世纪八九十年代兴起石刻研究热潮后持续到现在，代表性成果众多，杉山正明、松田孝一、森田宪司等均是重要代表。⑤ 其中 2002 年松田孝一主持完成的《基于碑刻等史料的综合性分析对蒙古帝国和元朝的政治和经济组织进行的基础性研究》代表了当时日本学术群体研究的水准。⑥ 十年之后，学者个人的代表性成果更加厚重。

高桥文治所著《元代道教文书研究》(东京汲古书院 2011 年版)分为"全真教文书的性质与发展"和"从发给文书看元代道教"两大章。全书引用元代

---

① 中国学者的研究以刘晓为代表，主要论文有：《元代大道教史补注——以北京地区三通碑文为中心》，《中华文史论丛》2010 年第 4 期，第 65—80 页；《元代道教公文初探——以〈承天观公据〉与〈灵应观甲乙住持札付碑〉为中心》，载《法律文化研究》第十辑《古代法律碑刻专题》，第 205—231 页。
② 参见姚大力：《元代泉州清净寺碑的文本复原》，载姚大力：《北方民族史十论》附录二，广西师范大学出版社，2007，第 116—119 页；马娟：《试析元代汉人对伊斯兰教的"解读"——以定州〈重建礼拜寺记〉碑为例》，《世界宗教研究》2005 年第 1 期，第 8—16 页；张国旺：《元代五台山佛教再探——以河北灵寿县〈祁林院圣旨碑〉为中心》，《首都师范大学学报(哲学社会科学版)》2008 年第 1 期，第 27—31 页。
③ 参见亦邻真：《元代硬译公牍文体》，《元史论丛》第 1 辑，中华书局，1982，第 164—178 页；张帆：《元代诏敕制度研究》，《国学研究》第 10 卷，北京大学出版社，2002，第 107—158 页；党宝海：《元朝诏令的体例与下达——读河北隆化县鸽子洞至正二十一年诏令》，《文史》2005 年第 2 辑，第 169—174 页；党宝海：《蒙元时代蒙汉双语公文初探》，载沈卫荣编：《西域历史语言研究集刊》第 4 辑，科学出版社，2010，第 139—155 页。
④ 参见邓小南等主编：《文书·政令·信息沟通：以唐宋时期为主》，北京大学出版社，2012。
⑤ 参见〔日〕杉山正明：《元代蒙汉合璧命令文的研究》(一)，《内陆亚细亚语言研究》5，1990，第 1—13 页；〔日〕杉山正明：《草堂寺阔端太子令旨碑之译注》，《史窗》47，1990，第 87—106 页；《元代蒙汉合璧命令文的研究》(二)，《内陆亚细亚语言研究》6，1991，第 35—55 页；〔日〕高桥文治：《太宗窝阔台癸年皇帝圣旨译注》，《追手门学院大学文学部纪要》25，1991，第 405—422 页；〔日〕中村淳、松川节：《新发现的蒙汉合璧少林寺圣旨碑》，《内陆亚细亚语言研究》8，1993，第 1—92 页；〔日〕森田宪司：《曲阜地域的元代石刻群》，《奈良史学》19 号，2001，第 48—70 页。
⑥ 《对蒙古帝国、元朝的统治、经济系统的基础性研究——通过碑刻等史料的综合分析》，平成 12—13 年度科学研究费补助金基盘研究 B1 研究成果报告书。研究课题番号：12410096，2002。

圣旨、令旨、碑文、墓志铭等文献 55 种,在考察探讨这些文献文体、内容、传世等情况的同时,努力揭示围绕这些文献所发生的一些历史事件,从而多方位展示了元代道教的生存、发展情况,勾勒出了元政府对道教的态度与政策。

小林隆道所著《宋代中国的统治与文书》(东京汲古书院 2013 年版)分为宋代统治文书的利用、宋金石刻"文书"研究、宋代地方行政文书管理和三级制地方统治三部分,其中第二部分包括宋金石刻"文书"研究序说、宋代赐额敕牒与刻石、文书的外观和统治、纸石之间、宋代使帖"文书"的样式与机能、苏州玄妙观元碑"天庆观甲乙部符公据"考等六章内容,均以宋金石刻文献为基础材料。虽然该书所据以引证的宋金石刻材料并不全面,但其研究角度和结论仍值得重视。

上述研究成果,使中国古代石刻著录中存在的厚古薄今、重雅轻俗的现象得到明显改观。尤其值得关注的是数篇聚焦于公文碑研究的硕士论文,分别对宋代敕牒碑、金代赐额敕牒碑、宋金元公据碑、元代圣旨碑等进行专题整理和探讨,对法律碑刻专题研究有明显推进。①

2. 水利碑刻研究

中国古代的讼案碑多聚焦于寺产、田产、水利、山林等纠纷,因水案碑在讼案碑中所占比重较高,也成为学者聚焦的重点。近十余年,中外学者分别从民俗学、社会学、法学等角度对古代水利碑刻进行探讨研究。赵世瑜的《分水之争:公共资源与乡土社会的权力和象征——以明清山西汾水流域的若干案例为中心》(《中国社会科学》2005 年第 2 期)一文,利用传说、方志、碑文等多种资料,通过对汾河流域几个"分水"案例的深入分析,阐释分水故事和制度背后的权力与象征。张小军《复合产权:一个实质论和资本体系的视角——山西介休洪山泉的历史水权个案研究》(《社会学研究》2007 年第 4 期)一文指出,水权不是单纯的经济资本现象,国家、认知、信仰、仪式、伦理观念以及相应的庙宇祭祀,都在真实地影响和决定着水权的系统和秩序。日本森田明著《清代水利与区域社会》(雷国译,叶琳审校,山东画报出版社,2008)在

---

① 安洋:《宋代敕牒碑的整理与研究》,中国政法大学历史文献学专业硕士学位论文,2016;王浩:《金代赐额敕牒碑整理与研究》,中国政法大学历史文献学专业硕士学位论文,2017;王梦光:《宋金元公据碑整理与研究》,中国政法大学历史文献学专业硕士学位论文,2018;王志敏:《元代圣旨碑研究》,中国政法大学历史文献学专业硕士学位论文,2015。

考察中国清代地方灌溉、水利设施、水利管理过程和运营组织（体制）以及它们同地方社会之间的关系基础上，提出清中期后，由于统治体制的松弛，作为"地方公务"之一的水利，逐步转变成为区域社会自主运营，其特征就是以当地乡绅阶层为中心组成一个董事会来实行。鲁西奇、林昌丈著《汉中三堰：明清时期汉中地区的堰渠水利与社会变迁》（中华书局，2011）基于汉中的碑刻材料，对传统中国农田水利领域的"国家"与"社会"，进行深入探讨。日本大谷大学井黑忍《山西翼城乔泽庙金元水利碑考——以〈大朝断定使水日时记〉为中心》（《山西大学学报》〔哲学社会科学版〕第34卷第3期，即2011年第3期）一文，通过政治史、地域史和水利史的不同研究视角，重点对乔泽庙中的三通金元水利碑刻作了深入细致的分析和考察。另井黑忍所著《分水与支配：金、蒙古时代华北的水利与农业》（早稻田大学出版社，2013）一书还对山西金代《都总管镇国定两县水碑》等作了重点考析，反映出日本学者对碑刻研究的精致和独到。

二、研 究 趋 势

（一）石刻文献的流传方式

较之甲骨、简牍、敦煌吐鲁番文书、明清文书档案等当代显学，传统显学——金石学中的碑志，因其在坚实耐久、社会普及、跨越时空等方面较其他文献载体更具有普适性，也因而成为更经典的本土性史料。加之石刻文献兼具传世和出土、官方和民间、实体和程序并行等特色，且有千余年的厚重积累，使石刻文献在复兴中国传统文化和构建本土学术话语体系中，具有不可忽视的意义。

石刻文献的流传方式主要有三种：一是以原石、原拓形式存留至今，如各地碑林、博物馆、庙宇及私人收藏；二是图文并存的碑文整理；三是各种形式的碑文著录，除传统金石著录、当代碑文集录外，还有如《全唐文》《辽文存》《金文最》《元文类》等文章总集，地方志、寺观志、水利志等典籍，以及个人文集中收录的石刻文献。前两者具有原始存真的意义，是较为可信的第一手材料，但搜集和利用有一定的难度；后者利用方便，但辑录碑文时难免错讹、遗漏，使用时需谨慎校核。

历代碑志包括当代碑志辑录载录信息不全的情况较为常见，主要表现为重碑阳轻碑阴，重名家手笔和书艺高超者，轻视民间刻石和雷同性公文，以致刻载于碑阴、碑侧的大量珍贵史料被忽视遗漏。以辽统和五年（987）《祐唐寺创建讲堂碑》为例。该碑立于天津蓟县盘山东麓白水峪之南千像寺中。碑正面刻1600余字，由蓟州军事判官李仲宣撰文，燕京悯忠寺僧德麟书丹。碑阴刻建寺出钱人姓名。碑侧有重熙十五年（1046）所刻千像、妙香两寺因土地问题发生争讼后，共同立下的四至记录。相较而言，碑侧刻文才是我们要重点关注的内容。《北京图书馆藏历代石刻拓本汇编》收录有《祐唐寺创建讲堂碑》拓片，但碑侧失拓；①新近出版的《盘山金石志》依然失拓碑阴、碑侧。② 向南编《辽代石刻文编》载有碑阳文字，③直到15年后，才在《辽代石刻文续编》中据李经汉先生抄本补录碑侧文字，④然缺乏行文格式的记录。故此碑的整体情况需现场访察方可把握实情。

在当代碑志整理著录中，有意省略重要史料的情况也时有所见。在金代法律碑刻中，敕牒碑具有重要研究价值。其表现方式多为一碑上牒下记，或牒、记分刻于碑之阴阳两面。以2012年出版的《全金石刻文辑校》为例，该书所录碑文，多有录记而省敕、牒的情况，如大定三年（1163）山西临猗《龙岩寺碑》、山东菏泽《广岩院敕牒碑》、山东滕县《福胜院敕牒碑》，以及山东平阴大定十四年（1174）《清凉院敕牒碑》、山东淄川大定二十四年（1184）《兴教院敕牒碑》、陕西铜官县大定二十五年（1185）《灵泉观牒及记》、山东淄博明昌三年（1192）《法王院碑》、河南宝丰兴定五年（1221）《神应观敕牒碑》等碑，关键的敕牒文字均被省略。⑤

以往研究多关注石刻所存的文本（文献属性），而对文本所系的载体（文物属性）留意不多。以公文碑为例。我们所面对的每一通公文碑，都包含两个文本：一是被摹刻的底本（纸或绢等），它们或是原始公文，或是原始公文

---

① 北京图书馆金石组编：《北京图书馆藏历代石刻拓本汇编》45册，中州古籍出版社，1997，第11页。
② 天津盘山风景名胜区管理局编：《盘山金石志》，天津古籍出版社，2013，第1页。
③ 向南编：《辽代石刻文编》，河北教育出版社，1995，第85页。
④ 向南等编：《辽代石刻文续编》，辽宁人民出版社，2010，第97页。
⑤ 王新英辑校：《全金石刻文辑校》，吉林文史出版社，2012，第124、127、128、186、278、282、351、544页。

的副本，是公文碑的基础，是原始的一手"纸本"（也包括绢绫本）文献。这类"纸本"公文明清时期的存世尚多，宋元时期及以前的则难得一见。如宋代敕牒文书原件，目前所知者有山西发现的北宋崇宁二年（1103）七月的《龙王庙封牒》和《赐庙额牒文》。① 近年最重要的发现是浙江金华武义县发现的徐谓礼文书（包括录白告身、录白敕黄、录白印纸三部分）。② 然唐宋金元依公文原式摹刻的公文碑却多达数百件，且存世尚多，是异常珍贵但尚未引起充分重视的一手"碑本"资料。

（二）"碑本"资料重建工作

作为一手的"纸本"和"碑本"，两者关系紧密，但又有明显不同。以公文碑为例。一是公文的颁发时间和公文碑的刻立时间存在时间差。有的碑刻立时距公文下发时间甚远，甚至有跨朝代刊刻现象。二是存在方式迥异。"纸本"原件往往由官府保存，下发时以副本传递，总体以秘藏为主；将公文刊刻于石则强调公示、传承。三是公文碑以摹刻公文为主，此外尚有新增内容，如碑额、记事、题名等，交待立碑的原因、责任者，史料价值更完整、丰富。

石刻文献研究当以一手的"碑本"为基础，故高质量的碑志文物或拓片图版，成为衡量碑刻文集质量高低的重要指标。需要特别注意的是，碑志既有"碑本"和"纸本"文献之别，也有一手和二手史料之异。

"碑本"一手资料是石刻本身和原石拓片，有的一直立于原址，有的被集中保存于碑林；二手资料是对碑文的辑录，形成诸如金石志、地方志、寺观志、碑文汇编等书籍。无论"纸本"还是"碑本"的二手资料都存在一定缺憾。古代文集、史书对公文的载录以事实记述为重，格式的完整性似无关紧要，所载多为公文中实质性或关键性内容，公文的程式套语、落款等多被省略。载录石刻较完备的志书，除抄录碑文外，也兼记碑的所在地、形制、尺寸、格式、内容等，保留了大量珍贵信息，但在碑文传抄及志书刊印流传中，难免错漏失误。故碑志文本和史籍文献的比勘是古代文献研究的基本功，但如果都是基于二手文献的比勘，其研究意义就要大打折扣。

---

① 杨绍舜：《吕梁县发现宋代牒文》，《文物》1959 年第 12 期，第 65—66 页；夏路、刘永生主编：《山西省博物馆馆藏文物精华》，山西人民出版社，1999，第 293 页。
② 参见包伟民、郑嘉励编：《武义南宋徐谓礼文书》，中华书局，2012。

尽管文献比勘研究也非常重要，但就法律碑刻的研究视角而言，我们需特别重视碑石载体的"版本"信息和载体本身的功用。而碑志"版本"与图书"版本"的不同之处是，载于碑石上的公文、讼案、规章、禁令等不单纯是为保存文献，也是一种权利公示。故为何刻碑，以及如何编排刻于碑志上的公文、规章，也值得深入研究。

传统金石学家之所以注重访碑藏拓，也在于尽可能掌握第一手史料。对一些特殊类别的碑志，实地勘查和"碑本"研究更有特别重要的意义。对法律碑刻尤其是公文碑的整理研究而言，碑石的格式体例、刻立时间、地点、印章、标朱，碑阳、碑阴文字的关系，均是"碑本"整理研究的有机组成。

研究法律碑刻的理想方式是以一手"碑本"为基础史料，这在当下是可行且需要大力提倡的。

第四章 唐至清代的立法文献

第一节 历代律典

律是传统中国最为稳定的法律形式。《唐律疏议》卷一《名例》篇首的疏议概括了唐前之律的源流脉络：

> 魏文侯师于里悝，集诸国刑典，造《法经》六篇：一、盗法；二、贼法；三、囚法；四、捕法；五、杂法；六、具法。商鞅传授，改法为律。汉相萧何，更加悝所造《户》、《兴》、《厩》三篇，谓《九章》之律。魏因汉律魏一十八篇，改汉《具律》为《刑名第一》。晋命贾充等，增损汉、魏律为二十篇，于魏《刑名律》中分为《法例律》。宋齐梁及后魏，因而不改。爰至北齐，并《刑名》、《法例》为《名例》。后周复为《刑名》。隋因北齐，更名《名例》。唐因于隋，相承不改。①

广濑薰雄认为，上述总结并非对历史实态的归纳，而是一种被逐步构建起来的法典编纂的故事。②"律"的发展是否如此井然有序，这可另当别论，但作为法律形式之名而渊源有自，应可从中窥知。

学界一般认为，至西晋泰始年间制定律、令，其性质与关系才终于稳定下来：

---

① （唐）长孙无忌等撰，刘俊文点校：《唐律疏议》，第2页。
② 〔日〕广濑薰雄：《秦汉律令研究》，汲古书院，2010，第41—75页。

（律）蠲其苛秽，存其清约，事从中典，归于益时。其余未宜除者，若军事、田农、酤酒，未得皆从人心，权设其法，太平当除，故不入律，悉以为令。施行制度，以此设教，违令有罪则入律。①

也就是说，在法律效力的层面，律为常法，而令则是非太平时期的权宜之策；在规范内容与功能上，令是"施行制度，以此设教"，而律则对"违令有罪"的行为进行处罚。对于后一层面的区分，更系统化的论述出自杜预之口："律以正罪名，令以存事制，二者相须为用。"②这样的定性一直延续至律、令成熟期的唐、宋，且陆续又发展出格、式、敕、例等其他法律形式，如《唐六典》所谓"凡律以正刑定罪，令以设范立制，格以禁违正邪，式以轨物程事"等，③律的功能与角色始终是"正罪名""正刑定罪"。

本节以下逐一介绍唐以后的传世律典。

一、《唐律疏议》

唐代曾数次修律，④其中最为重要的立法成果应属永徽二年（651）撰定的《永徽律》十二卷、永徽四年（653）撰定的《律疏》三十卷，以及开元二十五年（737）刊定的《开元律》十二卷、《开元律疏》三十卷。⑤

在唐代，《律》与《律疏》是并行的两部法典，这一点也可借由敦煌、吐鲁番所出的唐律、律疏残卷得到印证。日本学者辻正博曾综罗当下的研究成果，将相关残卷勒为一表，⑥今补入最近的研究成果并略作订正，转引该表如下：

---

① （唐）房玄龄等：《晋书》卷三〇《刑法志》，中华书局，1974，第 927 页。
② （宋）欧阳询撰，汪绍楹校：《艺文类聚》卷四五《刑法部·刑法》，上海古籍出版社，1999，第 980 页。
③ （唐）李林甫等撰，陈仲夫点校：《唐六典》，第 185 页。
④ 详见刘俊文：《唐代法制研究》，文津出版社，1999，第 13—45 页。
⑤ 所谓"撰定"，是指创编或重编新的法典，而"刊定"是指刊削或修正原法典的文字，但不变更其内容。参见刘俊文：《唐代法制研究》，第 1—2 页。
⑥ 〔日〕辻正博著，周东平译：《敦煌、吐鲁番出土唐代法制文献研究之现状》，载周东平、朱腾主编：《法律史译评》，北京大学出版社，2013，第 143—144 页。

表 1　敦煌、吐鲁番所出唐代律、律疏残卷

文　献　序　号		法制文献名（内容）
律	Дx.1916 Дx.3116 Дx.3155	名例律（6 条，十恶条）
	S.9460Av	名例律（6—7 条，十恶条、八议条）
	Дx.1391	名例律（44—50 条）
	Дx.8467	
	P.3608 P.3252	职制律（9—59 条）、户婚律（1—33 条、43—46 条）、厩库律（1—4 条）
	BD16300	职制律（39—41 条）
	Дx.11413v	厩库律（17—19 条）
	大谷 8098	擅兴律（9—10 条）
	TIVK70-71(Ch.991)	擅兴律（9—15 条）
	IOL Ch.0045	捕亡律（16—18 条）
	LM20-1457-20-01	贼盗律（46—48 条）
	大谷 5152①	
	大谷 5098 大谷 8099	
	大谷 4491 大谷 4452	诈伪律（1—2 条）
	Дx.9331	断狱律（3 条）
	LM20-1452-35-05②	律
	LM20-1509-1625③	断狱律

---

① 陈烨轩:《新发现旅顺博物馆藏法制文书考释——兼论唐律在西州诉讼和断狱中的运用》，载荣新江主编:《唐研究》第 22 卷，北京大学出版社，2016，第 187 页表 1、脚注 18。
② 陈烨轩:《新发现旅顺博物馆藏法制文书考释——兼论唐律在西州诉讼和断狱中的运用》，载荣新江主编:《唐研究》第 22 卷，第 182—183 页。
③ 陈烨轩:《新发现旅顺博物馆藏法制文书考释——兼论唐律在西州诉讼和断狱中的运用》，载荣新江主编:《唐研究》第 22 卷，第 185 页。

(续表)

文献序号	法制文献名（内容）
律疏 P.3593	名例律疏（6 条，十恶条）
BD06417	名例律疏（17—18 条，《律疏卷第二》）
LM20-1509-1570	名例律疏（27—28 条）
LM20-1507-988 LM20-1507-1176	
LM20-1493-04-01①	
73TAM532：1/1-1、1/1-2	名例律疏（55—56 条）
P.3690	职制律疏（12—15 条）
S.6138	贼盗律疏（1 条）
BD01524v	杂律疏（38 条）
羽 20	杂律疏（55—59 条）

唐《律》一共 12 篇，其篇目分别是名例、卫禁、职制、户婚、厩库、擅兴、贼盗、斗讼、诈伪、杂、捕亡和断狱，共 500 条。② 北宋天圣年间，孙奭等奉诏校订《律》《律疏》时，曾撰成《律音义》一卷，现存宋刻《律 附音义》③被认为是接近唐《律》原貌的文本。

至于现存的《唐律疏议》并载律与律疏两种文本，日本学者仁井田陞和牧野巽经过细致的文献学考订，认为该书以开元二十五年刊定的《律疏》为基础，在宋元以后仍有改订、增删，无法忠实地体现唐《律》《律疏》的原貌。④ 然而，由于敦煌、吐鲁番所出唐《律》与《律疏》都是残卷，宋刻《律 附音义》只能反映唐《律》，天一阁藏明钞本《宋刑统》虽能部分体现唐代《律》与《律疏》的面貌，但也存在残缺不全以及后代传抄致误的情况等，因此在很大程度上，研究

---

① 陈烨轩：《新发现旅顺博物馆藏法制文书考释——兼论唐律在西州诉讼和断狱中的运用》，载荣新江主编：《唐研究》第 22 卷，第 184 页。
② （唐）李林甫等撰，陈仲夫点校：《唐六典》卷七《尚书刑部》刑部郎中员外郎条，第 180 页。
③ 孙奭：《律 附音义》，上海古籍出版社，1979。
④ 〔日〕仁井田陞、〔日〕牧野巽：《〈故唐律疏议〉制作年代考》（上、下），《东方学报》（东京）第 1、2 册，1931 年；后收入律令研究会编：《译注日本律令》（一），东京堂 1978 年。中译本为程维荣译，收入杨一凡、〔日〕寺田浩明主编：《日本学者中国法制史论著选（魏晋隋唐卷）》，中华书局，2016，第 1—196 页。

者只能借助《唐律疏议》去探讨唐代的《律》与《律疏》。

刘俊文曾对《唐律疏议》的版本系统进行过归纳,目前所见有三:一是滂熹斋本系统,二是至正本系统,三是文化本系统,即日本文化二年官板本。三个系统之中,滂熹斋本时代最早,可能刻于南宋后期,而至正本系统和文化本系统共同的祖本可能是元泰定本。① 对于学者利用而言,目前最为便利的整理本有以下三种:

第一,刘俊文整理本。该本以四部丛刊三编所收上海涵芬楼影印的滂熹斋本为底本,参校了宋元明清各种刻本、抄本以及敦煌、吐鲁番所出的写本,是中国学界最为通行的一个整理本,校勘精良,可资参考。② 但是日本学者认为,滂熹斋本是元刻本(而非宋本),且四部丛刊本是对滂熹斋本的"变造本",并不可信,③因此这一底本选择不无争议。④

第二,日本律令研究会整理本。日本唐律研究会曾比对各个版本,制作了《唐律疏议校勘表》和《唐律疏议校勘表补遗》;后来律令研究会在此基础上,以岱南阁丛书本为底本,完成了最早的一个整理本。⑤ 其显著的特点在于将《唐律疏议》与日本律的遗文进行上下比照,可以清楚地了解中、日律文的异同。

第三,岳纯之整理本。此本与刘俊文整理本一样,也是采用四部丛刊本为底本,其特色在于,以天一阁藏明乌丝栏抄本《重详定刑统》为参校本。既往所用《宋刑统》的版本多是法制局本和嘉业堂本,而天一阁本是其祖本。⑥

由于唐《律》《律疏》在传统中国法体系中的重要地位,海内外学术界都已

---

① 详见刘俊文:《唐律疏议·点校说明》,第5—6页。
② 该本目前有中华书局1983年版(以及1986年版)和法律出版社1999年版,后者在排版时产生很多错字,不宜使用。
③ 参见〔日〕仁井田陞:《补订 中国法制史研究》Ⅳ〔法与惯习·法与道德〕第五章《再论唐律疏议的现存最古版》,东京大学出版会,1981,第82—102页。
④ 〔日〕冈野诚:《新近被介绍的吐鲁番、敦煌本「唐律」「律疏」残片——以旅顺博物馆及中国国家图书馆所藏资料为中心》,《敦煌、吐鲁番出土汉文文书的新研究》,东洋文库,2009,第109页注11。
⑤ 日本律令研究会:《译注日本律令》(二、三)《律本文篇》(上、下),东京堂,1975。
⑥ (唐)长孙无忌等撰,岳纯之点校:《唐律疏议》"例言",第2页。

积累了相当宏富的研究成果,是历代律典中研究最为深入的一种。①

二、《宋刑统》

《宋刑统》颁布于北宋建隆四年(963),正式名称为《重详定刑统》,通行于两宋。该法典将唐《律》与《律疏》合并为一,仍然延续唐律的篇目体系(12篇),连目录在内一共31卷,下分213门。其中,《名例》24门,《卫禁》14门,《职制》22门,《户婚》25门,《厩库》11门,《擅兴》9门,《贼盗》24门,《斗讼》26门,《诈伪》10门,《杂》26门,《捕亡》5门,《断狱》17门。

《宋刑统》承接唐中后期、五代立法之余绪,附有唐开元二年(714)以来至宋初为止的令、格、式、敕177条,另增起请条32条、补充疏议之"议"23则、"释曰"小注60余条,另外还将原来律内的"余条准此"44条合并,统一置于《名例》内。②

冈野诚曾将以上信息勒为一表,以下转引以明各卷帙的新增信息情况。③

表2 《宋刑统》所收法令之条数

卷	篇目	门	律	令	式	格	制敕	起请	其他	备　考
1	名例	(2)	(6)	2	0	1?	5?	2		
2	名例	4	16	0	0	2	6	2		
3	名例	2	6	3	0	0	8	2		
4	名例	4	8	0	1	0	1	1		

---

① 详见〔日〕八重津洋平:《故唐律疏议》,载〔日〕滋贺秀三编:《中国法制史——基本资料的研究》,东京大学出版会,1993,第191—197页;中译本为郑显文译:《〈故唐律疏议〉研究》,收入杨一凡、〔日〕寺田浩明主编:《日本学者中国法制史论著选(魏晋隋唐卷)》,第273—278页。周东平:《法制》,载胡戟等主编:《二十世纪唐研究》,中国社会科学出版社,2002,第142—148页。
② 薛梅卿点校:《宋刑统·点校说明》,法律出版社,1999,第2页。
③ 〔日〕冈野诚:《宋刑统》,〔日〕滋贺秀三编:《中国法制史——基本资料的研究》,第285页;中译本为徐世虹译:《〈宋刑统〉考》,载中国政法大学法律古籍整理研究所编:《中国古代法律文献研究》第2辑,中国政法大学出版社,2004,第181—182页。

(续表)

卷	篇目	门	律	令	式	格	制敕	起请	其他	备考
5	名例	5	8	0	0	0	1	0		
6	名例	7	13	0	0	0	1	1		
7	卫禁	9	18	0	0	0	0	0		
8	卫禁	5	15	0	0	0	0	0		
9	职制	8	24	2	0	0	1	0		
10	职制	8	18	1	0	0	0	0		
11	职制	6	17	0	0	1	7	1		
12	户婚	10	14	5	2	0	8	1		
13	户婚	9	18	4	0	0	2	3	1*	*度支旨条
14	户婚	6	14	2+α	0	?	1+α	0		卷首注记"令格敕条十一"，本卷卷尾有脱落。
15	厩库	11	28*	0	0	0	0	1		卷首注记"律条一十八并疏"，应作"二"。
16	擅兴	9	24	0	0	0	0	0		
17	贼盗	5	13	0	0	0	1	1	1*	*敕。卷首注记有阙文。
18	贼盗	6	9	0	1	0	4	0		
19	贼盗	8	17	0	0	1	7	3		
20	贼盗	5	15	0	0	0	1	2		
21	斗讼	4	15	0	0	1	2	0		
22	斗讼	6	16	0	0	0	0	0		
23	斗讼	7	13	0	0	0	0	1		
24	斗讼	9	16	0	0	0	4	3		
25	诈伪	10	27	1	0	0	4	1		
26	杂	14	34	5	0	3	9	1		

（续表）

卷	篇目	门	律	令	式	格	制敕	起请	其他	备考
27	杂	12	28	4	2*	0	2	2		*内一条是"军部式"。
28	捕亡	5	18	2	0	0	1	0		
29	断狱	7	14	9	2	2	9	3*		卷首注记"起请条二"，应作"三"。
30	断狱	(10)*	(20)**	6+α	1+α	2+α	10+α	(1)		*7门现存；**14条半现存。卷头注记"令式格敕条二十三，起请条一"。
合计		213	502	46+α	9+α	12+1?+α	90+5?+α	32	2	
说明	（ ）内是推定的数字，"又条"则数作另一条。									

正因如此，我们不应将《宋刑统》简单地看成是《唐律疏议》的翻版，[①] 既可将它用于辑存唐令、唐格、唐式等遗文，也可借此研究唐宋之际的法制变革。

此书的版本相当单一，祖本为天一阁旧藏明乌丝栏抄本，近代时为张乃熊所藏，后经北平图书馆而转由中央图书馆保管，现藏于台北"故宫博物院"。[②] 目前便于学者参考的版本皆出自于此本，以下分而述之：

第一，法制局本。此为1918年国务院法制局所刊，1964年台北文海出版社再加影印，1990年又为中国书店影印，成为《唐明律合编·宋刑统·庆元条法事类》一书的一部分。

第二，嘉业堂本。此为1921年吴兴刘氏嘉业堂所刊，1922年在卷首附加"进刑统表""重详定刑统总目补""重详定刑统目录补"，在卷末附加"附录"（自《宋会要》等中检出有关《宋刑统》的记载）、刘承干的"宋重详定刑统校勘记"、沈曾植"刑统跋"等，作为"嘉业堂丛书"之一再版。嘉业堂丛书本曾由文

[①] 关于《宋刑统》所体现出来的新制，详见薛梅卿：《宋刑统研究》，法律出版社，1997，第29—132页。
[②] 详见〔日〕冈野诚：《宋刑统》，第298—302页；中译本为徐世虹译：《〈宋刑统〉考》，第195—199页。

物出版社在1982年影印出版。

第三,吴翊如点校本。此为中华书局1984年出版的整理本,以嘉业堂丛书本为底本,校以法制局本。

第四,薛梅卿点校本。此为法律出版社1999年出版的整理本,仍然以嘉业堂丛书本为底本,校以法制局本,但更正了吴翊如点校本的数十处错误。①

第五,岳纯之点校本。此为北京大学出版社2015年出版的《宋刑统校证》,以天一阁旧藏乌丝栏抄本为底本进行校勘,吸收了此前诸本的成果,应是目前最易利用的一个本子。

三、《天盛改旧新定律令》

《天盛改旧新定律令》(以下简称"天盛律令")是西夏仁宗天盛年间颁布的一部法典,②应有西夏文和汉文两种版本。③ 目前汉文本已佚失,西夏文本则于1909年出土于内蒙古额济纳旗黑水古城,现藏于俄罗斯科学院东方文献研究所。

该书二十卷,下分150门,共计1461条。

卷一:谋逆门、失孝德礼门、背叛门、恶毒门、为不道门、大不恭门、不孝顺门、不睦门、失意门、内乱门

卷二:八议门、亲节门、罪情与官品当门、贪状罪法门、老幼重病减罪门、不奏判断门、黥法门、杀牛骆驼马门、戴铁枷门

卷三:盗亲门、杂盗门、群盗门、重盗门、妄劫他人畜驮骑门、分持盗畜物门、盗赔偿返还门、自告偿还解罪减半议合门、追赶捕举告盗赏门、搜盗踪迹门、问盗门、买盗畜人检得门、盗毁佛神地墓门、当铺门、催索债利门

---

① 薛梅卿:《宋刑统研究》,第311—322页。
② 其具体的成书时间,现在有两种不同意见:其一是认为成书于天盛初年,其二是认为成书于乾祐初期。参见刘双怡、李华瑞:《〈天盛律令〉与〈庆元条法事类〉比较研究》,社会科学文献出版社,2018,第8—9页。
③ 如《颁律表》所附名单中有"合汉文者""译汉文者"之类的说明,可见颁律时有汉文本的存在。参见史金波等译注:《天盛改旧新定律令》,法律出版社,2000,第108页;杜建录、波波娃主编:《〈天盛律令〉研究·前言》,上海古籍出版社,2014,第2页。

卷四：（弃守营垒城堡溜等门）、弃守大城门、边地巡检门、敌军寇门、（边主期限门）、（修城应用门）、敌动门

卷五：（军持兵器供给门）、季校门

卷六：（发兵集校门）、官披甲马门、军人使亲礼门、纳军籍磨勘门、节上下对他人等互卖门、抄分合除籍门、行监溜首领舍监等派遣门

卷七：为投诚者安置门、番人叛逃门、敕禁门、邪行门、行职门、妄派门、杀葬赌门

卷八：烧伤杀门、相伤门、夺妻门、侵凌妻门、威势藏妻门、行非礼门、为婚门

卷九：（司事执集时门）、（事过问典迟门）、诸司判罪门、行狱杖门、越司曲断有罪担保门、贪奏无回文门、（誓言门）

卷十：续转赏门、失职宽限变告门、官军敕门、司序行文门、遣边司局分门

卷十一：矫误门、出典工门、射刺穿食畜门、渡船门、判罪逃跑门、使来往门、检视门、派供给者门、为僧道修寺庙门、共畜物门、分用私地宅门、草菓重讼门、管贫智高门

卷十二：无理注销诈言门、失藏典门、内宫待命等头项门

卷十三：许举不许举门、举虚实门、功抵罪门、派大小巡检门、逃人门、遣差人门、执符铁箭显贵言等失门

卷十四：（误殴打争斗门）

卷十五：（催缴租门）、取闲地门、催租罪功门、租地门、春开渠事门、（养草监水门）、（纳冬草条门）、（渠水门）、（桥道门）、地水杂罪门、纳领谷派遣计量小监门

卷十六：（农人利限门）、（派管粮农监门）、（园子门）、（摊地租门）、（催缴利限门）、（命置分等门）、（官地转隐农主逃亡入典门）、（头归卖地农主利限纳量门）

卷十七：（斗尺秤换卖门）、（钱用毁市场门）、（库局分转派门）、供给交还门、急用不买门、物离库门、（派执事门）

卷十八：（缴买卖税门）、（舟船门）、（杂曲门）、盐池开闭门、能增定税罚贪门、（派供给小监门）、（减摊税门）、（年食工续门）、（他国买卖门）

卷十九：《派牧监纳册门》、《分畜门》、《减牧杂事门》、《死减门》、供给驮门、畜利限门、官畜驮骑门、畜患病门、官私畜调换门、校畜磨勘门、牧盈能职事管门、牧场官地水井门、贫牧逃避无续门

卷二十：罪则不同门、（各种碎门）

迄今为止，刊布《天盛律令》原件照片的文献有以下三种：①

第一，1987—1989 年，苏联科学出版社刊布本，作者是克恰诺夫，共四册，第一册是研究篇，第二至四册是对法条的俄译本和西夏文原件的影印照片。

第二，1994 年，中国科学出版社刊布本，即收入《中国珍稀法律典籍集成》甲编第五册的《西夏天盛律令》，内有翻制自苏联本的原件照片和史金波、聂鸿音、白滨根据西夏文原件翻译的汉译本。

第三，1998—1999 年，上海古籍出版社出版的《俄藏黑水城文献》第 8、9 册，内有《天盛律令》西夏文原件的照片、苏联本未曾刊出的卷首《名略》两卷，以及近年新识别出的《天盛律令》刻本零页和写本照片百余帧。

至于汉译本，除了上述 1994 年中国科学出版社刊布本外，还有以下两种：

第一，1988 年，李仲三汉译，罗矛昆校《西夏法典——天盛改旧新定律令》（第 1—7 章，宁夏人民出版社）。此书是对上述俄译本的翻译，且只有七章，后续工作并未完成。

第二，2000 年，史金波、聂鸿音、白滨根据《俄藏黑水城文献》的图版，对于 1994 年的译者进行了修订，由法律出版社出版。这是目前最为权威的汉译本。

随着西夏学研究的进一步推进以及新的文献不断涌现，《天盛律令》的校订工作依然在持续推进，②且它与其他西夏文法典（如《贞观玉镜将》、③《法则》、④

---

① 以下参考史金波等译注：《天盛改旧新定律令·前言》，第 5—6 页；杜建录、波波娃主编：《〈天盛律令〉研究·前言》，第 2—3 页。
② 如杜建录、波波娃主编《〈天盛律令〉研究》上篇"《天盛律令》校勘考释"部分。
③ 研究代表作如陈炳应：《贞观玉镜将研究》，宁夏人民出版社，1995。
④ 关于《法则》的研究，目前可见于业勋：《西夏文献〈法则〉卷六释读与研究》，宁夏大学硕士学位论文，2013；王龙：《西夏文献〈法则〉卷九释读与研究》，宁夏大学 2013 年硕士学位论文；杜建录、梁松涛：《黑水城出土西夏文〈法则〉性质和颁定时间及价值考论》，《西夏学》第 10 辑，2013 年 9 月，第 33—40 页；梁松涛：《黑水城出土西夏文〈法则〉卷八考释——兼论以例入法的西夏法典价值》，《宋史研究论丛》第 14 辑，河北大学出版社，2013，第 594—608 页；梁松涛、张玉海：《黑水城出土西夏文〈法则〉卷九新译及其史料价值述论》，《西夏研究》2014 年第 1 期，第 36—59 页。

《亥年新法》①)的比较研究也正在进行中。

四、《大明律》

明朝修律持续三十余年,如《明史》卷九三《刑法一》载:"草创于吴元年(1376),更定于洪武六年(1373),整齐于二十二年(1389),至三十年(1397)始颁示天下。"②传世的《大明律》即为洪武三十年本,30卷,分为7篇、30门,共计460条。具体篇、门、条情况如下:

名例1卷:47条

吏律2卷:职制15条,公式18条

户律7卷:户役15条,田宅11条,婚姻18条,仓库24条,课程19条,钱债3条,市廛5条

礼律2卷:祭祀6条,仪制20条

兵律5卷:宫卫19条,军政20条,关津7条,厩牧11条,邮驿18条

刑律11卷:贼盗28条,人命20条,斗殴20条,骂詈8条,诉讼12条,受赃11条,诈伪12条,犯奸10条,杂犯11条,捕亡8条,断狱29条

工律2卷:营造9条,河防4条

由此可知,洪武三十年本的《大明律》改变了《唐律》的分篇体例,以六部编目,

---

① 关于《亥年新法》的研究,目前可见有文志勇:《俄藏黑水城文献〈亥年新法〉第2549、5369号残卷译释》,《宁夏师范学院学报》(社会科学)2009年第1期,第109—116页;贾常业:《西夏法律文献〈新法〉第一译释》,《宁夏社会科学》2009年第4期,第88—90页;周峰:《西夏文〈亥年新法·第三〉译释与研究》,中国社会科学院研究生院博士学位论文,2013;梁松涛、张昊埕:《黑水城出土ИНВ. No.4794号西夏文法典新译及考释》,载徐世虹主编:《中国古代法律文献研究》第7辑,社会科学文献出版社,2013,第359—379页;梁松涛、袁利:《黑水城出土西夏文〈亥年新法〉卷十二考释》,《宁夏师范学院学报》(社会科学)2013年第2期,第46—54页;赵焕霞:《西夏文〈亥年新法〉卷十五"租地夫役"条文释读与研究》,宁夏大学硕士学位论文,2014;梁松涛:《黑水城出土西夏文〈亥年新法〉卷十三"隐逃人门"考释》,《宁夏师范学院学报》(社会科学)2015年第2期,第73—80页;阎成红:《西夏文〈亥年新法〉卷十六十七合本释读与研究》,宁夏大学硕士学位论文,2016;安北江:《西夏文献〈亥年新法〉卷十五(下)释读与相关问题研究》,宁夏大学硕士学位论文,2017。

② (清)张廷玉等:《明史》,第2284页。

再将《名例》列以首篇，且在卷首附加了《御制大明律序》《进大明律表》《大明律总目》《大明律条目》，以及"五刑之图"与"狱具之图"各一幅、丧服图八幅（丧服总图、本宗九族五服正服之图、妻为夫族服图、妾为家长服之图、出嫁女为本宗降服之图、外亲服图、妻亲服图、三父八母服图）。

目前最易于入手的《大明律》版本为怀效锋整理本，初版由辽沈书社于1990年印行，后由法律出版社于1999年重排发行。该本以《皇明制书》所收《大明律》为底本，以隆庆元年（1567）陈省校勘《大明律例》、万历十三年（1585）舒化校刊《大明律附例》、万历十五年（1587）刊印《大明会典》中的律文、万历三十八年（1610）高举刻《大明律集解附例》和日本享保七年刊印《大明律附例》为主校本。①

在此之前，黄彰健曾独立整理明律以及历次修例之文，汇为一编《明代律例汇编》，由"中研院"历史语言研究所于1983年出版，体例合理，校勘精审。此外，特别值得一提的是，《大明律》在江户时代的日本具有很大影响，曾涌现出诸多日译本；②而经过姜永琳的努力，英译本也于十余年前问世。③这些都值得研读者参考。

五、清　　律

有清一代正式修成、颁定的律典有三：顺治律、雍正律与乾隆律。④

顺治律于顺治三年（1646）奏定，名为《大清律集解附例》，共30卷、459条，篇目体例沿袭《大明律》，其细节性变化有"将《公式》门之信牌移入《职制》，漏泄军情移入《军政》，于《公式》门删漏用钞印，于《仓库》门删钞法，于《诈伪》门删伪造宝钞。后又于《名例》增入边远充军一条"⑤等。

---

① 怀效锋点校：《大明律·点校说明》，法律出版社，1999，第4页。
② 参见〔日〕佐藤邦宪：《明律、明令与大诰及问刑条例》，载〔日〕滋贺秀三编：《中国法制史——基本资料的研究》，第470页。
③ Yonglin Jiang trans., *The Great Ming Code*, University of Washington Press, 2005.
④ 除此之外的修律文本，还有康熙九年校正本、康熙四十六年"留览未发"本等。详见〔日〕岛田正郎著，姚荣涛译：《清律之成立》，载刘俊文主编：《日本学者研究中国史论著选译》第8卷"法律制度"，中华书局，1992，第486—496页；〔日〕谷井俊仁：《清律》，〔日〕滋贺秀三编：《中国法制史——基本资料的研究》，第587—589页。
⑤ 赵尔巽等撰：《清史稿》卷一四二《刑法志一》，中华书局，1977，第4184页。

雍正律于雍正三年(1725)奏定,其删修情况如下:

> 雍正三年之律,其删除者:《名例律》之吏卒犯死罪、杀害军人、在京犯罪军民共三条,《职制》门选用军职、官吏给由二条,《婚姻》门之蒙古、色目人婚姻一条,《宫卫》门之悬带关防牌面一条。其并入者:《名例》之边远充军并于充军地方,《公式》门之毁弃制书印信并二条为一,《课程》门之盐法并十二条为一,《宫卫》门之冲突仪仗并三条为一,《邮驿》门之递送公文并三条为一。其改易者:《名例》之军官军人免发遣更为犯罪免发遣,军官有犯更为军籍有犯。《仪制》门之收藏禁书及私习天文生节为收藏禁书。其增入者:《名例》之天文生有犯充军地方二条……总为四百三十六条。①

谷井俊仁认为,其中"《课程》门之盐法并十二条为一"有误,应是"并十二条为十一",由此律文总条数为四百四十六条,符合《大清律集解附例目录》的记载。② 雍正律的结构特色不在"律",而在"例"。它将所附之例大别为三:《原例》321条,为累朝旧例;《增例》290条,为康熙年间现行例;《钦定例》204条,为雍正上谕和臣工条奏。三例总计815条,而且在律末还附《比引律》30条。

至于乾隆律,正式名称为"钦定大清律例",是指乾隆五年(1740)完成的法典。全书共47卷,由律目(1卷)、诸图(1卷)、服制(1卷)、名例(2卷)、吏律(2卷)、户律(8卷)、礼律(2卷)、兵律(5卷)、刑律(15卷)、工律(2卷)、总类(7卷)、比引律(1卷)等篇构成,结构上与《大明律》以及清初二律基本相同。其中,每条律文皆是一门,共436门,成书时有附例1409条。此后,律文不再修订,而例文则屡有增修,如"自乾隆元年,刑部奏准三年修例一次。十一年,内阁等衙门议改五年一修"。③

《大清律例》在体例上的特色至少有二:第一,从清代顺治三年(1647)颁行的《大清律集解附例》开始,在律文中大量增加小注,用于解释正文等,这一

---

① 《清史稿》卷一四二《刑法志一》,第4184—4185页。
② 〔日〕谷井俊仁:《清律》,第591—592页。此外,他还认为"《公式》门之毁弃制书印信并二条为一"在雍正律制定以前就完成了。
③ 《清史稿》卷一四二《刑法志一》,第4186页。

点为《大清律例》所沿袭,但它删除了康熙朝开始增入的"总注";第二,废除了明朝及清初以时间为顺序的分类方式,完全按照内容与性质,将条例附入律条,完善了律、例合编体系。

在传世律典当中,《大清律例》是目前外文译本最多的一部。自19世纪开始,已陆续出版英译本、法译本等,且多次重译,深受国际学术界的重视。① 清律公、私刊刻、注释的文本亦极为繁多,因此在版本上很难做出系统归纳。② 即使以影响最大的《大清律例》为例,由于此后累年修例,仅就官方文本而言,就有许多种类。目前最易入手的一个《大清律例》版本是田涛、郑秦整理本,这是以田涛私藏的乾隆五年刊刻的《钦定大清律例》为底本进行的点校整理。③ 此外,天津古籍出版社曾于1993年出版了上海大学法学院和上海市政法管理干部学院合作整理的本子,由张荣铮、刘勇强、金懋初点校。最常使用的清律民间私刻坊本,通常结合私家注律,例如康熙年间沈之奇基于顺治律纂订的《大清律辑注》④、乾隆年间吴坛基于乾隆律考注的《大清律例通考》⑤,这两种律学文献均已点校出版;清中叶后的《大清律例增修统纂集成》等坊本,即在《大清律辑注》基础上修订。

此外,清代最重视律附条例的修纂,这点将在本章末节补述。

第二节　唐代的令、格、式与《唐六典》

唐代中前期的法律体系由律、令、格、式组成,"凡律以正刑定罪,令以设

---

① George Thomas Staunton trans., *Ta Tsing Leu Lee: Being the Fundamental laws, and a selection from the Supplementary Statutes, of the Penal Code of China*, London: Cadell and Davies, 1810; P. L. F. Philastre trans., *Le Code annamite, nouvelle traduction complète, comprenant: Les commentaires officiels du code, traduits pour la première fois; de nombreuses annotations extraites des Commentaires du Code chinois*, Paris: E. Leroux, 1876; Gui Boulais trans., *Manuel du code chinois*, Variétés Sinologiques Series, No. 55, Shanghai, 1924; William C. Jones trans., *The Great Qing Code*, New York: Oxford University Press, 1994. 引自王志强:《中国法律史学研究取向的回顾与前瞻》,载范忠信、陈景良主编:《中西法律传统》第2卷,中国政法大学出版社,2002,第74页。
② 〔日〕谷井俊仁:《清律》,第610—616页。
③ 田涛、郑秦点校:《大清律例·点校说明》,法律出版社,1999,第7页。
④ (清)沈之奇注,怀效锋点校:《大清律辑注》上下册,法律出版社,2000。
⑤ (清)吴坛纂,马建石、杨育棠主编:《大清律例通考校注》,中国政法大学出版社,1992。

范立制,格以禁违止邪,式以规物程事"。① 在开元二十五年以前,唐廷数度编修律、令、格、式;开元二十五年,还有一部以"尚书省二十四司总为篇目"②的《格式律令事类》问世。③ 只可惜,除唐《律》完本流传至今外,其他法律文本皆已散佚,偶有残卷见诸敦煌、吐鲁番文献,亦有部分条文散落于传世史籍之中。依据这些残存之文,以及上述唐人的定性之语,学界一般认为,唐令与唐式皆属于仅有行为模式而无刑罚规定的法律规范,而格的内容则兼具律、令、式的特性,即既有纯刑罚规定的条文,又有纯行为模式的条文。④

自近代以来,日本学者首开唐令复原之风,这一学术努力持续百年,非但没有中止,还因《天一阁藏明钞本天圣令》的问世而再攀高峰。除此之外,中国学者踵蹑其后,开始辑佚唐式,也取得了可观的学术业绩。不论唐令复原,还是唐式辑佚,《唐六典》皆是最为主要的资料来源。因此,本节拟分三部分,逐次介绍敦煌、吐鲁番出土的残卷、辑佚复原成果和《唐六典》。

一、敦煌、吐鲁番所出令、格、式残卷

日本学者辻正博曾综罗当下的研究成果,将敦煌、吐鲁番所出令、格、式残卷勒为一表,颇可收按图索骥之效。⑤ 今补入最近的研究成果,转引该表如下:

表3　敦煌、吐鲁番所出唐代令、格、式残卷

	文　献　序　号	法制文献名(内容)
令	P.4634 S.1880 S.3375 P.4634C$_1$	东宫诸府职员令(《令第六》。永徽二年)

---

① (唐)李林甫等撰,陈仲夫点校:《唐六典》,第185页。
② (宋)郑樵撰,王树民点校:《通志二十略·艺文略第三》,中华书局,1995,第1556页。
③ 相关立法沿革,参见刘俊文:《唐代法制研究》,第23—45页。
④ 刘俊文将之分为"刑法条流""禁断条令"和"管理条例"三类,而滋贺秀三则仅将格区分为"刑罚的规定"和"制度的规范"两类。分别参见刘俊文:《唐代法制研究》,第139—142页;〔日〕滋贺秀三:《法典编纂的历史》,载〔日〕滋贺秀三:《中国法制史论集——法典与刑罚》,创文社,2003,第81页。
⑤ 〔日〕辻正博著,周东平译:《敦煌、吐鲁番出土唐代法制文献研究之现状》,载周东平、朱腾主编:《法律史译评》,北京大学出版社,2013,第143—144页。

(续表)

文献序号		法制文献名（内容）
令	S.3375 S.11446 P.4634C₂	东宫诸府职员令（《令第六》。永徽二年）
	P.2819	公式令（存6条）
	LM20-1453-13-04①	户令（存3条，开元三年）
	大谷 Ot.3317②	医疾令（存2条，开元二十五年）
	大谷 Ot.4866③	丧葬令（存1条）
格	P.3078 S.4673	散颁刑部格（存18条，神龙二年）
	S.1344	户部格（存18条，开元前格。开元三年）
	BD09348	户部格（存5条，开元新格。开元二十五年）
	BD10603	户部格（开元新格。开元二十五年）
	TIIT. Ch.3841	散颁吏部格（存6条，太极中）
	P.4745	吏部格（或吏部式）（存3条，贞观或永徽中）
	大谷 8042 大谷 8043	祠部格残片
式	P.2507	水部式（存约30条，开元二十五年）
	2002TJI：043	礼部式（或库部式）（存3条，开元二十五年）
	BD15403④	宿卫式（存2条，神龙或开元中）
事类	Дx.3558	格式律令事类（存3条）
	Дx.6521	格式律令事类（存4条）

---

① 田卫卫：《旅顺博物馆藏唐户令残片考——以令文复原与年代比定为中心》，《中华文史论丛》2017年第3期，第193—214页。
② 此条为辻正博原表所无，参见刘子凡：《大谷文书唐〈医疾令〉、〈丧葬令〉残片研究》，《中华文史论丛》2017年第3期，第217—224页。
③ 此条为辻正博原表所无，参见刘子凡：《大谷文书唐〈医疾令〉、〈丧葬令〉残片研究》，第224—226页。
④ 此条为辻正博原表所无，参见赵晶：《中国国家图书馆藏两件敦煌法典残片考略》，载雷闻、刘晓主编：《隋唐辽宋金元史论丛》第6辑，上海古籍出版社，2016，第212—217页。

目前所见，只有 P.4634 + P.4634C$_1$ + P.4634C$_2$ + S.1880 + S.3375 + S.11446《东宫诸府职员令》在其卷末标有"令卷六 东宫诸 府职员"、P.3078 + S.4673《散颁刑部格》卷首标有"散颁刑部格卷"，直截了当地表明了这两份残卷的法律形式。其余残卷的属性大致通过以下方式确定：

第一，部分条文在传世文献中有明确的归属说明，如 P.2507《水部式》残卷的定名依据之一，是罗振玉在《白氏六帖事类集》中觅得了被标为"水部式"的相同文字；又如 S.1344《户部格》残卷的部分文字，在《唐会要》中被标为"户部格"。

第二，部分条文与继受自唐制的宋代或日本法律相似，由此被反推为唐代某种法律形式，如 P.2819《公式令》残卷，其内容与《司马氏书仪》所载元丰《公式令》和日本《养老令·公式令》相同。

第三，部分条文只能根据传世文献对律、令、格、式的性质解说，以及《唐六典》对中央行政机构的职能界定，推测其法律形式的归属，如 2002TJI：43《礼部式》残卷的定名理由是：唐代冠服制度载于《衣服令》，常服制度载于《礼部式》，而该残卷所载异文袍的规定属于常服制度。

第四，部分条文只能比对其他残卷的格式、体例，推测其法律形式的归属，如大谷 8042、8043《祠部格》、TIIT.Ch.3841《吏部格》残卷，因其部分条款的末尾残留着具体年月日，在形式上与 S.1344《户部格》相类，因此被推定为唐格。

第五，还有一种残卷囊括了 2 种以上法律形式的条文，所以被推定为开元二十五年编纂的《格式律令事类》，如 Дx.03558 残卷被认为包括《主客式》和《祠令》的条文，而 Дx.06521 残卷则收录了《考课令》和《户部格》的条文。

在上述五种定名方式中，根据第一、二种方式判定的残卷属性很少引起争议，而后三者则仁者见仁，如 2002TJI：43《礼部式》残卷也被怀疑为《库部式》；有的学者也不认同《格式律令事类》的定性，而将 Дx.03558 残卷推定为显庆年间所修"令式汇编"。[①]

---

① 以上总结，参见赵晶：《敦煌吐鲁番文献与唐代法典研究》，《中国社会科学报》第 5 版"历史学"，2018 年 5 月 21 日。

二、唐令复原与唐式辑佚

《唐六典》卷六《尚书刑部》刑部郎中员外郎条载：

> 凡令二十有七：（分为三十卷。）一曰官品，（分为上、下。）二曰三师三公台省职员，三曰寺监职员，四曰卫府职员，五曰东宫王府职员，六曰州县镇戍岳渎关津职员，七曰内外命妇职员，八曰祠，九曰户，十曰选举，十一曰考课，十二曰宫卫，十三曰军防，十四曰衣服，十五曰仪制，十六曰卤簿，（分为上、下。）十七曰公式，（分为上、下。）十八曰田，十九曰赋役，二十曰仓库，二十一曰厩牧，二十二曰关市，二十三曰医疾，二十四曰狱官，二十五曰营缮，二十六曰丧葬，二十七曰杂令，而大凡一千五百四十有六条焉。……凡格二十有四篇。……凡式三十有三篇。（亦以尚书省列曹及秘书、太常、司农、光禄、太仆、太府、少府及监门、宿卫、记帐为其篇目，凡三十三篇，为二十卷。）①

这就是唐代开元年间令、式的概况，但因相关文献已然佚失，因此目前只能通过辑佚遗文的方式去窥探原貌。

（一）《唐令拾遗》《唐令拾遗补》与《唐式辑佚》

唐令辑佚的工作，早在日本江户时代，儒医松下见林（1637—1703）就已着手进行。② 到了明治时代，中田薰从五种汉籍、五种和书中辑出313条唐令，共计22篇。③ 其中，户令34条、田令36条、赋役令23条，以"唐令与日本令的比较研究"为题，发表在1904年发行的《国家学会杂志》第18卷第10—12号上。④

中田薰的上述工作，为仁井田陞的唐令复原作业奠定了坚实的基础。

---

① （唐）李林甫等撰，陈仲夫点校：《唐六典》，第185页。
② 〔日〕池田温：《唐令与日本令（一）》，《创价大学人文论集》第7号，1995，第147页。
③ 此一手稿并未刊行，是作为仁井田陞的遗物而被发现的。参见〔日〕池田温：《唐令与日本令（一）》，第148—149页。
④ 后收入〔日〕中田薰：《法制史论集》第1卷，岩波书店，1926，第640—697页。

1933 年，仁井田陞出版《唐令拾遗》一书，从 64 种中国文献、11 种日本文献中辑出 715 条唐令令文，共成 33 篇，并参照日本《养老令》所见每篇令文的条文排序，尝试复原唐令的体系。① 以下为该书的目录：

序说
 第一 唐令的历史研究
 第二 唐令拾遗采择资料
唐令
 官品令第一（复旧凡 32 条）
 三师三公台省职员令第二（复旧凡 7 条）
 寺监职员令第三（复旧凡 3 条）
 卫府职员令第四（复旧凡 2 条）
 东宫王府职员令第五（复旧凡 9 条）
 州县镇戍岳渎关津职员令第六（复旧凡 2 条）
 内外命妇职员令第七（复旧凡 2 条）
 祠令第八（复旧凡 46 条）
 户令第九（复旧凡 48 条）
 学令第十（复旧凡 13 条）
 选举令第十一（复旧凡 29 条）
 封爵令第十二（复旧凡 7 条）
 禄令第十三（复旧凡 6 条）
 考课令第十四（复旧凡 55 条）
 宫卫令第十五（复旧凡 7 条）
 军防令第十六（复旧凡 40 条）
 衣服令第十七（复旧凡 66 条）
 仪制令第十八（复旧凡 30 条）
 卤簿令第十九（复旧凡 5 条）

---

① 〔日〕仁井田陞：《唐令拾遗》，东方文化学院东京研究所，1933；东京大学出版会，1964、1983。该书已有中译本，为栗劲等译，长春出版社，1989。其中存在的问题，参见黄正建：《重读汉译本〈唐令拾遗〉》，《中国史研究》2006 年第 3 期。

乐令第二十（复旧凡 8 条）

公式令第二十一（复旧凡 44 条）

田令第二十二（复旧凡 39 条）

赋役令第二十三（复旧凡 27 条）

仓库令第二十四（复旧凡 7 条）

厩牧令第二十五（复旧凡 23 条）

关市令第二十六（复旧凡 14 条）

医疾令第二十七（复旧凡 11 条）

捕亡令第二十八（复旧凡 6 条）

假宁令第二十九（复旧凡 17 条）

狱官令第三十（复旧凡 44 条）

营缮令第三十一（复旧凡 8 条）

丧葬令第三十二（复旧凡 24 条）

杂令第三十三（复旧凡 32 条）

附录

日唐两令对照表

唐日两令对照表

唐令拾遗采择资料索引

    随着敦煌文书研究进一步深入，《唐令拾遗》采择资料以外的史料进入研究视野，已被《唐令拾遗》作为采择资料的史料重新被检视等，仁井田陞本人以及其他后来的研究者又陆续发现了新的唐令佚文；还有研究者尝试考察条文排列与条文构成背后的法理，由此解析唐、日两令之间的体系性差异，这也对《唐令拾遗》的复原成果形成一定的冲击。① 有鉴于此，在池田温的带领下，川村康、小口彦太、坂上康俊、高塩博、古濑奈津子耗时十余年，在吸收学界相应的研究成果外，又融入了自己的心得，最终编成《唐令拾遗补》一书。② 该书

---

① 参见〔日〕池田温：《唐令与日本令》（一），第 152—156 页。
② 〔日〕仁井田陞著，〔日〕池田温编集代表：《唐令拾遗补》，东京大学出版会，1997。

分为三部分,首先是仁井田陞有关唐令的 12 篇论文,①其次是对《唐令拾遗》各篇的补订,最后是唐日两令对照一览。②

中国学者韩国磐、黄正建、霍存福都曾依循唐令复原的方法,辑佚唐式。③其中,霍氏的成就最大,撰就一本专著《唐式辑佚》。④ 该书分为论述篇、复原篇两大部分,在复原篇中,共辑得唐式 207 条,分入 35 篇。以下为其复原部分的细目:

  吏部式第一(复原凡 8 条,附《吏部格》5 条)
  司封式第二(复原凡 4 条)
  司勋式第三(复原凡 1 条,附《司勋格》4 条)
  考功式第四(复原凡 9 条,附格文 2 条)
  户部式第五(复原凡 26 条,附《户部格》22 条)
  度支式第六(复原凡 4 条)
  金部式第七(复原凡 3 条,附《金部格》2 条)
  仓部式第八(复原凡 2 条,附《仓部格》3 条)
  礼部式第九(复原凡 15 条,附格 1 条)
  祠部式第十(复原凡 7 条,附《祠部格》3 条)
  膳部式第十一(复原凡 7 条)
  主客式第十二(复原凡 8 条,附格文 1 条)
  兵部式第十三(复原凡 5 条,附《兵部格》11 条)
  职方式第十四(复原凡 14 条,附《职方格》1 条)
  驾部式第十五(复原凡 7 条)
  库部式第十六(复原凡 2 条)

---

① 郑奉日目前已译出九篇,陆续刊载于《法律文化论丛》第 1—9 辑,法律出版社,2013、2015,知识产权出版社,2015—2018。
② 对于该书的补充和订误,参见〔日〕池田温:《唐令と日本令(二)——〈唐令拾遗〉的订补》,《创价大学人文论集》第 11 号,1999,第 127—154 页。
③ 韩国磐:《传世文献中所见唐式辑存》,《厦门大学学报(哲社版)》1994 年第 1 期,第 33—40 页;黄正建:《唐式摭遗(一)——兼论〈式〉与唐代社会生活的关系》,载韩金科主编《98'法门寺唐文化国际学术讨论会论文集》,陕西人民出版社,2000,第 451—456 页。
④ 霍存福:《唐式辑佚》,为杨一凡主编:《中国法制史考证续编》第 8 册,社会科学文献出版社,2009。

刑部式第十七（复原凡 11 条，附《刑部格》31 条）
都官式第十八（复原凡 1 条）
比部式第十九（复原凡 0 条）
司门式第二十（复原凡 1 条）
工部式第二十一（复原凡 1 条）
屯田式第二十二（复原凡 2 条，附《屯田格》1 条）
虞部式第二十三（复原凡 1 条，附《虞部格》1 条）
水部式第二十四（复原凡 35 条）
秘书省式第二十五（复原凡 2 条）
太常式第二十六（复原凡 3 条）
司农式第二十七（复原凡 0 条，附《留司格》1 条）
光禄式第二十八（复原凡 2 条）
太仆式第二十九（复原凡 3 条）
太府式第三十（复原凡 2 条）
少府式第三十一（复原凡 3 条）
监门式第三十二（复原凡 8 条）
宿卫式第三十三（复原凡 9 条）
计帐式第三十四（复原凡 1 条）
勾帐式第三十五（复原凡 0 条，附《勾帐式》1 条）

唐令复原的基本方法是"先收集写明是'令'的逸文，然后进行复原，接下来对虽然未标明是'令'、但如果其内容能够与日本令相对应的话就判断其为唐令来进行复原"，而这样的方法存在相应的缺陷，"很多没有被传承到日本令中的唐令被疏漏掉"。① 至于唐式的辑佚，"在技术上均参照仁井田陞先生《唐令拾遗》中复原唐令的基本做法"，②又因为没有像《养老令》那样的、基本继受唐代立法的日本式可资参考，所以辑佚基本限于被明确标记为"式"的条文。这种困境随着《天圣令》残卷的出现而有所缓解。

---

① 〔日〕稻田奈津子：《〈庆元条法事类〉与〈天圣令〉——唐令复原的新的可能性》，载刘后滨、荣新江主编：《唐研究》第 14 卷，北京大学出版社，2008，第 99—100 页。
② 霍存福：《唐式辑佚·自序》，第 3 页。

(二)《天圣令》残卷

1999年，戴建国披露了天一阁藏明钞本《天圣令》残卷的相关信息，①由此掀起了海内外有关唐令复原的新热潮，迄今为止成果堪称宏富。②

这部在北宋天圣七年(1029)奏上的令典，在天一阁的收藏中被标名为"官品令"，明乌丝栏白棉纸钞本，半页十行，每行十九至二十字，小字双行注。原为30卷，应分为"元、亨、利、贞"四册，现存"贞"册，计10卷、12篇，共112页。③ 每卷所载令条皆被划分为"右并因旧文，以新制参定"的宋令和"右令不行"的唐令两个部分，具体情况如下：

田令卷第二十一：宋令7条、唐令49条

赋役令卷第二十二：宋令23条、唐令27条

仓库令卷第二十三：宋令24条、唐令22条

厩牧令卷第二十四：宋令15条、唐令35条

关市令卷第二十五：宋令18条、唐令9条

　　附捕亡令：宋令9条、唐令7条

医疾令卷第二十六：宋令13条、唐令22条

　　附假宁令：宋令23条、唐令6条

狱官令卷第二十七：宋令59条、唐令12条

营缮令卷第二十八：宋令28条、唐令4条

丧葬令卷第二十九：宋令33条、唐令5条

　　附丧服年月：10条

杂令卷第三十：宋令41条、唐令23条

---

① 戴建国：《天一阁藏明钞本〈官品令〉考》，《历史研究》1999年第3期；后收入氏著《宋代法制初探》，黑龙江人民出版社，2000，第46—70页。
② 参见牛来颖、服部一隆：《中日学者〈天圣令〉研究论著目录》，载雷闻、刘晓主编：《隋唐辽宋金元史论丛》第八辑，上海古籍出版社，2018，第390—434页。
③ 袁慧：《天一阁藏明钞本官品令及其保护经过》，载天一阁博物馆、中国社会科学院历史研究所天圣令整理课题组：《天一阁藏明钞本天圣令校证　附唐令复原研究》，中华书局，2006，第1页。

总体而言,现存宋令293条、唐令221条,共有令文514条。且经中国社会科学院历史研究所《天圣令》整理课题组的努力,将其中269条宋令复原为唐令,再加上后附的唐令,共计有唐令490条。①

目前立足于《天圣令》所展开的唐令复原研究,不仅限于对《天圣令》所载宋令复原为唐令的字句、条文合并、排列顺序的争论,②而且还衍生到对既往唐令复原方法的反思,如附篇的存在对于认识不同时期唐令篇目体系差异的积极作用,③在条文排序上重新认识日本令与唐令的相似程度,④《庆元条法事类》在唐令复原中的资料价值也再次受到重视,⑤唐代令、式分辨的话题再次重启,并由此进一步检视目前的唐式辑佚成果等。⑥

总而言之,唐代令、格、式辑佚与复原工作的推进,既期待于新史料的出现(如敦煌、吐鲁番文献以及《天圣令》),也有赖于学者不断检证传世文献,从而发现新的佚文。⑦

三、《唐六典》

《新唐书·艺文志二》载:《六典》三十卷,"开元十年(722),起居舍人陆坚被诏集贤院修'六典',玄宗手写六条,曰理典、教典、礼典、政典、刑典、事典。张说知院,委徐坚,经岁无规制,乃命毋煚、余钦、咸廙业、孙季良、韦述参撰。始以令式象《周礼》六官为制。萧嵩知院,加刘郑兰、萧晟、卢若虚。张九

---

① 宋家钰:《明钞本北宋天圣令(附唐开元令)的重要学术价值》,天一阁博物馆、中国社会科学院历史研究所天圣令整理课题组:《天一阁藏明钞本天圣令校证 附唐令复原研究》,第9页。
② 2011年以前的相关观点与争论,参见赵晶:《〈天圣令〉与唐宋法典研究》,载徐世虹主编:《中国古代法律文献研究》第5辑,社会科学文献出版社,2011,第251—293页。
③ 戴建国:《天一阁藏明钞本〈官品令〉考》,第63—64页。
④ 〔日〕大津透:《北宋天圣令的公刊及其意义——日唐律令比较研究的新阶段》,《东方学》第104号,2007年,第9页。
⑤ 〔日〕稻田奈津子:《〈庆元条法事类〉与〈天圣令〉——唐令复原的新可能性》,第99—120页。
⑥ 赵晶:《唐令复原所据史料检证——以令式分辨为线索》,"中研院"历史语言研究所编《史语所集刊》第86本第2分,2015年6月,第317—362页。
⑦ 如唐雯:《〈记纂渊海〉所引的〈唐职员令〉逸文补证——兼述晏殊〈类要〉所见〈唐职员令〉》,《中国典籍与文化》2005年第4期;《唐职员令复原与研究——以北宋前期文献中新见佚文为中心》,《历史研究》2008年第5期。

龄知院,加陆善经。李林甫代九龄,加苑咸。二十六年书成"。① 由此可知,《唐六典》的编纂历经十余年、成诸众手,其主体内容则"以令式入六司,象周礼六官之制,其沿革并入注"。② 一般认为,《唐六典》"是一部以开元年间现行的职官制度为本,追溯其历代沿革源流,以明设官分职之义的考典之书",③这从该书整体结构中便可窥知:

> 三师三公尚书都省卷第一、尚书吏部卷第二、尚书户部卷第三、尚书礼部卷第四、尚书兵部卷第五、尚书刑部卷第六、尚书工部卷第七、门下省卷第八、中书省集贤院史馆匦使卷第九、秘书省卷第十、殿中省卷第十一、内官宫官内侍省卷第十二、御史台卷十三、太常寺卷十四、光禄寺卷十五、卫尉宗正寺卷十六、太仆寺卷十七、大理寺鸿胪寺卷十八、司农寺卷十九、太府寺卷二十、国子监卷二十一、少府军器监卷二十二、将作都水监卷二十三、诸卫卷二十四、诸卫府卷二十五、太子三师三少詹事府左右春坊内官卷二十六、太子家令率更仆寺卷二十七、太子左右卫及诸率府卷二十八、诸王府公主邑司卷二十九、三府督护州县官吏卷三十

正是因为该书以开元年间的立法成果为基础编纂而成,因此是目前复原唐令、辑佚唐式时最为重要的史料依据。李锦绣曾将《天圣令·仓库令》与《唐六典》卷三金部、仓部以及卷一九司农寺进行对照,发现有将近一半的《仓库令》条文为《唐六典》所载,虽然各卷因内容不同,令文所占比例不一,但该书"较多地汇集了唐代开元时期的令,可能更接近历史事实"。④

该书的版本系统并不复杂,如奥村郁三曾整理如下:⑤

---

① (宋)欧阳修等撰:《新唐书》,中华书局,1975,第1467页。
② (宋)陈振孙著,徐小蛮、顾美华点校:《直斋书录解题》卷六"职官类",上海古籍出版社,1987,第172页。
③ 陈仲夫:《唐六典简介》,李林甫等撰,陈仲夫点校:《唐六典》,第2页。
④ 李锦绣:《唐开元二十五年〈仓库令〉研究》,荣新江主编:《唐研究》第12卷,北京大学出版社,2006,第17—18页。
⑤ 〔日〕奥村郁三:《大唐六典》,载〔日〕滋贺秀三编:《中国法制史——基本资料的研究》,第244页;中译本为郑显文译:《〈大唐六典〉研究》,收入杨一凡、寺田浩明主编:《日本学者中国法制史论著选》(魏晋隋唐卷),第282页。

北宋(元丰)本→南宋(绍兴)本→明(正德)本→{(清嘉庆)扫叶山房本→
　　　　　　　　　　　　　　　　　　　(日本享保)近卫本

{(清光绪)广雅书局本
 (日本天保)官版

且在他看来,目前最好的版本应属近卫本,"若参考南宋本、明正德本,效果会更好"。① 对于中国学者而言,现在最便于入手的版本应是中华书局于1992年出版的陈仲夫点校本。该本"卷一至三、七至十五、二十八至三十以南宋本为底本,卷四至六、十六至二十七以明正德本为底本","以嘉靖本、近卫本、广雅本为主要通校本",校勘精良,校记中不乏宝贵的学术洞见,值得仔细品味。② 至于现存最早的南宋残本共15卷,原书分别藏于北京图书馆(现为中国国家图书馆)、南京博物院和北京大学图书馆,中华书局汇为一编,收入《古逸丛书三编》,后于1991年以《宋本大唐六典》为名单独出版;而被奥村郁三认为最好的近卫本,则可参看三秦出版社于1991年影印出版的日本广池千九郎训点、内田智雄补订的本子,这是在近卫本的基础上所作的再整理。

至于《唐六典》本身所引发的学术讨论,周东平曾归纳有二:第一,该书在唐代是否行用? 第二,该书在性质上是行政法典,还是非行政法典?③ 除此之外,或许尚未引起中国学者注意的是,近年来日本学者中村裕一详细胪列《唐六典》所载开元七年之后的制度变动,借此反驳自仁井田陞以来学界通行的《唐六典》所载之制为"开元七年令"的观点,试图证成"开元二十五年令"说。④ 换言之,若此一论点成立,除非有其他开元七年以前的资料为证,否则依据《唐六典》所复原的唐令应被定性为《开元二十五年令》。只

---

① 〔日〕奥村郁三撰,郑显文译:《〈大唐六典〉研究》,第288页。
② 如《汉书·刑法志》关于文帝刑制改革的记载是否有脱文、是否存在正文窜入注文的可能等,中日学术界展开了持久而深入的讨论。然而,早在1988年陈仲夫点校《唐六典》时,就曾写下一段十分重要的校记,与后来流行的一种学术观点不谋而合,可见其眼光。相关内容,可参见李力:《秦汉法制史研究的两桩公案——关于〈汉旧仪〉、〈汉书·刑法志〉所载刑制文本解读的学术史考察》,徐世虹主编:《中国古代法律文献研究》第10辑,社会科学文献出版社,2016,第194页注1。
③ 周东平:《法制》,胡戟等主编:《二十世纪唐研究》,中国社会科学出版社,2002,第155—158页。
④ 〔日〕中村裕一:《唐令的基础性研究》,汲古书院,2012,第289—580页;《大唐六典的唐令研究——"开元七年令"说的检讨》,汲古书院,2014。

不过，此前并非没有学者关注到这些制度变化，如仁井田陞认为，《唐六典》所体现的开元七年律令格式与开元二十五年的立法之间也存在许多相同点，原因是它也吸收了开元七年以后颁布的新敕；①池田温则明确指出，《唐六典》所包含的开元七年之后的改制内容，并不能作为它基于《开元二十五年令》修纂而成的证据，而应当解释为它虽以《开元七年令》为基础，但又随处插入了此后的相关新制。② 因此，榎本淳一总结道：中村裕一与池田温的分歧点或许在于令文修正所采用的方式问题；判断孰是孰非，应该着眼于唐代史料中频繁出现的"著令"（"著之于令"）这一用语，如果法令中并未见"著令"之言，那么随时都有改正的可能性，所以《唐六典》虽然记载了《开元七年令》以后的制度，但无法因此而断言它以《开元二十五年令》为基础。③ 事实上，在开元年间，即使法令中标有类似于"著令"的用语，也存在随时被废弃的可能性，未必会被修入未来的律令格式，④所以关于《唐六典》所载究竟哪些是开元七年之制、哪些是开元二十五年之制，仍需细加分辨。

第三节　宋代的条法事类

宋代的法律分普通法与特别法两类，亦即"海行"与"一司"。所谓"海行"，"敕令格式，谓之海行。盖天下可行之义也"；而所谓"一司"，"在京内外百司及在外诸帅抚、监司、财赋兵马去处，皆有一司条法。如安抚司法，许便宜施行之类是也"。⑤ 从"海行"的层面言，除了本章第一节已述及的《宋刑统》外，传世的法律文献还有《庆元条法事类》（残卷）；至于"一司法"，则有《吏部条法》（残卷）。⑥

---

① 〔日〕仁井田陞：《唐令拾遗》，第62页。
② 〔日〕池田温：《东亚的文化交流史》，吉川弘文馆，2002，第179页。
③ 〔日〕榎本淳一：《挑战唐代法制史"不可动摇的定论"》，《东方》第385号，2013年3月，第25页。
④ 赵晶：《唐令复原所据史料检证——以〈大唐开元礼〉为中心》，《文史哲》2018年第2期，第126—127页。
⑤ （宋）赵升编，王瑞来点校：《朝野类要》卷四"法令"，中华书局，2007，第81页。
⑥ 除了上述三种法律文献外，还有一种残存了四篇遗文的《金玉新书》。它虽然抄录了宋代敕令格式的条文，但并非官修法典，而是私纂之物。限于篇幅，本节不予专门介绍，可参见戴建国：《〈金玉新书〉新探》，载氏著《宋代法制初探》，第112—129页。

"条法事类"是将各种法律形式的条文分门别类地进行编集,这始于南宋淳熙三年(1176)的《吏部条法总类》:"三月二十九日,参知政事龚茂良等上《吏部条法总类》四十卷。先是淳熙二年十一月,有诏:敕令所将吏部见行改官、奏荐、磨勘、差注等条法指挥分明编类,别删投进。若一条该载二事以上,即随门类厘析具入,仍冠以《吏部条法总类》为名。"①三年后,淳熙"六年正月庚午,赵雄奏:士大夫罕通法律,吏得舞文。今若分门编次,聚于一处,则遇事悉见,吏不能欺。乃诏敕局取敕令格式申明,体仿《吏部七司条法总类》,随事分门,纂为一书。七年五月二十八日成书(四百二十卷),为总门二十三,别门四百二十,以明年三月一日颁行,赐名《条法事类》",②亦即将淳熙四年颁行的《淳熙重修敕令格式》及所附《申明》分门重编,于淳熙七年修成《淳熙条法事类》。由此可见,南宋分门别类式地将敕、令、格、式等条文汇为一编的法典编修,始于"一司"的特别法。

一、《庆元条法事类》

《庆元条法事类》是继《淳熙条法事类》之后,宋廷所修的第二部"条法事类",其所编修的蓝本是庆元四年(1198)颁行的《庆元重修敕令格式》(122卷)及其《申明》(12卷)。因此,虽然宁宗于嘉泰元年(1201)下诏编修《庆元条法事类》,翌年修成,嘉泰三年颁行,但此书既有名为《嘉泰条法事类》者,也有名为《庆元条法事类》者。原书总80卷、437个"别门",由宰相谢深甫提举编修,而现存仅36卷,总共17个"总门"(如卷四至卷十三分别是"职制门"一至十,"职制门"为1个"总门")、188个"别门"(如卷八"职制门五"之下,有"评议公事""定夺体量""漏泄传报""亲嫌""对移"5个"别门"),其中敕887条(若计被重复收入者,则有1107条,以下括弧内数字同此)、令1781条(2064条)、格96条(207条)、式142条(150条)、申明260条(304条)。③ 目前残本的基

---

① (清)徐松辑:《宋会要辑稿》第164册"刑法一之五〇",中华书局,1957,第6468页。
② (宋)王应麟:《玉海》卷六六"淳熙条法事类 条法枢要",江苏古籍出版社、上海书店,1987,第1263页。
③ 以上统计数字,参见〔日〕川村康:《庆元条法事类与宋代的法典》,〔日〕滋贺秀三编:《中国法制史——基本资料的研究》,第336—340页。不过,上述数字并非绝对精准,如有关《赋役令》《杂令》《赏令》的数量便有瑕疵。参见赵晶:《唐宋令篇目研究》,载徐世虹主编:《中国古代法律文献研究》第六辑,社科文献出版社,2012,第324—325页;后收入赵晶:《〈天圣令〉与唐宋法制考论》,上海古籍出版社,2014,第29—30页。

本卷帙如下：

卷三（失总门之名，4个别门）、卷四至一三（职制门1—10，52个别门）、卷一四至一五（选举门1—2，10个别门）、卷一六至一七（文书门1—2，11个别门）、卷二八至二九（榷禁门1—2，14个别门）、卷三〇至三二（财用门1—3，8个别门）、卷三六至三七（库务门1—2，10个别门）、卷四七至四八（赋役门1—2，12个别门）、卷四九（农桑门，3个别门）、卷五〇至五一（道释门1—2，11个别门）、卷五二（公吏门，3个别门）、卷七三至七五（刑狱门3—5，18个别门）、卷七六（当赎门，4个别门）、卷七七（服制门，4个别门）、卷七八（蛮夷门，6个别门）、卷七九（畜产门，9个别门）、卷八〇（杂门，9个别门）。

除了正文之外，残本还附有《宋开禧重修尚书吏部侍郎右选格》两卷。

《庆元条法事类》所收敕令格式皆未系年月，仅"申明"有时间标记，其发布的时间起自北宋元祐七年（1092），截至南宋嘉泰元年。根据川村康的统计，北宋颁布的"随敕申明"有5条，其中"名例"2条、"职制"3条；统观两宋，则"名例"12条，"卫禁"32条，"职制"74条，"户婚"28条，"厩库"53条，"擅兴"12条，"贼盗"5条，"斗讼"0条，"诈伪"5条，"杂敕"17条，"捕亡"1条，"断狱"12条，其中"名例敕"的"申明"集中颁布于南宋初期，"卫禁""擅兴"敕的"申明"集中于孝宗朝，而"职制""户婚""厩库"等敕的"申明"则贯穿整个南宋一朝。此外，"随敕申明"的种类又可分为敕（179条）、敕节文（8条）、奉圣旨（1条）、三省同奉圣旨（1条）、都省札子（2条）、尚书省札子（9条）、尚书省札子节文（1条）、尚书省批状（18条）、尚书省批下（10条）、枢密院札子（28条）、枢密院勘子（1条）、敕令所看详（2条），其中，有关"名例""户婚""断狱"敕的"申明"多经尚书省，而"卫禁""擅兴"敕的"申明"则多经枢密院。①

有关《庆元条法事类》的版本，目前海内外尚存六部钞本，分别是北京国家图书馆藏本（原藏常熟瞿氏，瞿氏得自常熟张金吾）、北京大学图书馆藏本

---

① 以上统计及概括参见〔日〕川村康：《庆元条法事类与宋代的法典》，〔日〕滋贺秀三编：《中国法制史——基本资料的研究》，第342—345页。

（原藏燕京大学图书馆，燕大则得自常熟翁同书）、南京图书馆藏本（原藏江苏省立国学图书馆，国学图书馆则得自武林丁丙）、台湾图书馆藏本（原藏吴兴张钧衡）、上海图书馆（原藏读律室主孙祖基，据瞿氏本传钞）、日本静嘉堂文库本（原藏日本岩崎氏，岩崎氏则得自归安陆心源）。其中，北大藏本与其他五种藏本并非直接出自同一母本。① 燕京大学图书馆藏本由聂崇岐主持刊刻，由古籍出版社于1948年出版；后由中国书店于1990年重印，收入"海王邨古籍丛刊"，与《宋刑统》《唐明律合编》并为一书。至于静嘉堂文库藏本，则先由日本古典研究会于1968年出版，附有吉田寅所制与燕大本的"对校表"；该藏本复由台北新文丰出版股份有限公司于1976年重印，卷首附有王德毅与黄宽重所制"静嘉堂文库本与'国立中央图书馆'钞本对校表"。1992年，吉田寅又制成《〈庆元条法事类〉诸本对校表（稿）》，作为"立正大学东洋史研究资料Ⅳ"发行，将燕大本、静嘉堂本、台湾图书馆本三种予以对校，而且该书前有《〈庆元条法事类〉の書誌学的一考察》一文（含"《庆元条法事类》诸抄本的异同""《庆元条法事类》逸文及相关资料"两部分），后附《〈庆元条法事类〉研究论著目录（1911—1990）》，颇便利用。直至2002年，戴建国独立完成点校本，作为杨一凡、田涛主编的《中国珍稀法律典籍续编》第一种，由黑龙江人民出版社出版。从"古文书学"的角度衡量，该点校本留下两点遗憾：第一，点校者曾交代，虽然法典所涉数字应作大写，但点校以燕大本为底本，而燕大本改用小写，故而在整理时未予改回；第二，点校者也曾交代，因排版需要，对原书中的部分格与式的体例作了不影响文义的技术处理。② 虽然这两点并不影响读者对法条含义的理解，但却丧失了宋代法典、文书的本来面目，对于研究文书格式、体例尤多影响。如孙继民、张重艳考释《庆元条法事类》所收《州县场务收支历》时，便因点校本"将多行文字合并为一行"，"以致弄得宋代会计帐历面目全非"，而径据中国书店1990年影印燕大本的线装版进行录文。③ 当然，此书并未单独发行，而整套"续编"过高的定价不利于该书的流通。

由于《宋刑统》《天圣令》对于唐代律令的延续性较高，所以严格来说，《庆

---

① 戴建国：《庆元条法事类·点校说明》，黑龙江人民出版社，2002，第3—5页。
② 戴建国：《庆元条法事类·点校说明》，第6页。
③ 孙继民、张重艳：《宋〈庆元条法事类·州县场务收支历〉考释》，《文史》2008年第1辑，第186页。

元条法事类》是现存的唯一一部宋代法典,其之于宋代法制史研究的史料价值不言而喻。川村康曾枚举了部分成果,以说明这一法律文献之于法制史(涉及出版与避讳阙笔、不以赦降原减、刑罚、唐令复原等)、制度史(涉及官僚制度、文书制度)、宗教史(对于"道释门"的译注、有关童行试经得度)、社会经济史(私盐管制、专卖等)等研究的意义,①本节不复赘言。以下仅就一种研究趋势,略作介绍:

对于唐、宋令谱系的差异,仁井田陞曾总结为:属于《庆元条法事类》"财用门""榷禁门"的多数条文未见于元丰以前的唐令谱系。② 爱宕松男发展了仁井田陞的观点:在《庆元条法事类》榷禁门、财用门中,如仓库、断狱、杂令、捕亡、关市、田令、营缮、赋役等虽被冠以与唐令相同的篇名,但有关课利、榷法的条文因其体现宋代财政的新制而有独立性。若说《庆元令》在经济部门,尤其是宋代特有的货币财政领域有着绝对数量的独立条文,那么可以推定的是除此之外的其他部门则极有可能承继自唐令。③

《天圣令》残卷公布之后,稻田奈津子以《丧葬令》和《假宁令》为对象,逐一析出《庆元条法事类》中与之相应的各条文,由此验证了仁井田陞和爱宕松男之说,只是她认为"基本没有与不行唐令相对应的《庆元条法事类》。这是因为在《天圣令》编纂的阶段就已经将无益于现行法的内容作为'不行唐令'而排除在外"。④ 川村康虽以相同的分析思路分别从《庆元条法事类》中辑出与天圣《捕亡令》《狱官令》《杂令》相应的条文并逐一进行比照,但他不同意稻田奈津子对于不行唐令与《庆元条法事类》关系的论断:以天圣《狱官令》唐4和唐10可见,天圣中失效的不行唐令,在庆元以前,经对其内容进行一定程度的修正后,在《庆元令》中又复活了。⑤ 类似研究还有戴建国对唐令、《天圣

---

① 参见〔日〕川村康:《庆元条法事类与宋代的法典》,第348—351页。
② 〔日〕仁井田陞:《唐令拾遗》,第46页。需说明者,其原书称未见于"唐令以下前述诸令",从其后文有关"在唐宋两令之间划一条分界线,其绝不会始自庆元,而在于对宋《天圣令》进行大幅修改的《元丰令》及属于该系统的诸令的变化"可知,所谓"唐令以下前述诸令"可以"元丰以前的唐令谱系"予以概括。
③ 〔日〕爱宕松男:《逸文唐令的一个资料》,星博士退官纪念中国史论集编集委员会编:《中国史论集:星博士退官纪念》,星斌夫先生退官记念事业会,1978;现收入氏著《东洋史学论集》第一卷《中国陶瓷产业史》,三一书房,1987,第178—179页。
④ 〔日〕稻田奈津子:《〈庆元条法事类〉与〈天圣令〉——唐令复原的新的可能性》,第105页。
⑤ 〔日〕川村康著,赵晶译:《宋令演变考》(下),徐世虹主编:《中国古代法律文献研究》第6辑,社科文献出版社,2012,第309—310页。

令》与《庆元条法事类》的通盘梳理，①牛来颖②与赵晶对《时令》的探究，以及赵晶对《仓库令》《河渠令》《驿令》的追源溯流。③

由上可知，目前的研究基本停留在两端比较的层面，且观察视点仅限于"令"，而将关注点拓展至其他法源，并致力于勾勒宋代如何经由仿效唐制转变到践行以《庆元条法事类》所见的宋制这一过程，应具有可期待的学术前景。

二、《吏部条法》

《吏部条法》，即前述所及《吏部条法总类》，是南宋所出现的部门特别法之一，分门别类地收录了与吏部七司（尚书左、右选，侍郎左、右选，司封，司勋，考功）职能相关的敕、令、格、式、申明。宋代编修吏部相关的特别法，可追溯至《开宝长定格》三卷。南宋初年，因战乱导致法书散佚，而吏部的人事规范又亟待重建，所以于绍兴三年（1133）制定了最早的吏部特别法《绍兴重修尚书吏部敕令格式并通用敕令格式》，又称"吏部七司法"。此后又于绍兴十九年、三十年先后制定了《绍兴看详编类吏部续降》《绍兴参附尚书吏部敕令格式》，分别被称为"新吏部七司续降""参附吏部七司法"。淳熙二年（1175）在上述三部特别法的基础上，删修成《淳熙重修尚书吏部敕令格式申明》，后又打破按照七司部门分类的模式，改为按照职能事项分类，修成《淳熙吏部条法总类》。开禧元年（1205），宋廷又对此进行删修，编成《开禧重修尚书吏部七司敕令格式申明》（前述《庆元条法事类》卷首所附《宋开禧重修尚书吏部侍

---

① 戴建国：《〈天圣令〉研究两题》，《上海师范大学学报》（哲学社会科学版）2010年第2期，第127—130页；《唐宋变革时期的法律与社会》，上海古籍出版社，2010，第205—219页；《〈庆元条法事类〉法条源流考》，中华书局编辑部编：《傅璇琮先生八十寿庆论文集》，中华书局，2012，第236—256页。
② 牛来颖：《时令秩序与唐宋律令制度——以〈天圣令〉为中心》，黄正建主编：《中国社会科学院敦煌学回顾与前瞻学术研讨会论文集》，上海古籍出版社，2012，第281—294页。
③ 赵晶：《礼经文本抑或法典篇章？——唐宋〈时令〉再探》，（台湾地区）中国法制史学会、"中研院"历史语言研究所主编：《法制史研究》第22期，2012，第193—207页；《〈庆元令〉条文来源考——以〈河渠令〉和〈驿令〉为例》，［韩国］中国史学会编：《中国史研究》第80辑，2012年10月，第31—53页；《唐宋〈仓库令〉比较研究》，《中国经济史研究》2014年第2期，第87—106页。以上之文经修订后收入氏著《〈天圣令〉与唐宋法制考论》，第34—45、51—112页。

郎右选格》两卷即其组成部分之一),并在此基础上,于嘉定六年编成《嘉定编修吏部条法总类》。①

目前所见《吏部条法》的残本,辑自《永乐大典》卷一四六二〇至一四六二九,共存 9 卷。因该本收有景定四年(1263)的法令,故而一般被认为是景定四年以后的立法产物。不过刘笃才认为,该本或许可以被推测为成书于淳祐年间,只不过此后又加入了景定时期的"申明"而已。② 该本目前仍存 9 个"总门"(如"差注门"),52 个"别门"(如"差注门五"下,除"差注撮要"外,有"材武""移注"2 个别门),其中敕 128 条、令 905 条、格 94 条、申明 813 条。③ 目前残本的卷帙如下:

卷一四六二〇　差注门一(含总法撮要与 1 个别门)
卷一四六二一　差注门二(含差注撮要与 9 个别门)
卷一四六二二　差注门三(含差注撮要与 6 个别门)
卷一四六二四　差注门五(含差注撮要与 2 个别门)
　　　　　　　差注门六(含差注撮要与 4 个别门)
卷一四六二五　奏辟门(含奏辟门撮要与 2 个别门)
卷一四六二六　考任门(含考任撮要与 4 个别门)
　　　　　　　宫观岳庙门(含宫观岳庙撮要与 5 个别门)
　　　　　　　印纸门(含印纸门撮要与 1 个别门)
卷一四六二七　荐举门(含荐举撮要与 1 个别门)
卷一四六二八　关升门(含关升撮要与 4 个别门、资序服色撮要与 2 个别门)
　　　　　　　改官门(含改官撮要与 6 个别门)
卷一四六二九　磨勘门(含磨勘撮要与 5 个别门)

---

① 相关立法脉络的梳理,参见〔日〕滋贺秀三:《中国法制史论集:法典与刑罚》,创文社,2003,第 129—130 页。
② 参见刘笃才:《吏部条法·点校说明》,黑龙江人民出版社,2002,第 2—4 页。
③ 有关"别门"数量,据刘笃才点校本统计,下文所列别门明细与川村康统计所得数据略有不同;至于条文数量,则引用川村氏的统计,参见氏著《庆元条法事类与宋代的法典》,第 353—355 页。

上述敕、令、格、申明中,既有来自海行法、以年号为名的条文,如《淳祐敕》《淳祐令》《淳祐格》《淳祐申明》,又有以吏部七司中的一司为名、专门规范该司事务的条文,如《尚书左选格》《尚书右选申明》《侍郎左选令》《侍郎右选格》《尚书司勋令》《尚书考功敕》等,也有涵盖两司以上事务并以两司以上为名的"通用"条文,如《尚书侍郎左右选通用敕》《尚书侍郎左右选考功通用令》等,还有吏部七司法以外的条文,如《大宗正司令》或者《在京通用令》。① 不论如何命名、不论条文原本归属为何,其规范内容都与吏部执掌的官吏任用、考课等管理相关。

该残本最早由罗振玉从《永乐大典》中辑出两卷,并在亲撰跋文之后,收入其所辑《吉石盦丛书四集》,影印出版;台北新文丰出版股份有限公司于1976年重印静嘉堂本《庆元条法事类》时,又影印了其中四卷,附于书末;1981年,台湾文海出版社将九卷全帙影印出版,名为《吏部条法残本》,收入"宋史资料萃编"第三辑;后收入岛田正郎所编《中国史料系编·中国法制史料》第二辑,由台湾鼎文书局于1982年影印出版。② 目前较易入手的版本是刘笃才于2002年完成的点校整理本,收入杨一凡、田涛主编的《中国珍稀法律典籍续编》,由黑龙江人民出版社出版。

有关宋代特别法,目前的研究仍未深入。《吏部条法》残卷作为较具代表性的特别法之一,不仅是研究宋代官制史不可或缺的珍贵史料,更是探究宋代多元且呈复合结构的法律体系的必备文献。

第四节　元代的条格与断例

有元一代,并未编纂正式的律典,但间有将各种敕旨、单行法规、司法案

---

① 所谓"在京通用",是适用于在京诸司之意。戴建国将这种"在京通用法"定性为"普通法与特别法两大种类之外"的法律类型。参见氏著《唐宋变革时期的法律与社会》,第180页。但赵晶认为,宋代的法律体系呈现多元结构,三分法难以涵盖,如在海行法、特定事务之法、特定地域之法、特定官司之法外,还存在一种相对独立的在京法。这种在京法又可被划分为两种类型,以"在京通用"为名者,与海行法相对应,如"在京通用仪制令";以"在京××"为名者,与特定事务之法相对应,如"在京禄令"。参见氏著《试论宋代法律体系的多元结构——以宋令为例》,《史林》2017年第4期,第46—59页。
② 有关出版经过,参见〔日〕川村康:《庆元条法事类与宋代的法典》,第351—352页。

例等聚类成编,颁布通行。这些法律文本虽然称不上以体系性、内在逻辑性为要求的"法典",但作为官方制作的汇编性法律文本,同样具有法律效力,如《至元新格》《风宪宏纲》《大元通制》《至正条格》等。此外,还存在一部由地方胥吏与书坊商贾合作编纂的《元典章》,①虽不能称之为立法成果,但作为一种汇编性文本,保留了大量条画、断例,足备当时的司法、行政参考。其中,《大元通制条格》《元典章》皆有传世之本,《至正条格》有新见于韩国的残卷,其他法律文本则处于辑佚状态,以下分而述之。②

一、《大元通制条格》

《元史》卷一○二《刑法志一·序》载:

> 元兴,其初未有法守,百司断理狱讼,循用金律,颇伤严刻。及世祖平宋,疆理混一,由是简除繁苛,始定新律,颁之有司,号曰《至元新格》。仁宗之时,又以格例条画有关于风纪者,类集成书,号曰《风宪宏纲》。至英宗时,复命宰执儒臣取前书而加损益焉,书成,号曰《大元通制》。其书之大纲有三:一曰诏制,二曰条格,三曰断例。凡诏制为条九十有四,条格为条一千一百五十有一,断例为条七百十有七,大概纂集世祖以来法制事。③

从中可知,元初并未进行专门立法,而是沿用金《泰和律》,历经《至元新格》《风宪宏纲》两次修法、颁行天下之后,④仁宗命朝臣开始修法,"类集累朝条画

---

① 以往有学者认为《元典章》为官修官刊,甚至称"由中书省批准在全国颁行"。而昌彼得认为此书为胥吏抄记、坊贾主事而成,乃为当下通说。参见氏著《跋元坊刊本〈大元圣政国朝典章〉》,陈高华等点校:《元典章》附录三"书目著录及学者提要序跋",第 2477 页;张帆:《〈元典章〉整理的回顾与展望》,《中国史学》第 18 卷,2008,第 58 页;洪金富:《校定本〈元典章〉序》,《古今论衡》第 26 期,2014,第 77 页。
② 对于元代法律文献的解题及相关研究回顾,植松正已着先鞭,本节多有参考。参见氏著《元典章·通制条格——附:辽·金·西夏法》,〔日〕滋贺秀三编:《中国法制史——基本资料的研究》,第 409—430 页。
③ 《元史》,中华书局,1976,第 2603—2604 页。
④ 其间,在大德三年(1299)三月,成宗曾命何荣祖等"更定律令",而何氏于翌年二月选定《大德律令》380 条,只是未见颁行。参见《元史》卷二○《成宗纪三》、卷一六八《何荣祖传》,第 427、430、3956 页。

体例为一书,其纲有三:一制诏,二条格,三断例,延祐三年(1316)夏,书成",①但这一修法成果并未颁行,直至至治三年(1323)正月,英宗"命枢密副使完颜纳丹、侍御史曹伯启、也可扎鲁忽赤不颜、集贤学士钦察、翰林直学士曹元用,听读仁宗时纂集累朝格例",二月,"格例成定,凡二千五百三十九条,内断例七百一十七、条格千一百五十一、诏赦九十四、令类五百七十七,名曰《大元通制》,颁行天下"。②

《大元通制》全书由制诏、条格、断例、令类(又称"别类"③)四部分组成。只是全书业已散佚,只有"条格"部分有残卷传世,即原国立北平图书馆于1930年据明初墨格写本残卷而为影印本,所以称为《通制条格》。该本现存二十二卷,简目如下:

卷二,户令;卷三,户令;卷四,户令;卷五,学令;卷六,选举;卷七,军防;卷八,仪制;卷九,衣服;

卷一三,禄令;卷一四,仓库;卷一五,厩牧;卷一六,田令;卷一七,赋役;卷一八,关市;卷一九,捕亡;卷二〇,赏令;卷二一,医药;卷二二,假宁;

卷二七,杂令;卷二八,杂令;卷二九,僧道;卷三〇,营缮。

从这一篇名可知,《通制条格》的立法体例与唐宋令以及金《泰和令》有源流关系,故而论者也多以元代"条格"结构反推宋令篇序。④ 又,《刑统赋疏》列举"条格"篇目如下:"祭祀、户令、学令、选举、宫卫、军房、仪制、衣服、公式、禄令、仓库、厩牧、关市、捕亡、赏令、医药、田令、赋役、假宁、狱官、杂令、僧道、营缮、河防、服制、站赤、榷货。"⑤一般认为,这便是《通制条格》的完整篇目,以此

---

① 吴澄:《大元通制条例纲目后序》,黄时鉴辑点:《元代法律资料辑存》,浙江古籍出版社,1988年,第83页。
② 《元史》卷二八《英宗纪二》,第628—629页。
③ 字术鲁翀所撰《大元通制序》称:"经纬乎格例之间,非外远职守所急,亦汇辑之,名曰别类。"引自方龄贵校注:《通制条格校注》,中华书局,2001,第1页。
④ 相关讨论,参见赵晶:《唐宋令篇目研究》,第327—329页;后收入赵晶:《〈天圣令〉与唐宋法制考论》,第31—33页。
⑤ (元)沈仲纬:《刑统赋疏》第一韵,枕碧楼丛书本,收于杨一凡编:《中国律学文献》第一辑第一册,黑龙江人民出版社,2005,第309页。

与现存残卷相比勘,可知所佚失者为祭祀、宫卫、公式、狱官、河防、服制、站赤、榷货。

依据现存《通制条格》可知,其卷篇之下,还设有数量不一的细目,少则如卷九"衣服"之下,仅"服色"一目,内存三条;而多则如卷二七"杂令",内有"上用甲""兵仗应给不应给""擅造兵器"等三十七目,各目之下条数又有多寡之别。至于现存总条文数,则为 653 条,①所涉内容涵盖的时段为太宗六年(1234)至延祐三年。

自《通制条格》影印出版以来,中日学界皆有点校、译注本问世。日文的点校译注接续自完成于 1960 年 12 月的《元史·刑法志》译注,原以小竹文夫为首,只是小竹氏于 1961 年 10 月逝世,故而改以小林高四郎为中心,于 1964 年出版第一册,译注内容为卷二至卷九,参加者有冈本敬二、小林新三、长濑守、大薮正哉、野口铁郎、海老泽哲雄、古森利贞;第二册出版于 1975 年,内容为卷一三至卷二〇的译注,大川富士夫加入译注行列;第三册出版于 1976 年,内容为剩余六卷以及全书索引,新增参与者为池内功。② 中文点校本皆以一人之力完成,黄时鉴当居首功,③而后方龄贵更为校注,尤其是对人名、地名、名物制度乃至于行文偶见的蒙古语以及其他外来语进行注释,颇便研究者理解原文。④ 从他的前言可知,其书成稿于 1993 年,然而迟至 2001 年方得问世,中间虽又出版郭成伟点校本,⑤但目前仍以该校注本最为善本。

此外,1983—1984 年,内蒙古文物考古所等单位在额济纳旗黑城遗址发掘了多种文书,其中有 2 件被推定为《大元通制》印本残叶,其中《大德八年正月恤隐省刑诏》(F14∶W6、F14∶W7)残叶两张保留了诏书的格式、用语,被认为是《大元通制》"制诏"部分的残留。⑥ 又因《至正条格》残卷的新发现,增加

---

① 条文数统计以日译本、方龄贵校注本的最后一条序号为准,分别参见〔日〕冈本敬二编:《通制条格的研究译注》,国书刊行会,1976,第 274 页;方龄贵校注:《通制条格校注》,第 744 页。又,植松正统计为 646 条,参见氏著《元典章·通制条格——附:辽·金·西夏法》,第 419 页。
② 〔日〕小林高四郎、〔日〕冈本敬二编著:《通制条格的研究译注》第一册,中国刑法志研究会,1964;〔日〕冈本敬二编:《通制条格的研究译注》第二、三册,国书刊行会,1975、1976。
③ 黄时鉴点校:《通制条格》,浙江古籍出版社,1986;后经修订,收入《中国珍稀法律典籍续编》第二册,黑龙江人民出版社,2002。
④ 方龄贵校注:《通制条格校注》,中华书局,2001。
⑤ 郭成伟点校:《大元通制条格》,法律出版社,2000。
⑥ 李逸友:《黑城出土的元代律令文书》,《文物》1991 年第 7 期,第 60—62 页。

了可供比对的原始文献，所以原本被推定为是《至正条格》的 F19：W16、F210：W5 两件残叶，现又被推测为是《大元通制》。①

二、《至正条格》

《至正条格》于顺帝至元四年（1338）三月开始修纂，至正五年（1345）十一月修成，至正六年四月颁行天下。② 其中，"制诏百有五十，条格千有七百，断例千五十有九"，"请以制诏三本，一置宣文阁，以备圣览；一留中书，〔一〕藏国史院。条格、断例，申命锓梓示万方。上是其议"。③

清代修《四库全书》时，曾从《永乐大典》中辑得《至正条格》23 卷，"至正条格，二十三卷，《永乐大典》本。元顺帝时官撰。凡分目二十七，曰祭祀，曰户令，曰学令，曰选举，曰宫卫，曰军防，曰仪制，曰衣服，曰公式，曰禄令，曰仓库，曰厩牧，曰田令，曰赋役，曰关市，曰捕亡，曰赏令，曰医药，曰假宁，曰狱官，曰杂令，曰僧道，曰营缮，曰河防，曰服制，曰站赤，曰榷货"。④ 将所列分目与《大元通制条格》比勘可知，该辑本乃《至正条格》的"条格"部分。⑤

然而可惜的是，《四库全书》仅将该辑本列入存目，由此导致它再度散佚。《南台备要》等书曾引证《至正条格》数条为据，是传世文献中硕果仅存者。1983—1984 年，内蒙古文物考古所等单位在额济纳旗黑城遗址所发掘的多种文书中，除了上述被推定为《通制条格》残页外，亦有 8 件被推定为《至正条格》的印本残页，⑥可谓吉光片羽。

直至 2002 年，韩国学中央研究院安承俊于韩国庆州江东面良洞孙氏宗

---

① 杨晓春：《〈大元通制〉、〈至正条格〉札记三则》，刘迎胜主编：《元史及民族与边疆研究集刊》第二十四辑，上海古籍出版社，2012，第 61—62 页。
② 《元史》卷三九《顺帝纪二》、卷四一《顺帝纪四》，第 843、874 页。
③ （元）欧阳玄：《至正条格序》，黄时鉴辑点：《元代法律资料辑存》，第 87—88 页。其中，〔〕以示补字。
④ （清）永瑢等撰：《四库全书总目》卷八四《史部·政书类存目二》，第 726 页。
⑤ 亦可参照韩国新出《至正条格》残卷"条格"部分的残目，韩国学中央研究院编：《至正条格（校注本）》，2007，第 14—17 页。
⑥ 李逸友：《黑城出土的元代律令文书》，《文物》1991 年第 7 期，第 62—64 页。前已述及，杨晓春认为其中两件为《大元通制》的可能性更大。参见氏著《〈大元通制〉、〈至正条格〉札记三则》，第 61—62 页。

家发现元刊本《至正条格》残卷2册;①2007年8月,经过多年整理,《至正条格》庆州残卷本终于由韩国学中央研究院分《影印本》《校注本》两册出版,其中包括条格12卷、断例近13卷及断例的全部目录。条格部分依次为卷二三"仓库",卷二四"厩牧",卷二五、二六"田令",卷二七"赋役",卷二八"关市",卷二九"捕亡",卷三〇"赏令",卷三一"医药",卷三二"假宁",卷三三、三四"狱官";断例部分依次为全部目录,卷一"卫禁",卷二至六"职制",卷七、八"户婚",卷九至一二"厩库",卷一三"擅兴"(仅存半卷),两部分总数合计800条整。此外,《校注本》除了文本点校之外,还编制了以下三种附录文件:《至正条格》关联资料;《至正条格》条文年代索引;《通制条格》与《至正条格》条格条文对照。韩国学界的如上努力,为海内外进一步研究、利用《至正条格》提供了一个相对可靠的文本,具有重要学术意义。

当然,这一校注亦非全无问题。譬如有关条目的划分、统计,《校注本》将残卷所示"条格"分为373条、"断例"427条,而张帆认为这一统计有误,应是"条格"374条、"断例"426条,其中"条格"卷二四《厩牧》"阑遗"第1条(《校注本》标为"条格"第59条)应析一为二,而"断例"卷七《户婚》"检踏灾伤"条(《校注本》标为"断例"第233条)、"检踏官吏"条(《校注本》标为"断例"第234条)应合二为一;此外,张帆、陈高华、党宝海等先后撰文,对《校注本》的标点疏误、使用他校和理校时发生的校勘错讹等提出了商榷意见,并补充或订正了校注本对疑难词汇的注释,增加了校注本未予列出的同源史料等。②

此外,由于《刑统赋疏》有"断例即唐律一十二篇。名令提出狱官入条格"③之语,学界历来对此言的断句及由此推知的"断例"的体例篇章有较大争议。简而言之,日本学者安部健夫将此言读断为"名令提出,狱官入条格",由此推论"断例"仅11篇而无"名令(例)";中国学者黄时鉴则断为"名令,提出狱官入条格",由此认定《至正条格》仅将"狱官"从"名令(例)"中提出罢了,"名令(例)"仍是"断例"之首篇,而使"断例"保持12篇体例。方龄贵亦从黄

---

① 此番经历交代,可参见〔韩〕安承俊:《有关〈至正条格〉的所藏及保存原委之考察》,载韩国学中央研究院编:《至正条格》(校注本),第485—486页。
② 赵晶对此已有综述,参见氏著《〈至正条格〉研究管窥》,载曾宪义主编:《法律文化研究》第六辑,中国人民大学出版社,2011,第408—409页。
③ (元)沈仲纬:《刑统赋疏》第一韵,第309页。

氏之说。① 而庆州《至正条格》残卷保留了"断例"的全部存目,由此结束了这一争论:"断例"无"名例"篇,而仅保留 11 篇体系。

三、《元典章》

《元典章》,全名为《大元圣政国朝典章》,不署撰者,一般认为是元代中期地方官府胥吏与民间书坊商贾合作编纂而成。据《四库全书总目》卷八三《史部·政书类存目一》载:

> 《元典章》前集六十卷附新集(无卷数),内府藏本。不著撰人名氏。前集载世祖即位至延祐七年英宗初政。其纲凡十:曰诏令,曰圣政,曰朝纲,曰台纲,曰吏部,曰户部,曰礼部,曰兵部,曰刑部,曰工部。其目凡三百七十有三,每目之中又各分条格。新集体例略仿前集,皆续载英宗至治二年事,不分卷数,似犹未竟之本也。②

此书分前集、新集两部,其中前集六十卷,所收诏令、条画的时间范围是元世祖中统元年(1260)③至仁宗延祐七年(1320),共有诏令、圣政、朝纲、台纲、吏部、户部、礼部、兵部、刑部、工部十类;而新集全称为"新集至治条例",不分卷,所收规范性文件的时间范围为仁宗延祐后期至英宗至治二年(1322),分为国典、朝纲、礼部、户部、礼部、兵部、刑部、工部八类,篇幅约为前集的八分之一,部分内容也与前集有所重复。在新集之后,又附有"都省通例"一条。

此书是法令文书的汇编,"既收录了以皇帝圣旨或中书省劄付之类的形式颁布的格例条章,又收录了亲民衙门不能裁决,因而逐层往上呈报,中央最后裁定,反向逐层下达地方官府的民刑事案件记录。这些格例条章和案件记录,依其属性之不同,大部分都被编入吏、户、礼、兵、刑、工六大纲目之下,其余属于更高层级、非专属某部事务的文书,则置于六部之前的诏令、圣政、朝

---

① 方龄贵:《通制条格校注·前言》,第 9 页。
② 《四库全书总目》,第 713 页。
③ 若就每条文书开端所标之年而言,最早为元宪宗七年(1257)。参见陈高华等点校:《元典章》"前言",第 1 页。

纲、台纲四纲(《前集》)与国典、朝纲二纲(《新集》)之中"。① 篇章结构层次繁复,以前集为例,其中诏令、圣政、朝纲、台纲分别具有三个层次,如"诏令卷一　典章一"为第一层次,其下以"世祖圣德神功文武皇帝"为第二层次、"皇帝登宝位诏"为第三层次;而吏部以下的六部则分别具有四个层次,如"吏部卷之一　典章七"为第一层次,其下以"官制一"为第二层次,"职品"为第三层次,"内外文武职品"为第四层次。洪金富将这些结构层次分别名为纲、门、类、条,并将全书统计为 2699 条。②

《四库全书》存目所录《元典章》,乃元刻本,世所罕见,鲜为人知。明清以来民间所流传者,皆抄本。1908 年,董康将其所得抄本刻于京师法律学堂,并由沈家本作跋,故称"沈刻本"。此本所据抄本几经转写,错谬丛脞,且多有脱漏,直至 1925 年民国清室善后委员会找到元刻本,并经陈垣通校二本,于 1931 年撰成《沈刻〈元典章〉校补》《〈元典章〉校补释例》二书,由此方才确知沈刻本错误之多。然而,元刻本迟至 1976 年由台湾"故宫博物院"影印出版,此前仅由古籍出版社于 1957 年重印沈刻本,并将陈垣《校补》所补阙文等按照原书纲目分别厘入其间,将其所撰校勘记与《释例》附于书后。③ 中国书店又于 1990 年、2011 年先后重印了沈刻本。

自陈垣校勘《元典章》以来,中日学界对此进行部分整理、译注者代不乏人。据洪金富总结,计有岩村忍、田中谦二《校定本元典章·刑部》二册(1964、1972),寺田隆信、熊本崇《校定元典章兵部》(1986—1990),金文京、岩井茂树主持的"元代法制"研究班《〈元典章·礼部〉校定与译注》(2007—2008),祖生利、李崇兴点校《大元圣政国朝典章·刑部》(2004),陈高华主持的"《元典章》读书班"对《元典章·户部》的校释(2004—2012),以及张金铣《元典章校注(诏令、圣政、朝纲、台纲、吏部卷)》(2011)等。④ 2011 年,由陈高华、张帆、刘晓、党宝海点校出版了《元典章》全书整理本,并做成附录四种:

---

① 洪金富:《校定本〈元典章〉序》,第 81 页。
② 洪金富:《校定本〈元典章〉序》,第 81 页。
③ 以上经过参见〔日〕植松正:《元典章·通制条格——附:辽·金·西夏法》,第 415—416 页;张帆:《〈元典章〉整理的回顾与展望》,第 60—62 页。
④ 洪金富:《校定本〈元典章〉序》,第 97—98 页;有关 2008 年以前相关成果的梳理,亦可参见〔日〕植松正:《元典章·通制条格——附:辽·金·西夏法》,第 416—417 页;张帆:《〈元典章〉整理的回顾与展望》,第 66 页。

"文书补遗""原书纲目及目录""书目著录及学者提要序跋""点校征引书目",极便学界利用。台湾地区洪金富十数年来专注于《元典章》的整理,其校定本《元典章》亦于 2016 年出版,他曾枚举其本与陈高华等点校本的异读之处凡 21 例,以及两本在条文呈现方式上的差别。①

四、《元代法律资料辑存》

浙江古籍出版社于 1988 年出版由黄时鉴辑点的《元代法律资料辑存》一书,辑录、点校元代法律资料如下:元史中的法制资料、至元新格辑存、至元杂令、大德典章遗文、大元通制(节文)、成宪纲要所载通制、大元通制条例纲目后序、乞续编通制、至正条格序、经世大典宪典总序、大元检尸记、无冤录所见元代有关法律文书、圣朝颁降新例、刑统赋疏通例编年、词状新式、告状新式、公私必用。以下仅简单介绍两种法律文本:

(一)《至元新格》

《元史》卷一六《世祖纪一三》载:至元二十八年(1291)五月,"何荣祖以公规、治民、御盗、理财等十事缉为一书,名曰《至元新格》,命刻版颁行,使百司遵守"。② 只是这一立法成果亦已佚失。日本学者植松正于 1972 年辑得其佚文 95 条并予以分类;陈恒炤亦对此有专门研究;③黄时鉴参考了上述两种成果,分为公规(12 条)、选格(12 条)、治民(10 条)、理财(4 条)、赋役(10 条)、课程(10 条)、仓库(12 条)、造作(11 条)、防盗(6 条)、察狱(9 条)等十门,共辑校 96 条,其中 93 条见于《元典章》,内有 56 条并见于《通制条格》,另有 3 条仅见于《通制条格》。

(二)《至元杂令》

这一"至元杂令",辑自日本元禄十二年(1699)翻刻的元泰定二年(1325)本《事林广记》壬集。此件法律史料未见于其他文献,甚至与该书其他版本所

---

① 洪金富:《校定本〈元典章〉序》,第 100—110 页。
② 《元史》,第 348 页。
③ 相关回顾,参见〔日〕植松正:《元典章·通制条格——附:辽·金·西夏法》,第 421 页。

存内容亦不相同。黄时鉴辑出诸色回避（3条）、官民仪礼（3条）、品官车制（1条）、吉凶权宜（1条）、官员服色（1条）、吏员书袋（1条）、私家车服（1条）、禁宰孕畜（1条）、寺庙（3条）、权豪违碍（1条）、论诉期务（1条）、典质财物（2条）、卑幼交易（1条）、质债折庸（1条）、典雇身役（1条）、民俗杂禁（4条）、孝悌赏劝（1条）、周岁节假日（1条）、日月蚀六条（1条）、禁断红门（1条）、官民坟地（1条）、品官葬仪（1条）、笞杖则例（1条）、诸杖大小则例（2条）、各路散府诸州司县分决杖罪例（1条）、军官馆谷（1条）等二十六类，共37条。其中两条有明确时间，"诸杖大小则例"定于中统五年（1264）八月，"各路散府诸州司县分决杖罪例"定于至元十二年（1275）二月。

戴建国通过考证认为，所谓"至元杂令"并非是一部官定法典，也非完整录自官方法典中的"杂令"之篇，而是杂抄至元前期各种法令、制度而成，为书商商业运作的产物，其编纂刊行时间大约为至元十二年至十四年之间，在内容上明显烙有金朝印记。①

第五节　明代条例与事例

元朝为蒙古民族所建之大蒙古国分部之一，对于汉地所重之国朝根本大法，并无全面推行之意，是以不修元律，仅以条格与断例等通行地方。又因为元朝法律依统治地域与民族而有区分，大体而言，北人用北法，南人用南律。是以明朝初建，亟需重建"一统"之国法。

有明一代，法制规模奠基于洪武朝。明太祖敕修大明律凡四次，虽标榜"篇目一准于唐"，表面承继唐律，实际上明律受元代法律影响并不少，律目依名例、吏、户、礼、兵、刑、工，反与《元典章》篇目接近。而明律内容，如户律载有蒙古色目人婚姻条，亦非唐代所有。明太祖有意远绍唐代，律文简明，却未将宋以降法律形式的多元具体反映在律典之中，又命"子孙守之，永世不得更改"，明中叶条例兴起，已成必然。再者，明太祖虽企图将律典法统承接至唐，并且有意扭转宋元以来敕令重于律文之情形，然太祖成长于元代社会，旧惯

---

① 戴建国：《元〈至元杂令〉发覆》，《河北学刊》2012年第4期，第61—66页。

未能悉由自身摒除,其随后所立数部法典,受宋元之影响依旧可见。

一、《大明令》

早于明朝成立之前,明太祖朱元璋便已下令左丞相李善长为总裁官协助制定律令,洪武元年(1368)首次颁行《大明律》,同时颁行《大明令》①。明既然仿唐修律,唐修《疏议》,宋编《刑统》,国家大法无根本改变,主要靠敕、令、格、式调整政治与社会变迁实际需要,可知明太祖最初亦知律之不足,遂仿前代修令。

《大明令》全书1卷,共145条,其间吏令20条、户令24条、礼令17条、兵令11条、刑令71条、工令2条。若与唐永徽令1546条相比,条文简约。《大明令》之所以较前代简约,与时势相关,明太祖初即位,律令朝政皆为草创;再者,《大明令》145条,令数有初纂本《大明律》律文一半数量,修缮草促可知。

洪武六年(1372),重新颁行《大明律》,"采用旧律二百八十八条,续律百二十八条,旧令改律三十六条,因事制律三十一条,掇唐律以补遗百二十三条,合六百有六条,分为三十卷"。② 洪武年间《大明律》屡经修改扩充,但《大明令》并未增改;明令之式微,其征即始于国初。目前《大明令》较为通行的版本,除了明刊本(又称黑口本)外,主要来自《皇明制书》。《皇明制书》有数种刊本,主要的版本,分别典藏于中国北京图书馆(今国家图书馆)与日本东洋文库、内阁文库。1967年日本古典研究会将日本国内文库典藏之三种皇明制书影印出版,大体收有《大明律》《大明令》《御制大诰》《诸司职掌》《洪武礼制》《礼仪定式》《教民榜文》《问刑条例》等明代重要典章制度文献,并附有山根幸夫《皇明制书解题》一文。③ 目前较便为中国学界使用的点校版《大明令》,多为刘海年、杨一凡主编之《中国珍稀法律典籍集成乙编》④与怀校锋点校《大明律》所附《大明令》⑤。

---

① (清)张廷玉等:《明史》卷九三,刑法一,第2284页。
② (清)张廷玉等:《明史》卷九三,刑法一。
③ 参见杨一凡:《明大诰研究》,江苏人民出版社,1988,第163页。
④ 刘海年、杨一凡总主编:《中国珍稀法律典籍集成》,科学出版社,1994。
⑤ 怀校锋点校:《大明律》。

二、《御制大诰》

明太祖修订《大明律》期间,亦存在律外立法之举,最著名者莫过于《御制大诰》四编。《御制大诰》名称依序为《御制大诰》《御制大诰续编》《御制大诰三编》和《大诰武臣》,先后颁于洪武十八年至洪武二十年(1385—1387)间。①

《御制大诰》四编共236个条目,其中《初编》74条,《续编》87条,《三编》43条,《武臣》32条。内容主要为钦选的官民犯错案例,并加以御制文字说明,《明史·刑法志》曰:"大诰者,太祖患民玩习,徇私灭公,戾日滋。十八年采辑官民过犯,条为大诰。……次年复为续编、三编,皆颁学宫以课士,里置塾师教之。"明太祖将大诰视作训导天下臣民之典范,为使大诰家传人颂,务求民熟法律而无有过犯,颁谕"朕出是诰,昭示祸福,一切官民诸色人等,户户有此一本。若犯笞杖徒流罪名,每减一等,无者每加一等,所在臣民,熟观为戒"。② 颁行续编时又复谕:"朕出斯令,一曰大诰,一曰续编,斯上下之本,臣民之至宝,发布天下,务必户户有之。敢有不敬而不收者,非吾治化之民,迁居化外,永不令归,的不虚示。"意即若持有大诰者,非死罪之罪刑可得减免,臣民若不收藏,则视作化外之民。

大诰内容多严刑峻法,律外加刑,如内载史灵芝一案。史氏本为山西洪洞县姚小武妻,被军人唐润山至兵部提告,称姚夺其妻。最后发现史氏幼时曾与唐之兄长缔结婚约,因未婚夫早夭婚约遂绝。太祖对山西地方官的处置十分不满,竟将"有司尽行处斩"。③ 将对官吏恶民实行严刑峻法,并且著论昭告天下。诛心而论,明太祖对元朝地方官吏习气不满,有意力挽官吏行政纵弛之风,故"刑用重典,然特取决一时,非以为则"。④ 是以洪武三十年(1397)《大明律》一成,明太祖即谕群臣:

朕有天下,仿古为治,明礼以导民,定律以绳顽,刊着为令,行之已

---

① (清)张廷玉等:《明史》卷九三,刑法一。
② 《初编·军人妄给妻室第六》,参见杨一凡:《明大诰研究》,第207页。
③ 《初编·颁行大诰第七十四》,参见杨一凡:《明大诰研究》,第252页。
④ (清)张廷玉等:《明史》卷九三,刑法一。

久。然而犯者犹众,故于听政之暇作大诰诏示民间,使知趋吉避凶之道。古人谓刑为祥刑,岂非欲民并生于天地间哉? 然法在有司,民不周知,故命刑官取《大诰》条目撮其要略,附载于律。凡榜文禁例悉除之,除谋逆并律诰该载外,其杂犯大小之罪,悉依赎罪之例论断。①

至明宣宗以后,持大诰减免罪刑、绑吏送审之特权已几稀矣。由于大诰作用减弱,现存于世之《大诰》,善本多为明代初期者。目前学界对明代大诰整理与研究较有代表性者为学者杨一凡《明大诰研究》专书,其研究所用版本,即清华大学图书馆典藏洪武年间内府刻本。

三、《皇明条法事类纂》

洪武末年《大明律》成之后,百余年未修律,《大明律》适用渐生问题。在明英宗天顺年间,囿于律文经明太祖令后世不可更易,已成为祖宗成法,即"万世不刊之典",律文内容已渐不敷时代需求,明英宗遂要求朝臣,仿照宋代编纂《条法事类》题例,将历朝皇帝敕谕与历年事例,分门别类纂修。《皇明条法事类》编纂时间,跨越明英宗天顺朝、明宪宗成化朝,讫明孝宗弘治朝。日本东京大学图书馆典藏有明抄本《皇明条法事类纂》64册,后由日本古典研究会于1965年分上、下册影印出版。旧传明世宗嘉靖四十一年(1562)因重修《永乐大典》,由监察御史戴金奉敕继续编修,成《皇明条法事类纂》,共50卷,依大明律目,分五刑、名例、吏、户、礼、兵、刑、工著录。然根据台湾学者黄彰健的考证,实应成书于明孝宗弘治七年(1494)后不久。又根据日本学者仁井田陞研究,此书编者戴金之名,应为后人编造。②

《皇明条法事类纂》虽被人收录于《皇明制书》,其内容与精神与《问刑条例》《大明会典》相较,后两者对于部院规范与立法规定更为精简。但书中开载官员题准事例,可视作中央部院衙门办事规范法源文献,研究明朝一代典制,自不可忽视此书。

---

① 《明太祖实录》卷二五三。
② 黄彰健编著:《明代律例汇编》,台湾"中研院"历史语言研究所,1994。

四、《问刑条例》

明自英宗朝之后,已有条法事类编纂。明宪宗成化年间,已有人将成化朝新定例依照题奏时间,钞编为《皇明成化条例》。① 洎孝宗弘治五年(1492),刑部尚书彭韶等从鸿胪少卿李鐩请,删定刑部之《问刑条例》。可知弘治初年刑部之条例,即成化条例。弘治十三年(1500)刑部官员复言:"洪武末,定《大明律》,后又申明《大诰》,有罪灭等,累朝遵用。其法外遗奸,列圣因时推广之而有例,例以辅律,非以破律也。乃中外巧法吏或借便己私,律浸格不用。"于是刑部将历年《问刑条例》经久可行者279条,另行修纂条例,②此即弘治朝《问刑条例》,单独刊刻成册,并题名为《皇明弘治条例》,与《大明律》并行使用。虽然明孝宗朝并未将律例合并,由今国家图书馆典藏隆庆年间《大明律疏附例》一书,可知其书所附之例即弘治条例。

此后,嘉靖朝与万历朝两朝,对问刑条例亦有修订。嘉靖二十九年(1550)修订一次,最后一次修订,为万历十三年(1585),刑部尚书舒化等辑嘉靖三十四年之后诏令及宗藩军政条例、捕盗条格等与刑名相关者,共382条例,视为律文之附注。是以明万历十三年后刊刻之大明律如《大明律附例》《大明律解附例》《大明律集解附例》所附之例,均为万历年间修订之《问刑条例》。③

五、《大明会典》

明朝法典编纂奠基于明太祖洪武一朝,明孝宗弘治朝亦明代法典编纂变迁重要时期。除续编《皇明条法事类纂》、删定《问刑条例》,编纂《大明会典》亦为要事。

明初内府原编有《诸司职掌》,详列各衙门之职掌。明孝宗弘治十五年(1502)由内阁大学士徐溥领衔编纂之《大明会典》书成,共180卷,但未及颁

---

① 黄彰健编著:《明代律例汇编》上册,第2页。
② (清)张廷玉:《明史》卷九三,刑法一。
③ 黄彰健编著:《明代律例汇编》上册,第42页。

行。明武宗正德四年(1509)时大学士李东阳等重行校订《大明会典》颁行。明世宗嘉靖年间续纂，亦未颁行。至明神宗万历十五年(1587)由大学士申时行领衔编纂之《大明会典》颁行，共228卷。目前通行于世者，即明万历年间刻本。

《会典》并非法典，亦非"行政法典"，客观言之，应为记载一朝重要典章制度与法典之重要"政书"。《大明会典》以部院职官为纲，分述各官职掌及历年事例，为收录明朝国朝典章制度重要政书。然因其于刑部内容，收录《大明律》及《问刑条例》，亦收录大量诏敕。是以《大明会典》亦成为研究中国传统法典与司法制度之重要典籍。

第六节 清代的"例"、则例、省例及其他

一、清人用"例"频率为历代之最

明代《问刑条例》之编订，确立明清律例并行运用于司法审判之习，亦提高"例"于中国传统法典之地位。而自此之后，以"令""格""式""条法事类"等作为律外法典名称之普遍情形，亦不复存在。然有清一代，实为用"例"最极致之时期，这与满人继受汉人法律，并加以重新理解汉人法律之历史背景不无关系。

清入关定鼎于顺治元年(1644)，隔年摄政王多尔衮即下命修律，以大明律为蓝本修订大清律，顺治三年《大清律集解附例》书成，次年颁行。最初顺治四年颁行的汉文本大清律，律文共459条，后删逃人律，为458条，[①]附例430余条。明万历朝《问刑条例》不过382条条例，由此可知清律之例来源，并非皆出于问刑条例。清末薛允升《读例存疑》爬梳清律条例来源，即发现清例亦有部分来源自《大明令》。

清律将明代条例并入律文各门之下，并非是时代创举，却提供了他者的

[①] 王宏治、李建渝：《顺治律补述》，《法律史学研究》第一辑，中国政法大学出版社，2004，第132页。

眼光,将明代"以例辅律",并以例行于世的情形彻底反映出来。清顺治十二年(1655)满文本书名,满文译为"daicing 大清 gurun 国 i 的 fafun 律 i 的 bithe 书 suhe 注 hergen 字 kooli 例 be 把 kamcihabi 并",直译为"大清国律书疏解并例",细译则为"大清律集解附例"。对于外来民族、原非以汉语为母语的满人而言,附例带注解的律书更便于归纳理解。再者,满人在入关前的司法审判,于国初无成文法之前提下,本身极重判例。如乾隆本《满洲实录》记载:

> 立理国政听讼大臣五员,扎尔固齐十员。太祖五日一朝,当天设案焚香,以善言晓谕国人,宣上古成败之语。凡事扎尔固齐先审理,次达五大臣。五大臣鞫问,再达诸王,如此循序问答。令讼者跪于太祖前,先闻听讼者之言,犹恐有冤抑者,更详问之。将是非剖析明白,以直究问。故臣下不敢欺隐,民情皆得上达矣。①

此段文字,在台湾"故宫博物院"出版的《旧满洲档》(即无圈点满文老档)中的原始满文档案记载,与乾隆朝《满洲实录》的记载有出入。首先,旧满洲档原文载当时选出的为八员大臣与审事官四十人,数字与官员名称均有差异。

> sunja 五 inengg 日 dubede 终 emgeli 一次 beise 诸贝勒 ambasa 大臣们 yamunde 于衙门 isabi 集合(hiyan 香 dabubi 烧 abka 天 de 于 hengkileme 叩首)gisun 言 gisurebume 使说 uile 事 be 把 tondoi 正直的 beidebume 审断 an 常 kooli 规 be 把 araha 制定②

中国第一历史档案馆近年根据"有圈点"的《满文老档》的翻译本,将此段翻译为:"每五日集诸贝勒大臣入衙门一次会议,公断是非,著为常例。"③将两

---

① 《满洲实录》,广文书局,1975,第184页。
② 在此先引用广禄、李学智译注:《清太祖朝老满文原档》(一),"中研院"历史语言研究所专刊之五十八,1970年,第50页。括号内文字译者注明为删节文字的还原。
③ 《内阁藏本满文老档(太祖朝)》,辽宁民族出版社,2010,汉文译文,第12页。

处对照,"上古成败之语"与"常规"显有关系。事实上,所谓的"上古成败之语",应当是明代女真诸部的风俗与成规,易言之即为"习惯"。自诩为金人后裔的满洲,对"例"之翻译、理解与运用范围宽泛,并不止于指称法典,亦有指案例、例子、规矩者。如清前期与法律相关之官书政书,多以"某某则例""某例"为名,直省行政规范亦多以"例"为题名,或可能继承明朝习惯,也或可能与满洲旧习有关。在此前提下,读清人官书与文集中所提及之"例",需对上下文意,方能精确理解其"例"所指为何。以大清律而言,所载之"例",自然皆为与律文具备同等效力之条例;但若指条例外之"例",就需斟酌所指对象。

大清律名几经更动,皆与"例"相关。清世宗雍正初年,以顺治三年《大清律集解附例》为蓝本修律,雍正五年(1727)颁布《大清律集解》,律文总数由459条减至436条,律文条数从此不再增修;唯"例"不在此限。《大清律集解》内条例来源为《大清律集解附例》原例(321条)、增例(290条)、钦定例(204条),共815条。清高宗乾隆元年又重修律,乾隆五年(1740)修成,名曰《大清律例》。《大清律例》内府版本满文书名为"hesei 谕 toktobuha 定 dacing 大清 gurun 国 i 的 fafun 律 i 的 bithe 书 kooli 例",①即"钦定大清律例"。汉文律名改变,满文也随之调整,"例"一直系于律后。

乾隆《大清律例》律为30门,436条,题名直接将"集解附例"字样删去,等于承认律例法律地位与效力平等。律内所载之例1042条,亦不分原例、增例、钦定例等名目。律文不修,例可不断增编,乾隆三十三年(1768)时,律下条例为1456条,道光五年(1825)增至1766条,至清末薛允升编《读例存疑》,共载例1907条。现研究清律条例变化,最常用的除了薛允升《读例存疑》外,尚有《大清律例根原》。薛允升(1820—1901),曾任刑部堂官,花半生心血,对照刑部所存清代历朝条例,编成《读例存疑》;目前最佳的点校本为黄静嘉点校版,该本源于沈家本家藏、许世英校对之版本,是为善本②。《大清律例根原》的来源,亦为清代刑部典藏条例。清代乾嘉之后,因不再修律,刑部典藏的历年增修条例,已经成为当世最重要、最具实用性的法典,乾隆之后,刑部

---

① 《北京地区满文图书总目》,辽宁民族出版社,2008年。
② (清)薛允升编,黄静嘉点校:《读例存疑》,成文出版社,1970年。

内用条例被人抄出,被直省臬司奉为珍本。现行《大清律例根原》点校本,使用的底本是同治十年安徽敷文书局刊本。①

二、清代以"例"题名之重要官书政书

清人胡林翼曾云:"大清律易遵,而例难尽悉;刑律易悉,而吏部处分例难尽悉。"②此除言《大清律例》内条例情况复杂外,又言各部院则例众多,掌握极难。而部院则例中,亦不乏与刑律重合者。是以清代之例,概言之皆可称"例",细分之,又可分条例、则例、事例、省例。

1.《现行则例》

清圣祖亲政之初,已有修订条例之议。康熙十八年(1679),清圣祖特谕"刑部定律之外,所有条例,应去应存,着九卿、詹事、科道会同详加酌定,确议具奏。嗣经九卿等遵旨会同更改条例,别自为书,名为《现行则例》",共二百六十余条。③ 康熙朝《现行则例》,满汉文本皆有,满文书名为"刑部新定现行例",可知《现行则例》实为刑部内部所编与大清律相关之条例,独立于大清律之外。由清代宫廷史料可知,修纂《现行则例》后,中央司法审判实际运用者即为《现行则例》。如《康熙起居注》康熙二十一年壬戌十月十五日戊子条云:"议政王、九卿、詹事、科、道为会议强盗分别首从一案,前议遵旨,后议仍照现行例行事。"④此后,康熙二十八年(1689),御史盛符升倡议将《现行则例》附入《大清律》条,但终康熙朝,大清律并未颁定重修本。

2.《大清会典》与《大清会典事例》

清代会典纂修,格式体例虽模仿《大明会典》,亦为一代典章之盛事。向来清会典俗称"五朝会典",意即编修五次。第一版为清圣祖康熙二十九年(1690)编成,共 162 卷,俗称康熙会典。清世宗雍正十年(1732)重修会典书成,250 卷,体例同康熙《大清会典》,俗称雍正会典。

---

① 郭成伟主编:《大清律例根原》,上海辞书出版社,2012。
② 徐珂:《清稗类钞》第 11 册胥役类,中华书局,1986。
③ 《清史稿》刑法一,《清史稿校注》,台北商务印书馆,1998。
④ 中国第一历史档案馆整理:《康熙起居注》,中华书局,1984,第 910 页。

乾隆二十七年（1762），清高宗命傅恒、张廷玉等人撰修《会典》，并且将原先的会典，分为"会典"与"则例"两部分。《会典》为总纲目，精简叙述，《则例》详细条列各衙门组织、职掌、法令及有关历年事例。清仁宗嘉庆十七年（1812），托津、曹振镛等人又奉旨撰修《会典》，亦分两部分。"会典"部分共80卷，另有《大清会典事例》，共920卷。清仁宗对会典最大的改造，在于改会典"则例"为"事例"，一方面将会典与各部院衙门则例区隔，一方面因会典条目下开载内容，因类分目，以年系事，定名事例比则例更为适名。最后一版为清德宗光绪二十五年（1899），昆冈、徐桐等人编修《大清会典》100卷、《大清会典事例》1220卷，为清朝最后一次编纂会典。

则例乃"以类相从之例"，与事例性质不同。雍正朝《大清会典》凡例中注明："事例由上所颁降者，则书曰诏，曰敕，曰谕，曰旨，曰定。由部院各衙门具题者，曰题准；由科道督抚条陈，经部院议复者，曰复准；由议政王贝勒大臣，及九卿詹事科道会议者，则书曰议定曰议准。"①光绪朝《大清会典》凡例载："事例则各门各目，因革损益，皆系按年排比，是以历届会典凡例内，各表明起讫年限。"又学者邓之诚尝言："清以例治天下，一岁汇所治事为四季条例。采条例而为各部署则例。新例行，旧例即废，故则例必五年一小修，十年一大修。采条例以入会典，名为会典则例，或事例。"②可知"事例"内或可包括部分条例与则例之内容，但具有编年纪事性质，以备查考。是以，"事例"可视作清代典章制度发展之编年，却不可以等同于"条例"。

3. 各部院则例

有清一代，对于缮修部院衙门的内部行政规范，可谓殷勤。此类规范，在中央部院则为则例，在地方直省则为省例。清代重要的中央部院衙门，基本皆有修纂则例，则例有以部名为名，亦有依本部院之特定事务为编纂之用，如宗人府有《钦定宗人府则例》《宗室考试授职则例》；吏部有《钦定六部处分则例》《钦定吏部铨选则例》；户部有《钦定户部则例》；礼部有《钦定礼部则例》；兵部有《钦定中枢政考》《钦定兵部处分则例》；工部有《钦定工部则例》；都察院本有《都察院则例》，但后来此书名反而不行于世，而以题名为《钦定台

---

① 《大清会典（雍正朝）》，台北文海出版社，1995，凡例。
② 邓之诚：《中华二千年史》卷五下，中华书局，1988，第531页。

规》者最为常见。刑部地位较为特殊，本为修订律例机关，又适用本部任务者主要为修纂"律例"，刑部反而没有自己部门的历年编纂"则例"，清初刑部因特定法令编纂的则例，如《钦定督捕则例》、刑部《现行则例》，皆为当世法令，并非本部部门规范。此外，八旗军事系统、理藩院等，此类维系皇室运作与内外军事安全的重要衙门，亦编有则例，如《钦定八旗则例》《理藩院则例》。

清去今最近，且国朝勤于修例，会典与各部院则例版本丰富。论版式有殿本、内府本、进呈本、精写本、抄本之分，有的则例尚有稿本存世，如《都察院则例》尚有零星稿本典藏于世；若论文字，又有清字本与汉字本之别。清代编纂则例的高峰，主要为乾隆朝。此后，因部院发展需要，多有续编、续纂之举。清代各部院编纂则例或续纂，皆须奏请皇帝批可，方能开馆修纂。各部院则例并非国史，未能有专任纂修官，基本皆为本部院衙门内部官员分职，有时并无开馆公费，而是"自备资斧"，修书功成后，上司可向吏部议叙折抵费用。各部院则例修纂续修期限，亦因衙门重要地位不同而有分别。以最需"因时制宜"的户部则例而言，有每五年修纂一次之成规，乾隆四十一年至道光九年，户部先后奏请修订则例11次。吏部为铨选管理内外官吏部门，向有"天下第一部"之俗称，亦为频繁修纂则例的重要部门。相较吏部与户部，其他部院未必亟需殷勤修纂则例，以应时变之必要。

则例与清代律例之关系，大体来说，可谓之与律例相表里，只是除了户部则例与理藩院则例，其他部院则例并不能作为地方审谳案件的依据。中央部院则例修纂，主要为了办理公事需要，需奏准皇帝修定方能颁行天下，与掌握内外地方命盗案件之律例相较，适用对象具体且有局限性。是以清部院则例。虽各有与律例重合之处，其内容与历年变化，律例不能俱载。如道光十八年刊本《户部则例》中载：

旗人之女不许嫁与民人为妻，倘有许字民人者，查系未经挑选之女，将主婚人照违制律治罪。系已经挑选及例不入选之女，将主婚之旗人照违令律治罪。其聘娶之民人亦将主婚者一例科断，仍准其完配，将该旗女开除户册。若民人之女嫁与旗人为妻者，该佐领族长详查呈报，一体给予恩赏银两。如有谎报冒领情弊，查出从重治罪。至旗人娶长随家奴之女为妻者,严行禁止。①

将上条则例与《大清律例》中《户律·婚姻》"嫁娶违律"条例相较:"八旗内务府三旗人,如将未经挑选之女许字民人者,将主婚人照违制律,杖一百。若将已挑选及例不入选之女,许字民人者,照违令律,笞五十。其聘娶之民人一体科罪。"对原本开载户婚田土事项极略的《大清律例》而言,《户部则例》对百姓诉讼的直接影响反而更大。

4. 省例

清代各省制定省例,基本为地方总督、巡抚,或是藩、臬等三品以上官员募人纂修刊印。各省省例因各省实际公务与主持修纂者之需要,内容亦有差异,并无通行格式,续纂亦不定时。如同治年间《福建省例》,内容辑有大量公牍原文或摘要;乾隆末年之《晋政辑要》,主要为本省法规编纂。② 现举《福建省例》"各属解省案件发审章程"内容一则为例:

> 一件核议详覆事。案奉总督部堂吴批据福州府具详各属解省命盗案件,发由谳局审讯,供情均多不符,请明定章程檄饬确讯妥办、以重庶狱缘由,奉批:获犯初供,真情自露,平心定案,酌理不苛,洵为详慎从公,何致狱多翻异?纵有讼师播弄。人犯逞刁,而发审委员综核案由,隔别讯犯,细心体会,廉得实情,勿以刑逼威招,勿以非理从事,则上与下两得其平。犯既情输,案不久宕。盖人犯固有畏罪狡翻,而原问官或亦办未妥协,全在发审委员细核全案,求其情法两平。开导谆全,各有断制。惩凶除暴,一秉至公,本于公治狱之条,法欧阳无恨之意,庶几断无曲法,犯无异词,应核正者核正,应平反者平反。势难全责外州县不善办理,居谳局者咎亦难辞。不然,何必设谳局而置委员耶?惟该州县轻视刑案,积习相沿,实所不免。据详章程,诚为整顿谳狱起见,仰福建按察司核议饬遵,并录报抚部院查核。仍候批示。缴。

---

① 道光十八年刊本,《钦定户部续纂则例》,卷一,户口,第 5 页。来源:https://books.google.com.tw/books/about/%E6%AC%BD%E5%AE%9A%E6%88%B6%E9%83%A8%E5%89%87%E4%BE%8B.html? id＝1p0sAAAAYAAJ&redir_esc＝y。
② 《晋政辑要》,芸晖堂重刊本。《中国古代地方法律文献》乙编,第 13—15 册,世界图书馆出版社,2009。

又奉巡抚部院李批：狱贵初情，供凭落膝。原问官草率定案，致谳局种种为难。即遇案发回，实不为过。惟省会既设谳局，不厌详慎。案犯狡翻，理宜衡情折断。情罪未协，尤当核实推求。且闽省覆盆之案正复不少，全在委员虚衷研鞫，秉公平反。并闻外州县藉词缺苦，吝惜解费，匿报居多。历来驳回之案，鲜有审解。迨正署迭更，则愈高搁矣。若动将人犯发回，无论长途跋涉，疏脱堪虞，尤恐州县以后累无穷，讳匿益甚。加以参处，咎固难辞，念此缧囚，情殊可悯，究应如何设法整顿，俾不至案结无期，仰按察司核议，详覆饬遵。仍候督部堂批示。缴各等因。奉此，并据该府具详到司。

遵查发审案件纷集，由于人证难提。人证之难提，实由官非一任，不肯认真从事。兹若发回审明复解，接任之员既惜解费，复惧代人任咎，即以本任而言，彼以案由谳局发回，自系室碍难办，更属畏难苟安，惟有迁延月日，以待交卸，则人案终归悬宕。如近办福清之林弟仔、连江之林淙枝，俱各迁延八九载之久。若非徐前抚宪特札，仍饬提省设法办结，至今尚在延宕，此其明征。是以司中向于各属招解之案未敢轻于发回，而于发审案件鲜有准其发回复审者，实由于此。①

由同治年间《福建省例》内容，多少可见所谓省例的"例"，主要是指地方办案之"事例"或"案例"，且地域特色鲜明，有的仅适用于本省，与中央各部院则例的性质并不相同。再又以文本为例，地方省例基本皆为汉文本，中央部院则例多数皆有满、汉文本。清代各省案牍繁多，除了编纂省例外，又有本省成案汇编。如湖南有《湖南省例》，又有《湖南省例成案》。此类省例，多为"办案"所用。唯清代地方省例，不似中央部院衙门需要奏报皇帝才能动工纂修，并且可以议叙；地方省例书籍刊刻费用，需由地方公项支出或募款，因此地方有财者方可举事。是以各省省例，除了官方支持的刊印版本之外，亦多见募款编修与私修刊印。

清代私刻之法律文献种类繁杂，与官修政书相比，于地方的实用性更强。

---

① 《福建省例》，台湾省文献委员会，1997，第 1014—1016 页。

以审判专用之书为例，如祝庆祺编修之《刑案汇览》，①全士潮编之《驳案新编》，②内容收录清代成案与刑部说帖，颇有助于时人理解清代中央司法机关审判之思想，以及地方司法机关的审判难题。其间最要者，即如何依案情摘引律例，用例或用律，用新例或旧例，用例或用成案，其中细微思量转折变化，除了体现定罪量刑任务艰巨，更体现了清代"例"的重要性。

清律内曾言："律为一定不易之成法，例为因时制宜之良规。"概言之，清初以降，律中新增条例必因时势所趋修订，部院则例亦因变迁与办公需要必须修纂增订，地方直省直接面对管辖部民，办公事宜繁多，又需与中央部院则例成规互为对照，亦有省例之修纂。若言清朝以例治天下，诚乃实言。

---

① （清）祝庆祺等编：《刑案汇览三编》，北京古籍出版社，2004。
② （清）全士潮辑：《驳案新编》，上海古籍出版社，1995。

第五章　正史《刑法志》

正史为历代史家推寻陈迹，采撷国史、遗典而撰就，不论官修、私撰，"自是世有著述，皆拟班、马，以为正史，作者尤广，一代之史，至数十家"，①纪传体的史书被厘定为"正史"，直至乾隆皇帝钦定"廿四史"，其范围大致确定，后或增加《新元史》，或补入《清史稿》。

正史之中，将《刑法志》列为一目者，凡十四部，即《汉书》、《晋书》、《魏书》（称"刑罚志"，以下行文皆统称为《刑法志》）、《隋书》、《旧唐书》、《新唐书》、《旧五代史》、《宋史》、《辽史》、《金史》（称"刑志"）、《元史》、《新元史》、《明史》和《清史稿》。据"隔代修史"之例，这些《刑法志》为后世史家追述前代立法概况、过录其诏令奏章、阐发其刑名法意、条理其制度源流、简述其重案名判的文字载体，并借此臧否功过、评断是非，可目为传统法制史学之牙城，亦是现代法史学人一窥历代法制面貌的门径所在。

日本学者七野敏光曾详述汉唐间正史《刑法志》的史料价值、研究现状等，②颇具参考价值，但以今天的眼光来看，该文也有可以增补之处：第一，七野敏光仅取汉唐间六种《刑法志》（《汉书》《晋书》《魏书》《隋书》《旧唐书》《新唐书》）为分析对象，两宋以降的文本则付之阙如；第二，可资旁证的新文献迭见，新研究范式涌出，即便是述之甚备的汉唐间正史《刑法志》，亦有令人瞩目的研究业绩出现。故此，本章拟从三个方面引介20世纪以降中外学人对于正史《刑法志》的研究取径，在兼顾论述体系性的同时，详人所略、略人所详。然而，十四部《刑法志》之笔触贯通帝制中国时代，相关研究极称宏富，个人可寓目者，只不过是冰山一角。故而本章的引介，仅限于有关《刑法志》"文本"

---

① 《隋书》卷三三《经籍志二·史志》，中华书局，1973，第956页。
② 〔日〕七野敏光：《九朝律考及汉唐间正史刑法志》，〔日〕滋贺秀三编：《中国法制史——基本资料研究》，第153—172页。

本身的研究而已。即使如此，亦因限于学力而无法面面俱到，自然有挂一漏万之虞。

第一节　点校整理

一、点校本

《刑法志》既为正史之篇章，点校成果亦依正史是从。目前所通行的正史文本，为中华书局于1959年至1978年间逐次出版的点校本。虽然新的整理本即将陆续付梓，①但这套点校本在未来较长一段时间内仍会是案头最为常用之书。而各志的版本现状，亦可从各史的点校前言中一窥豹斑，笔者不拟赘述。

鉴于正史卷帙浩繁，各篇《刑法志》散落其间，不易集中捧读，丘汉平早在1938年便从正史之内抽出该志，汇为一编，名为《历代刑法志》，由商务印书馆刊行。除前述十四篇《刑法志》外，丘汉平还从《后汉书》《三国志·魏书》中辑出相关史料，编为"后汉书刑法资料选""三国志魏书刑法资料选"，作为《晋书·刑法志》的附录，并收入清代汪士铎所撰《南北朝刑法志》，附于《隋书·刑法志》之下。是书于1962年由群众出版社重印，1988年该社又据前述中华书局点校本重新排印出版。

二、点校本后的校勘与考证

继中华版点校本后，对正史《刑法志》的校勘仍在继续。以唐志为例，詹宗祐已汇集历年成果，所涉包括句读有误，漏字省文，以及职官、时间、人名等错讹之类（所谓错、漏、舛、衍等），颇能收按图索骥之效。② 在正史之中，只有

---

① 《史记》点校本的修订版精装本已于2013年9月率先问世，再作部分改订后，又于2014年7月出版平装本。此后，《旧五代史》与《新五代史》《辽史》《魏书》《南齐书》《宋书》点校本的修订版精装本分别于2015年8月、2016年4月、2017年1月、2017年8月、2018年5月出版。
② 参见詹宗祐：《点校本两唐书校勘汇释》，中华书局，2012，第283—288、642—645页。

《旧五代史》为清人辑本,陈尚君综罗文献,再辑逸文,并重为编次,详加考校、辨异,这一工作自然涵盖《刑法志》。① 至于宋志,虽然早在20世纪40年代,邓广铭便撰有《宋史刑法志考正》一文,指出宋志有如下疵病:一为年代与时次错误,二为地名与人名错误,三为记事自相矛盾,四为叙事无法有始有终,五为记载分类不清,六为详于北宋而略于南宋,七为删改旧史文字而失其原意甚至悖反其意,八为抄袭旧史而未加考辨,以致以讹传讹。故而他广罗文献,详为考订,堪称经典;②中华点校本又参详邓文,拾遗补阙,但此后考异、辨误之文间有刊出,③可见校书之难。

以《旧五代史·刑法志》为例,原点校本录作"敕中书舍人李仁俭诣阁门奉进",④"阁门"实为"閤门"之误;原点校本读作"御史台奏:'当司刑部、大理寺本朝法书……'",⑤然"当司"为御史台自称,故而断句应为"当司、刑部、大理寺本朝法书";原点校本录清泰元年五月丁丑之诏末句为"据轻重疾速断遣,无淹滞",⑥然《册府元龟》所录之文为"无令淹滞",⑦可据补;原点校本录广顺三年四月乙亥之诏"宜令官吏疾速推鞫,据轻断遣,不得淹滞",⑧据行文可知,此诏之意乃在于尽速疏决罪囚,而非恩赦,故而"据轻断遣"意难通顺,参照与之相类的前引清泰之诏,应补为"据轻重断遣";原点校本录显德元年十一月周世宗之语"天下所奏狱讼,多追引证",⑨《宋本册府元龟》录作"多追

---

① 陈尚君辑纂:《旧五代史新辑会证》卷一四七《刑法志》,复旦大学出版社,2005,第4507—4527页。
② 邓广铭:《宋史刑法志考正》,《"中研院"历史语言研究所集刊》第20本下,1948,第123—173页;现已收入氏著《邓广铭全集》第11卷,河北教育出版社,2005。本章仍以前者为参考。
③ 顾吉辰、张道贵:《〈宋史·刑法志〉考异》,中国历史文献研究会编:《中国历史文献研究集刊》第三集,岳麓书社,1983;后收入顾吉辰:《〈宋史〉比事质疑》,书目文献出版社,1987,第613—633页。戴建国:《中华版〈宋史·刑法志〉辨误》,《古籍整理研究学刊》1990年第6期,第1—4页。
④ (宋)薛居正等:《旧五代史》卷一四七《刑法志》,中华书局,1976,第1961页。
⑤ 《旧五代史》,第1962页。
⑥ 《旧五代史》,第1968页。
⑦ (宋)王钦若等编:《宋本册府元龟》卷一五一《帝王部·慎罚》,中华书局,1989,第274页。明本亦同,(宋)王钦若等编:《册府元龟》卷一五一《帝王部·慎罚》,中华书局,1960,第1830页。
⑧ 《旧五代史》,第1973页。
⑨ 《旧五代史》,第1973页。

引友证"，①明本《册府元龟》录作"多追引文证"，②可见《刑法志》有所阙文，而征诸唐宋史籍（包括《旧五代史》本身），多见"支证"词例，且与"友""文"形近，故疑此处为"多追引支证"。③

上述校勘成果的学术路径，基本不脱陈垣所总结的"校勘四法"。④ 如上述比对《册府元龟》之宋本、明本之法，为对校法；以正史各卷互校，如以纪、传所载史实校正《刑法志》，甚至以《刑法志》之前后文进行互校，乃本校法；以其他文献与正史对读，如比对两《唐书》的记载，用《唐会要》《册府元龟》《唐六典》《通典》校补唐志等，又如以《续资治通鉴长编》《宋会要辑稿》《玉海》等书订正宋志之误，乃他校法，这种他校即已涉及下文将论及的史源追溯之法；至于结合理校、他校与对校之法的示范性研究，可以中、日学界围绕《汉书·刑法志》刑期部分的讨论为例：汉文帝的刑制改革废止肉刑、确定劳役刑的刑期，《汉书·刑法志》对此记载为：

> 罪人狱已决，完为城旦舂，满三岁为鬼薪白粲。鬼薪白粲一岁，为隶臣妾。隶臣妾一岁，免为庶人。（师古曰："男子为隶臣，女子为隶妾。鬼薪白粲满三岁为隶臣，隶臣一岁免为庶人。隶妾亦然也。"）隶臣妾满二岁，为司寇。司寇一岁，及作如司寇二岁，皆免为庶人。（如淳曰："罪降为司寇，故一岁，正司寇，故二岁也。"）其亡逃及有罪耐以上，不用此令。（师古曰："于本罪中又重犯者也。"）

据此记载，文帝刑制改革之后的劳役刑刑期划分如下：

> 完为城旦舂：本刑 3 年 + 鬼薪白粲 1 年 + 隶臣妾 1 年 = 5 年；

---

① 《宋本册府元龟》卷一五一《帝王部·慎罚》，第 277 页。
② 《册府元龟》卷一五一《帝王部·慎罚》，第 1834 页。
③ 以上数例已为点校本的修订版所吸收，参见薛居正等：《点校本二十四史修订本·旧五代史》卷一四七《刑法志》，中华书局，2015，第 2285—2298 页。
④ 陈垣对此四法的定义是：所谓对校法，"即以同书之祖本或别本对读，遇不同之处，则注于其旁"；所谓本校法，"以本书前后互证，而抉摘其异同，则知其中之谬误"；所谓他校法，"以他书校本书"；至于理校法，"遇无本可据，或数本互异，而无所适从之时，则须用此法"。参见陈垣：《校勘学释例》，中华书局，1959，第 144—150 页。

隶臣妾：本刑 2 年 + 司寇 1 年 = 3 年；
作如司寇：本刑 2 年。

这一叙述引起滋贺秀三的疑问：为何没有以鬼薪白粲为本刑的刑期标准？他怀疑汉志此处有脱文，故而在"鬼薪白粲一岁"之后追补"免为庶人。鬼薪白粲满二岁"一句，在"及作如司寇二岁"之"及"字后追补"司寇"二字。① 如此，刑期标准便与卫宏《汉旧仪》所述大致吻合：

完为城旦舂：本刑 3 年 + 鬼薪白粲 1 年 = 4 年；
鬼薪白粲：本刑 2 年 + 隶臣妾 1 年 = 3 年；
隶臣妾：本刑 2 年 + 司寇 1 年 = 3 年；
作如司寇：本刑 2 年。

然而，张建国认为，汉志并不存在脱文问题，只是在版本流传过程中，误将正文厘入颜师古的注中，即上引"师古曰"中"鬼薪白粲满三岁为隶臣，隶臣一岁免为庶人"一句，应为正文。② 据此，刑期标准又为一变：

完为城旦舂：本刑 3 年 + 鬼薪白粲 1 年 + 隶臣妾 1 年 = 5 年；
鬼薪白粲：本刑 3 年 + 隶臣妾 1 年 = 4 年；
隶臣妾：本刑 2 年 + 司寇 1 年 = 3 年；
作如司寇：本刑 2 年。

上述对汉志的校勘均为"理校法"。此后，籾山明以"他校法"，援入《通典》与《唐六典》的追述为旁证史料，补证张建国之说；③ 而石冈浩则运用"对校法"，

---

① 〔日〕滋贺秀三：《围绕西汉文帝的刑制改革——汉书刑法志脱文之疑》，《东方学》第 79 辑，1990 年，第 1—8 页；后收入氏著《中国法制史论集：法典与刑罚》，创文社，2003，第 557—566 页。
② 张建国著，〔日〕冨谷至译：《西汉文帝刑法改法及其展开的再讨论》，《古代文化》第 48 卷 10 号，1996 年；后收入氏著《帝制时代的中国法》，法律出版社，1999，第 191—206 页。
③ 〔日〕籾山明：《〈汉书〉刑法志的错误与唐代文献》，《法史学研究会会报》第 9 号，2004，第 89—92 页。

比勘日本宫内厅书陵部所藏南宋后期刊本《汉书·五行志》（福唐郡庠刊本之一）与北宋至南宋初刊行、中国国家图书馆藏本（复刻景祐本，为百衲本所影印），发现前者虽继承了后者的版式，但却补入了后者所无的一段文字，使得整个版面极为紧凑，而在与上引刑制改革相关的《刑法志》部分，虽然两者在文字上完全一致，但前者文字布局亦呈挤压状，且二者在本页的字数皆超过前后页，由此着力于复原景祐本的这一页，并展现史书在被反复书写、版刻过程中因校订者失误而发生文字增减的可能性，即以对校之法为基础，进行"理校"，①再次补强了张建国有关《刑法志》正文窜入注文的推论。

当然，对于上述诸学者前后相继所得出的结论，学界并非全无疑议。如陶安认为，在秦代，鬼薪白粲只不过是对有爵者适用的替换刑，汉初沿袭秦制，有关刑制改革的诏书自然无需涉及这一派生性的刑罚，因而不必怀疑汉制存在脱文；至于《通典》《唐六典》的叙述，只是唐人基于其对汉制的理解与想象而产生，不必据以为铁证。②

由此可见，对于《刑法志》的校勘与考证，细微者仅涉及字词衍讹或断句错谬，如前述对于《旧五代史》点校的补正意见；引申者则涉及制度内容、版本复原等，如前述汉文帝刑制改革的讨论。若能在"不疑"处存疑，不但正史《刑法志》的校勘作业能不断完善，而且由校勘所产生的问题意识亦能进一步引导行文运思，与此相关的制度研究亦可屡获新见。

第二节　多语种译注

点校作业建立在对原始文本充分理解的基础之上，若以现代语言（不论中文、外文）将史料原意恰如其分地表述出来，则更加考验学人的治史功力，也有助于初学者一窥堂奥。鉴于正史《刑法志》的重要价值，近一个世纪以来，中外学人致力于注解、翻译其文本者众。

---

① 〔日〕石冈浩：《北宋景祐刊〈汉书〉刑法志第十四叶的复原——围绕西汉文帝刑法改革诏的文字增减》，《东方学》第111辑，2006；中译本载徐世虹主编：《中国古代法律文献研究》第4辑，法律出版社，2010，第80—98页。
② 〔德〕陶安あんど：《秦汉刑罚体系研究》，创文社，2009，第289—313页。

一、外文译注

目前所知,最早的《刑法志》译注于 20 世纪 30 年代完成,即德国学者福格尔(Werner Vogel)的《汉书·刑法志》译本,①以及师从伯希和的俄罗斯人 Paul Ratchnevski 对《元史·刑法志》的翻译。② 其次则是德国学者宾格尔(Karl Bünger)在其 1946 年由北平天主教辅仁大学初版③的 *Quellen zur Rechtsgeschichte der T'ang-Zeit*(或译为《唐法史源》《唐代法律史料》《唐代法律史资料》《唐代法史资料渊源》等)一书中,对两《唐书》的《刑法志》进行的翻译;④再次则推法国学者白乐日(Étienne Balazs)和荷兰学者何四维(A. F. P. Hulsewé)分别于 1954 年、1955 年完成的《隋书·刑法志》⑤和《汉书·刑法志》⑥的译注。⑦

虽然《刑法志》的译注由欧洲学者先着其鞭,但将之发扬光大并持续作业者,还属日本学者。1956 年,内田智雄、平中苓次、森三树三郎、守屋美都雄、西田太一郎、日原利国等组成研究会,开始了《汉书·刑法志》的译注,于 1964 年将历年刊行的《汉书》《晋书》《魏书》三志之译注单行本、⑧未定稿予以修订、集结,汇为一编《译注中国历代刑法志》(以下简称"《译注》");⑨1963—1969

---

① Werner Vogel, Die historischen Grundlagen des chinesischen Strafrechts. Mit einer Übersetzung der "Geschichte des Strafrechts" (hing-fa-tschi) aus den, Büchern der frühen Han-Dynastie, *Zeritschrift für Vergleichende Rechtswissenschaft*, 40(1923), pp.37-134.
② Paul Ratchnevski, *Un Code des Yuan* (thèse principale pour le doctorat ès lettres présentée à la Faculté des lettres de l'Université de Paris), Paris: E. Leroux, 1937. 参见王志强:《法国的中国法律史研究》,徐世虹主编:《中国古代法律文献研究》第 8 辑,社会科学文献出版社,2014,第 499—510 页。
③ 1996 年由华裔学志研究院(Institut Monumenta Serica)重编再版。
④ 最近该书卷一、全书目录、首版序言已被译成中文,参见〔德〕卡尔·宾格尔著,金晶译:《唐法史源》,徐世虹主编:《中国古代法律文献研究》第 8 辑,社会科学文献出版社,2014,第 450—498 页。
⑤ Étienne Balazs, *Le Traité Juridique du Souei-chou*, Leiden: E. J. Brill, 1954.
⑥ A.F.P. Hulsewé, *Remnants of Han Law Volume I: Introductory Studies and an Annotated Translation of Chapters 22 and 23 of the History of the Former Han Dynasty*, Leiden: E. J. Brill, 1955.
⑦ 有关上述三书,滋贺秀三、守屋美都雄论之甚详,参见二氏所著《战后西方中国法制史研究之一斑——以刑法志为中心》,《法制史研究》第 13 号,1963,第 222—240 页。
⑧ 〔日〕内田智雄译注:《汉书刑法志》,哈佛燕京同志社东方文化讲座委员会,1958。
⑨ 〔日〕内田智雄编:《译注 中国历代刑法志》,创文社,1964。

年间,上述诸位学者又勠力同心,①陆续刊行《隋书》《旧唐书》《新唐书》三志之译注未定稿,并于 1970 年修订、集结成书《译注续中国历代刑法志》(以下简称"《译注续》")。② 二书的体例一致,皆由序、解题、译注、索引和英文简介组成,其中译注又分点断的史料正文、日语译文、校勘与注释。2005 年,二书由创文社重印,并分别增加了冨谷至的《解说》③和梅原郁的《隋唐书〈刑法志〉研究中的若干问题》一文。④ 前者介绍了 5 种与《汉书》《晋书》《魏书》三志相关、且在《译注》问世之后出土的法律文献,枚举了这些文献为重新理解三篇《刑法志》所带来的史料信息,并附加了 46 个补注(或为原书所无,或对原注进行增订、改写);后者则批评《译注续》对于目标读者定位不明、对新旧《唐书》二志之区别未予着墨,检讨了其部分法制用语的翻译、职官与人名的注释以及文字校订,并增补了 5 个表格,分别勾勒了隋唐时代的法典编纂过程,编制了三志所见人名的传记索引以及《旧唐书·刑法志》所见官制一览表。

与内田智雄等的译注工作几乎同步进行的,还有东京教育大学中国刑法志研究会围绕《元史·刑法志》展开的研究,其成果为小竹文夫、冈本敬二编著的《元史刑法志的研究译注》。⑤ 该书分为三部分:由六篇论文组成的研究篇,由日语译文和注释组成的译注篇,以及元代研究文献目录(1879—1961)。

日本学界对于《刑法志》的译注至 20 世纪 70 年代告一段落,此后二十年间,仅有《宋史刑法志索引》、⑥《明史刑法志索引》⑦先后出版。与此景况截然相反,德国学界却在这个时候迎来了译注的高潮。从 1968 年出版明策尔

---

① 其中,守屋美都雄于 1966 年 7 月 10 日逝世。
② 〔日〕内田智雄编:《译注 中国历代刑法志》,创文社,1970。
③ 〔日〕内田智雄编,〔日〕冨谷至补:《译注 中国历代刑法志》(补),创文社,2005,第 253—286 页。该文中译本由薛夷风译,周东平校:《论出土法律资料对〈汉书〉、〈晋书〉、〈魏书〉《刑法志》研究的几点启示——〈译注中国历代刑法志·解说〉》,韩延龙主编:《法律史论集》第 6 卷,法律出版社,2006,第 336—367 页。
④ 〔日〕内田智雄编,〔日〕梅原郁补:《译注 中国历代刑法志》(补),创文社,2005,第 303—337 页。该文中译本由周东平翻译:《隋唐书〈刑法志〉研究中的若干问题——〈译注续中国历代刑法志〉补记》,《中西法律传统》第 5 卷,中国政法大学,2006,第 222—242 页。
⑤ 〔日〕小竹文夫、〔日〕冈本敬二编著:《元史刑法志研究译注》,教育书籍,1962。
⑥ 〔日〕佐伯富编:《宋史刑法志索引》,学生书局,1977。
⑦ 〔日〕野口铁郎:《明史刑法志索引稿》,《历史人类》(筑波大学)第 5—7 号,1978—1979;《明史刑法志索引》,国书刊行会,1981。

(Frank Münzel)对《明史·刑法志》的译注开始，①傅海波(Herbert Franke)、赛德尔(Peter Seidel)、何意志(Robert Heuser)分别于1983、1987年发表了对《辽史》《宋史》《晋书》三部正史《刑法志》的译注。②

直至20世纪90年代，以梅原郁为首的京都大学"中国近世法制与社会"研究班才重启日本学界对于《刑法志》的译注，《宋史刑法志译注稿》(1992—1993)、《旧五代史·辽史·金史刑法志译注稿》(1994)、《元史刑法志译注稿》(1995—1997)、《明史刑法志译注稿》(1997—1999)先后在《东方学报》《就实女子大学史学论集》上刊出，并最终汇编成《译注中国近世刑法志》上、下两册。③ 该书由序、绪言、译注和索引构成，其中由梅原郁执笔的绪言一改内田智雄解题的简约风格，④可分为以下五个方面：第一，说明六部《刑法志》的内容；第二，列出各朝皇位世系表和年号表；第三，详述各代官制；第四，简介可供参考的研究文献；第五，附加王朝地图。

此外，前述编制了《明史刑法志索引》的野口铁郎，亦以一人之力完成了《明史刑法志》译注。⑤ 他在译序中指出梅原郁《明史刑法志译注稿》在日译上存在未惬人意之处。梅原郁在集结《译注中国近世刑法志》时，亦在绪言中予以回应，枚举了野口译注本的两大特点：第一，对原文的断句短小，并为其分段落、加序号；第二，若日译采用史料原文的字词，则侧标注音假名，表示与日语汉字的本意不同。而且，为使现代日译语意更加明确，以〔 〕符号予以补字。至于注释部分，梅原郁认为二者并无太大差别。⑥

---

① Frank Münzel, *Stafrecht im alten China nach den Strafrechtskapiteln in den Ming-Annalen*, Wiesbaden, 1968.
② Herbert Franke, "The Treatise on Punishments in the Liao History", *Central Asiatic Jounal. International Periodical for the languages, Literature, History and Archaeology of Central Asia*, 27(1983), pp. 9‐38; Peter Seidel, *Studien zur Rechtsgeschichte der Sung-Zeit. Übersetzung und Kommentierung des ersten Strafrechtskapitels aus den Sung-Annalen*, Frankfurt, 1983; Robert Heuser, *Das Rechtskaptel im Jin-shu. Ein Bertrag zur Kenntnis des Rechts im frühen chinesischen Kaiserreich*. München, 1987.
③ 〔日〕梅原郁编：《译注 中国近世刑法志》(上、下)，创文社，2002、2003。
④ 事实上，后来梅原郁对《译注续》的批评也涉及内田智雄所撰的"解题"："本译注卷首登载了三部正史的题解，但它们有如照抄事典一样，对于想稍微深入了解相关的三个《刑法志》的性质者并没有什么帮助。"参见〔日〕梅原郁著，周东平译：《隋唐书〈刑法志〉研究中的若干问题——〈译注续中国历代刑法志〉补记》，第239页。
⑤ 〔日〕野口铁郎编译：《译注 明史刑法志》，风响社，2001。
⑥ 〔日〕梅原郁：《序言——代解题》，氏编《译注 中国近世刑法志》(下)，第7—8页。

继日本学界经半个世纪之努力,基本完成正史《刑法志》的日文译注之后,韩国学界从2000年开始,先后出版《汉书》、①《魏书》、②《晋书》、③《隋书》、④《宋史》、⑤《元史》、⑥《明史》⑦等七种《刑法志》的韩文译注,又为《刑法志》的研究添加了另一语种的译注。

二、中 文 译 注

目力所及,现代学术规范建立以来,对正史《刑法志》进行中文注解者,当推《清史稿刑法志注解》一书。⑧ 此后学术事业为此起彼伏的政治运动所中断,直至20世纪70年代末才陆续复兴。就单行本而言,《汉书》、⑨《晋书》、⑩《隋书》、《旧唐书》、⑪《新唐书》、⑫《宋史》、⑬《明史》⑭等正史《刑法志》皆有注释问世。不过,这些作品仅对各志予以简单解说,注释也相对疏略。90年代以后,台湾学者谢瑞智也有单篇《刑法志》的译注出版。⑮

---

① 〔韩〕林炳德:《〈汉书〉"刑法志"译注》,韩国中国史学会:《中国史研究》第10辑,2000,第227—262页。
② 〔韩〕全永燮:《〈魏书〉"刑法志"译注》,韩国中国史学会:《中国史研究》第11辑,2000,第235—286页。
③ 〔韩〕林炳德:《〈晋书〉"刑法志"译注》(Ⅰ—Ⅲ),韩国中国史学会:《中国史研究》第21、28、29辑,2002、2004,第357—340、291—330、321—346页。
④ 〔韩〕全永燮:《〈隋书〉"刑法志"译注》,韩国中国史学会:《中国史研究》第30辑,2004,第363—408页;《〈隋书〉"刑法志"》(Ⅱ),《历史与世界》第28、29辑,2005,第465—507页。
⑤ 〔韩〕朴永哲:《宋史刑法志》,韩国中国史学会:《中国史研究》第19辑,2002,第349—388页;〔韩〕李锡铉:《〈宋史刑法志〉译注》(Ⅱ),韩国中国史学会:《中国史研究》第49辑,2007,第289—326页。
⑥ 〔韩〕朴永哲:《译注〈元史刑法志〉》(一),韩国中国史学会:《中国史研究》第36辑,2005,第341—382页。
⑦ 〔韩〕全英珍:《〈明史〉"刑法志"译注》(Ⅰ—Ⅲ),韩国中国史学会:《中国史研究》第23、29、38辑,2003、2004、2005,第321—356、347—398、359—392页。
⑧ 国务院法制局法制史研究室注:《清史稿刑法志注解》,法律出版社,1957。
⑨ 赵增祥、徐世虹注,高潮审定:《〈汉书·刑法志〉注释》,法律出版社,1983;辛子牛编:《汉书刑法志注释》,群众出版社,1984。
⑩ 陆心国:《晋书刑法志注释》,群众出版社,1986;张警:《〈晋书·刑法志〉注释》,成都科技大学出版社,1994。
⑪ 马建石、杨育棠注,高潮审定:《〈旧唐书·刑法志〉注释》,法律出版社,1984。
⑫ 高其迈:《隋唐刑法志注释》,法律出版社,1987。
⑬ 上海社会科学院政治法律研究所编:《宋史刑法志注释(正、续)》,群众出版社,1979、1982。
⑭ 高其迈:《明史刑法志注释》,法律出版社,1987。
⑮ 谢瑞智译:《汉书刑法志》,该氏发行,1993;《晋书刑法志》,该氏发行,1995;谢瑞智、谢俐莹:《中国历代刑法志(汉书、晋书、魏书)》,谢瑞智发行,2002。

真正详备的、系统性的中文译注,至今为止,仍只有出版于1994年的高潮、马建石主编的《中国历代刑法志注译》一种。① 是书成诸众手,基本力量来自中国政法大学法律古籍整理研究所,部分成员曾担纲前述单篇《刑法志》的注释,此外还吸收了校内其他机构的法史研究者,如由专长宋代法制史的薛梅卿负责《宋史·刑法志》。译注工作自1985年起,至1987年止,为期三载,内容涵盖正史十四部《刑法志》,每篇皆由说明、原文、注释、今译四个部分组成。是书虽以"译注"为名、以中华书局点校本为底本(《新元史》除外),但仍作了部分校勘、重新点断工作,或径改正文,或在注释中予以标示、说明。只不过,当时中国学术界对于海外同行的研究了解有限,是书未能参考上述各国学者的译注,诚为憾事。吸收百年来中外学界的相关成果,重新开启历代《刑法志》的译注工作,或许是今后中国法制史学者应该努力的方向之一。②

综上所述,正史《刑法志》的译注以海外汉学家的成果最称宏富,其中大部分译注成果包含着前述的校勘工作,尤其是在中华书局点校本出版以前,译注本身便是校勘。

第三节　文本型构分析

"文本型构分析"的路径偏重于强调正史《刑法志》的叙事文本(史书)性质,亦即探究这一文本的型构过程及背后蕴含的撰写者的主观意图等。目前这一研究路径大致可细分为三:

一、概论性研究

概论性研究将《刑法志》定位为一种叙事文本群,着眼于其如何成为史书之篇章、以何为原型、因何被创设、以何为内容、叙事模式为何等问题。

---

① 高潮、马建石:《中国历代刑法志注译》,吉林人民出版社,1994年。
② 发轫于2012年10月的厦门大学《晋书·刑法志》轮读会,借鉴中外学界的既有研究,重新译注晋志。其阶段性成果可参见周东平:《〈晋书·刑法志〉校注举隅》,载徐世虹主编:《中国古代法律文献研究》第9辑,社会科学文献出版社,2015,第200—234页。该志完整译注也已完成,参见周东平主编:《〈晋书·刑法志〉译注》,人民出版社,2017。

陈俊强曾以汉唐间《刑法志》为分析对象，得出以下论断：就《刑法志》之流变而言，作为创始文本的汉志应出于班固之手，鉴于其"兵刑合一"的理念，该志与《史记·律书》之间应有渊源关系，只是汉志以降，《刑法志》尚未成为史书必备篇章，仅有如魏收这种立志师法班固的作者，才会在《魏书》中单辟一目，至晋志、隋志以后，《刑法志》才在历代史书中确立稳固的地位；自其叙述内容的比重而言，汉志是"刑主法从"，魏志则"详刑略法"，至晋志、隋志则"刑、法并重"；至于撰写者的主观意图，汉志表达了班固在"述古"之外强烈的"论今"倾向，晋志、隋志的作者则有标榜唐制源远流长且集其大成的目的。① 对于《刑法志》叙述内容的比重结构，李典蓉又追补了宋志至清志的发展情况。②

陈晓枫则总结出历代《刑法志》对法律史进行叙述的五大特征："（1）史实是叙述式的，经常是事件和史例的罗列，将间隔的事件在理念中视为有因果关系的连续，因果关系是单线性的联系；（2）强调历史事件、人物和国家在德、刑之道上的统一性，德、刑之道作为一般模式存在于国家、人物和事件之外，合于道则存，失却道则亡，德刑、宽猛、张弛之间的运动，贯穿整个法律历史；（3）评议是非，臧否人物，主要根据伦理道德的取向，其中又较为集中地体现了儒家仁学、民本思想和德主刑辅的原理；（4）编述者视野的基准点，是为明君佐治，编述的直接目的是资治与史鉴，于君、于事、于民又分别有抑、平、俯视之分。于史鉴无益，于资治无用者，则不视为应志之史；（5）因为儒家关于德刑关系的学说缺乏公理规则和体系，因此在解释史料和作出判断的时候，逻辑形式上主要采取简单枚举归纳法，表现为编写者的主观推理和直觉。"③

二、史源追溯

《刑法志》的撰写，并非凭空捏造，所谓史源追溯，是指研究者对《刑法志》撰写者所依据的原始史料或参考蓝本进行追考剖析。这是评估《刑法志》史

---

① 陈俊强：《汉唐正史〈刑法志〉的形成与变迁》，《台湾师大历史学报》第43期，2010，第1—48页。
② 李典蓉：《〈清史稿刑法志〉史源问题探析》，《清史研究》2012年第4期，第91页。
③ 陈晓枫：《〈历代刑法志〉：话语·语境与前见作用》，倪正茂主编：《批判与重建：中国法律史研究反拨》，法律出版社，2002，第270页。张烁、虞振威也基本认同上述特征概括，参见张烁、虞振威：《〈历代刑法志〉中的法律叙事史》，《理论月刊》2007年第2期，第125—128页。

料价值的手段之一,也是分析其文本型构的前提基础。

以《宋史》为例,邓广铭通过考证认为,《宋史·刑法志》并非以宋代国史中的《志》为蓝本而撰就,其部分记载直接抄袭自马端临《文献通考·刑考》,另外部分则是采撷自其他史册。① 由此便可对宋志的史料价值予以评估,"《宋史刑法志》中的记事,十之八九都可以在这些书册(指成书早于《宋史》且为宋志所抄的蓝本——笔者注)中找得出来。所以,不论它们和《史志》之间有无何等因缘,只因其成书均较早,其中的记载较与直接史料相近,故其可以信赖依据的程度均较《史志》为高"。② 换言之,既然存在可信度更高的史书,若非该条记载唯宋志所独有,否则不宜径引该志。

又如,与其他诸志不同,《元史·刑法志》保留了大量元代法律条文。有关其史源,元史学界普遍认为是《经国大典·宪典》。刘晓曾将《宪典》的一篇佚文与《刑法志》相比对,从而揭示史志作者对于史源的删削之法,并论断:"《元史》修纂者对《宪典》实际上只是毫无原则的草率删削,没有任何浓缩提炼,充其量只是《宪典》一个低质量的删节本罢了。也正因为这些缘故,我们似乎有必要重新估计《刑法志》的价值。"③

由于明清以后,流传至今的史料渐夥,实录、档案、典章等原始资料可备查对,不但对《刑法志》所据史源之考索更为可能,甚至《刑法志》修纂之草稿、底本亦有留存。如王伟凯所著《〈明史·刑法志〉考注》一书,考索该志文句之史源,从而补正该志语焉不详或有错讹之处;④ 李典蓉以目前典藏于台北"故宫博物院"内、与"刑法"相关的清史馆志稿诸本,分别与嘉庆朝国史馆所修《皇朝刑法志》、清《皇朝文献通考》、《清实录》略作比较,总结诸本的修纂风格与优劣,试图析出许受衡所撰之稿最终胜出、编入《清史稿》的原因。通过比对,李典蓉指出"许受衡无法运用《实录》原件写作,则所用资料很可能是由实录摘抄版《东华录》,亦或者是从《会典》中开载上谕内转引",因此"若将之视作史料,作为观点论证之根据,务要细加考证。直接核查《实录》、《会典》、《大

---

① 邓广铭:《宋史刑法志考正·自序》,第 123—127 页。
② 邓广铭:《宋史刑法志考正·自序》,第 130 页。
③ 刘晓:《再论〈元史·刑法志〉的史源——从〈经世大典·宪典〉一篇佚文谈起》,《北大史学》第 10 期,北京大学出版社,2004,第 92—101 页。
④ 王伟凯:《〈明史·刑法志〉考注》,天津人民出版社,2005。

清律例》、清三通等原文,自是最为允妥"。①

三、历史书写的研究

所谓"历史书写"的研究,是指"以特定的史书、文献,特别是正史的整体为对象,探求其构造、性格、执笔意图,并以此为起点试图进行史料的再解释和历史图像的再构筑"。② 史书的撰写虽非信口开河,但亦有史家史笔所在。与文本校勘、史源追述相比,"历史书写"并不汲汲于判定真伪、对错,而是致力于史料形成的过程及其原因、史家执笔的主观世界等。这一研究路径目前在中、日两国的中古史青年研究者中已蔚为风气,③法制史研究者虽未特别标举"历史书写"的旗帜,但其对于正史《刑法志》的讨论,亦与此有相近之处。

冨谷至对读出土的制度史文献与《汉书·刑法志》,认为班固编纂此志的意图,并非是要准确地再现西汉一代的刑罚、法律制度之实态,作为一个深受礼教主义浸润、支持儒家思想的史家,班固在《刑法志》中随处并举礼与刑、德与法的写法,使《刑法志》不再是制度之"志",毋宁是政治思想之"志"。④ 他对《刑法志》的定性,使得既往据此立论的部分研究都面临"釜底抽薪"的危险,因为此志有可能是一位带有明显立场的史家刻意构造出来的一种叙事文本,而非完全真实的历史呈现。

与冨谷至的判断相类,陶安在讨论《刑法志》有关文帝刑制改革的记载时,也提出了一个观点:"通过班固的《刑法志》可知,在东汉律学的眼光中,文帝刑法改革是西汉法制的一大转折点。这一观点似与文帝至武帝时代的一般认识略有出入。……在当时的一般认识中,废除肉刑一事也仅是文帝慈善事业之一,与'除诽谤'、'赏赐长老'、'收恤孤独'等没有本质差别,恐未被视为法律制度的一大里程碑。班固刻意强调文帝'除肉刑'一举,这应是复活肉

---

① 李典蓉:《〈清史稿刑法志〉史源问题探析》,第92—103页。
② 〔日〕佐川英治等:《日本魏晋南北朝史研究的新动向》,《中国中古史研究:中国中古史青年学者联谊会会刊》(第一卷),中华书局,2011,第8页。
③ 参见孙正军:《魏晋南北朝史研究中的史料批判研究》,《文史哲》2016年第1期,第21—37页。
④ 〔日〕冨谷至:《解说》,〔日〕内田智雄编,〔日〕冨谷至补:《译注 中国历代刑法志(补)》,第259—260页。

刑的政治主张所致。"①亦即,在陶安看来,班固因其特有的法律立场,夸大了文帝"除肉刑"的历史意义。

就目力所及,对于法制史而言,实践这一路径的最为典型的研究个案便是学界此前对于李悝《法经》、商鞅《法经》、萧何九章律等法典编纂脉络的质疑。由于《法经》编纂的说法首见于《晋书·刑法志》,较此更早的《史记》与《汉书》皆无相关记载,且《史记·萧何世家》中也未见萧何增加律三篇之事与"九章"之语,"萧何九章律"的说法只是出现在《论衡》和《汉书·刑法志》中,故而何四维、滋贺秀三、陶安等皆先后提出李悝及其《法经》为"传说"、《九章律》的成立与法律学作为儒学的一个分支而构筑其地位相关、《九章律》为律学初次孵化的结果等说。② 而将这一论证予以系统化的学者,当推广濑薰雄。他认为:第一,《法经》与《律经》只是汉文帝废止肉刑之后所出现的法律学的经书而非法典,二者内容基本相同,唯《律经》在《法经》之上增补了事律三篇;第二,东汉初年,《律经》作者为谁并不明确,曾有假托皋陶之说。然自《汉书·刑法志》采用萧何为《律经》之作者后,此说便成定论;第三,曹魏以降,《法经》为秦律且作者为商鞅之说出现;第四,《晋书·刑法志》又在商鞅《法经》之前增加了李悝《法经》;第五,唐《永徽律疏》则最终确定了商鞅六律改李悝六法的源流图式。③ 相较于此前有关李悝《法经》是否真实存在等争论,广濑薰雄虽然同样持否定立场,但论证却另辟蹊径,将《刑法志》等文献记载视为一种虚构的故事,并提出了与上述冨谷至相同的结论:这种法典编纂的故事不能作为法制史的资料,应将其作为法律思想史的资料予以研究。不过,

---

① 〔德〕陶安:《复作考——〈汉书〉刑法志文帝改革诏新解》,台湾《法制史研究》第 24 期,2013,第 162—163 页。
② 详细的述评,参见徐世虹:《近年来〈二年律令〉与秦汉法律体系研究述评》,中国政法大学法律古籍整理研究所编:《中国古代法律文献研究》第 3 辑,中国政法大学出版社,2007,第 228—230 页;张忠炜:《秦汉律令法系研究初编》,社会科学文献出版社,2012,第 87—89 页。
③ 〔日〕广濑薰雄:《〈晋书〉刑法志所见法典编纂的故事》,氏著《秦汉律令研究》,第 41—75 页。张忠炜也从四个方面质疑《法经》之说:"一则,秦汉律令篇目早已超出'六篇'的范围,则'法经'六篇渊源的叙说似未可必信。二则,商鞅及稍早时代并不存在'改法为律',《具律》、《杂律》等记载怎能出现于战国中前期。三则,如《新论》所引'法经'确系战国文字,为何在内容上会自相冲突、职官与战国魏制不符?四则,从典籍记载多将'法经'、'九章'视为刑律来看,与秦汉律内容包含广泛的实际现状相冲突。"参见氏著《秦汉律令法系研究初编》,第 90—91 页。

令人好奇的是：这种法典编纂的谱系是出于何种原因被建构出来的？是有意为之,还是错误层累的结果？若是有意为之,则史志的撰写者又出于何种目的？

如果说通过校勘考异、史源追溯等手段,可以发现史志所述与"客观真实"有别,但这一差别的原因却不一而足,或是如"历史书写"论者所强调的书写者有意为之,由此可进而推究其"有意"的目标指向何在；或是无意使然,所谓"无意"则又可细分为四种：一是沿袭前人之误而未予考辨；二是错抄、漏抄等技术性失误；三是因受"前见"影响而产生误读误解,如刘俊文在考辨《新唐书·刑法志》疏误之时,曾将致误原因之一归结为《新志》作者昧于唐制；①而张雨则围绕《天圣令·狱官令》宋46"奏下尚书省议"一句复原唐令的问题,比较《旧五代史·刑法志》《册府元龟》与《新唐书·刑法志》的不同表述,借此提醒现代学人,《新唐书》的作者身为宋人,在史书书写之时,会发生以其熟谙的宋制附会唐制的问题,由此混杂唐宋；②四是对史实的剪裁取舍、非照录原文的重述概括,令无法得见完整史料的后人产生误会。这与第三种原因不同,书写者或许并未误读,只是因所述有所侧重而仅取一端,只是后世之人无法得见书写者所据的全部资料,故而产生以偏概全的理解。如针对广濑薰雄所讨论的《法经》问题,徐世虹认为李悝撰次诸国之法应为信史,但"法经"之名、"九章"之语,可能是当时法律人"在以刑法为核心地位的意识下的表述","其主要指代的应是秦汉的刑事法律而非全部的秦汉律,秦法经、汉九章同宗六篇,凸显的是刑法意识下的法制变迁"。③ 总而言之,对《刑法志》因何如此叙事的原因分析,不能执其一端,以免过度诠释。

对于正史《刑法志》而言,点校与译注的意义在于疏解文意,确定一种相对"准确"的文本,让不同层次的读者用于阅读或研究。对于同一事件,不同文本、同一文本的不同版本、同一文本的上下文之间可能存在互为差别甚至

---

① 刘俊文：《新唐书刑法志证误》,《中华文史论丛》1986年第4辑；后收入氏著《唐代法制研究》,第320页。
② 张雨：《唐宋间疑狱集议制度的变革——兼论唐开元〈狱官令〉两条令文的复原》,《文史》2010年第3辑,第133—144页。
③ 徐世虹：《文献解读与秦汉律本体认识》,《"中研院"史语所集刊》第86本第2分,2015,第240页。

互为矛盾的记载,点校与译注的目的就是择"善"而从之,由此消除差异、解决矛盾。只不过,有时看似互为差别甚至互为矛盾的记载,若是考虑其背后隐藏着更为深刻的历史细节,或许就不该作出"非此即彼"的校勘选择。①

就法制史研究者所关心的话题而言,这种所谓的"历史细节",可能是由制度变迁带来的观念与认识的变化。如前述陶安对于秦汉刑罚体系的厘定若能成立,那么便可圆满解释《汉书·刑法志》不将鬼薪白粲单列为一等的记载方式,而各种补校之说便无从成立,赖以为旁证的后世文献记载,只不过是执笔者基于对汉制的想象而作的变造性表述罢了。这种思路其实已牵涉到"文本型构"的思考,而上述"历史细节"当然也包括史志书写者的主观世界。如前所述,面对《新唐书·刑法志》与《旧五代史·刑法志》《册府元龟》对于同一制度的不同表述,张雨便没有仅仅拘泥于孰是孰非的认定,而是借由勾勒这一制度的唐宋之变,推断《新唐书》作者在书写史志时存在以宋制附会唐制的"前见"。

总而言之,且不论乾嘉以前传统学术之于正史的考订成就,20世纪以降,中外学界围绕正史《刑法志》所进行的校勘、译注工作已蔚为大观。此类文本校勘、译注确实为现当代学人的研究带来了极大的便利,但也可能因此产生一种后遗症:史志"文本"的原始特性被"择善而从"所掩盖,由此丧失了践行"文本型构"路径的机会。因此,今后的研究或许不应仅仅追求"非此即彼"的"校定",而是通过穷追史源、综核版本,排比出各种文本的差异之处,进而考虑文本各自的属性与"型构"过程,援入制度变迁、文化变迁、社会变迁等动态的视角,使得正史《刑法志》的"文本"研究不再囿于"文本"本身,从而孕育出新的课题、产生新的认识。

---

① 如有关西汉曹参之子曹窋被免官一事,《史记·张丞相列传》载为:"高后崩,不与大臣共诛吕禄等,免。"而《汉书·张苍传》作:"高后崩,与大臣共诛杀诸吕,后坐事免。"两者记载显然有别。而由于《史记·吕太后本纪》记载了曹窋在诛杀吕产过程中的作用,故而前人皆认为《史记》此处所载衍"不"字,中华书局的点校本据以删字。陈侃理认为,《史记》与《汉书》所称诛杀对象不同,前者称诛"吕禄等",后者则作诛"诸吕",《史记》所载曹窋"不与大臣共诛吕禄等"与他参与诛杀吕产之事并不矛盾,亦即,曹窋先参与诛杀吕产,但后来反对诛灭吕氏一族(吕禄等),故而点校本无需校删"不"字。之所以如此,与吕产被诛之后汉廷特殊的政治结构与各种政治势力不同的政治取向有关。参见氏著《曹窋与汉初政治》,载北京大学中国古代史研究中心编:《田余庆先生九十华诞颂寿论文集》,中华书局,2014,第57—64页。

第六章 古代判牍文献

第一节 文献概述

一、保存与分布

判牍是中国古代在司法过程中产生的裁判文书,包括案件的裁决书,下级机关向上级机构呈送的裁决意见报告,上级机关核准、驳正、责令重审案件的批复等。中国传统社会官员重视理讼断狱,所流传下来的案例记载颇多,隋唐以前所保留下来的基本为官员断案的叙事性记录,而非裁判的文书。[①]唐朝时期,国家实行科举选官,礼部考试要求考生制"判",由此推动了中国古代判牍的发展。其后历朝皆重视判牍制作,亦为后人留下了数量众多的判牍文献。这些文献根据其是否是在实际的司法过程中所产生而有拟判和实判之分。拟判是模拟性的判决文书,唐人因重选考,故而这一时期所存留下来的判牍文献绝大部分是为应试而模拟的司法裁决文书。唐代判牍主要散存于个人文集、笔记杂书以及敦煌文献中,宋人编辑《文苑英华》时,收录了1000多道唐人判文。清朝时,重新整理编订《全唐文》,在《文苑英华》的基础上,又增加了170道判文。此外,还有敦煌吐鲁番出土的判文集:《文明判集残卷》、《开元判集残卷》、《安西判集残卷》(《麟德安西判集残卷》)、《开元岐州郿县尉

[①] 此类记载大多是对中国古代官员判案经过的记述,突出他们断案的才智与技巧,如《棠阴比事》《折狱龟鉴》等。

判集残卷》、《永泰河西巡抚使判集残卷》等①。宋朝前期,亦有一些拟判,如《皇朝文鉴》中即曾收录等。自宋以降,制判重视实际案判,明清两朝尤其如此,注重经世之学,实判成为主导。

唐代的实判保存极少,主要集中于少数敦煌吐鲁番文书。② 宋代实判的代表作《名公书判清明集》③收录了朱熹、真德秀、吴潜、陈铧、赵汝腾、史弥坚、刘克庄、宋慈等人的判词。此外,刘克庄《后村先生大全集》和黄榦《勉斋集》尚存有《名公书判清明集》未收录的他们的判词。文天祥的《文山全集》内存有其判词,吕祖谦所编《宋文鉴》卷一二九也收录了余靖和王回的判词,余靖的《武溪集》也收有2卷个人判词,范应玲的《对越集》四十九卷收有其自己的判词。

明代判牍所存数量较之宋代有明显增加,专集约十余种,如孔恒《新纂四六谳语》、张肯堂《䉤辞》、汪康谣《闽谳》、傅巖《歙纪》、毛一鹭《云间谳略》、颜俊彦《盟水斋存牍》、李清《折狱新语》、钱春《湖湘谳略》、祁彪佳《莆阳谳牍》、《按吴亲审檄稿》、《按吴审录词语》等。其他则分散在个人文集中,相对比较集中者,如海瑞《备忘集》收录有8篇判词;冒日乾《存笥小草》收录了325篇判词;詹孝达《百拙日录》收录有38篇判词;袁黄撰,刘邦谟、王好善辑《宝坻政书》收录有12篇判词;陈幼学《三方臆断》收录了65篇判词;刘时俊《勿所刘先生居官水镜》《三邑政编》分别收录了56、23篇判词;程德良《白莲沜集》收录了14篇判词;马朴《四六雕虫》收有59篇判词;文翔凤《皇极篇》收有382篇判词;胡敬辰《檀雪斋集》收录29篇判词;李陈玉《退思堂集》收有387篇判词;龚鼎孳《浠川政谱》收录了43篇判词;潘滋《浮槎稿》收录有10篇判词;范景文《范文忠公初集》收有11篇判词;区庆云《定香楼全集》收录了43篇判词;沈寅《止止斋集》收有70篇判词;吴亮《止园集》收有296篇判词;李蛟祯《增城集》收录了54篇判词;李日宣《河东文告》和《谳豫勿喜录》分别收录了103篇判词、11篇判词;王廷相《浚川驳稿集》收录有88篇判词;陈子龙《陈忠

---

① 台湾学者高明士在《律令与天下法》(上海古籍出版社,2013)一书中提及《日本国见在书目录》中有牛凤的《中台判集》,著者不明的《百节判》《大唐判集》,但仅见书名及卷数。
② 王震亚、赵荧:《敦煌残卷争讼文谍集释》一书亦著录数例,甘肃人民出版社,1993。
③ 该书传世刻本有宋刻本和明刻本,宋刻本仅有"户婚门",六万余字,是残卷。明刻本,14卷,篇幅约为宋刻本的四倍。中国社会科学院历史研究所宋辽金元研究室点校:《名公书判清明集》(中华书局,1987)"附录七",《宋史研究的珍贵史料——明刻本〈名公书判清明集〉介绍》详细说明了其版本源流及明刻本和宋刻本的异同之处。

裕全集》、项乔《瓯东文录》收录了14篇判词,余寅《宦历漫纪》收有16篇判词;周灿《西巡政略》收录了79篇判词,吴玄《众妙斋集》收录了50篇判词,沈象先《江北恤疏》收录了19篇判词等。

清代流传下来的判牍文献种类最多,从地方到中央,各级司法机关的判词都有保存,专集有李之芳《棘听草》、张我观《覆瓮集》、徐士林《徐雨峰中丞勘语》、李钧《判语录存》、邱煌《府判录存》、佚名《雪心案牍》、倪望重《诸暨谕民纪要》、孙鼎烈《四西斋决事》、沈衍庆《槐卿政迹》、蒯德模《吴中判牍》、董沛《汝东判语》《吴平赘言》《晦闇斋笔语》《南屏赘言》、刚毅《审看拟式》、樊增祥《樊山批判》、袁枚《新编评注袁子才判牍菁华》、张问陶《新编评注张船山判牍菁华》、胡林翼《新编评注胡林翼判牍菁华》、曾国藩《新编评注曾国藩判牍菁华》、曾国荃《新编评注曾国荃判牍菁华》、李鸿章《新编评注李鸿章判牍菁华》、端方《新编评注端午桥判牍菁华》(以上七种书名是民国时期襟霞阁所定)、赵滨彦《两淮案牍钞存》、刘汝骥《陶甓公牍》、赵幼班《历任判牍汇记》、许文濬《塔景亭案牍》、汪庆祺《各省审判厅判牍》)。① 此外,清代还保存了许多中央刑部与各省判牍汇编,此类判集的案件,有的既是判词,也是判例。② 如刑部判集:洪彬辑录的《驳案成编》;全士潮编修的《驳案新编》和编者不详的《驳案续编》,这两本书于光绪九年,为朱梅臣合刊出版,取名《驳案汇编》;祝庆琪、鲍书芸编订《刑案汇览》及《续增刑案汇览》;潘文舫、徐谏荃编辑《新增刑案汇览》;马世璘编《成案所见集》等。地方判集有朱橒《粤东成案初编》、胡秋潮《问心一隅 博平成案》等。

大量的个人判牍散于个人文集中,如李渔《资治新书》收录了788篇判词,陈枚《凭山阁增定留青全集》和《凭山阁增辑留青新集》分别收录了147和67篇判词,朱凤台《治开录》收录了60篇判词,谢铎《后李琼日录》收有22篇判词,黎士弘《理信存稿》收录有175篇判词,张扶翼《望山堂谶语》收录了37篇判词,孙籀《庐阳治略》收录了394篇判词,犀照堂主人《新辑仕学大乘》收录了114篇判词,赵吉士《牧爱堂编》收录了60多篇判词,卢崇兴《守禾日记》188篇判词,杨昶《珠官初政录》收录有45篇判词,宜思恭《云阳政略》收录有

---

① 后面两种书中亦收录了部分民国初期的判牍。
② 判例,中国古代是指具有一定法律效力的判案,可以在以后的审判中比照参用。

115篇判词,施宏《未信编二集》收录了135篇判词,叶晟《求刍集》收录有26篇判词,张星耀《守宁行知录》收录有198篇判词,张泰交《受祜堂集》收有70篇判词,廖腾煃《海阳纪略》收录有18篇判词,李渭仁《治祝公移》收录了20篇判词,吴宏《纸上经纶》收录了28篇判词,张官始《守邦近略》收录了103篇判词,李铎《武林临民录》收录了99篇判词,王廷抡《临汀考言》收有115篇判词,范大士《肥乡政略》收录20篇判词,孙廷璋《宰邠集》收录了128篇判词,盛孔卓《他山集》收录了250篇判词,朱奇政《同安纪略》收录了42篇判词,赵申乔《赵恭毅公自治官书》收录了93篇判词,戴兆佳《天台治略》收录了124篇判词,卢见曾《雅江新政》收录了43篇判词,万世宁《自讼编》收有72篇判词,张五纬《讲求共济录》和《讲求共济录续集》分别收录了83和55篇判词,何绍祺《滇牍偶存》收录了39篇判词,常恩《道光二十六年至咸丰元年安顺府及黎平府禀稿》收录了183篇判词,胡秋潮《问心一隅》收录了46篇判词,牟房《牟公案牍存稿》收录有60篇判词,刘如玉《自治官书偶存》收录有39篇判词,张修府《溪州官牍》收录了111篇判词,方濬师《岭西公牍汇存》收录了83篇判词,潘彬《剡中治略》和《天彭治略》各自收录了32篇判词,符翕《阳山丛牍》收录了68篇判词,钟体志《柴桑佣录》收录有124篇判词,佚名《静远山房公牍钞存》收录有32篇判词,刘曾骙《梦园公牍文集》收录了67篇判词,刘镇寰《琴堂判事录》收录了74篇判词,樊增祥《樊山政书》收录有281篇判词,沈秉堃《敬慎堂公牍》收录有51篇判词,陆维祺《学治偶存》收录了68篇判词,伊拉哩(英文)《岳宝公牍续刻》收录有120篇判词,吴光耀《秀山公牍》收录有254篇判词,熊宾《三邑治略》收录了183篇判词,庄纶裔《卢乡公牍》收录了160篇判词,程稣《交河爪印》与《浙鸿爪印》分别收录27和73篇判词,何恩煌《宛陵判事日记》收有64篇判词,佚名《济川公牍》收录有54篇判词,钱瑞生《谤书》收录有23篇判词等。

除了上述个人文集外,尚有许多个人文集中零星地收录有个别判词。可能还有一些判牍文献因笔者个人能力所限,未能收入文中。

二、整 理 状 况

20世纪,对于中国古代判牍文献的整理,始于民国初期。民国四年

(1915),上海广益书局铅印出版了樊增祥《新编樊山批公判牍精华》。民国五年(1936),上海涵芬楼影印《宋本名公书判清明集》(线装 1 函 5 册)。民国二十三年(1934),襟霞阁主整理了清代十大名家的判牍,由上海东亚书局等出版单位铅印出版,分别为《袁子才判牍》《张船山判牍》《端午桥判牍》《李鸿章判牍》《胡林翼判牍》《樊樊山判牍》《陆稼书判牍》《曾国荃判牍》《于成龙判牍》等。① 需要说明的是,2014 年,台北老古文化事业公司将其中于成龙、袁子才、张船山、胡林翼、曾国藩、端午桥及李鸿章七人的部分判牍进行辑录,出版了《清代名吏判牍七种汇编》。民国二十五年(1936),张元济等所辑《续古逸丛书》系列宋本《名公书判清明集》由商务印书馆影印出版。

　　新中国成立以后,中华书局 1966 年据宋刊本和明刊本影印出版了《文苑英华》,唐代书判亦在其中。判牍文献的整理工作开始得到普遍关注,是在 80、90 年代,1983 年,中华书局影印出版了《全唐文》,唐人的判词引起学界注目。② 1985 年群众出版社出版了刘鹏云、陈方明注释的蓝鼎元《鹿州公案》。1987 年,文物出版社影印出版了李一氓编录《郑板桥判牍》。同年中华书局出版了由中国社会科学院历史研究所宋辽金元史研究室点校整理的《名公书判清明集》。1989 年,中华书局又出版了刘俊文《敦煌吐鲁番唐代法制文书考释》,该书对敦煌出土的《文明集残卷》等五种判牍文献进行了整理。至 90 年代后,一些判牍专集陆续整理出版,如 1996 年,郭成伟、田涛整理《龙筋凤髓判校注》由中国政法大学出版社出版。2013 年,法律出版社出版了蒋宗许、刘云生、蒋信整理的《龙筋凤髓判笺注》。1997 年,中国政法大学出版社又出版了中国政法大学法律古籍整理研究所点校整理的《盟水斋存牍》。1999 年,中国政法大学出版社出版郭成伟、田涛点校整理《明清公牍秘本五种》,其中录有《浚川公移驳稿》《新纂四六合律判语》两种判牍。

　　2002 年完成的《续修四库全书》可以说是新中国成立后规模最大的一次文献整理,其中收录了大量的个人文集,涵盖了许多的判牍文献。21 世纪随

---

① 台湾老古文化事业公司于 2000 年将襟霞阁整理的《清代名吏判牍七种》《张船山判牍》再次影印出版。
② 唐人的判牍文献,因集中收录于《文苑英华》和《全唐文》中,它们的整理是随着这些书或个人文集的整理而被点校整理,大多未独立出版。如白居易的《百道判》,见丁如明、聂世美整理点校:《白居易全集》卷六六、六七,上海古籍出版社,1999。

着古代法律文献整理成果的不断出现，判牍文献的整理数量也因之增多，其中影响最大的当数中国社会科学院杨一凡、徐立志主持点校整理的2005年由社科文献出版社出版的《历代判例判牍》。该书12册，其中包含了20多种汉、唐、宋、明、清时期的判牍文献。2012、2016年社科文献出版社分别影印出版了杨一凡教授主持的《古代判牍案例新编》（20册）和《清代成案选编》甲编（50册），这两套书中都收录有判牍文献。其他的个人判牍集整理有：2001年齐鲁书社出版了陈全伦等整理点校的《徐公谳词—清代名吏徐士林判案手记》，2007年北京大学出版社出版了俞江整理点校的《塔景亭案牍》和李启成整理点校的《各省审判庭判牍》，2009年上海古籍出版社出版了陈重业辑注的《古代判词三百篇》，2012年江西人民出版社出版了梁文生整理点校的《吴中判牍》与汪辉祖《病榻梦痕录》《双节堂庸训》合刊。北京古籍出版社于2004年出版了史春风等人点校的《刑案汇览》《续增刑案汇览》和《新增刑案汇览》三种的合编《刑案汇览三编》，共四册。2007年法律出版社出版了马小红等点校的《刑案汇览全编》，共15册。2009年法律出版社出版了张伯元、陈重业等点校的《驳案汇编》等。

  总体而言，目前整理出版的判牍文献大多是影印出版，这对于研究者来说，虽然辨识阅读比较困难，但可以一窥古代判牍文献的原貌，避免引用有误。

第二节　体例结构

一、编纂体例

  中国古代判牍文献的保存有专集（合集）和散判之分，合集通常由编者按照一定的结构安排进行编纂，以便于检阅。唐代目前可看到的判文专集有张鷟的《龙筋凤髓判》，也是这一时期的官定判词，是"唯一作者亲自编订的独立成集的文集"。[①] 其版本众多，自元代以后，《龙筋凤髓判》传世本为四卷。张

[①] 谭淑娟：《唐代判体文研究》，齐鲁书社，2014，第215页。

鸷曾任职刑部,他根据《唐六典》"官领其属,事归于职"的原则进行编纂,全书四卷:卷一以中书省、门下省、公主、御使台、尚书都省、吏部、考工、司勋、主爵、户部、工部、仓部为目,卷二以礼部、祠部、主客、兵部、国子监、少府监、将作监、水衡监、沙苑监、苑总监、内侍省为目,卷三以修史馆、金吾卫、左右羽林卫、左右卫、左右千牛卫、左右监门卫、左右屯卫、左右武卫、左右军兵、左右骁将为目,卷四则以左右卫率府、太庙、郊社、太乐、鼓吹、太卜、太医、太史、刻漏、良酝、太官、掌醢、珍馐、籍田、亲蚕、导官、勾盾为目,他以中央政府职官部门结构分类编排,并于每个具体部门下基本各附两条相关判词,后来被四库的馆臣称之"胪比官曹,条分件系,组织颇工"。这样的体例设置,也便利参加选官考试即将入仕途者可以通过该书快速地了解各个机构,对后世判牍文献的编纂产生了一定的影响。

宋代保留下来的判集,目前仅见《名公书判清明集》。该书由"幔亭曾孙"将南宋中后期朱熹、真德秀等地方官员的诉讼判决文书等集合而成。其版本多种,编纂结构亦因之呈现差异。宋代刻本的《清明集》没有分卷,只有户婚门,约七万字。明隆庆年间张四维奉命校《永乐大典》时,将宋代的书判由"判"字编中辑录而出,后由盛时选刻印而成明刻本的《清明集》。该刻本编目已有七门,除户婚门外,较之宋刻本,增加了官吏、赋役、文事、人伦、人品、惩恶六门,而且刻本的户婚门也与宋刻本的条目不尽相同。① 这样的编纂体现了编者对法律的熟悉与专业化。1987年中华书局印行的《清明集》,是根据北京图书馆和上海图书馆所藏明刻本《清明集》与宋残本对校勘定而成,七门十四卷,分官吏、赋役、文事、户婚、人伦、人品、惩恶七门,每门又分若干类。②

明代所流传下来的判牍文集,相对于宋朝而言,较为增加,以杨一凡主编的《中国历代判例判牍》所载文献考察,明人编纂体例风格多样。有的以案件性质归类分卷,如祁彪佳的《莆阳谳语》是以案件内容性质编目,如"一件奸杀事"、"一件打死人命事"、"本府一起灭祖杀命事"。有的则是按照判词性质划

---

① 参见许浩的博士论文《〈名公书判清明集〉判词研究》,中国知网,2011。
② 参见中国社会科学院历史研究所宋辽金元研究室点校:《名公书判清明集》,中华书局,1987。

分,如《重刻释音参审批驳四语活套》①,以司法官员的判词性质分卷编目,其卷一、卷二皆为参语、卷三审语类、卷四驳语、批语、审释类。而明末李清的《折狱新语》结合了前两者编目特点,其前十卷皆以案件性质分类,后面的附录则以案件性质分类:卷一婚姻、卷二承袭、卷三、产业、卷四诈伪、卷五淫奸、卷六贼情、卷七钱粮、卷八失误、卷九重犯、卷十冤犯;附包括疑狱审语、详语、署郡详语。有的则以案件主要当事人的姓名编目,如张肯堂的《嶜辞》,以人名为宗,于人名后加注以籍、处罚、身份等作为目注。如"李毓芳 长垣人"、"曹文考 滑县人大辟"、"徐邦辅 宁山卫军",这种编目方式极为少见。有的按照《大明律》的编纂体例,以吏、户、礼、兵、刑、工六律为目进行编纂,如《新纂四六合律判语》,体现了此书编写的目的,"主要是供参加策科考试的官员参用"。② 上述判牍目录编纂,大多是编者为便于查阅翻检,也反映了他们对法律的熟知掌握程度,深刻地影响了清代的判牍文献编纂。

  清王朝时期的判牍文集编纂风格更为丰富、细化,与明人的编目相类。如顺康之际的李芳《棘听草》,卷一至卷十一以案件性质分卷编目,分人命、盗情、衙蠹、科诈、粮课、产业、诬妄、婚嫁、奸淫、诈伪、疏逸;卷十二录囚,因不同于前面案件的审理,独立篇目。卷下再以案件内容命名,但每则案件篇目的前面皆有不同层级司法机构名称,如"司道奉两院一件为律典谋杀事"、"两院一件为杀劫惨冤事"、"分守道奉两院一件为活杀男命事"、"兵巡道一件为天斩事"等,说明案件来自何处。有的径直以案情内容为目,如叶晟的《求刍集》不分卷,以篇目以案件内容相称,如"谋吞房屋事"、"盗卖庄业朋谋灭门事"、"欺霸赶逐事"、"因奸逆天拐婶事"等。同期卢崇兴的《守禾日纪》亦是如此体例编目,其名目如"一件活杀夫命事"、"一件移尸陷诈事"、"一件大盗劫掠事"等,与祁彪佳的《蒲阳谳语》目录编排一样。有的根据司法文书形式分类编目,如樊增祥的《樊山批判》以批和判分类,其下再分卷,卷下设篇名,该书卷一至卷十四皆为批词,卷十五是判词。批是司法官员对案件进行判决前的审理,其裁决直接决定着案件是否进入审判阶段。这样的目录安排,使得读者

---

① 该书是明代司法官员书写参语、审语、批语、驳语法律文书范本,具有供司法官员司法审判中参考之用,从这一方面,亦具有明代官箴的特点。因该书是案判,故放置于判牍文献中。
② 参见杨一凡等主编:《历代判例判牍》第 4 册"整理说明",中国社会科学出版社,2005,第 3 页。

可以对案件的审理情形一目了然。

《驳案汇编》是朱梅臣将《驳案汇编》(全士潮等编)和《驳案续编》合刊而成,皆是刑部奉皇上谕旨驳改的案件,共32卷,其体例是根据《大清律例》的名例、吏、户、礼、兵、刑、工诸律编纂,律目之下再分小目,其下附以相关案例。祝增祺编辑、鲍书芸参订的《刑案汇览》,内容庞大,共88卷80册,其体例与《驳案汇编》相同。《驳案汇编续编》极便利司法官员查阅翻检,"盖以穷源竟委,俾阅者一览无遗,汇而通之,可以无不明,无不慎"。① 《续增刑案汇览》《新增刑案汇览》亦采上述体例编纂。

总体而言,自唐以降,判牍合集的编纂体例,因判文内容的高度专业性,书目依据国家典章编设。唐朝判文是服务于吏部考选官吏之用,考生一旦得中,即会踏入仕途为官,必须熟悉国家官制体制,所以这样的编目于他们具有极大的便利。宋朝时期编纂体例依然按照国家典章设立目录,从《名公书判清明集》的书名目录也可窥其一斑。该书的宋刻本仅标有"婚姻门",不分卷。"婚姻门"恰是《宋刑统》将法律分门归类的213个门中的一门,故此,书目让人一目了然,而书名亦以"清明"为题,显然主要是为官员提供参考,而非仅供一般士人应试。明清时期,一些官员将自身任职期间所制作的裁决文书汇集成书,从书名到书目编排,都开始具有了个人的特色,但由于裁判文书的法律专业性,依据律典体例结构或内容编设判集目录的特点非常显著,表明了书籍的专业功能是供官员判案参考。

二、判文(判词)的内容结构

中国古代的裁判文书非常发达,据出土的秦汉法律资料显示,早在秦汉时期司法裁判文书在内容和结构方面已经有了比较固定的格式。如汉代早期《奏谳书》,据学者研究指出,汉初的奏谳书结构为:首句"敢谳之",末句"敢谳之",二者之间语词加上主体的部分程序,即告、劾、讯、诘、问、鞫等案件

---

① (清)祝庆祺、鲍书芸等编:《刑案汇览三编》第一册《刑案汇览序》,北京古籍出版社,2004,第1页。

相关内容构成。① 汉中期以后,因汉武帝独尊儒术,司法活动渐儒家化,儒家经义成为司法断案的根据,裁判文书要求必须引经据典,司法判决重视说理,一改汉初的文书格式。

隋唐以后,科举选官制推动了裁判文书的进一步发展。唐代判文因为内容功用和制判主体有拟判(科判)、实判(案判)、杂判之分。拟判,即判词虚拟,一般是应试者的考试作品,或司法官吏、习判者模仿之作,目前唐代所保存下来的判牍绝大部分是拟判。实判,是指在实际的司法审判中形成的判决文书。杂判是对生活的感触,以判文形式出现,与司法审判关系不大。唐代的判词语言采用了风格华丽的骈文体,被称为骈判。骈判采四六文,追求句句用典,骈四俪六,辞藻华丽。拟判判词内容有一定的格式,如下列《文苑英华》中所载解贲的"登夫家判"的判文:

登 夫 家 判

判由　乙以岁时登其夫家,辨其可任者。甲诉免。云:服公事,不伏。

判对　都鄙攸创,郊甸是画。聚之以庐井,统之以师长,且用稽众寡,差夫赋役,爰别夏制,备详周官。务欲先齐逸劳,载量轻重。乙为何者,登彼夫家。不能种之以德,而乃辨其所任。若使名隶,党正事职。乡人尚宜,式着平均,允厘升降。明练九比之数,不害三时之理。归市籍者出乎算,从王政者息其徭。曼无恤人之心,聿兴从欲之诉。服公事以求免,甲诚有词;倚公法而取削,乙则无妄。②

判词由题和对两部分组成。题,亦称为"判头"或判由、判目,即提出需要作出判决的案件或事情的原委。对即判词,就题作正面论述和分析、引经据典,最后以简括的一两句话提出处理意见。判词过于追求骈体文风格式,严重影响了案件事实的分析,裁决也未有法律的分析。但唐代判词部分,引经

---

① 参见蔡万进:《张家山汉简〈奏谳书〉研究》,广西师范大学出版社,2006,第137—144页。
② 刘小明的博士论文《唐宋判文研究》,中国知网,2012,第18页。

据典地说理分析,对后世历朝判文理由部制的制作,产生了较大的影响。①

北宋晚期已转向重实判效果,判词结构也因之发生变化。首先,一改唐代拟判中事实与判词分开的结构,将这两部分合而为一,逻辑更为严密而完整,便利了司法官员根据内容需要灵活分析事实说理,论法裁断。其次,判词的语言风格,也从言语堆砌华丽的骈文体,转为平实通俗的散文体,即判文从骈判转为散判。散判行文不拘形式,风格平实简洁,重事实分析和理由阐述,《名公书判清明集》就是这样的典型代表。散判不讲求用典,而重在对事实和法律的分析,语言灵活、质朴、明确、易懂、实用性强,使得司法官员审案制牍变得简单容易操作,为元明清案例可以转为具有法律效力的判例提供了条件。

在唐、宋判词发展的基础上,元代判词也有一定发展,判词体制渐趋程式化,如《元典章》中对案判的实录,第一段叙述案情,接下来列明各当事人,定罪量刑,结尾则"部准拟呈省准",但由于判词集本留存较少,本文不作探讨。

明清时期,判词有了极大的发展,由于实行案件分类管辖,裁决文书分化为批词和判词,它们的内容和结构亦有差异。批词根据针对对象的不同,内容亦有不同。针对当事人诉讼请求的批词,都要明确裁判结果,准予受理或不准受理。准予受理的批词相对简洁,不予受理的批词,须说明不受理的理由和根据。上级机关对下级机构的批词,如果认同下级机关的审理裁决,通常语言简单。批驳的判词,需要指明下级机构审理中的问题,或事实不清、错误,或法律适用错误,要求重新审理、改正错误。判词,则是根据案件性质是刑事案件还是民事案件,内容和结构均有不同。刑事案件的判词,无罪判决和有罪判决判词亦有差异。无罪判词则阐明根据法律,被告人不存在犯罪事实。有罪判词由犯罪事实、犯罪事实的认定分析、判决三部分组成,判决必须引用律文。需要转审的判词,内容结构与地方自理案件判词略有不同,除了案件事实及情节,还有证据、理由和拟定的裁决结果。民事判词,根据当事人存在争议的事件,分清是非和责任,裁决结果。明清判词的制作深受这一时期经世学以致用思想的影响,狱讼司法实践被儒者视为对民生关切的当世承

---

① 除了上述拟判、实判外,中国古代还有一支被称为"花判"的判词,于唐朝时期即已存世,南宋学者洪迈在《容斋随笔》中曾谈到"世俗喜道琐细遗事,参以滑稽,目为花判",后世多将以世俗人生、婚姻男女、家庭伦理为题材而制作的判词称为花判。此类判词,用词典雅,讲究文采,具有很高的文学修养。古代的民间小说中也常常见到此类判词。

担,因此言语风格实用、多变。

第三节 价值与内容

一、保存了司法裁决文书的原貌

司法裁决文书,也通称为判词或判文。中国古代重视案件的审理,自西周时即有案件判决的记录,但裁决文书的格式是怎样的,判词的种类有多少,判词的内容构成有哪些,判词的结构安排如何等,唐代以前,由于史料阙如,无法确知。自唐代以后,由于判牍文献的保存,为今天了解古代的判词文本原貌提供了便利。

唐代是中国古代判决文书或判词发展的重要时期,由于科举选官需要,礼部考试要求考生制"判"。因此,唐代保留了大量的供考生学习模仿的判词,此类事实虚构,语言采用风格华丽的骈文体,判词制作偏向于对文风的追求,令判词制作者在制判时局限于给定的事实,缺少对事实认定与证明的推理分析。宋朝以后,由拟判转向实判,即在实际的司法审判过程中产生的裁判文书。由于案情真实,判词偏重于事由的分析和裁决的合法性,这直接影响了明清时期的判词制作。

明清时期,国家对案件的司法审判采取放权与集权策略,[①]对案件审判权限进行划分,实行地域管辖,所有案件均由州县管辖和受理,命盗大案以案件发生地确定管辖权,户婚田土钱债案件以被告住所地确定管辖权。户婚田土类钱债之类的民事案件和笞、杖刑以下的案件,由州县自理裁决。州县自行裁决的案件需定期汇报,每月设循环簿,申送道、司、督抚查考,巡道的道员巡历时,查核循环簿。徒刑以上案件,实行审转制度,州县仅具有案件的审拟权,需要层层呈报,由州县到府、道,省按察使,再转督抚,由督抚再转中央刑部和皇帝最终裁决。由此,判决文书亦发生分化:下级机关就案件的审理向上级机关进行禀,或者详,或者报。上级机关就下级机关禀、详、报的案件作

---

① 参见徐忠明:《内结与外结:清代司法场域的权力游戏》,《政法论坛》2014年第1期。

出的批复,即批词。批词,有批禀、批详和批呈之分。禀可以是案外人向司法机关提出的诉讼请求文书,也可以是下级司法机关向上级司法机关的案件请示。上级机关据此的批词,为批禀。详是下级司法机关向上级司法机关呈送的结案报告,包含有案件的判词。上级司法机关因此的批词,为批详。呈,又称呈词或呈子,是当事人对衙门投递的诉讼请求,司法官员对此作出的批复,为批呈。批词中,上级司法机关驳回下级司法机关的批词,又称为驳词。①

州县自理的案件,即户婚田土钱债和一些笞、杖以下案件,根据受理案件的不同阶段制作判词。未进入正式审判的制判称为批词,州县一般以"准"或"不准"为批。呈状上批有"准"字者,案件才可以进入后面的调查、裁决阶段,最后进行判决,此种判词称为"审语",当堂裁断,"审语乃本县白准告词,因情判狱,救其两造之是非,而断以己者","以主惟在我直决之以为定案,而书其判狱之词以昭示之也"。② 州县无裁断权的案件,即使是笞杖之责,也要开具事由并提出自己的看法上报给上司,等待上司乃至中央的覆批下来,才可以进行判决,此类判词称为"看语",也称之为"看审","夫所谓看语,乃上司批审与本县详宪之事,覆批究拟而审明具狱之情罪以谳者也。不曰审语,而曰看语者,以所谳不敢自居成案,仅看其原情以引律拟罪,而仰候宪裁也",③开头语用"查得",将案情如实汇报。上级司法机关对于下级转详的案件,如果认为事实不清或适用法律不当,可以批驳发回重审,亦可改判,此类批词,州县可以按批示撰写判词,再申报上司核准,然后负责具体实施。明清判词的细分,亦反映了判词制作的规范化。

二、反映了古代社会的诉讼实态

(一) 民间社会的好讼

判牍记载了古代社会诉讼的频繁发生,诉讼的内容几乎涵盖了日常生活

---

① 看语,又称勘语或审单,指明清之际,司法机关复核案件时,对原判案件的犯罪事实、律例依据、量刑轻重作出的评论和写出的意见。
② (清)黄六鸿:《福惠全书》卷一一《刑名部·审讼》,康熙三十八年种书堂刊本。
③ (清)黄六鸿:《福惠全书》卷一一《刑名部·审讼》,康熙三十八年种书堂刊本。

的各个方面,如《名公书判清明集》,①其"户婚门"下设有争业、赎屋、抵当、争田业、争屋业、赁屋、争山、争界至、立继、归宗、孤幼、孤寡、检校、女受分、遗腹、义子、户绝、分析、女承分、遗嘱、别宅子、违法交易、取赎、坟墓、墓木、库本钱、争财、婚嫁、离婚、接脚夫、雇赁三十一类,"人伦门"下有父子、母子、兄弟、夫妇、孝、不孝、乱伦、叔侄、宗族、乡里等十类。明清之际,随着社会经济的发展,诉讼的内容较之宋代更为普遍,而且还出现了许多商业性的诉讼,如商业合伙、商业房屋租赁、商业借贷等,"户婚、田土、钱债及一切口角细故,乃民间常有之事"。②

参与诉讼或卷入诉讼的人,也几乎遍及社会各个层面,有士、农、工、商,有社会边缘人物:妇女、僧道尼姑、讼师等,有社会下层人物:佃农、雇工、奴婢等。诉讼无不与个人的生活与利益密切相关,个体自我利益的关注,使得人们常常发生"雀角鼠牙之挠"。③ 这些"雀角鼠牙"的争执主要发生于宗族、邻里之间,在乡土宗法秩序结构的框架内不可能得到彻底解决。尤其是在宗族处理个人利益冲突时,要求个人服从宗族,将个人利益视为次要的,甚至排斥、压抑个人利益。故此,向官府提起诉讼,请求官老爷做主解决,成为寻求个体利益保护的路径。

(二) 民间社会的诉讼策略

百姓将诉讼状子呈送衙门,州县官员是否受理,即"准"或"不准",端赖于他们的自决。明清时期,"状不轻准"是官府对民间词讼的态度。清代刘衡曾言:"状不轻准,准则必审;审则断不许和息也。民间细故,或两造关系亲邻,其呈词原不宜轻准。诚以事经官断,则曲直判然,负者不无芥蒂,往往有因此构怨久而酿祸者。"④于成龙亦曾言道:"一切民间小忿争角细事,概不许滥准……如有关系重大或由上发事件,必虚心平听。"⑤只有案情重大,官府方能认真对待,予以受理。故此,在呈词中夸大事实,或虚捏事实,成为民间社会

---

① 此处所引是 1987 年中华书局出版之版本。
② (清)刘衡:《州县须知》,"劝民息讼示",参见许乃普辑:《宦海指南》,咸丰九年刻本。
③ (清)方大湜:《平平言》卷三,"勿忽细故",清光绪十三年常德府署刻本。
④ (清)刘衡:《庸吏庸言》卷上,"理讼十条",载于《官箴书集成》第六册,黄山书社,1997,第197 页。
⑤ (清)于成龙:《于清端政书》卷四,"简省刑檄",《钦定四库全书》集部。

诉讼的常见技巧。如，明代颜俊彦审理的"欺孤刘会衢"案，姜氏以"欺孤"罪名状告前夫族叔刘会衢，经调查得知，其前夫与刘会衢"曾合开书肆有年"，后来"分账"，且有分据及"刘子明在可证"，颜俊彦分析认为，姜氏"夫故，改嫁已十余年矣，设有不楚，奚待今日，且二子非稚乃借已嫁之母出控乎？事属子虚"。① 民间社会为达成诉讼之目的，甚至不惜诬告。如僧人隆柱控袁坤江、袁坤平殴毙分尸案中，隆柱师傅昌茂于道光十九年外出，其后下落不明。道光二十四年三月，隆柱以十三岁龚爱保之言，至官府控告袁坤江、袁坤平二人谋杀其师。后经审讯，知县沈衍庆认为："倘使昌茂果系被杀，而在无凶器、尸身、干证数项之一情形下无可定案，岂容一幼稚之子片面之词。况爱保现年十三岁，而其父过世时其方才八岁，若其父亲同谋杀人，又岂容稚子在侧审视。故爱保告知隆柱之言，必系……借以诬陷。"②"无谎不成状"，将小事闹大，以使案件得到官府的受理和重视，是民间社会对官府"抓大放小"司法管理的策略回应。

  缠讼亦是明清时代百姓应对官府司法治理的一种手段，判牍中多有体现。缠讼，就是通过反复控诉，向官员施加压力，促使他们不得不去解决问题。中国传统司法没有实际的终结机制，使得百姓不断地翻控、上控，达到诉讼之目的。判词中，常常有些诉讼可以历时多年。如樊增祥审理"批陈裴氏催呈"案，陈裴氏因将寡媳再嫁换取财礼之事，与儿媳之父刘世芳多次诉讼，以致刘世芳父子被关押两年，依然"一控府宪，两控藩辕"。③ 反复纠缠的手段，使得州县官员也不得不发出婚田土钱债"自百姓视之，则利害切己，故并不细"④的感慨。小案尚且缠诉不休，一些大案或百姓认为审理不公的案件，他们更是如此，甚至采取自残、自杀等极端手段，引起官员的重视。诉讼是百姓在民间社会冲突无以解决时向官府提起的诉求机制，集中体现了他们的法律观念。

---

① （明）颜俊彦：《盟水斋存牍》，中国政法大学出版社，2002，第411页。
② （清）沈衍庆：《槐卿政迹》卷二，"申冤事"，载于杨一凡、徐立志编：《历代判例判牍》第10册，中国社会科学出版社，2005，第192页。
③ （清）樊增祥：《樊山批判》卷一，"批陈裴氏催呈"，杨一凡、徐立志编：《历代判例判牍》第11册，第14页。
④ 方大湜：《平平言》卷三，清光绪十三年常德府署刻本。清代时期，此语通常是指户婚田土钱债类等情节轻微的纠纷案件，如"嗣后有鼠牙雀角互相争斗，尽可投明亲族、邻里为之理处"（参见刚毅：《牧令须知》，"劝民息讼示"）。

三、记录了古代官员的司法理念和实践

（一）古代官员的司法理念及案件处理时的身份

判牍是古代司法官员司法理念的体现，一份判词蕴涵着严密的逻辑思维，反映着法律的综合运用。中国古代地方官行政兼理司法，作为父母官，他们有"端本清原"，"使民无讼"的司法理念，在儒家"无讼"思想的浸染下，对于百姓的诉讼，常常将之与道德结合起来，使得百姓的诉讼变得无关紧要，甚至将"讼"与个人、家族的颜面相挂，进而形成"厌讼""贱讼""耻讼"观，并贯彻于他们的司法实践中。民间大量诉讼的存在，也关联着官员个人的政绩考评，在不能消弭百姓诉讼的前提下，贱讼，对诉讼的贬斥，便成为官员在司法实践中常用的手段和方法，以此劝百姓息讼。

官员轻视百姓动辄以"细故"大肆兴讼，但面对纷繁的诉讼案件，也认识到"怨气不申，讼必愈多"，① 故此，化解民怨，以免引起更大恶性事件的发生，他们也及时听讼。然而听讼并非简单的事情，既需要他们熟知法律、依据法律，却又不能拘泥于律例条文；明辨是非，又要兼顾人情；还要调查取证，"田土有文契可查，婚姻有媒妁聘定为信，家产有尊卑嫡庶为分，债负有券约执照为案"。② 因此听讼考验着官员们的个人能力。一旦处置不当，轻则聚讼不已，重则免官罢职。因此，采用何种方式处理诉讼，亦成为他们规避司法风险的选择。在实践中，他们首先更倾向于以调解者的身份，对当事人进行教化、调解，从而达到百姓息讼、止讼，凸显身为父母官的职责，而不是司法审判者的身份。③ 如"批冯俊兰呈词"中，樊增祥起初驳回了案件的诉求，"尔既为局绅宜存体面，是以尔叔具控，批令原管查处完事"，然而原管尚未及向樊增祥

---

① （清）沈兆沄：《篷窗续录随录》卷一一，"答门生王礼圻问作夸书"，《续修四库全书》四库之外杂书类。
② （清）杨潮观：《古今治平汇要》卷一三，"狱讼"，清光绪五年铅印本。
③ 日本学者滋贺秀三称中国古代民事审判之为"父母官式的诉讼"或"教谕式的调停"（见滋贺秀三的《清代诉讼制度之民事法源的概括性考察》一文，载于〔日〕滋贺秀三等著，王亚新等编译的《明清时期的民事审判与民间契约》，法律出版社，1998。），其实质上是行政而非司法性的活动。

禀回处理结果,当事人再次向他呈请传讯庭审,樊增祥指出,"岂以屈膝公堂,叔侄对评为体面耶,尔叔年轻,尔又长厚,必系两边俱有坏人挑唆,使尔等为鹬蚌之争,若辈收渔人之利,须知讼乃凶事,骨肉相残,尤属破产之兆",奉劝叔侄二人莫要兴讼解决矛盾,"本县判事,一本大公,若到公堂,决无好处,此等不通呈词,何人所作,尔与其向此处花钱,何不在乃叔面前,略略看破,避免争端,岂不大妙,此系本县以规为劝,该绅思之"。① 樊增祥非常清楚地点明了身为调解者和审判者的不同。

(二) 古代户婚田土钱债词讼案件的裁决依据

中国古代强调官员问案"断狱引律",历代皆有关于官员出入人罪的责任制度,尤其是命盗大案,法典亦有详细的规定,而民间社会普遍存在的户婚田土钱债等事,法典却未有具体的规范,官府也视之为细故。地方官员依据什么审理此类诉讼呢? 他们留下的裁判文书提供了上述问题的答案:其一,国家的成文律法是他们户婚田土等民事诉讼判决的主要依据。如《名公书判清明集》"户婚门"187 个判案中,直接根据律文做出裁判的约为三分之一,其他大多是参酌法意作出的判决,"在法"、"准令"等字样非常普遍,如"在法:祖父母所立之予,苟无显过,虽其母亦不应遣逐";②"在法:诸户绝人有所生母同居者,财产并听为主";③"准令:诸典卖田宅,四邻所至有本宗缌麻以上亲者,以帐取问,有别户田隔间者,并其间隔古来沟河及众户往来道路之类者,不为邻。又令:诸典卖田宅满三年,而诉以应问邻而不问者,不得受理";④"在法:诸已绝之家而立继绝子孙,谓近亲尊长命继者,于绝家财产,若无在室、归宗、出嫁女,以全户三分给一分,余将没官。准法:诸违法成婚,谓尝为祖免以上亲之妻,未经二十年,虽会赦犹离"。⑤ 虽然上述判文中未见具体的法律条文,但确是根据法律的原则进行判决。清代的张五纬也曾经在谈及民事判决时说道:"民间讼事不一,讼情不齐。其事不外乎户婚、田土、命盗争斗,其情不外乎负屈含冤,图谋诈骗。听讼者即其事察其情,度之以理,而后

---

① (清) 樊增祥:《樊山判牍》,大连图书供应社刊行,1923,第 129 页。
② (宋) 黄榦:《勉斋集》卷三三,"李良佐诉李师膺取唐氏归家",《四库全书》集部。
③ (宋) 刘克庄:《后村先生大全集》卷一九三,"建昌县刘氏诉立嗣事",《四库全书》集部。
④ 中国社会科学院历史研究所宋辽金元史研究室点校:《名公书判清明集》,第 309 页。
⑤ 中国社会科学院历史研究所宋辽金元史研究室点校:《名公书判清明集》,第 109 页。

决之以法。"①其二,礼制也是户婚田土等诉讼判决的依据。中国古代礼制发展源远流长,自西周时期即已成为社会的主要规范。礼是基于风俗习惯和伦理道德所形成的社会规范,是规范和伦理的结合。民事活动的礼制规范成为古代官员裁决婚姻继承等民事诉讼的重要法律渊源,判牍文献中存有大量的此类记载。如唐代判题"得乙女将嫁于丁,既纳币,而乙悔。丁诉之,乙云:未立婚书",白居易作判时,援引礼法,"女也有行,义不可废。父兮无信,讼所由生。虽必告而是遵,岂约言之可爽?乙将求佳婿,曾不良图;入币之仪,既从五两;御轮之礼,未及三周……婚书未立,徒引以为辞。聘财已交,亦悔而无及。请从玉润之诉,无过桃夭之时"。②其三,情理也是古代官员裁决户婚田土词讼案件的依据。以"情理"进行裁判,在中国古代司法中最为普遍,判牍对此亦多有体现。如清代县令沈衍庆裁决张探珠悔婚案,张探珠将女儿许配王世藩之子,并已经"聘帖亲书",后因田产与王家斗殴而欲悔婚。张探珠称,其女若入王门必朝入夕死。其女亦称,愿陪父终老不嫁。沈衍庆判道:"父仇而强事之,是以不孝教也;婚定而故违之,是以不嫁教也。合之既非双美,离之又必两伤……盖男女之道宜正,岂容被以私嫌。而姻娅之情既乖,概难绳以官法。准令张女终依其父以居,永守贞于弗字。世藩别为其子取妾,示名分之犹。如此一变通间,庶伦纪足以相维,而情法似觉兼尽,亦亡于礼者之礼也。"③父女之情,未婚夫妻之情以及两家因讼成仇之情以及男方家传递香火之情,俱在判决之中。

古代官员在审判民事诉讼时,体现出来的常常是对法律条文的轻视。儒家重视德礼教化,自汉代董仲舒"春秋决狱",按照儒家经义进行司法审判后,以儒家道德观念为标准的情理断案在古代司法审判中一直发挥着独特的作用。宋明理学产生后,加剧了官员对于法律知识的轻视。儒家的道德观念被上升到"天理"的层次,情理断案具有了绝对的合理性。官员虽然在听讼时需要考虑法律规定中有哪些可作为判断标准,但是他们并未将法律规定视为绝对权威,也不认为判断必须受法律条文的严格制约。

---

① (清)张五纬:《未能信录》卷一,"原起总论",杨一凡、徐立志编:《历代判例判牍》第9册,第503页。
② 韩鹏杰整理点校:《白居易全集五》卷七一,时代文艺出版社,2001,第1360页。
③ (清)沈衍庆:《槐卿政绩》卷六,"受礼赖婚事",第277页。

四、揭示了明清时期的司法审判监督

明清时期,司法审判监督制度化。① 州县自理案件,通过循环簿机制,实现监督。审转案件,徒刑以上、流刑以下案件,州县在省内实行层层上报;流刑以上案件,则由州县到府,由府到省,由省到中央三法司、皇帝,即所谓案件的外结与内结。判牍文献对地方司法监督多有体现。如现存明代的判牍有相当部分为府推官所制,其中即有地方覆审、转审、驳审案件的记录。如明末广州府推官颜俊彦曾详转其辖下某县所审的一件误杀案,认为县官"委曲详尽,历历如绘,绝无剩情",便附上自己的判决意见,呈"兵巡道转详"。若府级官员认为县审存有疑点,既可直接发回重审,也可亲自讯问,补充查清事实后再审转。在毕单俸殴死族兄一案,颜俊彦认为原县令于"触起阴私,点破说亲"方面"不甚了了",遂亲自询问,终得真情,方呈上级复审。布、按二司及其分司以及巡抚、巡按、总督对于府州县审转而来的案件,如果觉得原拟判决不妥,都可以将案件发回重审,也可以批发给下属的另一个衙口重新审理,一般并不直接改判。如颜俊彦审理的"周永秀强盗"案,案件审转至布、按二司,二司发现疑点,批回分巡道,道批"府覆审";②"强盗屈方明"一案,案件审转至巡抚,巡抚批示"道行府覆审"。③

州县的自理案件每月要被提取号簿,查核督催,以作为考评州县官的部分依据。此外,该管道分巡所至,还要将"该州县每月已结未结若干件,摘取简明一单,行知该州县,勒限完结续报,并将一单移知两司,申详督抚查核"。④ 如樊增祥在任陕西布政使时,对地方州县详、禀等案件,多有批语,于案件审

---

① 洪武十六年,朱元璋规定:"凡民有犯笞杖罪者,县自断决,具实与闻。""犯徒流罪者,县拟其罪,申州若府以达,布政司定拟","有犯死罪者,县拟其罪,申州若府达布政司,布政司达刑部定拟"。(见〔清〕沈家本:《历代刑法考》二,中华书局,1985,第1142页。)《清会典事例》规定:"州县自理户婚、田土等项案件,限二十日完结者,各设立循环簿,于每月底将准告事结、未审结事件填注簿内,开明已未完结缘由;其有应行展限及覆审者,亦即于册内注明,送该管知府、直隶州知州查核,循环簿轮流注销";"各省有知府亲管地方审理事件,概照州县应得之限审解";"知府、直隶州自理案件,逾违二参,将督催之道员,亦照知府行。"对州县自理案件的规定很清楚,而对府、直隶州的自理案件规定得很模糊。大致是府、直隶州自理亲辖地方的户婚、田土等项案件。
② 颜俊彦:《盟水斋存牍》卷一,"强盗周永秀",第33页。
③ 颜俊彦:《盟水斋存牍》卷一,"强盗屈方明等",第25页。
④ 光绪版《大清会典事例》卷一二二,《吏部·处分例》,"外省承审事件"。

判有问题者,轻则斥责、记过,重则免职。如蒲城县令因审理赵鼎五案而被责惩。赵鼎五死后遗有一妻、一妾和一子,子为妾生,遗产由乡官予以分析,妻、妾、子三人各得六千金。妻子宋氏回娘家居住,而妾陈氏与子回蒲城居住。宋氏耗尽财物后携娘家多人,回至蒲城,声称欲安葬丈夫赵鼎五,令陈氏母子出金。陈氏以其不公,母子闭门不纳,以致涉讼。彭令断令嫡庶同居,由妻妾共同营葬。陈氏不服上控,未获批准,于是携子出走汴,多次传唤不到,以致案件三年未结。新上任的陈令乃将案件具禀上司。樊增祥经审认为,"凡断此等案件,最患泥一定之名分而不谅人情",指出宋氏身为正室,丈夫亡故之后本应与陈氏同心抚养遗孤,然而其夫尸骨未寒,便携所分财物径自回到娘家,浪荡挥霍完后又欲剥削陈氏母子,名为正室,实则"鼎五罪人"。前任彭令判决嫡庶同居,看似冠冕堂皇,实为害赵氏一门。嫡庶若能同居,则在汴时就不会分家。宋氏视陈氏母子为鱼肉,强令嫡庶同居,最终可能会导致陈氏母子饿死。故此,樊增祥重新改判,宋氏若住夫家则由夫胞弟赵坤五照管,若回娘家则由其兄养赡,永远不准侵占陈氏母子财产。等将来遗孤成年,或是岁给宋氏养赡之资,或是迎嫡同居均可。将前彭令记大过一次,"以为专打官话、不体人情者戒"。① 而在另一个县令的判决中,长武县崔阎氏被其恶姑洪氏折磨欲死,荒年外逃,改嫁张岐娃为妻并生有儿女。五年后张岐娃夫妇移居崇信,而洪氏以奸拐为由控告张岐娃,官府审讯后将崔阎氏断给后夫,"归后夫为从一而归,前夫转成再醮也"。判决既考虑到崔阎氏在崔家时仅是童养媳的身份,又保全了崔阎氏从一而终的名节,樊增祥在批语中称赞该判"于理、于例、于人情无不推求至当,夫岂俗吏所能耶?"②省、府、直隶州对州县官的司法监督直接影响着他们的升迁与罢黜。③

上级司法监督机制给州县审判带来极大的压力,上有政策,下有对策,他们为规避此种风险,也采用策略逃脱审查,降低因问案而产生的危险。首先,

---

① (清)樊增祥:《樊山政书》卷五,"批蒲城县陈令禀",中华书局,2007,第137—139页。
② (清)樊增祥:《樊山政书》卷一八,"批长武县李令墀词讼册",第512页。
③ 有学者认为,这看似严密的双重监督,其实恰好无查核专责,形成府、道两层不认真查核所属州县自理案件的局面。加上民间词讼系州县自理,不像命、盗案件特关考成,所以也漫不经心,任意积压不审。这种自理案件州县积压不审,府、道无凭查核的情况,到乾隆中期以后更为严重(见吴吉远著,郑欣淼、戴逸、朱诚如主编:《清代地方政府司法职能研究》,紫禁城出版社,2014,第169页)。

减少州县词讼册的上报,或者不报。清代法律规定,州县每月应将案件受理、审断情况造册上报,接受上级衙门的监督。如果对词讼案件有遗漏未载,该州县官将被罚俸一年;若是有心隐匿不入号簿或将未结之案捏报已结者,则予以革职。但在实践中,由于个人能力问题,"一则官不能动笔,幕亦不甚能动笔,每月必保,愈多愈难,是以少报。一则所断之案,自己问心不过,不堪示人……是以少报。更有庸滑州县,臆度本司公事如蝟,不报岂能察及,报则转恐挑拨,此则不但少报,而且直头不报",①所以词讼案件,州县官减少报送或者不报送者亦是常有。樊增祥在任职陕西布政使时,曾经就州县不报送词讼册指出,"通计各属讼案按月册报者不过十之三四,其余非害羞,即脱滑",②有的即使呈报词讼册,亦少报讼案,"各属月报册大抵三两案居多",③"尽冬月一月仅得此稀松平常之一案",④更有甚者一个月内也未曾有一案,"四月一月,上控十六案,自理无",令樊增祥也不得不发出"三原之民竟一月不打官司乎"⑤的疑问。

其次,在司法过程中,州县官经常将大事化小,把审转案件化为州县自理案件,最大可能地减少司法监督所产生的损害。明代李陈玉审理的"张其施人命案",张其施因偷盗而逃逸多年,后归家仍旧习不改,将其母胡氏的财物窃去。其母责之,张其施持砖砸母;其弟张七见状十分气愤,上前扭住张其施,胡氏从身后以大杖将其击打致死。县令李陈玉在判书中写道:"今按张其施罪状种种,不得沿故杀子孙之律,且其母之于子,莫解天性,自非穷凶极恶,忍断割焉!"《明律·刑律·人命·杀子孙及奴婢图赖人》,"凡祖父母、父母故杀子孙","杖七十,徒一年半",如果遵照法律判决,此案知县仅具有审拟权,制定出判决意见,然后申报上级机关核准。但李陈玉并未引用此律,而是以"误杀过失杀"律判决此案:"凡初无害人之意而偶致杀伤人者,皆准斗殴杀伤人罪,依律收赎,给付被杀被伤之家,以为营葬及医药之费。"因为杀人者为其母,不用收赎,所以判其母无罪还家。徒、杖之罪可以化为无罪,而非在知县判罚之内的徒、流、死罪,也可以化为知县权限之内的笞、杖罪。在李陈玉的

---

① (清)樊增祥:《樊山政书》卷一二,"批石泉县词讼册",第342页。
② (清)樊增祥:《樊山政书》卷一三,"批固城县易令词讼册",第365页。
③ (清)樊增祥:《樊山政书》卷一二,"批石泉县词讼册",第342页。
④ (清)樊增祥:《樊山政书》卷一二,"批宁羌州赵牧自理词讼月报清册",第326页。
⑤ (清)樊增祥:《樊山政书》卷一,"批三原县六项月报清册",第6页。

《退思堂集·谳语摘略》中,如此避重就轻的判决并不少见。如"粮房书吏冒支官银案","按律冒支官银准窃盗拟徒",李陈玉却以"故念尚未到手,合行革役,罚铳五把以备城守之用",将徒罪改为他可以自行处置的革役和罚赎。"伪造假银案","按律伪造假银者,杖一百,徒三年,故以热审事例,引例问罪,于本地方枷号一个月,仍行杖惩",李陈玉引用了处罚较轻的《问刑条例》,"伪造假银及知情买使之人,俱问罪,于本处地方,枷号一个月发落"。① 通过避重就轻,将案件置于其权限范围内处置。明代另一判官张肯堂在其判牍中亦有这样的记载。"蔡保"一案中,蔡保因讨欠债将李三纲殴打致死,根据《明律·刑律·人命·斗殴及故杀人》的规定,"凡斗殴杀人者,不问手足、他物、金刃,并绞",蔡保应以死罪论处,但张肯堂依律裁断,认为:"折狱自当多方以求其生,与其推鞫经年,颖秃毫腐,存此梧丘余息,而终无益于死者,孰若即为开释,不斩后来限葛藤乎。"便引用"过失杀伤人"条"依律收赎,给付其家"的规定,认为"罚惩非死,而又足赡死者之家,即刘氏(苦主之妻)亦既输情矣"。② 地方州县处于国家司法审判的最低端,繁重的事务和严苛的责任追究制,使得他们不得不采用策略应对来自上层的司法监督。不仅如此,地方督抚也面临着此类的问题,他们必须向中央呈报地方所办理之案件,接受中央司法机构对他们的监督。

明清时期,中央通过案件上报或审转机制实现对地方司法的监督与控制,各省徒刑以上案件经过地方审转后由督抚呈报刑部,无关人命徒罪案件咨部查核,有关人命的徒罪以及军流案件由刑部覆核。刑部究竟如何实施对地方司法的监督,以及地方对中央的监督又有怎样的回应?清代的《刑案汇览》《驳案新编》等文献详备地载录了刑部与地方之间关于案件审理的批驳、咨询文书,展示了中央对地方的司法指导和监督与控制,以及地方对中央监督控制的对应举措。从这些判牍文献中,可以一窥中央与地方的司法互动。通常而言,地方督抚所呈报案件,刑部如果认为案情明确、所拟罪名妥当、法律适用无误,即可做出最终判决,交由督抚执行。若案卷中案情未确、情罪未协,或与律例不符,刑部则将案件驳回地方重审,地方需要按照刑部所驳意

---

① 以上所引案件均见于柏桦、崔永生:《"情理法"与明代州县司法审判》所引(明)李陈玉:《退思堂集·谳语摘略》,《学习与探索》2006年第1期。
② 同上。

见,"遵驳"改正,并二次具题,刑部再行核拟具题。如果督抚报送刑部的徒、流案件被驳回重审,并应从重改拟斩绞,督抚遵驳改正具题,再经刑部(三法司)核拟题达。刑部对地方案件的司法监督,有时上达天听,这于地方督抚而言,后果更为严重。如乾隆四十五年(1780)江苏巡抚吴坛审理倪顾氏逼迫丈夫自杀案,在法律适用上引"逼夫致死例,拟绞监候",刑部提出异议,认为应适用"比依殴夫至笃疾绞决律,拟绞立决",并提交乾隆,严厉斥责了巡抚吴坛和提刑按察司塔琦。① 在中央与地方司法审判的文书来往中,他们之间的权力博弈在这些文字中彰显无遗。

五、体现了司法创制新法的过程

中国古代的司法过程,常常是判例或成案生成的过程。明清时期,司法监督使得不同层级的司法机关间体现出了强烈的行政权力的上下级关系。如上述中央与地方的监督中,刑部和地方总督在司法权运作中的关系,因刑部是法定的疑难案件和徒刑以上案件的复审机关,这种复审权在刑部对地方督抚拟判的案件提出异议时,在司法层级结构中形成了上级司法机关对下级司法机关的指责,即具有了行政上的上级行政机关对下级行政机关的监督之责。虽然按照清朝的行政设置,刑部与督抚并无行政隶属关系,他们同时对皇帝负责。因此,司法实践中,许多地方督抚为了回避此种驳责,乃引用刑部以前的判决作为判案依据,或者作为自己适用相关法律的说理依据,用此说服刑部同意自己的判决,减少被驳回的可能性。地方州县司法中同样如此,在具有审拟权案件的审理时更愿意选择先例为自己的判决说理,"大凡上司驳案……人多咎上司、幕友、书吏之指驳而惊恐,抑独不思所驳者,是情理乎,非情理乎。果合情理,事出公论,府司不驳,部院必驳,上司岂肯代人受过。若情理意欲苛求,彼既可以不情不理之语,牵强驳,我何难,以有情有理之话委婉覆之。案有可驳,虽不驳亦足惧也,案无可驳,虽驳之又何畏焉"。② 户婚、田土、钱债等诉讼,虽无成法,但有的地方官员自创成案,以供地方州县判

---

① (清)全士潮等编:《驳案新编》,杨一凡、徐立志编:《历代判例判牍》第 7 册,第 464—465 页。
② 杨一凡编:《中国律学文献》第三辑第四册,黑龙江人民出版社,2005,第 113—114 页。

案参考。如樊增祥在审批县审陈世德饥荒之年抛弃妻一案,陈世德因灾荒弃妻朱氏,后闵福成以十二串钱为聘财,经由朱氏之兄朱赖娃主婚,娶朱氏为妻,婚后两人生有一女。四年后,陈世德到咸宁县衙以拐卖发妻具控,要求闵福成归还朱氏。咸宁县初有崔委员审理此案,断陈世德出钱十五串领人。闵福成与朱氏均不服,先后复控。咸宁县舒令到任后,仍断陈世德领人,但要出钱改为一百三十串,作为朱氏四年食用之费。陈世德并以县断翻异为由,具控到府。府批复讯时,舒令只将陈所出之钱改为五十串,闵福成亦以县断翻异具控到省。樊增祥指出,崔委员初断已是"大谬",舒令的复断也是"断一案而四面皆非",裁决"将陈世德重责百板,枷号十日,以治其弃妻于前,图讹于后,昧良上控之罪……并令出具'恩义早绝,永不索妻'甘结存卷,枷满取保释放。朱氏仍归闵福成为妻"。① 其后,樊增祥认为该案具有典型性,因陕西此类案件比较多,下令十二个州"以后如有荒年弃妻,妻在后夫家已生子女者,均照此案办理,以彰公道而顺人情。合行札饬,札到该府州县遵照"。②

第四节 研 究 状 况

一、文 本 的 研 究

中国古代判牍文献作为一种法律文书,其语言风格、结构特征等一直为学界所重视,对判文(判词)文本的研究近来已出现了大批的专著和论文,从研究的内容来看,主要有以下几个方面:判词的语体和程式结构。汪世荣《中国古代判词研究》较为系统地介绍了中国古代判词的发展脉络,尤其是对判词的程式结构以及制作进行了详细的论证分析。判词语言是当前法律语言研究的关注点之一,这方面的论著不多,但比较具有特色。如田荔在《我国判词语体流变研究》对判词语体进行了长时段的探讨,系统论述了判词语体的产生以及流变过程中不同时期的语体特色,提出判词语的流变具有渐进

---

① (清)樊增祥:《樊山政书》卷七,"批咸宁县民闵福成呈词",第178页。
② (清)樊增祥:《樊山政书》卷七,"札十二府州",第181—183页。

性、阶段性和传承性。① 赵静《修辞学视阈下的古代判词研究》,从语体、修辞、文本三个方面对判词的表达与实践进行了分析,指出古代判词非逻辑化倾向严重,大量使用情感和道德修辞以强化说服力和劝导。② 刘愫贞的《判词语体论》是一部真正意义上的判词语体史研究,她从语体风格的视角来论述判词语言,试图勾勒出中国历代判词言语的演变规律及其所呈现的法文化精神。③ 陈锐《唐代判词的法意、逻辑、修辞——以〈文苑英华·刑狱门〉为中心的考察》一文,从法意、逻辑和修辞三个方面分别对唐代拟判判词进行论证,认为唐人在法律方法上承前启后,有极大的创新和发展。④ 通过语言分析判词说理,亦是近年古代判词研究的焦点,此类研究将判词制主体的文人气质和他们的司法者身份相结合,论著比较多,如黄霞《中国古代判词的情理与文采》、管伟《中国古代判词说理性修辞的意蕴与价值取向——以〈名公书判清明集〉为例》、高景《清代判词中的法律文化语言研究》、沈相泉《敦煌文献伯3813唐判与花判》、陶碧云《中国古代判词中的"情理场"与法律语言——以〈名公书判清明集〉为主要视角》等。苗丽的博士论文《清代判词研究》,以清代判词制作人身兼文学家与司法者双重身份出发,将判词放置于文学与法律之间,从礼法文化的视阈,分析了清代儒者刑名的司法实践、吏治精神与判词写作之间的互动影响,认为清代判词是文学性和实用性的契合。

二、内容的研究

(一) 户婚田土钱债等方面的研究

1. 婚姻研究。20世纪以来,随着判牍文献的整理与出版,对判牍研究的成果已数不胜数,其中关于户婚、田土、钱债等民事案件的研究主要集中在婚姻、财产与继承、田产等方面。婚姻诉讼中悔婚与妇女再婚问题,颇受研究者的关注。任晓兰《晚明的悔婚现象及其法律规制》一文指出,晚明商品经济的

---

① 田荔枝:《我国判词语体流变研究》,中国政法大学出版社,2011。
② 赵静:《修辞学视阈下的古代判词研究》,巴蜀书社,2008。
③ 刘愫贞:《判词语体论》,巴蜀书社,2009。
④ 陈锐:《唐代判词的法意、逻辑、修辞——以〈文苑英华·刑狱门〉为中心的考察》,《现代法学》2013年第4期。

发展,婚姻风尚发生变化,财婚兴起,以致悔婚诉讼增加,司法中州县官员采以成婚为定的倾向,而非以定婚裁判。① 翟俊义《唐代离婚判词研究——以〈甲乙判〉为考察中心》论证了唐代离婚的礼法结合特点及维护宗法家族的价值取向。② 台湾学者柳立言《浅谈宋代妇女的守节与再嫁》、吴欣《婚姻诉讼案件中妇女社会性别的建立——以清代直、陕、豫、鲁地区判牍、档案资料为例》,从妇女主婚权、妇女悔婚和妇女婚姻内诉讼出发,对清代女性的人格属性进行分析,指出未婚女子亲属关系的脆弱;一旦订婚,其族属关系已经发生部分转移,由父族向夫族过渡。已婚妇女为夫族成员,在礼制上已与母家的关系变得疏薄,与母家的亲属范围也在缩小,但情感上对母族的依赖在某些情形下会加强并形成一种自觉。③ 吴正茂《清代妇女改嫁问题研究》,以判牍结合其他史料就妇女再婚问题从法律的视角进行分析,认为出嫁女子人身上归属于夫家,改嫁时,不利于夫家与母家主婚权之争的妥善解决,与女子出嫁后与两家的实际法律关系不相符。民间习惯法对该问题的解决方法未能被官方法律充分吸纳。妇女改嫁时,相对于初嫁有较大自主性,法律对妇女守志的保障,使妇女在主婚问题上取得了一定的抗命之权。④

2. 家庭财产与立嗣研究,自 20 世纪 80 年代以来,家庭财产与立嗣问题一直是研究的重点,成果众多。⑤ 其中邢铁教授的《唐宋分家制度》《家产继承史论》和《宋代家庭研究》从唐宋家庭的变化出发,从立嗣继产的多个角度涉及对养子的分析。⑥ 另有柳立言《宋代的家庭与法律》之《宋代同居制度下的所谓"共财"》⑦、李淑媛《争财竞产:唐宋的家庭与法律》、宋代官箴研读会《宋代社会与法律——(名公书判清明集)讨论》、日本学者滋贺秀三《中国家族法原理》⑧等,这些论著最具有代表性。他们各自从不同的视角,运用判牍文献,

---

① 任晓兰:《晚明的悔婚现象及其法律规制》,《妇女研究论丛》2007 年第 6 期。
② 翟俊义:《唐代离婚判词研究——以〈甲乙判〉为考察中心》,《河南科技大学学报(社会科学版)》2018 年第 4 期,第 23—28 页。
③ 吴欣:《婚姻诉讼案件中妇女社会性别的建立——以清代直、陕、豫、鲁地区判牍、档案资料为例》,《妇女研究论丛》2009 年第 4 期。
④ 吴正茂:《清代妇女改嫁问题研究》,中国政法大学出版社,2015。
⑤ 关于这方面的论著重复性的论题比较多,因篇幅所限,本文不一一列举。
⑥ 邢铁:《唐宋分家制度》,商务印书馆,2010;邢铁:《家产继承史论》,云南大学出版社,2012;邢铁:《宋代家庭研究》,上海人民出版社,2005。
⑦ 柳立言:《宋代的家庭和法律》,上海古籍出版社,2008。
⑧ 〔日〕滋贺秀三:《中国家族法原理》,张建国、李力译,法律出版社,2003。

对中国古代不同时段的家庭财产制度进行了探讨。程维荣《〈盟水斋存牍〉及其反映的晚明继承制度》分析了晚明宗祧继承和财产继承并未严格区分立继和命继。① 栾成显《明清徽州宗族的异姓承继》运用案牍、族谱、徽州文书等资料探讨了明清徽州异姓承继现象及相关法规的调整。② 吕宽庆《清代立嗣继承制度研究》，③ 杜正贞《"异姓为嗣"问题中的礼、法、俗——以明清浙南族规修订为例》结合判牍、族谱、契约等史料，分析了明清宗族异姓立嗣从放任不受管制到宗族管理、限制的发展过程，指出在这个过程中，礼、法及国家赋役制度的变革和宗族组织的发展，都对"异姓为嗣"习俗的形成产生了影响。④

3. 家庭成员关系研究。近年家庭关系问题也渐受关注，判牍文献也成为考察家庭成员关系的重要史料，并出现了一些这方面的论著。柳立言《从法律纠纷看宋代的父权家长制：父母舅姑与子女媳婿相争》通过《名公书判清明集》中判词的分析，论证了宋代时期父权家长制下的尊卑关系；他的另一篇论文《养儿防老：宋代的法律、家庭与社会》讨论了特殊情况下，国家法律如何解决继子、义子及赘婿的继承权以及他们与生父母、养父母的供养关系。⑤ 刘佳《清代婆媳关系管窥》分析了家庭中的婆媳冲突。⑥ 汪雄涛《明清判牍中的亲属争讼》指出亲属争讼是明清普遍的民间常态，反映了伦理约束的有限性，宗族的权威并不能使其有效地化解亲属争讼，反而成为民间争利的合理借口，因此有必要反思儒家伦理在民间的真正影响。⑦

4. 土地买卖研究。自 20 世纪起，土地买卖问题一直是学界关注的重点，成果、论著极为丰富。断代研究方面，因判牍文献问题，以宋朝和明清两朝的研究为多，最具有典型性。宋代的田产诉讼论著，主要有仁井田陞《唐宋法律文书研究》、⑧ 戴建国《从佃户到田面主：宋代土地产权形态的演变》《宋代的

---

① 程维荣：《〈盟水斋存牍〉及其反映的晚明继承制度》，载张伯元主编：《法律文献整理与研究》，北京大学出版社，2005。
② 栾成显：《明清徽州宗族的异姓承继》，《历史研究》2005 年第 3 期。
③ 吕宽庆：《清代立嗣继承制度研究》，河南人民出版社，2008。
④ 杜正贞：《"异姓为嗣"问题中的礼、法、俗——以明清浙南族规修订为例》，《历史研究》2017 年第 3 期。
⑤ 柳立言：《宋代的家庭和法律》，上海古籍出版社，2008。
⑥ 刘佳：《清代婆媳关系管窥》，《清史研究》2007 年第 3 期。
⑦ 汪雄涛：《明清判牍中的亲属争讼》，《环球法律评论》2009 年第 5 期。
⑧ 〔日〕仁井田陞：《唐宋法律文书研究》，东京大学出版社，1983。

民田典卖与"一田两主制"》,①程民生《论宋代私有财产权》,②李如钧《宋代土地交易之研究——以典为中心讨论》、青木敦《开发、地价、民事法规——以〈清明集〉所见土地典卖关系法为中心》、③高桥芳郎《宋代官田的"立价交佃"和"一田两主制"》、④高玉玲《宋代买卖契约的法律效力问题研究》⑤等。明清时期的研究,主要有童光政《明代民事判牍研究》利用判牍全面研究明代的法律在产业、债务、民事赔偿、婚姻和继承权等判决上的实施情况,⑥张小也《清代的坟山争讼——以徐士林〈守皖谳词〉为中心》分析了清代坟山争讼的复杂性和地方官员应对的策略,滨岛敦俊《关于明清时期的"主佃之分"》利用《莆阳谳牍》等资料分析了基层案件审理中"主佃之分"的实际存在和运行的法律规范,⑦韩秀桃《明清徽州的民间纠纷及其解决》⑧也是一部重要的成果。

(二) 司法运行中的人

运用判牍文献研究司法运行中的人一直比较受到关注,从现有的研究成果来看,集中于妇女和讼师的论著相对较多,其他的研究都比较薄弱。妇女研究主要集中于财产与立嗣。如柳立言《宋代分产法"在室女得男之半"新探》利用判牍资料与其他资料结合,分析了在室女的财产权;邢铁《唐宋分家制度》则对户绝下的女儿财产继承进行了讨论;美国学者白凯《中国的妇女与财产:960—1949》利用大量的判牍资料,对宋以来直至南京国民政府时期的妇女财产与立嗣进行了考察;⑨柳立言《宋代女儿的法律权利与责任》一文考

---

① 戴建国:《从佃户到田面主:宋代土地产权形态的演变》,《中国社会科学》2017年第3期;戴建国:《宋代的民田典卖与"一田两主制"》,《历史研究》2011年第6期。
② 程民生:《论宋代私有财产权》,《中国史研究》2015年第3期。
③ 〔日〕青木敦:《开发•地价•民事法规——以〈清明集〉所见土地典卖关系法为中心》,载中国政法大学法律史研究院编译:《日本学者中国法论著选译》上,中国政法大学出版社,2015。
④ 〔日〕高桥芳郎:《宋代官田的"立价交佃"和"一田两主制"》,载刘俊文主编:《日本学者论中国史•宋元明清卷》,上海古籍出版社,1995。
⑤ 高玉玲:《宋代买卖契约的法律效力问题研究》,安徽师范大学出版社,2016。
⑥ 童光政:《明代民事判牍研究》,海南出版社•南方出版社,2008。
⑦ 〔日〕滨岛敦俊:《关于明清时期的"主佃之分"》,载赵毅、林凤萍主编:《第七届明史国际学术讨论会论文集》,东北师范大学出版社,1999。
⑧ 韩秀桃:《明清徽州的民间纠纷及其解决》,安徽大学出版社,2004。
⑨ 〔美〕白凯:《中国的妇女与财产:960—1949》,上海书店,2003。

察了宋代时期女儿立法的权利与责任及其在司法中的差异。① 吕宽庆《清代寡妇权益问题研究》以判牍结合清代地方志、契约文书等资料论述了清代寡妇所享有的基本权益和特殊类型的权益,考察了清代寡妇的真实权益状态。② 讼师研究方面,日本学者夫马进《明清时期的讼师与诉讼制度》探讨了民事诉讼场域下的讼师与民间诉讼之间的互动关系;③张小也《清代的地方官员与讼师——以〈樊山批判〉与〈樊山政书〉为中心》通过对清代地方官员与讼师之间矛盾与冲突的论证,分析了讼师在基层社会权力建构中的诉求。④ 绅士研究,主要有滨岛敦俊《明末华北地区地方士人的存在形态——以〈营辞〉为中心》、⑤严曦《明代绅士与诉讼——以判牍为中心》⑥分别探讨了士绅在华北社会中的非宗族性存在及士绅在明代地方司法实施中的角色和影响。官员阶层的研究,有柏桦《明清州县官群体》⑦梳理了明清州县官的群体概况,张小也《官、民与法:明清国家与基层社会》⑧从儒者之刑名的视角对清代地方官员群体进行了探讨。其他的研究有:郭琳《宋代女使在家庭中的地位——以〈名公书判清明集〉为中心的考察》指出宋代女使,即家内女婢,在人身权、财产权和婚姻家庭权三个方面具有部分权利,较之唐代"奴婢贱人,律比畜产"有了比较大的变化。⑨ 王雪萍《明代婢妾婚姻实态探微》结合判牍等文献探讨了明代婢妾的婚姻,指出她们的婚姻是男性在妻子亡故,为维系既有家庭秩序的稳定,不愿续娶情形的婚姻补充,但成为婢女以此改变命运的契机。⑩ 柳立言《宋代的宗教、身分与司法》以宋代僧人和婢妾这两类特殊人群为例,分析了在僧人发生刑事犯罪、婢妾主张民事权利时,他们的宗教和家庭身分如

---

① 载于柳立言:《宋代的家庭和法律》,上海古籍出版社,2008。
② 吕宽庆:《清代寡妇权益问题研究》,郑州大学出版社,2017。
③ 〔日〕夫马进:《明清时期的讼师与诉讼制度》,载〔日〕滋贺秀三等著:《明清时期的民事审判与民间契约》,王亚新、梁治平等译,法律出版社,1998。
④ 张小也:《清代的地方官员与讼师——以〈樊山批判〉与〈樊山政书〉为中心》,《史林》2006 年第 3 期。
⑤ 〔日〕滨岛敦俊:《明末华北地区地方士人的存在形态——以〈营辞〉为中心》,《近世中国的社会与文化(960—1800)论文集》,台湾师范大学,2007。
⑥ 严曦:《明代绅士与诉讼——以判牍为中心》,中国知网,学位论文,2008。
⑦ 柏桦:《明清州县官群体》,天津人民出版社,2003。
⑧ 张小也:《官、民与法——明清国家与基层社会》,中华书局,2007。
⑨ 郭琳:《宋代女使在家庭中的地位——以〈名公书判清明集〉为中心的考察》,《濮阳职业技术学院学报》2010 年第 2 期。
⑩ 王雪萍:《明代婢妾婚姻实态探微》,《济南大学学报》2010 年第 4 期。

何影响司法审判。该书以宗教和身分为线索,试图探索宋代司法过程中影响审判的各种人为因素。①

(三) 司法审判研究

利用判牍文献研究司法审判是热点,研究主要集中在对地方司法官员民事审判的依据和法源方面,这方面的成果论著丰富。日本学者滋贺秀三在其《清代诉讼制度之民事法源的概括性考察——情、理、法》和《清代诉讼制度之民事法源的考察——作为法源的习惯》两文中,利用清代判牍对清代民事审判依据进行了研究,提出了清代民事案件裁决的主要依据为"情理",在后一篇论文中他还进一步指出,古代中国民间存有大量的不成文却为人们所广泛承认的种种原理、原则,强调相互公平,这种原则与"情"相结合,就可以理解为是社会生活中健全的价值判断,有一种"平衡的感觉"。② 此后国内学界对此也展开热议,范忠信等人的《情理法与中国史——中国传统法律文化探微》对司法中的情理法关系进行了分析。③ 邓勇《论中国古代法律生活中的"情理场"——从〈名公书判明清集〉出发》则提出"情理场"的概念,认为那是一个情理的空间,一个介乎于圣贤操守和腐败司法之间的解决纠纷的空间。④ 张仁善在其《论传统中国的"性情司法及其实际效应"》一文中提出了"性情司法"概念,他借鉴美国大法官本杰明·卡多佐的"情感法学"概念,对"性情司法"进行了解释,认为性情包括性格和情趣两个方面,它们共同作用于司法主体的司法活动时,即为"性情司法",并将传统司法官员的"性情司法"划分为躬亲狱讼、宽大仁恕、秉公行法、才情饱满、揆情酌理五种类型。⑤ 汪雄涛的《明清判牍中的情理》在滋贺秀三"情理"概念的基础上,对"情理"内涵做了更深层的论述,将"情"分为感情、性情、人情世故以及案情四个义项;"理"分事物之理与人伦之理,认为"情理"包含事实和法律两个维度。⑥ 罗洪启在《清代刑

---

① 柳立言:《宋代的宗教、身分与司法》,中华书局,2012。
② 〔日〕滋贺秀三:《清代诉讼制度之民事法源的概括性考察——情、理、法》,载滋贺秀三等著:《明清时期的民事审判与民间契约》,王亚新、梁治平编译,法律出版社,1998。
③ 范忠信:《情理法与中国史——中国传统法律文化探微》,中国人民大学出版社,1992。
④ 邓勇:《论中国古代法律生活中的"情理场"——从〈名公书判明清集〉出发》,《法制与社会发展》2004年第5期。
⑤ 张仁善:《论传统中国的"性情司法及其实际效应"》,《法学家》2008年第6期。
⑥ 汪雄涛:《明清判牍中的情理》,《法学评论》2010年第1期。

事裁判司法论证研究：以刑部命案为中心的考察》中对刑事诉讼"情理判"做了分析。① 台湾学者高明士通过对唐代判集的研究，认为判文重视情理的礼教秩序原理远甚于征引律文的刑责，即使征引律文，通常也只节略提示而已，甚至以理折法，目的在强调教化。②

何勤华《清代法律渊源考》一文在对《刑案汇览》《驳案新编》《汝东判语》《吴中判牍》《樊山判牍》《徐雨峰中丞勘语》等进行论证分析基础上，认为清代民事审判中司法官员大多适用律例或者其原则进行裁决，也适用习惯法、判例、学说、情理作为判决的依据，它们或者单独适用，或者与律、例混合适用，以寻求原告与被告之间、罪与刑之间最大限度的"允协"。

除上述的研究外，利用判牍进行区域社会的研究也出现了一批研究成果。如沈小明《〈盟水斋存牍〉所载强盗案件研究》、③王日根等《从〈盟水斋存牍〉看明末广东沿海的盗匪》论述了明末广东地区海盗的形成及其与海商和官僚之间的关系以及官府治理的无力。④ 宗族研究方面，日本学者井上彻《明末广州的宗族——从颜俊彦〈盟水斋存牍〉看实像》利用《盟水斋存牍》考察了珠江流域宗子、族长以祠堂为中心整合宗族的情形。⑤

第五节 研 究 展 望

如上所述，判牍文献的研究取得了较丰富的成果，促进了中国古代法律史、法律社会史等方面的研究发展，但也存在一些不足。如对判牍文献的利用不足，从目前的研究来看，所利用的判牍种类比较少，如唐代的判牍，大多集中于对白居易《甲乙判》和《龙筋凤髓判》以及敦煌判集的分析。宋代《名公书判清明集》的利用和研究成果最多，明清时期的判牍被利用的约有二三十

---

① 罗洪启：《清代刑事裁判司法论证研究：以刑部命案为中心的考察》，中国政法大学出版社，2017，第214页。
② 高明士：《律令法与天下法》，上海古籍出版社，2013，第185页。
③ 沈小明：《〈盟水斋存牍〉所载强盗案件研究》，中国知网，学位论文，2003。
④ 王日根、曹斌：《明清河海盗的生成及其治理研究》，厦门大学出版社，2016。
⑤ 〔日〕井上彻：《明末广州的宗族——从颜俊彦〈盟水斋存牍〉看实像》，《中国社会历史评论》第6卷，天津古籍出版社，2005。

种,大部分的判牍文献并未受到充分重视。这主要与这些判牍文献的保存和整理密切相关。判牍大多存于个人文集中,而这些文集又非常零散,有的文集中仅存数篇,翻阅搜寻困难,需要耗费大量的时间和精力。目前整理出来的判牍文献尚不足所存文献的一半,而且这些文献的整理大多是将原判牍文献集中影印出版,这虽然便利了研究利用者的搜检,减少了搜查资料的时间,方便了研究者者对原始文献的比对利用,从而减少引用的错误,但由于有的原判牍文献书写不易辨认以及未加句读,其阅读相对有些难度,也影响了对文献的利用。

对判牍文献的利用,不仅需要正确解读判牍,还应仔细辨识判词文字内容的添加与减损。古代官员在司法过程中所形成的裁判文书,是他们基于案件事实、事实理由分析及裁决而最终制作的文本资料,它不是整个诉讼过程的完整记录,也不是审判过程的完整记载,判牍中看不到原告、被告、证人及其他涉案人员的原始话语,所有的文字信息都是官员们根据裁判文书的制作需要,将他们所掌握和了解的有关案件情况进行裁制整理的结果。这也就意味着,读者所看到的文字资料不是完整的案件诉讼材料,它经过了古代司法官员的添加或减损,不利于读者利用判牍去了解当时民间社会的诉讼实态。判牍文献是中国古代司法官员制作的官方文书,其制作的主要目的是向上级负责,便于上级机关对他们进行司法监督和控制。无论是户婚、田土等词讼案件,还是命盗大案,地方各级官员都按要求必须向上级机关呈报,故此他们制作的是一份符合上级需要的、能够经受得起上级机关审核的判词,否则判词不仅被驳回,更重要的是他们可能因此受责罚或被免职。因此,他们制作判词时具有强烈的立场取向,甚至夸大自己的作用或虚构事实等。正如学者徐忠明教授所言,"司法实践记录本身也是一种表达,也有一个修辞技巧,甚至有意作伪,或者虚构的问题",[①]因此在利用司法档案资料时,需要保持一种"警惕"之心。

判牍文献是中国古代官员为任一方,或承担某一职务时对案件审理的裁

[①] 转引自徐忠明:《小事闹大与大事化小:解读一份清代民事调解的法律记录》,《法制与社会发展》2004 年第 6 期。他不只一次地谈及司法档案的客观真实性问题,曾在《关于中国法律史研究的几点思考》也提到了这一问题(载汪汉卿、王源扩等主编:《法律史论丛》第八辑,《继承与创新——中国法律史学的世纪回顾与展望》,法律出版社,2001)。

决文书,一般来说,大多是一时一地的诉讼记录,从时空而言,这样的文献记载是零碎的,不具有连续性,不能够提供长时段的诉讼考察。因此,在利用此类资料时,如果单一使用,则难以进行深入的分析,研究易流于表面,而且研究的内容也容易碎片化。如目前的学位论文,尤其是硕士论文,有许多在利用判牍做研究,但大多是重复性的工作,缺乏建树性的观点和创新性的分析,原因虽然是多方面的,然而其中一个重要的原因即史料单一。判牍作为一种官方文献,无论出自何人之手,都呈现出相同的法律价值和法律观念。它们的制作者所接受的都是儒家教育,拥有的是儒家化的知识结构和价值观,这种知识结构与价值观影响着他们的思维和行为。无论他们个人的经历如何千差万异,都不足以改变他们的知识结构。他们的政治立场也是一致的,都是皇权帝制下官僚体制框架中的一员。他们的司法实践,都具有远大的理想与情怀,大者治国平天下,小者实现一方的良治久安,改善地方的社会治安。因此,判牍具有极大的同质性。利用这样的史料去考察中国古代社会的诉讼实态和司法实态,必须结合其他史料,特别是不同质的史料,如地方志、契约文书、族谱、野史笔记、戏曲小说、传说、碑刻图画等,进行综合考察。

第七章　古代司法档案文献[*]

第一节　文 献 概 述

一、古代司法档案文献的历史变迁

著名历史学家郑天挺先生说过:"历史档案在史料中不容忽视,应该把它放在研究历史的最高地位,就是说离开了历史档案无法研究历史。"[①] 历史档案是"原始资料的原始资料,应该占最高地位"。[②] 中国古代司法档案作为古代档案文献的一种,是关于古代法律的官方文书,在内容上涵盖中国古代司法制度,各种规章律令及法律实际施行、运作的记录等方方面面,历史上曾被广泛藏于皇室、中央及各级地方政府中。

现存中国古代司法档案文献主要形成于明清时期,明清统治者在政治活动中都十分重视文书和档案工作的开展,从中央到地方各级衙门普遍设置了为数众多的文书档案工作机构。明洪武二十四年(1391),朱元璋明令"置天下诸司架阁库,以庋案牍"。据史书记载粗略统计,当时全国有名可考的地方架阁库就有三百个以上。[③] 在中央,明王朝先后建立了许多皇家档案库和全

---

[*] 本成果为中国政法大学科研创新项目(项目编号:18ZFG82010)资助成果、北京市社会科学基金项目(项目编号:18LSC012)资助成果、中国政法大学(2019年)研究生教育教学改革项目(项目编号:YJLX1936)资助成果、中央高校基本科研业务费专项资金资助成果、中国政法大学交叉学科培育与建设计划经费资助成果。

[①] 郑天挺:《清史研究和档案》,《历史档案》1981年第1期,第5页。

[②] 郑天挺:《清史研究和档案》,第5页。

[③] 邹家炜、董俭、周雪恒:《中国档案事业简史》,中国人民大学出版社,1985,第198页。

国性的档案库,如位于禁中的大本堂保存着从元朝官府中收集来的档案文籍,古今通集库收藏有皇帝赐封给功臣、名将、藩王、驸马的诰封、铁券以及京官、外官的诰封底簿,但因保管不善和历代战乱等因素,明代档案亡佚严重,仅有一小部分留存至今。清王朝的档案工作较之明代有了更大的发展。中央各机关文书档案工作分工细密,都设有清档房和汉档房。地方各级衙门都设有档房,负责管理本机关的档案。有清一代,极重祖宗成法,文牍泛滥,各衙门档案日积月累,千宗百架,库藏十分丰富。在中央,清代沿用明代皇史宬作为皇家档案库。又于康熙二十一年(1682)设方略馆,后来成为军机处档案的保管地,《枢垣纪略》载:"方略馆以枢臣总领,于事无所不问,馆书无不汇集。"民初,军机处方略馆所存档案,由北洋政府接管,移存中南海集灵囿(解放后已拆除)。1926年,归入故宫博物院文献馆。内阁大库是专藏内阁档案的场所。内阁是清代重要的中枢机关,在军机处确立之前,内阁综理全国政务,雍正之后,内阁权力逐渐被军机处取代,变成办理例行政务、颁发文告的机关。内阁事务繁杂,形成的档案为数最巨,种类最多,全部保存在内阁大库中。大库建造年代不详,可能是沿用了明代文渊阁建筑。它位于紫禁城之东南隅,紧邻内阁大堂,由东西两座库房构成,西库贮藏红本,称红本库,东库藏实录、表章等物,称实录库。乾隆时,曾于内阁供职的王正功在其《中书典故汇纪》中说:"库坐南向北,共二十间,开门四,每间深四寸,重之以楼。……西二门,共库十间,可通往来。楼上楼下皆贮红本,典籍关防亦贮其中。东二门内,库各五间,一为满本堂存贮实录、史书、录疏、起居注及前代帝王功臣画像等物,一为存贮书籍及三节表文、表匣及外藩表文之所。"大库自清入关后,"二百余年从未拆盖修理,年久木料糟朽,墙壁闪裂……院内地沟堵塞,每遇大雨时行,积水盈尺,无处宣泄,全集渗消,日久雨水灌注,地基蛰陷,墙壁颓坠……渗漏坍塌,几无完室"。① 道光时对大库维修过一次,光绪二十四年大库再次损坏,正准备修缮,不久八国联军寇入北京,工程作罢。到宣统元年,大库"更形渗漏,如再迟延,恐大木亦有糟朽之虞",内阁奏请派员"查勘修理"。② 先将库存实录、圣训移存内银库,将一部分重要档案移存文华殿两庑,

---

① 李鹏年:《内阁大库:清代最重要的档案库》,《故宫博物院院刊》1981年第3期,第59页。
② 《内阁奏稿》(道光朝),转引自李鹏年:《内阁大库:清代最重要的档案库》,第59页。

来不及迁出的大批档案仍然露积在大库垣内。后来，醇亲王摄政要查阅清初多尔衮摄政典礼的旧档，内阁检之不得，便借口库内档案无用者太多，于是奏请焚毁，并获得批准。斯时，张之洞以大学士军机大臣管学部事，奏请将内阁大库藏书拨交学部，设学部图书馆（后改为京师图书馆），派学部参事罗振玉到大库挑选和接收书籍。罗氏"见庭中堆积红本题本，高若丘阜，皆依年月顺序，结束整齐"，他随手抽出两束来看，见其中一束为乾隆时漕运总督管干珍督漕时的奏折，另一束为乾隆时军机大臣阿文成征金川时的奏折，两者日月衔接，具有次第，"询何以积庭中，始知即奏请焚毁物也，私意此皆重要史稿，不应毁弃"。他归部告于同仁，恳请张之洞上奏罢焚，将这批档案移存学部。大内档案第一次流出宫外。清帝逊位后，原存宫中各处的档案被留了下来，由清室善后委员会负责清点、登记、整理、保管。委员会设委员长一人，由李煜瀛担任，委员十四人，有汪兆铭、蔡元培、鹿钟麟、张璧、范源濂、俞同奎、陈垣、沈兼士、葛文浚，以及清室选派的绍英、耆令、载润、宝熙、罗振玉。1925年 10 月 10 日宣布成立故宫博物院后，故宫各处的档案交由文献部收藏管理。民国建立后，教育部接管了清学部所存的明清档案。1913 年，教育部在国子监旧址，设立了历史博物馆筹备处。1916 年，筹备处迁往午门，将原存国子监和学部大堂后楼的档案搬迁到午门和端门门洞中。历史博物馆并没有妥善保管这批幸存下来的明清档案，只是把其中比较整齐的拣选出来，存放在午门楼上，余下的装入麻袋仍然放置于端门门洞中，因管理不善，许多档案惨遭破坏。1921 年，军阀混战，经济萧条，民不聊生，政府财政亏空，各机关往往不能按时发薪。于是，教育部将放置在端门门洞中约八千麻袋、重约十五万斤的档案，卖给北京西单同懋增纸店，作为再造纸原料。后虽经罗振玉、北京大学研究所国学门、中央研究院历史语言研究所、清华大学历史系、禹贡学会等个人及机构抢救，无奈内阁大库档案经辗转播迁，数易其主，已前后损失约两万多斤。直至新中国成立后，档案事业蓬勃发展，各级政府都拨出巨款加强档案馆建设，修建新库房，增添新设备，改善档案的管理条件。1976 年以前，中国第一历史档案馆所存明清档案分别被保存在故宫内的十几个大殿及原内阁大库、清史馆、皇史宬库房中，政府曾多次拨款加固改建，确保档案的安全。1976 年又在西华门内建筑了面积 17000 多平方米的新库楼，将档案全部搬入。1983 年又对库房进行改建。改建后，普遍安装了轻钢龙骨岩棉石膏板护热材料,增强了档案库房的密封性和保温性。更新了空调设备,增设了去湿机,安装了自动防火设施、防盗警报器、温湿自动巡检记录仪器、闭路电视系统等现代化设备,使库房基本上达到恒温、恒湿、防火、防盗、防尘、防光的要求。总之,迄今为止,经过中国第一历史档案馆全体工作人员数十年的艰苦努力,多数档案都已得到整理编目。①

现存中国古代司法档案文献主要包括两大类:中央级司法档案和地区级司法档案。前者如中国第一历史档案馆保存的大量清代刑科题本,后者如巴县档案、南部档案、淡新档案。透过这些档案文献所记录的各类案情报告、审判过程及量刑结果,我们不仅可以了解古代法律制度在实际案件审理过程中的具体运作,还可以了解古代各级审判体制及司法实践的诸多信息。此外,古代司法档案还有助于我们探究诸如法律文化与国家权力、社会群体间的关系等社会史问题。中国历史上曾经产生过浩如烟海的司法档案,如今,多数先代档案都早已亡佚了,目前存藏最多的主要是明清档案特别是清代档案,这些无比珍贵的历史资料多数被收藏于中国大陆、中国台湾及日本、美国等地的档案馆、博物馆、图书馆及研究机构中。

二、古代司法档案文献的法律文献学价值

中国古代司法档案文献的法律文献学价值主要体现在其对法律史学研究的助益方面。当代西方史学最卓越的研究领域之一就是根据司法档案进行研究:"年鉴学派"的领军人物——勒华拉杜里(Emmanuel Le Roy Ladurie)的《蒙塔尤》、"微观史学"之代表——金斯伯格(Carlo Ginzburg)的《夜间的战斗:16、17世纪的巫术和农业崇拜》及《奶酪与蛆虫:一个16世纪磨坊主的精神世界》、"新文化史"鼻祖——戴维斯(Natalie Zemon Davis)的《马丁·盖尔归来》及《档案中的虚构:十六世纪法国司法档案中的赦罪故事及故事的叙述者》等学术著作无不是根据当时的司法档案写就。中国的司法档案为我们提供了相似的研究机遇。如果中国史学界能够充分关注中国历代的司法档案文献,全面对其展开研究利用,并与一定的理论方法相结合,必

---

① 倪道善编著:《明清档案概论》,四川大学出版社,1990,第1—10、23—25页。

将极大深化学界对中国古代社会司法理念及实践等诸多问题的认识。关于诉讼档案的特殊性,黄宗智曾言:"比起其他的材料,法律文件更能阐明习惯性实践和官方意识形态二者的逻辑,以及二者之间关系的逻辑……法律档案记录为我显示了表达的重要性,但是它也提醒我注意真实的证据和虚假的证据、真相和虚构之间的关键性差异。"然而,目前的中国法律史研究却多偏重于官方表达层面的传统史料(如法典、正史、政书、方志等),而缺乏对诉讼档案所反映的司法实践的认识,尤其是基层的以及关于"户婚田土"等"细事"的司法实践。人们往往简单地接受官方表达,认为"细事"案件并不重要,但这和司法档案特别是基层诉讼档案所反映的实际有很大距离。因此,理应重视从司法档案出发的研究路径。① 国内外各级各类档案馆、博物馆、图书馆及研究机构所藏中国古代司法档案是法律史、社会史等相关人文社会学科研究的资料宝库,它们所蕴含的中国各历史时期的法律制度、司法实践以及当时的社会生活、社会观念,是任何其他材料所不能替代的。因此,在一定的理论指导下运用这些档案文献资料研究中国法律史,是极富挑战性的课题。

具体而言,中国古代司法档案文献对于法律史学研究的价值与作用主要体现于下述两方面:

第一,有利于中国法制史研究。中国第一历史档案馆堪称明清法律史研究的资料宝库,该馆不仅保存了大量政府司法部门职务活动所形成的司法档案,还保存了丰富的经由皇帝批阅的法律类题奏文书和审判档案。如司法档案中最重要的刑部、法部档案,这部分档案中数量最多的是审理全国各类刑、民事案件及司法管理、律例修订方面的文书,通过分析这些档案,可以深化我们对清代法律形式、法律制度、司法机构、审判制度及法律变革等问题的认识。又如,刑部、法部档案和顺天府档案中的"热审"档案,可谓研究清代司法审判的最直接史料。而大陆各地方档案馆、博物馆、图书馆等机构所收藏的地方司法档案则有助于我们了解清代地方诉讼审判制度的特点、规律及地方政府的司法职能等问题。

第二,有利于法律社会史研究。法律社会史关注的焦点是民众与社会变

---

① 黄宗智、尤陈俊主编:《从诉讼档案出发:中国的法律、社会与文化》,法律出版社,2009,第1—14页。

迁。如梁启超很早就提出"新史学"口号,倡导历史研究要注重民众的历史。章开沅亦认为,"历史研究需要多维度、全方位的观察角度","社会的各类人群、历史的不同主体的面貌都得到充分的展示,这才真正符合历史'原生态'"。① 主张"日常取向"的王笛更是直抒胸臆、大发感慨道:"难道我们不认为每天的日常生活,较之突发的政治事件,更贴近我们的命运吗?"② 而中国古代司法档案特别是基层诉讼档案恰如反映当时普通民众生活与社会变迁的一面镜子,通过这面镜子,我们可以观察当时的法律如何作用于社会各阶层的生活,并进而探究法律与区域社会结构、社会群体生活之间的关系等问题。正如美国学者黄宗智所言:"诉讼案件和司法档案的开放使我们有可能重新认识中国的法律制度。研究者现在可以探讨司法实践与官方和民间的表述之间的可能背离,由此重新理解过去的法制,进及国家与社会间的实际关系,以及旧政权组织整体的性质。"③

第二节 存藏情况

一、中国第一历史档案馆存藏情况

中国第一历史档案馆藏中国古代司法档案,主要为明清中央国家机关档案。该馆是目前国内外保存明清档案最多、最完整的单位。其现存明清档案共计 74 个全宗 1000 多万件(册),其中明朝档案只有 3000 多件,其余全部是清朝档案。司法档案主要分布于各司法机关全宗档案和有关刑法的题奏文书及秋审、朝审档册中,具体包括刑部、法部档案,大理院档案,修订法律馆档案,都察院档案,步军统领衙门档案,巡警部档案,顺天府档案,京师高等审判厅、检察厅档案,内阁档案中的刑科题本、刑科史书、秋审略节、重囚招册等,

---

① 章开沅:《"眼光向下"与社会原态(四篇)——关注近代中下层社会群体研究》,《甘肃社会科学》2008 年第 2 期,第 16 页。
② 王笛:《新文化史、微观史和大众文化史——西方有关成果及其对中国史研究的影响》,《近代史研究》2009 年第 1 期,第 126 页。
③ 黄宗智:《清代的法律、社会与文化:民法的表达与实践·总序》,上海书店出版社,2007,第 1 页。

宫中档案朱批奏折政法类，军机处档案中录副奏折政法类等。下文将参考《明清档案通览》一书分别介绍上述全宗所包含的档案朝年、数量、整理情况及内容分类等具体信息。

1. 内阁全宗档案①

内阁是辅助皇帝办理政务的中枢机构。该全宗档案起止年度为天命前九年(1607)至宣统三年(1911)，实有2899179卷(件)。该全宗目前已按档案文种—朝年分类整理并编有馆藏案卷级目录。内阁档案的数量很多，其中与司法相关的档案主要集中于刑科题本部分，内容主要涵盖下述七大类：

秋审朝审类：关于秋审、朝审事宜的文件。

命案类：因斗殴、土地债务纠纷、婚姻奸情致死人命等各类案件的文件。

盗案类：因抢劫、偷盗而杀伤人命等各种案件的文件。

贪污案类：关于官吏受贿，窝赃及追赃、罚款等方面的文件。

监狱类：关于监禁、越狱及囚犯口粮供给等方面的文件。

缉捕类：关于缉捕逃人、查缉违禁等案件的文件。

其他类：关于文字狱案件、杀害革命进步人士专案等的文件。

2. 军机处全宗档案②

军机处是"承旨出政综理全国军务要政"的中枢机构。该全宗档案起止年度为雍正八年(1730)至宣统三年(1911)，实有812822卷(件)。该全宗内档案按文种分为录副奏折、档簿、清册、来文、照会、电报、函札、奏表、舆图九大类。其中录副奏折、来文按朝年—问题细分类，档簿、舆图按种类细分类，清册按问题—朝年细分类，照会按国别—朝年细分类，电报、函札、奏表按时间排列立卷。上述各类均编制有馆藏查询目录，雍、乾两朝录副奏折和满文录副奏折还编有标准化文件级检索目录。

军机处档案的成分和内容较复杂，其中的司法档案主要分布于录副奏折

---

① 全国明清档案资料目录中心编：《明清档案通览》，中国档案出版社，2000，第2—8页。
② 全国明清档案资料目录中心编：《明清档案通览》，第9—17页。

法律类,具体包含修订律例、民事、刑事案件的审拟,监狱事务,罪犯的发遣,文字狱及查禁走私等方面的文件。

3. 刑部、法部档案①

刑部是掌管审判及司法行政的机关,光绪三十二年改为法部后,专管全国民事、刑事、监狱及一切司法行政事务,监督大理院、直省执法司、高等审判厅、城乡谳局及各厅附设之司直局调查检察事务,从审判衙门改为专管司法行政的机关。本全宗档案起止年度为顺治年间至宣统三年(1911),实有235023卷(件)。本全宗档案系北洋政府司法部移交,解放后由南京史料整理处接收,目前档案已按机构—问题进行分类整理并编有馆藏案卷级目录,其主要内容包括:

(1) 各司审理全国各地刑名案件的文件,具体包括下述八类。

第一类,重大专案。

镇压农民运动案件:有审判捻军、太平军、义和团有关人员案,如审处捻军首领张乐行案的文件。有审理各地人民抗粮抗租案,如安阳民众抗粮、河南饥民开仓抢粮、山西赵城曹顺攻打县城等案的文件。此外,还有镇压白莲教、六合拳、龙天会、信香道、天乙教、如意门、小刀会、青莲教、哥老会、洪江会、江湖会、安清会、弥陀教、末后一著教、国噜党、天地会、三点会、罗教、大刀会、剑仔会、仁义会、日心意气会、红签会、富有会、哥弟会、牛八教、自立会、同仇会、伙锅、幅军、儒门教、"马贼"、"刀匪"、"洋盗"、"胡匪"、盐枭等三十多个秘密结社案的文件。

镇压城市罢工、罢市、抗税、抗捐案件:有江苏吴县油坊工人罢工案,浙江宁郡面米工要求增加工资停工案,长春商人李洛荣等抗捐罢市案,浙江新城民众因米贵抢城中米店、盐店案,还有工人痛斥老板、逼令增加工资及杀吏戕官、捣毁税局、衙署等案件的文件。

审处鸦片战争、中法战争、甲午战争中不力官员的案件:有鸦片战争中江督牛鉴被革案;中法战争中惩处澎湖通判梁岳英案;中日战争中金州、营口、岫岩等处失守,惩处连顺、叶志超案的文件。

戊戌变法、辛亥革命的有关案件:有通缉康有为、梁启超案,有审处自立

---

① 全国明清档案资料目录中心编:《明清档案通览》,第46—50页。

会散发富有票及萍浏醴起义人员案，有审讯革命党人黄百生、彭克俭、钟远钧等人和革命党人柏元德等在永州组织风雨山会起义案，有惩处武昌起义时的湖督瑞徵案，此外，较为重要的还有孚崎被刺案、李准被刺案、徐锡麟刺杀恩铭案、缉捕熊成基案、秋瑾案等文件。

涉外案件：有群众杀教士毁教堂的案件，如直隶广宗等地景廷宾等捣毁法教堂案、呼兰教案、江西南丰教案等；有群众反对列强采矿、置地、开厂、筑路等经济侵略的案件；有外国人任意打死华民、强奸妇女、虐待逼死华工、拐卖幼童等方面的案件；有中外边界居民越界、遭风遇难、抢掠走私等案的文件。此外，还有外国在中国租界的司法机关审讯华人的案件，如美国理刑公所、德界公所监押审讯义和团人员案件的文件。

少数民族专案：主要是东北、云贵等地少数民族争划地界、争水砍树等案件及镇压少数民族起义的案件，如云南佧佤案、贵州苗民案、白彦虎案的文件。

兵变、文字狱案：兵变案有伊犁营勇因索饷兵变案、安徽炮兵变乱案、山海关旗兵聚众闹堂案等的文件。文字狱案有乾隆兴国僧人案的文件。

第二类，土地房屋、钱财债务案件。

土地房屋纠纷案件：包括买卖、典当、租佃土地房屋，地主霸占、逼卖、逼租农民的土地房屋和为房屋的修缮转借事形成的案件，地主虐待打死雇工、佃户及农民被逼愤杀地主恶霸的案件，以及为私换文契、争当庄头、争水灌田、争划田宅地基、踏毁庄稼等纠纷形成的案件文件。

钱财债务案件：借债逼债、买卖争财等案件文件。

第三类，盗窃、抢劫、诈骗、勒索案件。

盗窃抢劫的案件较多，包括惯犯盗窃案、贫民偶因生活所迫行劫案、诈骗及绑票勒索案件文件。

第四类，婚姻奸拐及家庭纠纷案件。

包括逼婚抢亲、逼嫁霸产、拒婚伤命、通奸等案的文件；拐卖妇女、开设妓院案文件；婆媳不和、虐待童养媳、夫妻口角、争继财产等家庭纠纷案文件。

第五类，贪污案件。

包括官员贪污、受贿、挪用、亏欠、假公济私、勒索诈骗、克扣赈米赈银等案的文件。

第六类,违禁案件。

包括私种、私卖、吸食鸦片,私卖盐、硝,私设赌场,私铸银元、私造假纸币,私挖人参,私藏鸟枪等违犯禁令案的文件。

第七类,监狱发遣事务。

包括关于监狱管理,囚犯监禁、越狱、发遣、逃亡、病故等方面的文件。

第八类,其他方面的文件。

包括编制保甲、稽查户口、流民等的文件;职官任免奖惩、机构设置改革问题的文件;奏销俸饷俸银、饭食银两等经费问题的文件;文书档案的章制、催办及领"时宪书"等书籍的文件;汇奏各种案件的稿件及各地督抚、法司例报的文件。

（2）刑部其他机构的档案

包括督捕司奏报八旗逃人数目的奏折;秋审处"秋审略节"、秋审奏稿、招册、黄册;减等处核办各省犯人减等、核拟减等章程、恩赦条款等文件;律例馆刑部奏议刑律修改底稿和续修"会典事例"底稿,提牢厅领取犯人口粮,发遣犯人文件及犯人"箕斗册"等文件;赃罚库收缴赃物清单,领出赃物、变价出售、追赔、什物入官变价等文件;饭食处支领书吏、官员饭银、俸银俸米的文件;清档房办理旗员升补、实授及缮办文书等文件,汉档房账簿及各司知照奏办现审数目来文;司务厅书吏皂役的挑选、更换、点卯及换腰牌、稽查门禁等事的文件,领放工食银两、车价、冰块及秋决犯人用物等的文件,文书收发、投递、注销等文件;督催所督催各司按限办案,汇奏现审、脏罚数目及发遣人犯等文件;当月处往验现审人犯尸具情形等文件。

（3）法部其他机构的档案

承政厅有办理秋审、朝审、减等,调补官员,成立各级审判厅的文件;参议厅有咨复各省有关法律运用及研究各项新章程的文件;举叙司有办理官员京察、考试法官,各检察厅、审判厅官员履历,刊刻关防等文件;典狱司有收发监禁犯人,领放囚粮、囚衣,调补、奖惩看守、典狱等人员的文件;看守教练所有开办章程及看守报考簿,会计司有修理工程经费清单,领津贴费以及有关预算、经费方面的文件;都事司有为祭天坛事的文件;收发所有书吏杂役的管理,领放书吏、皂役、更夫、刽子手等的工食银两,收缴报费单据等文件;律学馆有奏设律学馆,《律学馆试办章程及开学毕业礼节单》及律学馆学员入学章程、学习课程、讲义,宪政筹备处有司法制度改革方面的文件;有各级审判厅设立情形,有讨论上海会审公堂变通刑章记录及对日本等国司法制度的研究议论等,有各级审判厅、检察厅的报表及法部的统计表、送签文件。

4. **修订法律馆档案**①

修订法律馆是清末筹备立宪时,为参考各国成法编纂中国法典而设立的机构。掌管调查并起草民、刑、商等新法律,修改各种旧律例,编译各国书籍和各项章程等。该全宗档案起止年度为光绪三十一年(1905)至宣统三年(1911),实有151卷(件)。该全宗档案有修订各种法律的稿件、奏折及各单位咨送所订各种法规条款的咨文、申文,并有法律馆本身形成的簿册。目前该全宗档案已整理并编有馆藏案卷级目录,其具体内容主要包括下述四类。

第一类,修订法律相关档案:包括关于满汉通行刑律的奏折、商业公司与合股商号的律例、职官律例和犯奸律文的修改稿等文件,还有筹设山东模范监狱的文件。

第二类,咨送、查询、索取法律条文及资料相关档案:包括民政部咨送的违警律、民律、粤省惩治赌博专章,各衙门查询伪造中外纸币等的法律,以及索取各种资料的文件。

第三类,考察法律、编译书籍相关档案:包括派员到日本考察法律,聘请法学博士,翻译《民事诉讼法论》,编写《法律学概论》等书,以及接收法律馆学堂的文件。

第四类,法律馆的预算报告册、支出经费报表等档案文件。

5. **宫中档案全宗**②

宫中指清宫各处宫、房、所的统称。宫中全宗系宫中各处档案的汇集。该全宗档案起止年度为顺治十七年(1660)至宣统三年(1911),实有925709卷(件)。该全宗内档案分为朱批奏折、谕旨、履历折单片、进呈诗文,奏事处档案,宫中杂件三大类。各大类下除朱批奏折按问题—朝年细分类外,其余各类基本按文种—朝年细分类。全部档案目前均编有馆藏查询目录。此外朱批奏折财政类编有专题目录,粮价单编有地区—朝年索引,履历引见折编

---

① 全国明清档案资料目录中心编:《明清档案通览》,第9—17页。
② 全国明清档案资料目录中心编:《明清档案通览》,第18—27页。

有人名、地区、职官索引,履历单、片编有人名索引。宫中各处档案中,与法律相关的档案主要分布于官员缴存的朱批奏折及谕旨等文件,具体包括下述两大类。

第一类,朱批奏折:朱批奏折是经皇帝亲自批阅的官员奏折,价值珍贵,内容丰富。朱批奏折内政类档案中包括筹备立宪的相关文件:如清末筹备立宪的条陈奏议,关于出洋考察政治、筹设议院和咨议局,改革官制、军制、法律的文件,消除满汉界域,整顿财政,兴办实业,办学育才,以及各省督抚奏报筹备立宪情况的折件。此外,朱批奏折法律类档案有律例的制定、解释以及秋审、朝审和京控等方面的文件,还有审办命案、盗案、贪污案、违禁案及监狱管理、发遣罪犯等事宜的文件。

第二类,谕旨:分为谕、旨、廷寄、朱谕、电旨等几种。谕、旨、谕旨汇奏大部分已整理编目,尚有少部分未整理。其中的法律案件类包含制定法律、裁决案件、缉拿盗匪等谕令。廷寄中包含镇压太平天国、捻军、白莲教、八卦教等秘密结社的文件,还有关于缉拿盗匪、奸细以及裁决重大案件的文件。

6. 宗人府全宗档案①

宗人府是掌管皇族事务的机关,负责登记皇族户籍,编修牒谱,办理皇族人员的生死、婚嫁、继嗣、封袭、升调、降革、奖惩、抚恤、教育、赡养、土地、刑名、祭祀、朝会行礼等有关事务。该全宗档案起止年度为雍正年间至民国十三年(1924),实有371728卷(件)。该全宗档案已初步整理,其中稿件按朝年—机构分类,来文按机构—朝年分类,簿册按机构—朝年分类并编有馆藏案卷级目录。宗人府的各种文稿中,与法律相关的主要是刑罚纪律类,包括宗室、觉罗为土地、借贷、诈财、拐骗、婚姻、盗窃等问题形成的案件及为宗室、觉罗的圈禁、释放、解护等事形成的文件。

7. 顺天府档案②

顺天府是京畿地区的地方行政机关,掌京畿地方行政事宜。该全宗档案起止时限为雍正至宣统时期,实有41839卷(件)。该全宗目前已整理,并按问题—朝年分类立卷且编有馆藏案卷级目录和文件级目录,其中与法律相关

---

① 全国明清档案资料目录中心编:《明清档案通览》,第31—33页。
② 全国明清档案资料目录中心编:《明清档案通览》,第71—73页。

的内容主要包括下述七类。

第一类,民政警务类:有光绪末年实施新政后,顺天府设立巡警队时产生的一些文件,有筹设巡警队、整顿、调查警务及其章程,有巡警队购买枪械、服装等问题的文件。

第二类,宪政类:有顺天府饬属州、县筹办宪政、地方自治、设立会议厅及统计处等问题的文件。

第三类,法律词讼类:有刑部颁发词讼案例、司法成案、刑律、司法统计及审理各种民刑案件等问题的文件。

第四类,镇压革命运动类:有武昌起义后加强京畿防务、防范革命党人的文件,有镇压传习江湖会、无为教等秘密结社的文件,有镇压抗租、抗粮、抗差及镇压"马贼"、"回匪"、"盐匪"、太平军等问题的文件。

第五类,财政金融类:有关于整饬京畿钱法、限制票币、查禁私铸及银钱管理问题的文件,有关于各项税务、查办差徭及官员公费、衙署经费开支问题的文件,有关于办理盐务、盐运船捐数目及征收各种租税问题的文件。

第六类,商务类:有查禁买空、卖空的文件。

第七类,传教、教案类:有查办洋人教案等问题的文件。

8. 京师高等审判厅、检察厅档案[①]

京师高等审判厅是设在京师的二审合议审判衙门,专门审理不服地方审判的上控案件,并负责监督京师地方审判厅的工作。附设的京师高等检查厅掌检察事务,统辖京师地方检察厅和初级检察厅。该全宗档案起止年度为光绪三十三年(1907)至宣统三年(1911),实有145卷(件)。该全宗档案为南京史料整理处移交,其中多为案件审理文书,也有一些京师高等审判厅、检察厅的收文和发文,如咨移、移付、札、片及各种报表等,目前已整理并编有馆藏案卷级目录。该全宗档案主要内容包括:顺天府属诉讼办法;审判厅、检察厅官员升级、到任、请假、病故等文件;司法预算及请拨经费方面的文件、清册;办理日常庶务的各种报表,如法官免考图结表,京师初级检察厅的月报、旬报表;案件审理相关文件:涵盖典卖、侵占房屋、铺产、茔地案文件;债务、诈骗案文件;继承、公产分配等家庭纠纷案文件;抢劫财物、偷伐树木、放火烧房案

---

① 全国明清档案资料目录中心编:《明清档案通览》,第96—97页。

文件；婚姻奸情、拐骗、虐待妇女等案文件；各类命案文件；吸食鸦片、造谣、诬告等案文件。

9. 步军统领衙门档案①

步军统领衙门全称为"提督九门步军巡捕五营统领"，是京师卫戍部队，掌京城守卫、稽查、门禁、巡夜、禁令、保甲、缉捕、审理案件、监禁人犯、发信号炮等职。该全宗档案起止年度为咸丰三年（1853）至宣统三年（1911），实有869卷（件）。该全宗已整理并按机构—问题分类立卷，现有馆藏案卷级目录。该全宗档案主要内容包括下述三类。

第一类，稽查守卫类：有两翼所属地段、铺号的巡防，京师旗营地面的防守弹压，探报东西车站来往大员、各国官兵、出城灵柩和匪兵勾串洋兵欺压乡民，以及西山一带山主姓名情况的文件；有派驻摄政王府卫队，护送武卫队，皇帝谒陵派员随围，守卫园寝，缉捕各种案犯，处理京控案件，审办旗营、工巡总局移交案件，拿获案犯交刑部、大理院议处的文件。

第二类，镇压革命运动类：有清廷搜捕义和团，密探革命党，以及有关德、意租界情况等文件。

第三类，行政事务类：有整顿步军统领衙门和两翼五营，创设工巡总局，拟定总司司务厅及左、右司章程、办事规则，五营军政事宜，密传信炮章程，铃用和销毁关防，官员考语，官弁履历，海淀设立安民公所及缉捕八局、捕务公所的文件；有两翼所属官兵的军政考验，差务调查和各旗步甲兵丁当差情况，左、右翼支领兵丁米石，以及有关囚犯钱粮，厅验粳米，进仓米数，呈递漕粮，各省解京饷鞘入店、出店、出城日期，鞘匣数目，各城门上马道炮位、器械数目等文件。

10. 都察院档案②

都察院是"掌察核常官整饬纲纪"的检查机构，负责参核重大案件，与刑部、大理寺会题并稽察各衙门官员政绩、文卷注销等事。其全宗档案起止年度为顺治八年（1651）至宣统元年（1909），实有253卷（件）。该全宗档案由南京史料整理处移交，有奏、揭帖、呈、咨、移、勘合、簿册、清册、清单等文种，目

---

① 全国明清档案资料目录中心编：《明清档案通览》，第105—106页。
② 全国明清档案资料目录中心编：《明清档案通览》，第103—104页。

前已整理并编有馆藏案卷级目录。该全宗档案主要内容包括下述五类。

第一类，职官官制类：有议定都察院官制及官员升调等问题的文件。

第二类，监督审案类：有都察院监督审议案件及五城察院传审办理案件，如王道平吞账案以及一些自杀、抢劫案的文件。

第三类，条陈意见类：有关各省设立法政学堂、民官等文件。

第四类，经费开支类：有核销钱粮经费及支拨口粮经费问题的文件。

第五类，文图类：有都察院官员赴各地查办事务的勘合及各科造送红本清册。

11. 大理院档案①

大理院前身大理寺是掌管平驳全国刑名案件的衙门，参加办理由三法司会办的死刑重大案件。光绪三十二年改为大理院后，便由平驳刑名案件的衙门变为全国最高的审判机关。该全宗档案起止年度为光绪三十三年（1907）至宣统三年（1911），实有 10 卷（件）。该全宗档案已整理并编有馆藏案卷级目录。该全宗档案主要内容包括官员请假、领取执照等人事方面的文书、印结和关于刑事、民事案件的奏稿及囚粮清册等文件。

12. 巡警部档案②

巡警部是主管全国公安行政的机关，所有京城内外工巡事务均归其管理。光绪三十一年设立，光绪三十二年改归民政部。该全宗档案起止年度为光绪二十三年（1897）至宣统三年（1911），实有 13699 卷（件）。该全宗档案由南京史料整理处移交部分及第一历史档案馆原存部分组成，目前已整理并按机构—问题分类立卷，有馆藏案卷级目录。该全宗档案主要内容包括下述五类。

第一类，章制律例类：有核定违警律、集会律、犯罪条例、拒捕治罪专条、预审章则、密查章程、专电规则及在京部分直属机构组织章程、办事规则、设官制度等文件。

第二类，治安警务类：有部分省区筹办巡警、警察，设立警局、学堂，整顿警务，裁撤绿营改练巡警，划定京师警察区域的文件，有缉办京控、聚赌、偷

---

① 全国明清档案资料目录中心编：《明清档案通览》，第 113—114 页。
② 全国明清档案资料目录中心编：《明清档案通览》，第 90—92 页。

窃、殴斗等刑名案件及袁世凯被炸案件的文件,有禁演淫戏,稽查三海、颐和园、坛庙、京津车站,探报白云观和厂甸事件,以及日本使臣及博恭王在京情况,中外官弁等在京活动的文件,有各种日报表、人犯名册等。此外,还有镇压辛亥革命和有关"仁义会""在元会"情况的文件,有京师靴鞋、成衣业罢工、罢市及查禁"鹃声报"等文件。

第三类,稽查工商实业类:有整顿市容、消防、烟铺的文件,有保护火柴厂、纺织厂、店铺、商人的文件,有管理市场、商埠、金融、戏院、当铺、报馆、粮价的文件,有征收车捐、执照税,修建道路、衙署、坛庙、沟渠及购地、租房等文件。

第四类,管理涉外事务类:有与各国驻华使节交涉的文件,有禁阻各国兵队演练的文件,有关于各国商人在京开店,各国兵队滋事,上海、南昌教案和缉拿日美商人以及查办侨民私运武器的文件,有聘请日本教习,赴日留学、考察警政的文件。

第五类,警学事务类:有创办巡警学堂、警务学堂、蒙善、喇嘛学堂及其课程、教习、学生分配、师生经费的文件,还有《新译日本警察类纂摘要》等。

二、中国大陆各地区存藏情况

中国各省、市、区、县档案馆往往都藏有一定的中国古代司法档案文献,其中为法律史学界关注较多的主要包括清代巴县档案、南部档案、冕宁档案等。

1. 巴县档案

巴县档案是清代四川巴县官府、中华民国时期巴县公署以及民国前期四川东川道积累移存的档案。上自乾隆十七年(1752),下迄民国三十年(1941),共约11.6万卷,是中国地方政权历史档案中保存较完整的一部分档案。这批档案早先存于巴县档案库,抗日战争时期巴县政府为避空袭将其运至长江南岸樵坪场一座破庙中暂存,1953年由西南博物院运回收藏,后交四川省博物馆管理。1955年由四川大学历史系整理使用,1963年3月由四川省档案馆接收。档案内容主要涵盖清代与民国时期巴县的官吏任免,重庆近代企业开办章程、呈请立案免税，农户耕牛权纠纷，川江运送滇铜黔铅进京过境；民国初期巴县的税捐征收；清时募集营兵、筹备军饷、整肃军纪、应付战争、抚恤伤亡，川军抗击倭寇，太平军和李兰起义军入川；清代和民国时期官府派兵护卫外国领事、教士、商人以及司法律例、章程、条规和民刑事诉讼案件等。其中东川道的档案有川东宣慰使署、川东观察使署、东川道官吏任免、奖惩、选举、议事、税收、征派、军饷筹措等内容以及辛亥革命、反袁护法运动和军阀混战的史料。①

2. 南部档案

南部档案全称"清代南部县衙档案"。2003 年 10 月入选第二批《中国档案文献遗产名录》，次年 12 月被列入国家清史纂修工程项目。该档案的珍贵历史价值主要体现为：其一，它是目前发现的历时时间最长的清代地方档案。南部档案时间起止为 1656—1911 年，历时共 256 年。其二，档案数量在目前发现的清代地方档案中位居第二，仅次于巴县档案。南部档案的数量为 18186 卷 84010 件。文种包括制诏、谕旨、题本、奏折、札文、信牌、咨移、函传清册、验折、申文、传票、拿票、唤票、告示、通知、晓谕、牒文、契尾、牌签、文状等。内容涵盖清代四川南部县衙体制与各房职掌、经济运营与各种契约规制、军事与驿务管理、朝廷与地方外交、刑民诉讼与地方治理、科举改革与学堂教育、礼俗教化等。② 2009 年，由西华师范大学、南充市档案局（馆）编纂的《清代南部县衙档案目录》由中华书局出版。

3. 冕宁档案

冕宁档案全称"冕宁县清代档案"。档案起止年度为康熙四十六年（1707）至 1950 年，数量共计 30530 件。2006 年 12 月，四川省档案馆将其拍摄成胶片，共 33 盘（轴）。其中 32 盘 401 卷均为冕宁县清代档案。文种有札、移会、信牌、宪牌、奏、票文、咨、禀、呈文、批等。内容涵盖清代冕宁县衙审理民刑案件的卷宗，维持社会秩序、风化等的政府文件及诉讼程序、监狱管理等相关司法文书等。③

---

① 中国大百科全书出版社编辑部编：《中国大百科全书 图书馆学 情报学 档案学》，中国大百科全书出版社，1993，第 6 页。
② 吴佩林：《州县档案之学术价值漫谈——以〈清代南部县衙档案目录〉为例》，《光明日报》2010 年 4 月 13 日 12 版。
③ 李艳君：《〈冕宁县清代档案〉简介》，《法制与社会》2010 年第 1 期，第 243 页。

此外,北京市档案馆"明清历史档案资料"中有《大清律例》《清代行政法》等史料。河北省档案馆"临榆县"全宗档案有有关该县贩卖私盐、搞捐、偷盗、赌博、私吸洋烟等方面的诉讼案件。辽宁省档案馆的"辽阳地方检察厅""辽阳地方初级审判厅""吉林巡警总局""吉林保甲总局"等相关全宗的档案反映了清末司法制度的建立。一些档案中还有清政府镇压各地反清斗争和秘密组织的文件。①

三、境外存藏情况

由于历史原因,中国古代司法档案除大部分藏于中国大陆外,还有部分散藏于中国台湾、美国、日本等地的档案馆、图书馆、博物馆、研究机构及私人手中。其中,台湾是中国大陆以外收藏中国古代司法档案最为集中的地区,其所藏档案主要分布于台湾"故宫博物院"、台湾大学图书馆、台北"中研院"历史语言研究所。

1. 台湾"故宫博物院"藏中国古代司法档案文献

台湾"故宫博物院"收藏的部分中国古代档案原为北京故宫博物院文献馆所藏。1949年,北京故宫博物院文献馆藏品中的204箱精品档案被运抵台湾,现藏台北市郊双溪新馆。台湾"故宫博物院"藏清代文献档案全宗汇集档案起止年度为清康熙元年(1662)至宣统三年(1911)。目前该全宗档案已被整理并编有出版总目和专题介绍。该全宗由国史馆档、宫中档、军机处档、上谕档及一些登记档册组成,共计40余万件。主要文种有上谕、朱批奏折、军机处录副奏折等。其内容按专题分为87类,其中包括法律类案件。②

2. 台湾大学图书馆藏中国古代司法档案文献

该馆收藏中国古代档案的起止年度为明天启四年(1624)至清宣统三年(1911),馆藏档案已被整理编目。档案内容包括日据时期档案及淡新档案。淡新档案为清代台湾淡水厅、新竹县与台北府城三行政单位的行政与司法档

---

① 胡忠良:《全国各地档案馆所藏清代档案基本情况调查报告》,来源:中国第一历史档案馆网页,网址:http://www.lsdag.com/nets/lsdag/page/article/article_818_1.shtml? fv=2。
② 秦国经:《明清档案学》,学苑出版社,2005,第191—205页。

案,所涵盖的档案起止年度为乾隆四十一年(1776)至光绪二十一年(1895)。日据时期,该档案由台湾总督府复审法院(高等法院)接收,后转交台北帝国大学文政学部用于学术研究。民国时期,该档案又移交台大法学院,由戴炎辉先生命名并主持整理。戴炎辉先生将淡新档案分为行政、民事、刑事三门,每门项下再分类、款、案等。整理后的淡新档案共计财政、抚垦、田房、钱债、财产侵夺、人身自由、风化等类1163案,包含文书、图册共19125件。1986年,戴炎辉先生将淡新档案全部移交台湾大学图书馆特藏组珍藏,并由台湾大学图书馆特藏组与台湾大学历史系共同整理出版,同时将淡新档案数字化以实现网络资源共享。①

3. 台北"中研院"历史语言研究所藏中国古代司法档案文献

台北"中研院"历史语言研究所藏中国古代档案为原罗振玉所购八千麻袋档案(内阁大库档案)中的一部分,1949年运抵台湾。该所现藏明清档案约31万多件,先后由李光涛、张伟仁两位先生主持整理并出版为《明清史料》《明清档案》系列,所藏档案涵盖内阁收存及自身档案、修书各馆档案、科举考试相关档案及沈阳旧档。文种有上谕、题本、奏折、录副奏折、衙门间的咨呈、度支部簿册、科举试卷等。内容涉及司法等方面。②

此外,美国、日本等国家也收藏有部分中国古代司法档案。如美国国会图书馆藏有本朝题驳公案(康熙五十九年)、题本和奏本(乾隆七年)、近年秋审紧要比案(乾隆三十九年至道光十四年)、历年有关秋审(乾隆七年至嘉庆十二年)、秋审档案(嘉庆十八年至道光二年)、秋谳比(嘉庆八年至道光十二年)、法部直隶各省重囚招册(光绪三十三年)、宛陵判事日记(光绪二十九年)等。美国哈佛大学哈佛燕京图书馆藏有各省秋审实缓比较等。美国普林斯顿大学葛斯德东方图书馆藏有成案备考、大清律例按语、秋审比较汇案、说帖(道光十八年至光绪十一年)、律例统纂集成、沈家本监狱访问记(线装铅印本)等。③

---

① 《淡新档案简介》,台湾大学图书馆网站,http://www.lib.ntu.edu.tw/en/node/578,最后访问日期:2015年9月30日。
② 秦国经:《明清档案学》,第205—209页。
③ 李宏为、刘兰青、陈宜:《境外中国明清档案文献目录一瞥》,《历史档案》1998年第3期,第133页。

第三节 整理研究

一、民国时期的整理研究情况

自 20 世纪 20 年代内阁大库档案被发现后,出于对清代档案的高度重视,整理研究档案之风渐在学界蔚为风气。北京大学研究所国学门、故宫博物院文献馆、"中研院"历史语言研究所、清华大学历史系、禹贡学会等学术机构及团体都为清代档案的整理利用做出了不同程度的贡献。其中,北京大学研究所国学门、故宫博物院文献馆、"中研院"历史语言研究所都曾出版过档案史料。

北京大学研究所国学门"清代内阁大库档案整理委员会"①对于重要档案一经发现,随即刊出以供学界参考利用。自 1922 年 7 月 4 日开始整理档案,每周都将整理成果刊载于《北京大学日刊》。1922 年 9 月 16 日起,档案开始以要件形式随时登载,不再有时间限制,至 1926 年 10 月 16 日,全部《北京大学整理清代内阁档案报告》刊载结束,共计公布包含摘有编号的清代题本等档案 2058 件。

故宫博物院文献馆在档案整理出版方面的成就极大,不仅初步整理了院藏清代档案史料,还出版了大量档案史料丛编。文献馆就"清理所得,随时刊布,以供众览",②自 1928 年始,先后出版包含司法档案在内的《掌故丛编》、③《文献丛编》、《史料旬刊》、《名教罪人》、《清代文字狱档》、《重整内阁大库残本书影》、《内阁库贮旧档辑刊》、《内阁大库现存清代汉文黄册目录》、《总管内务府现行则例》、《清季教案史料》等清代档案史料共计 50 种。

"中研院"历史语言研究所对于所收藏的内阁档案进行了细致而全面的整理。1930 年 9 月,史语所成立"历史语言研究所明清史料编刊会",开始编辑印

---

① 《国立北京大学研究所国学门重要纪事》,《国学季刊》1923 年第 1 卷第 1 号,第 192—203 页。
② 北平故宫博物院文献馆编印:《掌故丛编·凡例》,《掌故丛编》第一辑,第 1 页。
③ 《掌故丛编》在出完十辑以后改名为《文献丛编》继续出版。

行《国立中央研究院历史语言研究所编刊明清内阁大库残余档案》(简称《明清史料》),至1951年,共出版甲、乙、丙、丁四编,其中不乏司法档案相关史料。

二、20世纪80年代以来的整理研究情况

自20世纪80年代明清档案恢复开放以来,档案史料整理出版出现了继民国之后的又一个新高潮。1991年,全国明清档案目录中心成立,开始对国内外清代档案信息进行跟踪收集,建立了明清档案全宗目录数据库,并于2000年出版了《明清档案通览》。① 目前已整理出版的古代司法档案史料主要有《盛京刑部原档:清太宗崇德三年至崇德四年》、②《四川教案与义和拳档案》、③《清代乾嘉道巴县档案选编》、④《乾隆朝惩办贪污档案选编》、⑤《清末教案》、⑥《清代服制命案——刑科题本档案选编》、⑦《黄岩诉讼档案及调查报告(上、下卷)——传统与现实之间/寻法下乡》、⑧《清嘉庆朝刑科题本社会史料辑刊》、⑨《清代南部县衙档案目录》、⑩《清代四川南部县衙档案》、⑪《清代文字狱档(增订本)》、⑫《龙泉司法档案选编·晚清时期》⑬等。档案史料数字化方面,比较重要的有中国第一历史档案馆自2005年启动的"清代档案文献数

---

① 胡忠良:《全国各地档案馆所藏清代档案基本情况调查报告》,来源:中国第一历史档案馆网页,网址:http://www.lsdag.com/nets/lsdag/page/article/article_818_1.shtml?fv=2。
② 中国人民大学清史研究所、中国第一历史档案馆译:《盛京刑部原档:清太宗崇德三年至崇德四年》,群众出版社,1985。
③ 四川省档案馆编:《四川教案与义和拳档案》,四川人民出版社,1985。
④ 四川省档案馆、四川大学历史系主编:《清代乾嘉道巴县档案选编》(上、下册),四川大学出版社,1989—1996。
⑤ 俞炳坤、张书才主编,中国第一历史档案馆编:《乾隆朝惩办贪污档案选编》,中华书局,1994。
⑥ 朱金甫、吕坚等主编,中国第一历史档案馆、福建师范大学历史系编:《清末教案》(5册),中华书局,1996—2006。
⑦ 郑秦、赵雄主编,中国第一历史档案馆、东亚法律文化课题组编:《清代服制命案——刑科题本档案选编》,中国政法大学出版社,1999。
⑧ 田涛、许传玺、王宏治主编:《黄岩诉讼档案及调查报告(上、下卷)——传统与现实之间/寻法下乡》,法律出版社,2004。
⑨ 杜家骥主编,南开大学历史学院暨中国社会史研究中心、中国第一历史档案馆编:《清嘉庆朝刑科题本社会史料辑刊》(3册),天津古籍出版社,2008。
⑩ 西华师范大学、南充市档案局编:《清代南部县衙档案目录》,中华书局,2010。
⑪ 四川省南充市档案馆编:《清代四川南部县衙档案》,黄山书社,2016。
⑫ 《清代文字狱档》(增订本),上海书店出版社,2011。
⑬ 包伟民、吴铮强、杜正贞主编:《龙泉司法档案选编·晚清时期》,中华书局,2012。

据库"项目,已有建设成果包括全文数字化内阁刑科题本、京师高等审判厅档案等,并自 2007 年起陆续选择性出版,今后还将随馆藏档案文献数字化过程不断扩容。①

第四节 古代司法档案与法律史研究

一、民国时期的研究状况

民国时期,档案新史料的发现、整理与出版,无疑极大地开拓了学界视野,学者们已日益认识到司法档案对于法律史研究的重要性并开始尝试运用档案史料研究具体问题。

近代清史学科奠基人孟森撰写《清史讲义》时,除取材传统实录、正史等材料外,亦注重运用档案史料研究鸦片案等问题。孟氏晚年时,对于档案史料的重要性更是异常重视,"大有舍档案之外无从解决清史问题的可能之势"②。不仅著文时援引档案,还专门发表《史与史料》以强调档案史料的重要性。孟氏倡导运用档案开展法律社会史研究,"就史料论之,社会一部分素感缺乏。但现在已较容易着手,因关于社会风俗人情以及民刑纠纷等等,均可以奏销册补充之。昔时刑名奏销册具存,社会风俗之史料,向来无人注意。今者整理档案,始知其重要,异日编史大可利用之也。"③研究方法上,孟氏既继承了传统考据方法,又擅长以法学、政治学方法释史,如将"宪法"、"国体"、"联邦制"等概念术语运用于史学研究,并由此得出新结论。此外,孟氏还利用诗史互证之法研究了包括《科场案》在内的系列清代疑案。

利用司法档案进行清代文字狱专题研究方面,论文主要有贾逸君《清代文字狱考略》、④许霁英《清乾隆朝文字狱简表》。⑤ 相关著作则有邓之诚《中

---

① 中国第一历史档案馆网站,http://www.lsdag.com/,最后访问日期:2015 年 9 月 30 日。
② 王钟翰:《清史余考·孟森先生与邓洪二师》,辽宁大学出版社,2001,第 287 页。
③ 孟森:《中国历代史料之来源并拟现代可以收集之方法》,载氏著《明清史论著集刊》(下册),中华书局,2006,第 768 页。
④ 贾逸君:《清代文字狱考略》,《中法大学月刊》1937 年第 5 期,第 65—95 页。
⑤ 许霁英:《清乾隆朝文字狱简表》,《人文月刊》1937 年第 4 期,第 33—45 页。

华二千年史》,①该书以《清代文字狱档》《掌故丛编》等为依据将82起清代文字狱案进行梳理,并分案由、时期、事略、定谳和备考五项制成"清代文字狱简表",言简意赅、考证精审。

　　以上就是民国学界对古代司法档案整理出版及利用司法档案从事中国法律史研究的大致情况。如进一步寻根溯源,则此学术路径实肇源于民国上半叶的新考据学派。新考据学派是20世纪上半叶以顾颉刚、傅斯年为代表的主流史学流派,在中国史学史上影响深远。该派主张以平等眼光看待各类史料。如顾颉刚认为:"材料的新旧,在应用上虽有区别,但在研究上是绝对不该有区别的。……我们因为要做真实的研究,所以在我们的眼光里绝对不受应用上的新旧的界限的牵绊:上至石器时代石刀石斧之旧,下至今日时髦女子衣服饰物之新,一律收集,作平等的研究。"②顾氏视档案为研究新材料。傅斯年提出"史学便是史料学"的思想,极力主张利用档案等新材料研究史学。方法论上,新考据学派综合运用传统考据学和近代西方实证主义史学方法,并最终把20世纪中国的实证主义史学推向顶峰,如顾颉刚倡导打破历史上对三皇五帝的迷信;而傅斯年则主张"利用自然科学供给我们的一切工具,整理一切可逢着的材料"③以重建信史。

　　以新考据学派的史料观与研究范式反观前述民国时期以档案研究法史的学者之取径,前者对后者的影响可谓一目了然。如孟森不迷信统治者及遗老成说,对清史许多疑案加以考实释疑,还原真相。在材料运用及方法论方面,前述民国法史学研究者则一致重视运用档案新史料,以乾嘉考据学和西方近代实证史学方法综合考史。

二、20 世纪 80 年代以来的研究状况

　　自20世纪80年代中国大陆档案向社会恢复开放利用后,越来越多的学者开始注重利用司法档案从事中国法律史研究,相关成果不断涌现。就取向

---

① 邓之诚:《中华二千年史》,商务印书馆,1935。
② 顾颉刚:《一九二六年始刊词》,《北京大学研究所国学门周刊》第 2 卷第 13 期,1926 年 1 月 6 日,第 4—5 页。
③ 傅斯年:《历史语言研究所工作之旨趣》,《中央研究院历史语言研究所集刊》1928 年第 1 期,第 3 页。

而言,目前法史学界对中国古代司法档案的研究利用主要存在法律制度史与法律社会史两种视角。

(1) 法律制度史视角

持此视角的研究者多为法学专业出身,倾向于利用司法档案进行传统的制度史主题研究。制度史研究历来是法学专业中国法律史研究的灵魂所在:自清末体现教育新政的《奏定大学堂章程》颁布后,中国法律史课程被正式确立为政法科大学的必修科目,标志着近代中国法律史学科的创立。此后,1910年京师大学堂中国法律史学课的授课内容被设置为历代刑律考和中国古今历代法制考;京师法律学堂中国法律史课程的设置中也把清代律例及唐明律、现行法制及历代法制沿革的课程放在重要位置;京师法政学堂则正式把"中国法制史"作为该校正科法律门的课程名称。百年来,制度史研究传统一直深深影响着法学界法史研究者的选题取向,具体表现就是偏重对司法审判制度、政府司法职能等问题的探索。在利用司法档案进行制度史研究的成果中,较有代表性的论著主要包括那思陆《清代州县衙门审判制度》、[①]《清代中央司法审判制度》,[②]曹培《清代州县民事诉讼初探》,[③]郑秦《清代司法审判制度研究》,[④]吴吉远《清代地方政府的司法职能研究》,[⑤]里赞《晚清州县诉讼中的审断问题——侧重四川南部县的实践》,[⑥]俞江《明清州县细故案件审理的法律史重构》。[⑦] 此外,目前学界较多利用司法档案从法律制度史视角进行研究的还有王志强、吴佩林、邓建鹏、张晓蓓、廖斌、蒋铁初、李典蓉等学者。[⑧]

---

① 那思陆:《清代州县衙门审判制度》,文史出版社,1982。
② 那思陆:《清代中央司法审判制度》,北京大学出版社,2004。
③ 曹培:《清代州县民事诉讼初探》,《中国法学》1984年第2期,第133—156页。
④ 郑秦:《清代司法审判制度研究》,湖南教育出版社,1988。
⑤ 吴吉远:《清代地方政府的司法职能研究》,中国社会科学出版社,1998。
⑥ 里赞:《晚清州县诉讼中的审断问题——侧重四川南部县的实践》,法律出版社,2010。
⑦ 俞江:《明清州县细故案件审理的法律史重构》,《历史研究》2014年第2期,第40—54页。
⑧ 参见王志强:《清代成案的效力和其运用中的论证方式——以〈刑案汇览〉为中心》,《法学研究》2003年第3期;王志强:《清代刑事司法事实判定中的程序规则:比较法视角下的功能分析》,《中外法学》2014年第3期;吴佩林:《清代县域民事纠纷与法律秩序考察》,中华书局,2013;吴佩林、蔡东洲主编:《地方档案与文献研究》,社会科学文献出版社,2014;邓建鹏:《纠纷、诉讼与裁判——黄岩、徽州及陕西的民事讼案研究(1874—1911年)》,北京大学博士学位论文,2004;张晓蓓:《冕宁清代司法档案研究》,中国政法大学出版社,2010;廖斌、蒋铁初:《清代四川地区刑事司法制度研究——以巴县司法档案为例》,中国政法大学出版社,2011;李典蓉:《清朝京控制度研究》,上海古籍出版社,2011。

（2）法律社会史视角

持此视角的研究者多为史学专业出身，研究旨趣偏重于运用中国古代司法档案从事法律社会史研究。这一研究取向的产生实与社会史研究的复兴密切相关。中国社会史研究萌发于 20 世纪初，当时以梁启超等为代表的新史学派，提倡打破政治史一统天下的局面，研究全体民众的历史，并以多学科的方法进行研究。新史学的先驱们大多没有成为社会史研究的具体实践者，但他们所倡导的社会变迁与眼光向下的问题意识却构成随后的社会史研究实践中的两条主线。在经历了 50—80 年代的发展停滞期后，1986 年，以冯尔康《开展社会史研究》一文发表及第一届中国社会史年会召开为标志，中国社会史研究走上了复兴之路。研究者们开始尝试摆脱传统政治史的研究模式，把认识社会的目光扩大到多种社会关系、社会群体和社会生活，并开始积极探索如何借助各种理论来解释中国历史。具体到史料选择与运用方面，与民间取向相关联，社会史研究者们注重搜集、解读与民间情况息息相关的史料，这其中，自然包括富含民众法律生活信息的古代司法档案，自 20 世纪 80 年代开始，这些珍贵档案陆续向公众开放，无疑为海内外法律史学界提供了绝佳的研究契机。在此背景下，产生了一系列基于扎实的档案实证研究的法律社会史研究成果，其中较有代表性的主要包括郭成康、林铁钧《清朝文字狱》，[1]白凯（Kathryn Bernhardt）、黄宗智（Philip C.C. Huang）主编《清代和民国的民法》(*Civil Law in Qing and Republican China*)，[2]黄宗智《清代的法律、社会与文化：民法的表达与实践》，[3]《法典、习俗与司法实践：清代与民国的比较》，[4]彭慕兰（Kenneth Pomeranz）《转变中的帝国：中华帝国末期的法律、社会、商业化和国家形成》，[5]麦柯丽（Melissa Macauley）《社会权力与法律文化：中华帝国晚期的讼师》(*Social Power and Legal Culture:*

---

[1] 郭成康、林铁钧：《清朝文字狱》，群众出版社，1990 年。
[2] Kathryn Bernhardt and Philip C. C. Huang: "Civil Law in Qing and Republican China: The Issues", in Kathryn Bernhardt and Philip C. C. Huang eds., *Civil law in Qing and Republican China*, Stanford University Press, 1994.
[3] 〔美〕黄宗智：《清代的法律、社会与文化：民法的表达与实践》，上海书店出版社，2007 年。
[4] 〔美〕黄宗智：《法典、习俗与司法实践：清代与民国的比较》，上海书店出版社，2003 年。
[5] 〔美〕彭慕兰著，姚斌译：《转变中的帝国：中华帝国末期的法律、社会、商业化和国家形成》，《中国学术》2003 年第 3 期，第 214—239 页。

Litigation Masters in Late Imperial China),①郭松义《清代 403 宗民刑案例中的私通行为考察》,②白德瑞(Bradly W. Reed)《爪牙:清朝县衙的书吏和差役》(Talons and Teeth: County Clerks and Runners in the Qing Dynasty),③苏成捷(Matthew H. Sommer)《清代的性、法律和社会》(Sex, Law, and Society in Late Imperial China),④步德茂(Thomas M. Buoye)《过失杀人、市场与道德经济——18 世纪中国财产权的暴力纠纷》(Manslaughter, Markets, and Moral Economy Violent Disputes over Property Rights in Eighteenth-century China),⑤王跃生《十八世纪中国婚姻家庭研究——建立在 1781—1791 年个案基础上的分析》,⑥《清代中期婚姻冲突透析》,⑦白凯(Kathryn Bernhardt)《中国的妇女与财产:960—1949 年》,⑧郭松义、定宜庄《清代民间婚书研究》,⑨邱澎生《当法律遇上经济:明清中国的商业法律》,⑩黄宗智、尤陈俊主编《从诉讼档案出发:中国的法律、社会与文化》,⑪范金民《把持与应差:从巴县诉讼档案看清代重庆的商贸行为》,⑫赖惠敏、徐思泠《情欲与刑罚:清前期犯奸案件的历史解读(1644—1795)》,⑬赖惠敏、朱庆薇《妇女、家庭与社会:雍乾时期拐逃案的分析》。⑭ 此

---

① 〔美〕梅利莎·麦柯丽著,明辉译:《社会权力与法律文化:中华帝国晚期的讼师》,北京大学出版社,2012。
② 郭松义:《清代 403 宗民刑案例中的私通行为考察》,《历史研究》2000 年第 3 期,第 51—68 页。
③ Bradly W. Reed: Talons and Teeth: County Clerks and Runners in the Qing Dynasty, Stanford University Press, 2000.
④ Matthew H. Sommer: Sex, Law, and Society in Late Imperial China, Stanford University Press, 2000.
⑤ 〔美〕步德茂著,张世明、刘亚丛、陈兆肆译:《过失杀人、市场与道德经济——18 世纪中国财产权的暴力纠纷》,社会科学文献出版社,2008。
⑥ 王跃生:《十八世纪中国婚姻家庭研究——建立在 1781—1791 年个案基础上的分析》,法律出版社,2000。
⑦ 王跃生:《清代中期婚姻冲突透析》,社会科学文献出版社,2003。
⑧ 〔美〕白凯:《中国的妇女与财产:960—1949 年》,上海书店出版社,2003。
⑨ 郭松义、定宜庄:《清代民间婚书研究》,人民出版社,2005。
⑩ 邱澎生:《当法律遇上经济:明清中国的商业法律》,五南图书出版公司,2008。
⑪ 黄宗智、尤陈俊主编:《从诉讼档案出发:中国的法律、社会与文化》,法律出版社,2009。
⑫ 范金民:《把持与应差:从巴县诉讼档案看清代重庆的商贸行为》,《历史研究》2009 年第 4 期。
⑬ 赖惠敏、徐思泠:《情欲与刑罚:清前期犯奸案件的历史解读(1644—1795)》,《近代中国妇女史研究》1998 年第 6 期。
⑭ 赖惠敏、朱庆薇:《妇女、家庭与社会:雍乾时期拐逃案的分析》,《近代中国妇女史研究》2000 年第 8 期。

外,目前学界较多利用司法档案进行法律社会史研究的学者还有戴真兰、蔡东洲、胡祥雨等学者。①

综上,反观 20 世纪 80 年代以来法律史学界对司法档案的运用路数,不难看出其对于 20 世纪上半叶新考据学派取向方法的继承可谓与前述民国法律史研究者一脉相承,即重视利用司法档案,以传统考据学与西方实证主义史学相结合的方法探究中国法律史问题。特别是郭松义、定宜庄、郑秦等前辈学人,不仅考据学功底扎实,史料辨析能力强,而且在史料搜集方面力求涸泽而渔,从而为学界贡献出一批高质量的研究成果。

同是运用司法档案进行法律史研究,20 世纪 80 年代以来的研究者对民国学人的超越之处主要在于：

第一,研究视野的扩大。民国学者利用司法档案从事中国法律史研究的问题意识主要集中于对涉及精英人物的历史疑案加以考析。而 20 世纪 80 年代以来的法律社会史研究者受社会史复兴的影响,其研究视野发生了自上而下的转移,以关注下层民众取代了昔日对上层精英人物的聚焦。研究范围也随之扩大到对社会生活、社会风俗、社会变迁、性别群体等问题的探讨。

第二,研究方法的多样化。20 世纪 80 年代以来的法律史研究者倾向于采用法学、政治学、社会学等多学科方法释史。如曹培、郑秦、俞江等学者以法学方法研究清代民事诉讼制度和司法审判制度;黄宗智、王跃生等学者则注重"在经验与理论的勾连中发掘历史感"。②

三、研 究 展 望

1. 材料运用方面

第一,档案取样应兼顾充足性与系统性原则。首先,利用档案材料做量化分析,其前提条件就是必须能够提取到足够多的样本材料作为分析对象,如王跃生的研究利用的清代案例多达 2000 多件,黄宗智利用的清代案例亦

---

① 参见〔美〕戴真兰:《丑行:十八世纪中国的贞节政治》,加州大学出版社,2004;蔡东洲等:《清代南部县衙档案研究》,中华书局,2012;胡祥雨:《清代法律的常规化:族群与等级》,社会科学文献出版社,2016。
② 黄宗智、尤陈俊主编:《从诉讼档案出发:中国的法律、社会与文化》,第 490 页。

多达 628 件,苏成捷搜集的案例数量为 600 件,郭松义搜集的案例数量达到 403 件,步德茂的研究也涉及清代命案 385 件,之所以强调取样的广泛性,是因为只有经由建立在大量调查取样基础上的充分的样本分析得出的结论才具有较强的说服力,特别是对于长时段研究而言,取样的充足性更为重要。其次,应注意取样的系统性,即既要提取能反映研究对象在不同历史时期发生量变的样本,又要提取能反映研究对象在不同历史时期发生重大质变的样本,同时还应注意提取参照性样本,唯此,才能实现对研究对象的全方位、多层次的"总体性"关照。

第二,利用档案时,应注意档案史料的遗失与重复问题。中国历史上曾屡次发生档案遗失破坏事件。如 19 世纪末,在李鸿章提议下,内阁大库中光绪朝以外的霉变题本、副本被悉数销毁。八国联军占领北京时,清宫档案再遭劫掠。民国时期,内阁大库档案又因"八千麻袋事件"而大量亡佚。因此,我们利用档案时,应注意某些"劫后余生"的残缺档案并不能完全反映历史的真实。如第一历史档案馆的工作人员认为 1783—1785 年间乾隆时期刑科命案题本数目急剧下降实源于档案的严重遗失。此外,某些档案还存在重复问题,如清代省总督题奏和三法司题奏有时都被归入题本档案。① 鉴此,我们利用档案材料时应持审慎态度,并注意参照其他史书记载以避免得出错误结论。如步德茂曾根据亲身研究经验提出,检验题本档案丢失的方法就是将其与内阁刑科史书做比较。②

第三,应加强对档案史料的辨析。某些档案受特定历史生成背景影响,内容方面往往是虚构与真实并存。如 19 世纪中国的诉状,很多是由靠读写能力糊口的下层识字阶层所制作。其中"(官代书)制作"一类诉状往往只占全部诉状的少数,而大部分诉状是由起诉人或有读写能力者事先以某种形式写成。这些诉状中往往使用定型化的表述和模式化的情节,显得虚构、夸张甚至危言耸听,当时的"讼师秘本"甚至提供了如何进行虚构和夸张的范例。③ 所以在利用这类档案材料时,就要求我们应采取辨证分析的态度,加强对

---

① 〔美〕步德茂著,张世明、刘亚丛、陈兆肆译:《过失杀人、市场与道德经济——18 世纪中国财产权的暴力纠纷》,第 237 页。
② 〔美〕步德茂著,张世明、刘亚丛、陈兆肆译:《过失杀人、市场与道德经济——18 世纪中国财产权的暴力纠纷》,第 237 页。
③ 〔日〕唐泽靖彦:《清代的诉状及其制作者》,《北大法律评论》2009 年第 1 期,第 25—44 页。

相关史料的辨析，这也是历史研究的基础。对于那些有意隐晦甚至歪曲史实的档案材料，处理起来更应慎之又慎，否则极易导向错误结论。

2. 研究取向方面

传统的清代法律制度史研究主要利用司法档案探讨清代的刑民事诉讼制度、司法审判制度、政府的司法职能等制度史问题。法律社会史研究则更多关注民众与法律及社会变迁等问题，倾向于研究民众日常生活中的冲突纠纷，以深化对当时基层社会法律运作的认识。具体而言，法律社会史研究的关注点主要包括：清代法律的实际运作与政府的官方表述之间的背离、国家经济与社会结构变迁中普通百姓的日常冲突、清代司法体系因社会变迁在犯罪司法实践层面的变动等问题。

尽管学界在上述领域已取得不俗成绩，但仍有许多层面尚未得到充分研究。如在利用司法档案从事制度史研究时，往往偏重从宏观上关注清代司法审判制度的特点、诉讼程序、民事诉讼和调处制度、刑名幕吏和司法活动等问题，而缺乏微观视角特别是对某些具体问题的精细探究。以对清代教案问题的研究为例，教案除直接关系清代司法主权及法律社会史问题外，更是探究清政府涉外司法制度的重要切入点，而相关史料存藏亦堪称丰富。如第一历史档案馆刑部、法部档案中就有直隶广宗等地景廷宾等捣毁法教堂案、呼兰教案、江西南丰教案等史料，巡警部档案"管理涉外事务类"中有关于上海、南昌地区的教案史料，顺天府档案"传教、教案类"中有查办洋人教案等问题史料。此外，某些地方级档案馆、图书馆、博物馆等机构也藏有一定数量的区域教案史料。专题档案史料汇编如《清季教案史料》《清末教案》《山东教案史料》等业已出版。《清代档案史料丛编》中亦包含光绪朝山东教案史料专辑。然而面对如此丰富的档案史料，学界目前的研究成果却多集中于史学领域，法学领域的相关研究成果则相对较少。①在地方司法档案运用方面，不同区域司法档案整理利用的不平衡现象较为突出。目前法史学界关注较多的主要是巴县档案、宝坻档案、南部档案，而对大

---

① 史学领域相关研究成果主要有张力、刘鉴唐：《中国教案史》，四川省社会科学院，1987；赵树好：《教案与晚清社会》，中国文联出版社，2001；苏萍：《谣言与近代教案》，上海远东出版社，2001；赵树贵：《江西教案史》，江西人民出版社，2005；赵树好：《晚清教案交涉研究》，人民出版社，2014；赵树好：《晚清教案与社会变迁研究》，人民出版社，2015。法学领域相关研究成果主要有乔飞：《从清代教案看中西法律文化冲突》，中国政法大学出版社，2012。

陆其他区域档案则关注不够。如吉林省档案馆馆藏档案共 157 个全宗，263372 卷（1985 年底统计），其中有清代档案十余万卷，主要是清代吉林将军衙门及其所属机构的档案；西藏自治区历史档案馆藏有元代至 1959 年间的 300 余万件（册）档案，其中以明清档案收藏最为丰富。上述地方档案都具备存量大、内容丰富、时间跨度长的特征，可谓从事法律史研究的资料渊薮，可惜一直未得到学界的足够重视。

3. 方法运用方面

宏观方面，综观目前法律史学界对司法档案的研究主要存在两大视角：一是法学视角，一是史学视角。相对而言，法学出身的研究者更重视制度史研究，偏重利用司法档案进行有关制度的实证研究；而史学出身的法律社会史研究者则更倾向于在扎实考证的基础上尝试运用多种理论对司法档案所反映的历史问题进行解释。但无论从法学抑或史学视角切入，具体研究在理论运用方面都稍显单一。在今后的研究中，研究者应力图突破学科界限，综合运用法学、史学、女性学、社会学、人类学、经济学等学科理论，采用多学科视角对中国古代司法档案进行"总体史"关照，同时也应力求使研究更趋于"精细化"探究。微观方面，应注意讨论档案材料在空间和时间上的不同分布形态，同时应重视运用比较分析法对相关材料进行研究。

第八章 古代契约文献

"契约"是私文书的重要组成部分。从现存的汉晋简牍、隋唐敦煌吐鲁番文书、元代黑水城文书以及明清徽州文书、清水江文书中保存下来的数量庞大的契约就可以看出,在中国古代,包括土地买卖、家产分析、婚姻存续、身份确立以及纠纷解决、赋役分担、地方防卫、结社集会等,都依靠着各种契约(包括合同)等私文书来维系,契约深入到中国人日常生活的方方面面。理解传统中国社会的秩序,契约具有非常重要的意义。本章将以土地买卖文书为中心,探讨中国古代契约的演变过程,分析契约整理与研究的现状。

第一节 早期契约的发展

中国很早以来就有重视契约的传统。《周礼》云:"凡以财狱讼者,正之以傅别、约剂。"①也就是说财产诉讼以契约为凭。当时的契约共分为三种,借贷契约叫作傅别,取予受入契约叫作书契,买卖、抵押、典当契约叫作质剂。② 同时,进行各种交易,也要缴纳被称为"质布"之类的契税。③ 到了秦汉时代,土地交易日趋频繁,居延汉简保留下来的《汉乐奴卖田契》就是现存较早的土地买卖契约:

置长乐里乐奴田卅五畮(亩),贾(价)钱九百,钱已毕。丈田即不足,

---

① 孙诒让:《周礼正义》卷六五《士师之职》,中华书局,1987,第 11 册第 2791 页。
② 张传玺:《中国古代契约发展的四个阶段》,载张传玺:《秦汉问题研究》,北京大学出版社,1985,第 143 页。
③ 清人孙诒让引王与之、江永的观点,认为《周礼》中所说的"质布"就是一种交易契税。参照(清)孙诒让:《周礼正义》卷二七《地官·廛人》,中华书局,1987,第 1082—1083 页。

计亩(亩)数环(还)钱。旁人淳于次孺、王充、郑少卿,古(酤)酒旁二斗,皆饮之。①

这份土地买卖契约是说某人从长乐里一个名叫乐奴的人那里买了三十五亩田地,价钱为九百钱,钱已付清。如果丈田不足,卖方乐奴则要按不足亩数还钱给买方。作证的旁人有淳于次孺、王充、郑少卿,买酒二斗,一起饮用。从这张文书可以看出,汉代土地买卖契约已经相当成熟,文书中记录了土地的位置、亩数以及交易的价格、违约责任,还有证人等。当时的契约还具有诉讼书证的作用,东汉郑众云:"若今时市买,为券书以别之,各得其一,讼则案券以正之。"②

一、纸质契约的出现

魏晋南北朝时期,随着造纸技术的发展,纸张开始在社会普及。到了4世纪初,纸已在书写材料中占压倒优势,③纸张开始成为契约的主要载体。晋室南渡后,国家开始重视契税的征收,交易中出现了"文券"的说法:

> 晋自过江,凡货卖奴婢、马牛、田宅。有文券,率钱一万,输估四百入官。卖者三百,买者一百。无文券者,随物所堪,亦百分收四,名曰散估。以此人竞商贩,不为田业,故使均输,欲为惩励。虽以此为辞,其实利在侵削。④

奴婢、马牛、田宅交易中,国家要征收4％的契税。如果有文券,由卖者承担3％,买主承担1％。如果无文券,则根据货物的估值,也是征收4％的交易税。这里所说的"文券",很可能就是纸质的契约。

现存的吐鲁番文书中,租佃、雇佣、借贷、人身买卖契约广泛使用纸张书

---

① 中国科学院考古研究所编:《居延汉简甲乙编》,中华书局,1980,甲图版179:2544A、B;谢桂华、李均明、朱国炤:《居延汉简释文合校》,文物出版社,1987,第653页,557·4。
② 《周礼注疏》卷第三十五《士师》郑玄引郑司农语,北京大学出版社,1999,第925页。
③ 潘吉星:《中国造纸史》,上海人民出版社,2006,第130—136页。
④ 《隋书》卷二四《志》第一九《食货》,中华书局,1973,第三册第689页。

写。例如,《北凉承平八年(450?)翟绍远买婢契》(图二)① 就是当时一张非常典型的纸质人身买卖契约。

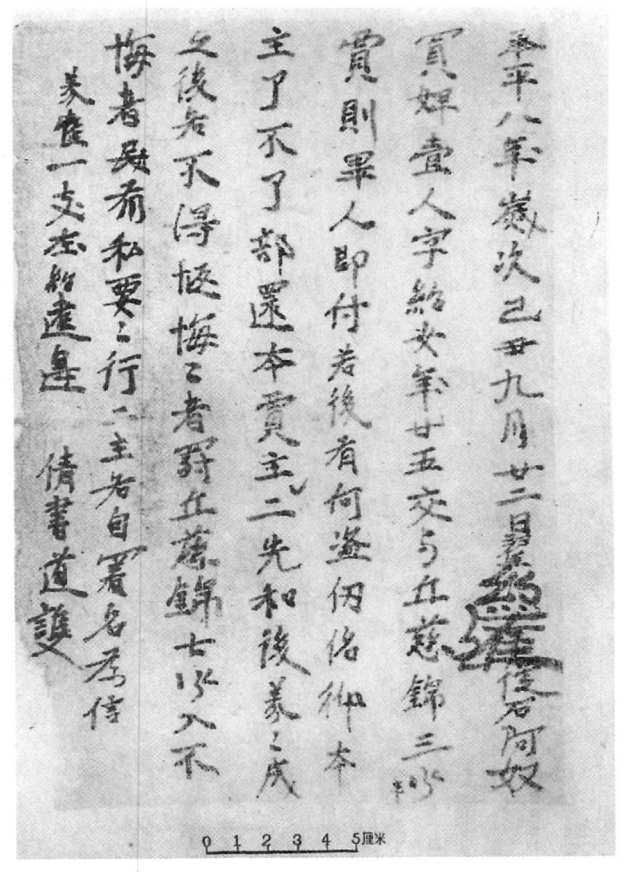

图一　北凉承平八年(450?)翟绍远买婢契

1　承平八年岁次己丑九月廿二日,翟绍远从石阿奴
2　买婢壹人,字绍女,年廿五,交与丘慈锦三张半。
3　贾(价)则毕,人即付。若后有何(呵)盗仞(认)名,仰本
4　主了。不了,部(倍)还本贾(价)。二主先和后券,券成之后,
5　各不得返悔,悔者罚丘慈锦七张,入不

---

① 哈拉和卓99号墓文书,该文书亦有可能是高昌王麹嘉承平八年(509)。参见唐长孺主编:《吐鲁番出土文书(壹)》,文物出版社,1992,第92—93页。

6　悔者。民有私要，要行二主，各自署名为信。
7　券唯一支，在绍远边。　倩书道护。

这件买婢券特别提到了"券唯一支，在绍远边"，表明契约由买主收执。

从现存的吐鲁番文书可以看出，高昌国时期土地买卖非常普遍。例如《高昌延寿五年(628)赵善众买舍地契》①就是一张土地买卖契约。

1　延寿五年戊子岁三月十八日，赵善众从孙回伯、范庆悦二人边
2　买武城辛场中舍地，孙廻伯右地拾步，即交与银钱肆文。次
3　范悦子边地拾步，与买价钱肆文。钱即日毕，舍地即日
4　付。舍义二人方。东诣张容奴分垣，南诣善众场地分垣，西
5　共赵海相坞舍分垣，北共张延守坞舍分垣。肆在之内，长
6　不还，(捉)[短]不与，车行人(盗)[道]依旧通。若后(右)[有]人(河)[呵]盗认(佫)[名]者，
7　仰本主了。三主和同立券。券(城)[成]之后，各不得反悔。悔者壹
8　罚二入不悔者。民(右)[有]私要，要行二主，各自署名为
9　信。
10　　　　　(清)[倩]书道人西□
11　　　　　时见范□□
12　　　　　临坐张师□

这张麹氏高昌末期的土地买卖契约首先写清立契时间，接着写清买主、卖主及土地四至等。同时强调"三主和同立券"，代书人、见人等依次署押。与前引《翟绍远买婢契》一样，也提到"民有私要，要行二主，各自署名为信"，这种说法与东汉、南朝一些买地券中出现的"有私约、如律令"②的说法有相似

---

① 阿斯塔那135号墓文书，见唐长孺主编：《吐鲁番出土文书(壹)》，文物出版社，1992，第410页。
② 例如，《东汉建宁元年(168)五凤里番延寿买地砖莂》(顾燮光：《循园金石文字跋尾》卷上，见严耕望主编：《石刻史料新编》第2辑第20册，新文丰出版公司，1979，第14466—14468页)写有"有私约当如律令"之语。虽然买地券不同于实际的土地买卖文书，但两者的语言还可能会有一些内在联系。关于买地券与现世土地买契约之间的关系，参照鲁西奇：《中国古代买地券研究》，厦门大学出版社，2014，第66—77页。

的含义，都强调了私约的重要性，可以看出高昌国地区的一直保持着汉晋时期土地自由买卖的习惯。

二、唐代契约的变化

在广大的中原地区，随着北魏以来均田制的推行，土地买卖开始受到限制。唐代的法律开始明确土地买卖的前提条件：第一，口分田原则上禁止买卖，"诸卖口分田者，一亩笞十，二十亩加一等，罪止杖一百，地还本主，财没不追"；第二，"家贫卖供葬"时，可以出卖永业田；第三，口分田可以"卖充宅及碾硙邸店之类"；第四，"狭乡迁就宽者"，其口分田可以出卖；第五，"赐田"及五品以上"勋官永业地"，也可以出卖。① 虽然土地可以买卖，但"皆须经所部官司申牒，年终彼此除附。若无文牒辄卖买，财没不追，地还本主"。② 也就是说，土地买卖必须向官府提出申请，经官府同意方可交易，年终还要在国家簿籍上履行变更手续。

均田制的推行，限制了土地买卖。现存的唐代中前期的敦煌文书中很少见到土地买卖文书，就说明均田制对于土地交易的影响。吐鲁番文书也同样如此，随着高昌国在贞观十四年（640）被并入唐朝之后，均田制也开始推行到这一地区。③ 此后的吐鲁番文书中很少再见到土地买卖契约了。

虽然土地交易受到限制，但人口、牲畜交易仍然合法而广泛存在。《未年（803）尼明相卖牛契》④就是当时典型的牲畜交易契约：

1　黑特牛一头三岁，并无印记。
2　未年润十月廿五日，尼明相为无粮食及
3　有债负，今将前件牛出卖与张抱玉，准

---

① 《唐律疏议》卷第一二《户婚·诸卖口分田者》，刘俊文等点校，第242页。
② 〔日〕仁井田陞：《唐令拾遗》，东京东方文化学院东京研究所，1933，第631页。
③ 麹氏高昌时期并未实行均田制，土地买卖现象十分普遍。参照卢开方：《麹氏高昌未推行均田制度论》，《敦煌学辑刊》1986年第1期，第3—15页；〔日〕池田温：《吐鲁番、敦煌契券概观》，《汉学研究》第四卷，1986年，第9—40页；卢向前：《唐代西州土地关系述论》，上海古籍出版社，2001，第1—56页。
④ 斯5820、5826。图版见《英藏敦煌文献》第9卷，四川人民出版社，1994，第165、169页。录文见沙知《敦煌契约文书辑校》，江苏古籍出版社，1998，第55—56页。

4　作汉升麦壹拾贰硕,粟两硕。其牛及麦

5　即日交相分付了。如后有人称是寒(道)[盗]

6　识认者,一仰本主(卖)[买]上好牛充替。立契后

7　有人先悔者,罚麦三石,入不悔人。恐人无

8　信,(古)[故]立此契为记。

9　　　　麦主

10　　　牛主尼僧明相年五十三

11　　　保人尼僧净情年十八

12　　　保人僧空照

13　　　保人王忠敬年廿六

14　　　见人尼明香

契约中首先交代牛的毛色、性别、年岁及来历,然后写明立契时间、出卖原因、价格等。同时规定如果来历不明,有人识认,卖主要"买上好牛充替"。如果单方面悔约,则"罚麦三石,入不悔人"。最后卖主、保人、见人依次画押。可见当时的契约已经相当完善。

到了唐代中后期,特别是吐蕃占领与归义军时期的敦煌文书中又开始出现土地买卖契约,《未年(827?)上部落百姓安环清卖地契》①就是一份有代表性的契约:

1　宜秋十里西支地壹段,共柒畦拾亩(东道,西梁,南索晟,北武再再)。

2　未年十月三日,上部落百姓安环清为

3　突田债负,不办输纳,今将前件地

4　出(买)[卖]与同部落人武国子,其在亩别

5　断作斜㪷汉㪷壹硕陆㪷,都计麦壹拾

6　伍硕、粟一硕,并汉年。一卖已后,一任武

7　国子修营佃种。如后有人忓怪识认,

---

① 期1475背,图版见《英藏敦煌文献》第3卷,四川人民出版社,1990,第74—75页。录文见沙知:《敦煌契约文书辑校》,第1—2页。

8　一仰安环清割上地佃种与国子。其地
9　及麦当日交相分付，一无悬欠。一卖后，
10　如若先翻悔，罚麦伍硕，入不悔人。已后
11　若　恩敕，安清罚金伍两纳入
12　官。官有政法，人从私契，两共平章，书指为记。
13　　　　　　　　地主　安环清年廿一
14　　母安年五十二　师叔正灯（押）
15　　见人张良友　　姊夫安恒子

这张契约先是写明所卖土地的位置、面积、四至，然后写明立契时间、出卖原因、卖主、价格等，最后对于违约责任作明确规定："如先翻悔，罚麦五硕入不悔人"。同是针对可能发生的恩敕行为，契约中明确约定由卖主来承担，"罚金伍两纳入官"。契约最后"官有政法、人从私契"是唐代契约套语，虽然有"政法"不干涉"私契"含义①，但另一方面也表明当时私人土地交易缺乏国法的保护，因此才要"两共平章、书指为记"。

到了十世纪初，土地交易契约的用语又开始发生变化。《天复九年已巳(907)洪润乡百姓安用子卖地契（习字)》②：

1　阶和渠地壹段两畔共五亩，东至唐荣德，西至道氾温子，
2　南至唐荣德及道，北至子渠兼及道。又地壹段两畔共贰
3　亩。东至吴通通，西至安力子，南至子渠及道，北至吴通通。
4　已上计地肆畔共柒亩。曰天复九年已巳岁十月七日，洪闰乡
5　百姓安力子及男揭橞等，为缘阙少用度，遂将本户口
6　分地出卖与同乡百姓令狐进通，断作价值生绢一疋，长肆（仗）[丈]。
7　其地及价，当日交相分付讫，一无（玄）[悬]欠。自卖已后，其地
　　永任进通

---

① 参照孟宪实：《国法与乡法——以吐鲁番、敦煌文书为中心》，《新疆师范大学学报》2006年第1期，第99—105页；李德嘉：《王者不得制人之私——以唐代官法与民契的关系为背景》，《法学》2012年第8期，第87—95页。
② 斯3877背，《英藏敦煌文献》第五册，四川人民出版社，1992，第191页。录文见沙知：《敦煌契约文书辑校》，第18—19页。

8　男子孙息侄世世为主记。其间或有回换户状之次,任进通
9　抽入户内。地内所着差税河作,随地祗当。中间若亲姻兄弟
10　及别人诤论上件地者,一仰口承人男攜榷兄弟祗当,不忓
11　买人之事。或有恩　敕流行,亦不在论理之限。两共
12　对面平章,准法不许休悔。如若先悔者。罚上耕牛一头,
13　充入不悔人。恐人无信,故立私契,用为后验。
14　　　　　　　地主　安力子

在这件作为习字的契约中,先写出土地的位置、四至,然后再写时间、卖主、买主等。契约中明确了"其地永任进通男子孙息侄世世为主记",而且"两共对面平章,准法不许休悔",也就是说土地交易受到法律的保护,这与"官有政法、人从私契"的观念已经有所区别。

第二节　宋代以后契约样式与语言的变化

唐末五代以后,随着均田制的消失,"土地私有,遂成为不可动摇之制度"。① 到了宋代,"官中条令,惟交易一事最为完备"。② 此后,土地买卖空前活跃,民间遂有"田宅无定主"、③"千年田换八百主"④之说。成书于南宋《名公书判清明集》有云:"交易有争,官司定夺,止凭契约。"⑤

北宋、金代中原地区保留下来的契约不多。清人王昶《金石萃编》收录的《真清观牒》录有金大定二十八年(1188)的《本观置买地土文契》⑥是一份比较典型的土地买卖契约:

---

① 李剑农:《宋元经济史稿》,三联书店(北京),1957,第 177 页。
② (宋)袁采:《袁氏世范》,《知不足斋丛书》第十四集,卷三《治家·田产家早印契割产》。
③ (宋)袁采:《袁氏世范》,《知不足斋丛书》第十四集,卷三《治家·富家置产当存仁心》。
④ (宋)辛弃疾撰,邓广铭笺注:《稼轩词编年笺注》(增订本)卷三《最高楼》,上海古籍出版社,1993,第 331 页。
⑤ 《名公书判清明集》卷五《物业垂尽卖人故作交合》,中华书局,1987,第 152 页。
⑥ (清)王昶:《金石萃编》(清嘉庆十年刻,同治钱宝传等补修本)卷一五八《金五·真清观牒》,《续修四库全书》史部第 891 册,第 59 页。

出卖地业人修武县七贤乡马坊村故税户马愈男马用同弟马和,自立契将本户下□□地二段共计式亩叁厘,立契卖与全真门弟子王太和、王崇德为永业,修盖全真道庵,准得价钱壹拾陆贯文各七□九伯,并据即目见守交割,谨具开坐如后:

一、出卖村南竹园地一段。南北畛,东长式拾陆步伍分,西长式拾陆步伍分,南阔壹拾陆步。并次东一段,东长式拾陆步,西长式拾捌步半,南阔壹拾步,北无步。东至大河,西自至,南自至,北自至,并据钱业主对目商议定,所有地内差税物力实钱,照依通捡去马愈户下贮脚　供输,所据地内竹竿树木,不系卖数。

一、天雨水透流,车牛出入,一依仍旧通行。

右件前(顷)[项]出卖地土卖与全真门弟子等为永业,并不是裹私卑幼□交,亦不是债欠准折,并无诸般违碍。又加立契日一色见钱交领,并□别无悬欠。恐人无信,故立此文为据。

大定二十八年十二月自立契出卖地人马用　押

同立契人马和　押

引领人部下王守妙押

写契人本村王莹　押

税说价钱壹拾陆贯文　　廿三日

在《真清观牒》后,王昶按语曰:

牒后载本观置买地土,文契所列各条与今人文契体例相仿。契中年月后一曰"立契出卖地人",即今之卖主也。一曰"同立契人",即今之卖主亲族也。一曰"引领人",即今之中人也。一曰"写契人",即今之代书也。自大安至今越六百余年,而买卖地土之格,大致相符,可知凡事皆有缘起,亦留心世务者所宜知也。

在清朝人看来,虽然时经六百年,"买卖地土之格大致相符"。不过,毕竟是"大致相符",其中格式与语言亦还是有所变化。

一、契约格式的变化

徽州文书中保存下来收藏的南宋《淳祐二年(1242)休宁县附产户李思聪等卖田、山赤契》(图二),① 是现存最早的徽州文书原件,可以略窥当时契约的格式。

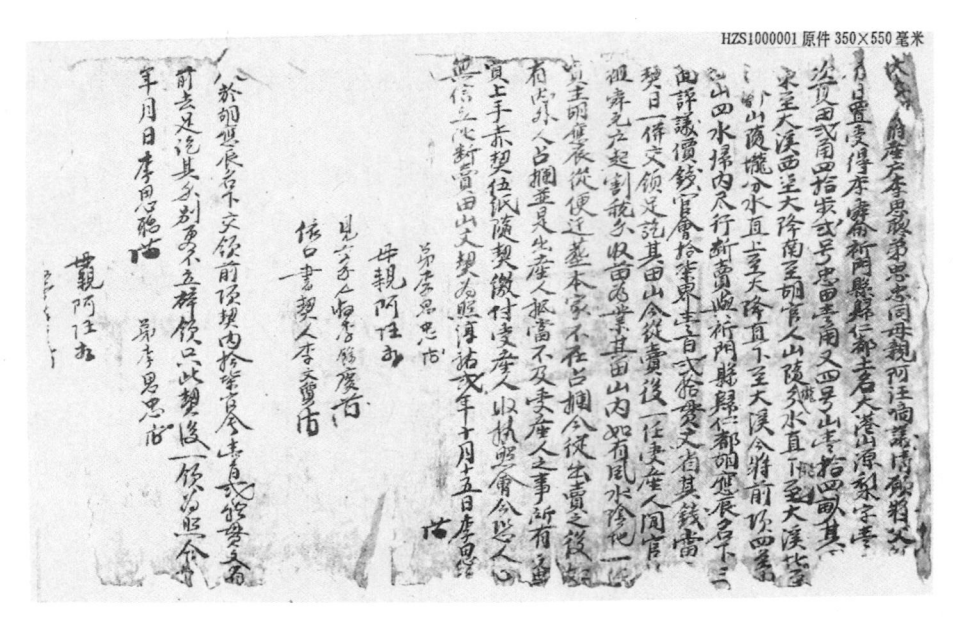

图二 淳祐二年(1242)休宁县附产户李思聪等卖田、山赤契

1　休宁县附产户李思聪、弟思忠,同母亲阿汪啇议,情愿将父□
2　存日置受得李舜俞(祈)[祁]门县归仁都土名大港山源,梨[黎]
　　字壹号
3　次(夏)[下]田式角四拾步,式号(忠)[中]田壹角。又四号山壹
　　拾四畝。其四至,
4　东至大溪,西至大降,南至胡官人山、随垄分水直下至大溪,北至
5　舜俞山、随垄分水直上至大降,直下至大溪。今将前项四至内

---

① 王钰欣、周绍泉主编:《徽州千年契约文书·宋元明编》,花山文艺出版社,1991,卷一第5页。

6 田山,四水归内,尽行断卖与祈门县归仁都胡应辰名下,三
7 面评议价钱官会拾柒界壹百式拾贯文省。其钱当立
8 契日一并交领足讫。其田、山今从卖后,一任受产人闻官□□
9 祖舜元户起割税钱,收苗为业。其田、山内如有风水阴地,一任
10 买主胡应辰从便迁葬,本家不在占拦。今从出卖之后,如
11 有内、外人占拦,并是出产人祗当,不及受产人之事。所有元典
12 买上手赤契伍纸,随契缴付受产人收执照会。今恐人心
13 无信,立此断卖田、山文契为照。淳祐式年十月十五日李思聪(押)
14 　　　　弟李思忠(押)
15 　　　　母亲阿汪(押)
16 　　　　见交钱人叔李余庆(押)
17 　　　　依口书契人李文质(押)
18 今于胡应辰名下交领前项契内拾柒【界】官会壹百式拾贯文省,
19 前去足讫。其钱别更不立碎领,只此契后,一领为照。仝前
20 年月日李思聪(押)　　弟李思忠(押)。
21 　　　　母亲阿汪(押)
22 　　　　叔李余庆(押)

在这张加盖官印的赤契中,"淳祐式年十月十五日李思聪"是接契约末句书写,然后是同卖的弟弟、商议的母亲以及见人、书契人等居中依次署押。这种书写格式与后世文书抬头写皇帝年号、附押人与卖主靠下排齐签名有所不同。现存南宋时代的徽州文书基本上都是这样的书写格式。

到了元代,徽州土地买卖文书的书写格式开始发生了变化。《元至元二十八年(1291)祁门县李阿林卖山赤契》(图三)[①]就反映出元代文书的基本形制。

1 归仁都李阿林有山一段,在杭契,土名杨梅山。今无
2 钞开修田亩,(曾)[情]愿将前项杨梅山更字三百一十四号

---

① 王钰欣、周绍泉主编:《徽州千年契约文书·宋元明编》卷一,第7页。

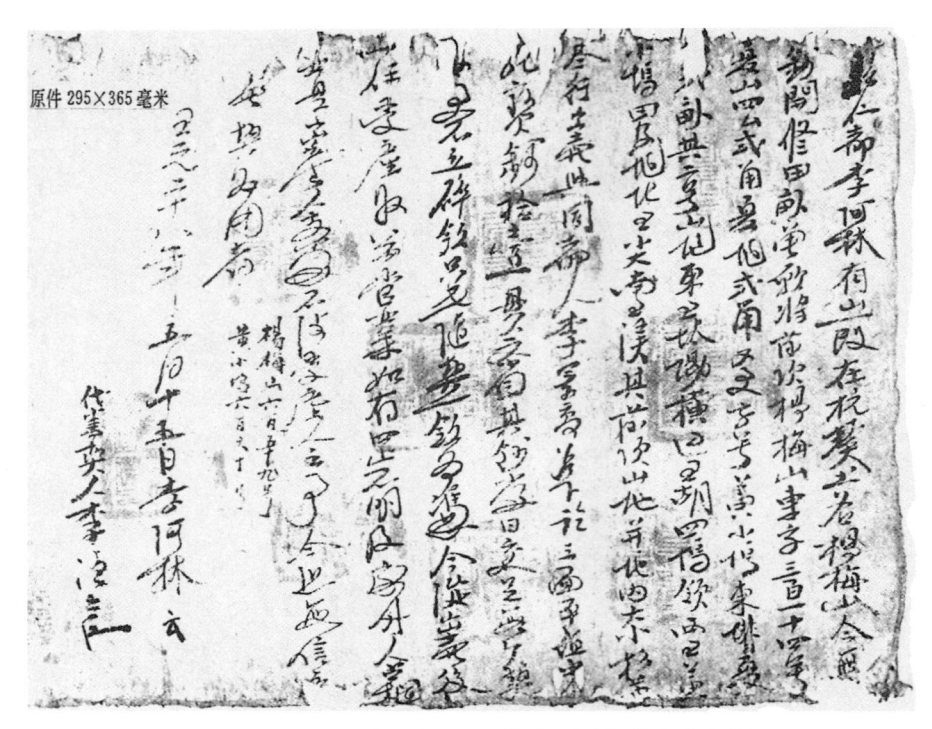

图三　元至元二十八年(1291)祁门县李阿林卖山赤契

3　（夏）[下]山四（厶）[亩]式角，（夏）[下]地式角。又更字号黄小坞东埠（夏）[下]

4　山式亩。其二号山地，东至圠墈、横过至胡四坞（领）[岭]，西至黄

5　小坞田及地，北至尖，南至溪。其前项山地并地内大小杉苗，

6　尽行出卖与同都人李景高名下讫。三面平值中

7　统宝钞拾壹贯文省，其钞当日交足无欠。契

8　后更不立碎领，只此随契一领为凭。今从出卖后，

9　一任受产【人】收苗管业。如有四止不明及家、外人占拦，

10　并是出产人支当，不涉受产人之事。今恐无信，立

11　此卖契为用者。　　杨梅山六百五十九号。

12　　　　　　　　　　黄小坞六百六十号。

13　至元二十八年五月十五日李阿林（押）

14　　　　　　　代书契人李德言

"至元二十八年五月十五日李阿林（押）"这段文字另行书写，不过并不顶格，而是空两格，这也是元代土地买卖文书的基本形制。现存的元代徽州土地买卖及分家书都是这样的形制。例如《元泰定二年（1325）正月徽州路祁门县谢利仁等分家合同》（图四）：①

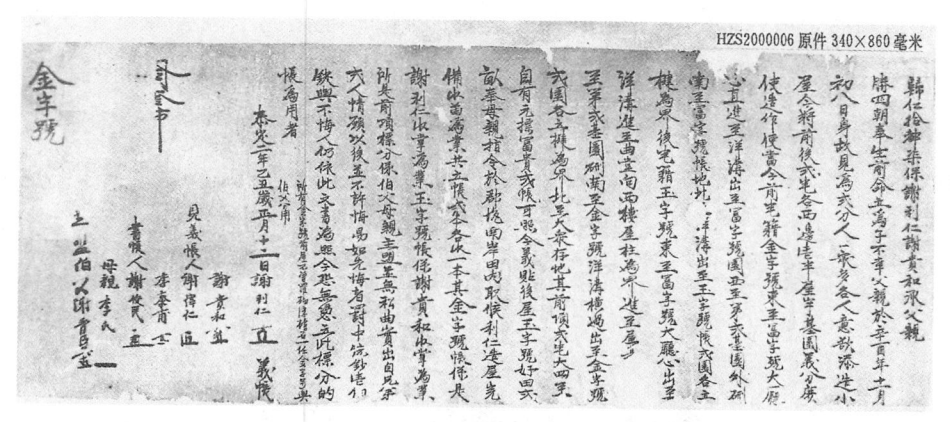

图四　元泰定二年（1325）正月徽州路祁门县谢利仁等分家合同

归仁拾都柒保谢利仁、谢贵和，承父亲胜四朝奉生前命立为子。不幸父亲于辛酉年十一月初八日身故，见为式分，人口众多，各人意欲添造小屋。今将前后二宅各西边壹半屋宇基园义分……所是前项标分，系伯父、母亲主盟，并无私曲，实出自兄弟式人情愿，以后并不许悔易。如先悔者，罚中统钞壹伯锭与不悔人，仍依此文书为照。今恐无凭，立此标分的帐为用者

　　泰定二年乙丑岁正月十二日谢利仁（押）义帐

　　　　　　　　　　谢贵和（押）

　　　　　　　见义帐人谢伟仁（押）

合同叁纸（半字）　　李泰甫（押）

　　　　　　　书帐人谢俊民（押）

　　　　　　　母亲李　氏（押）

　　　　　　　主盟伯父谢晋臣（押）

---

① 王钰欣、周绍泉主编：《徽州千年契约文书·宋元明编》卷一，第12页。

这是一张分家合同,"泰定二年乙丑岁正月十二日谢利仁(押)义帐"抬头空两格书写,然后见人、代书人及主盟人依次署押,其与同时代徽州的土地买卖文书样式相同。

不仅南方徽州的契约是这种情况,在今天河北省隆化地区保存下来的元代契约格式也与徽州契约格式基本相似。例如,隆化鸽子洞窖藏出土文书《元至正二十二年(1352)王清甫典地契》(图五)①也遵循抬头空两格的样式:

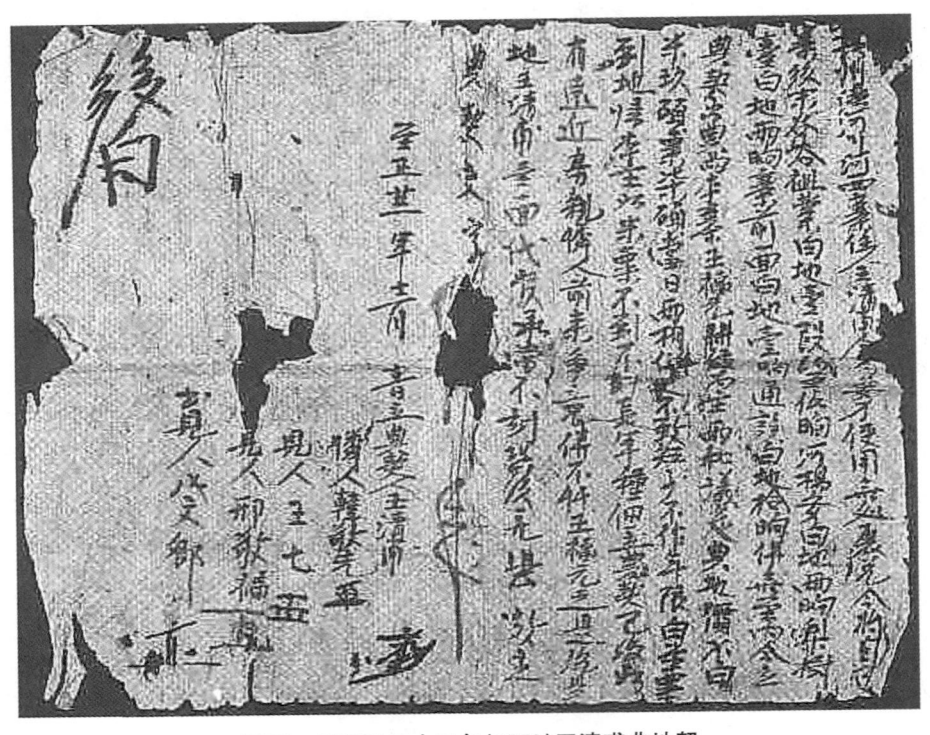

图五　元至正二十二年(1352)王清甫典地契

1　兴州湾河川河西寨住人王清甫今为要钱使用,无处展兑,今将自己
2　寨后末谷峪祖业白地壹段约至伍晌,河杨安白地两晌,梨树
3　台白地两晌,寨前面白地壹晌,通该白地拾晌,并无至内。今立
4　典契出典与本寨王福元耕种为主。两和议定典地价钱白

---

① 隆化县博物馆:《河北隆化鸽子洞元代窖藏》,《文物》2004年第5期,图版见封2。关于这张文书的详细介绍,参照党宝海:《一组珍贵的元代社会经济史资料——读河北隆化鸽子洞出土文书》,《中国社会经济史研究》2005年第2期,第29—33页。

第八章　古代契约文献　277

5　米玖硕、粟柒硕。当日两相并足,不致短少。不作年限,白米、粟
6　到,地归本主;如米粟不到,不计长年种佃。立典契已后,如
7　有远近房亲邻人前来争竞,并不干王福元之(是)[事]。□是
8　地王清甫壹面代偿,承当不刻。恐后无凭,故立典契文字□□□。
9　　　至正廿二年十二月十三日立典契人王清甫(押)
10　　　　　　　　　　　　　　邻人韩敬先(押)
11　　　　　　　　　　　　　　见人王　七(押)
12　　　　　　　　　　　　　　见人邢敬福(押)
13　　　　　　　　　　　　　　书见人　文卿(押)
14　后白

在这张典契中,立契时间年号抬头空两格,然后立契人、邻人、见人、书见人依次画押,其与徽州文书书写格式基本相同。

到了明朝初年的洪武年间,皇帝年号抬头空格的情况仍然非常普遍,例如《明洪武二年(1369)谢志高卖山赤契》、①《明洪武十三年(1380)祁门李宗晟卖山地、屋宇赤契》②都是抬头空两格书写。到了洪武后期,徽州的契约开始抬头顶格书写皇帝年号。例如,《明洪武二十七年(1394)祁门谢再兴同弟卖山地赤契》③就是抬头不空格的契约。

1　十西都谢再兴同弟德兴,今
2　有山地壹片,坐落本保,土名铁炉
3　坞,系吊字四佰九十七号山叁亩。其山 东
4　至坞口大路,西至大降,南至里岭下□,
5　北至外岭下路。今为户门无钞支
3　用,情愿将前项四至内山地并地
4　骨杉木,尽数立契出卖与同都人
5　谢则成名下,面议价钞陆贯。其钞

---

① 王钰欣、周绍泉主编:《徽州千年契约文书·宋元明编》卷一,第24页。
② 王钰欣、周绍泉主编:《徽州千年契约文书·宋元明编》卷一,第27页。
③ 王钰欣、周绍泉主编:《徽州千年契约文书·宋元明编》卷一,第34页。

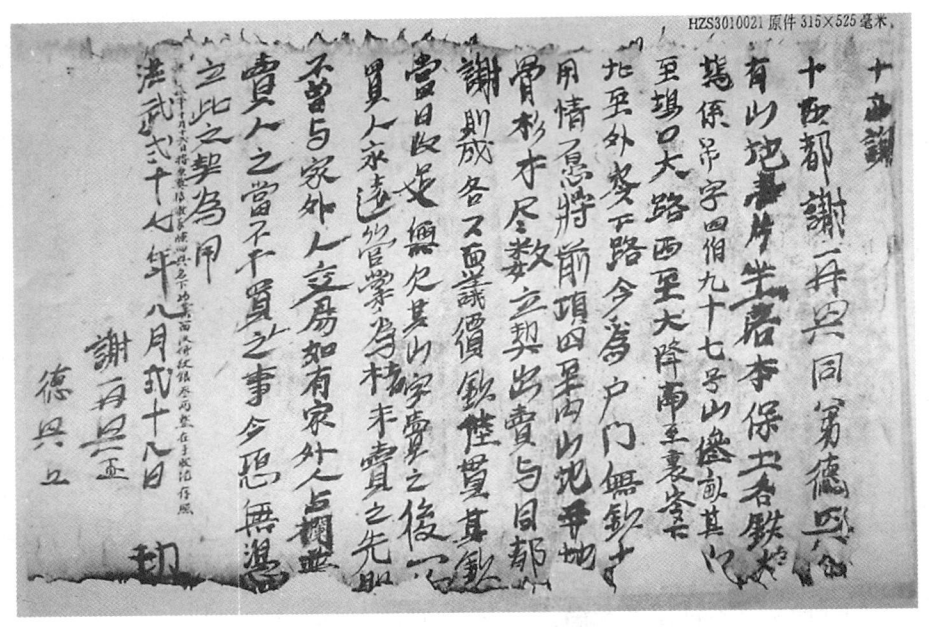

图六　明洪武二十七年(1394)祁门谢再兴同弟卖山地赤契

6　　当日收足无欠，其山(字)[自]卖之后，一听
7　　买人永远管业为(楮)[主]。未卖之先，则
8　　不曾与家外人交易。如有家外人占拦，
9　　并 是 卖人之当，不干买人之事。今恐无凭，
10　　立此文契为用。①
11　　洪武式十七年八月式十八日　　契
12　　　　　　　　　　　　　谢再兴（押）
13　　　　　　　　　　　　　德兴（押）

　　这张洪武二十七年的契约，在书写皇帝年号时采取了平抬的方式。虽然由于资料的限制，还无法确知这种抬头格式转变发生的背景与具体的时间，但从徽州文书的情况来看，从明代洪武朝后期开始，皇帝年号平抬渐成定式。到了明代中后期，徽州契约中开始出现皇帝年号高抬的情况，例如《明天启元

---

① 在第10行与第11行中间，小字写有："康熙四年十月十式日，将原契转缴与陈四兴名下为业，面议纹银叁两整。在手足讫。存照。"表明此契于康熙四年转缴给新买主陈四兴。

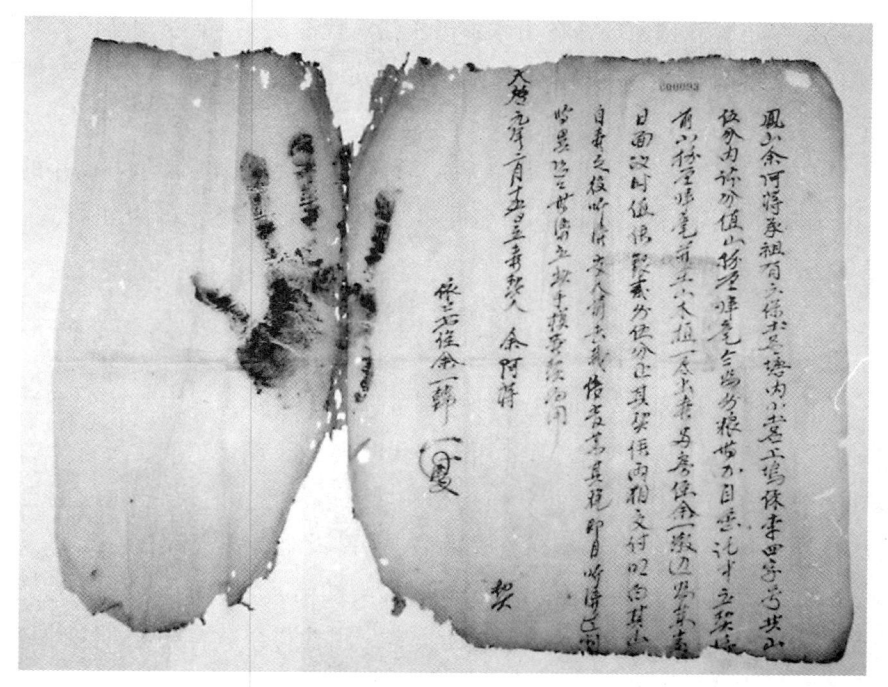

图七 明天启元年(1621)徽州府余阿蒋卖田赤契

年(1621)徽州府余阿蒋卖田赤契》①在提到皇帝年号时高抬两格。

1　　凤山余阿蒋,承祖有六保土名塘内,小土名上坞,系李四字号,共山
2　　伍分,内该分值山捌厘肆毫。今为钱粮无办,自愿托中立契将
3　　前山捌厘肆毫,并在山木植,一尽出卖与房侄余一敬边管业。当
4　　日面议时值价银贰钱伍分正。其契价两相交付明白。其山
5　　自卖之后,听凭受人前去栽(倍)[培]管业。其税即日听凭过割
6　　无异。恐口无凭,立此手模卖契为用。
8 天启元年二月十五日立卖契人　余阿蒋　契
9　　　　　依口代书侄　余一韩(押)
　　　　　　（右手墨印）

---

① 原件藏南京大学历史系资料室,藏契号000093,原题名《天启手模卷》。

这是一张女性将山场并在山木植出卖给房侄的文书,年号"天启"二字高抬两格。卖主余阿蒋只是署字,并未画押,而是代之在契约左侧印有女性右手手印。①

从现存的契约来看,从明朝洪武后期一直到清末、民国时期近600年的时间,民间契约在书写立契时间时,皇帝的年号基本上采取平抬或高抬的样式。②

二、契约语言的变化

前面已经提过,高昌国时代契约中有"民有私要、要行二主",唐代契约中出现"官有政法、人从私契"。到了唐末五代时期,开始出现"准法不许休悔"。这种契约语言的变化与时代背景密切相关。到了宋金元时代,土地交易已经合法化,前引金大定二十八年(1188)的《本观置买地土文契》出现了"恐人无信,故立此文为据",这也是宋元时代通用的契约语言,显示出文书作为凭证的重要性。明代以后,"今恐无凭,立此卖契为用者""今欲有凭,立此为照"等都成为契约中通用的套语。

宋代以后契约语言另外的一个变化则与土地清丈有着密切的关系。南宋绍兴年间,李椿年力行经界,整理田赋,清丈土地。③ 前引南宋《淳祐二年(1242)休宁县李思聪等卖田、山赤契》中就提到了"黎字壹号",就是按千字文排序的土地字号,用来确定土地位置,这与南宋时期的土地经界有着密切的关系。元仁宗延祐年间,也在南北诸地"经理田粮""括勘田土",制作"经理册"。④ 元代延祐二年以后的部分徽州契约中就反映出延祐经理的结果。例如,《元延祐六年(1319)祁门汪润翁卖山地契》⑤提到所出卖的山地"元系国字第一百二十八号,经理系出字一千四十五号",将新旧字号一一标出。

---

① 一般而言,明清时代的手模契多见于卖妻、休妻及买养男女行为,田宅交易中用手模契并不多见。参照阿风:《明清时代妇女的地位与权利——以明清契约文书、诉讼档案为中心》,社会科学文献出版社,2009,第110—111页。
② 有关宋代以来中国契约书写格式的变化,参照阿风:《宋代以来中国土地买卖文书书写格式的变迁》,《清水江文书与中国地方社会国际学术研讨会论文集》,巴蜀书社,2014。
③ 何炳棣《中国古今土地数字的考释与评价》,中国社会科学出版社,1988,第11—26页。
④ 陈高华:《元代的土地登记和土地籍册》,《历史研究》1998年第1期,第5—20页。
⑤ 该契出自安徽省博物馆藏祁门《郑氏誊契簿》,转录自刘和惠:《元代徽州地契》(一),《南京大学学报》1984年第8期,《元史及北方民族史研究集刊》专辑。

明朝建立前后,为了核实田土,重建版籍,进行了宋代以后近世中国最大规模的土地清丈与人口登记工作,编制鱼鳞图册与赋役黄册。

> 元季丧乱,版籍多亡,田赋无准。明太祖即帝位,遣周铸等百六十四人,核浙西田亩,定其赋税。复命户部核实天下土田……洪武二十年,命国子生武淳等分行州县,随粮定区。区设粮长四人,量度田亩方圆,次以字号,悉书主名及田之丈尺,编类为册,状如鱼鳞,号曰鱼鳞图册。先是,诏天下编黄册,以户为主,详具旧管、新收、开除、实在之数为四柱式。而鱼鳞图册以土田为主,诸原坂、坟衍、下隰、沃瘠、沙卤之别毕具。鱼鳞册为经,土田之讼质焉。黄册为纬,赋役之法定焉。凡质卖田土,备书税粮科则,官为籍记之,毋令产去税存以为民害。

在明代,全国土地登记的底册(鱼鳞册,又称经理、保簿)与赋役底册(黄册)正式分开,"鱼鳞册为经,土田之讼质焉。黄册为纬,赋役之法定焉"。① 土地买卖契约与黄册、鱼鳞图册相互配合,成为确认土地产权的重要凭证。② 在明代的土地买卖文书中,"经理厶厶号""四至保簿可查"之类的套语比比皆是。到了明代万历年间,明朝政府又一次进行了全国性的土地清丈,万历十年以后的一段时间内,土地买卖契约中常常记录了新旧字号,例如《万历十二年汪文观卖田赤契》③中提到所出卖的田地"原黎字一千一百十九号、今编鳞字一千六百十一号","今编"则为万历清丈的后的土地字号。

清朝政府虽然停止大造黄册,但明代攒造鱼鳞图册的传统一直延续下来。同时,从清代开始,正式明确了告状时以是否有契约作为案件受理的前提条件,"告婚姻必以媒妁聘定为据,告田土必以契券地邻为据,告债负必以中保及契据为据"。④ 在现存的清代地方诉讼档案中,保存的各种"状式条例"中,也都体现出这一基本的原则。

---

① (清)张廷玉等:《明史》卷七七《食货一·户口》,第 1881—1882 页。
② 关于契约的书证作用,参照阿风:《公籍与私籍:明代徽州人的诉讼书证观念》,《徽学》第八卷,黄山书社,2013,第 22—39 页。
③ 王钰欣、周绍泉主编:《徽州千年契约文书·宋元明编》第 3 卷,第 141 页。
④ (清)黄六鸿:《福惠全书》卷一一《刑名》,《官箴书集成》第三册,黄山书社,1997,第 327 页。

三、税契凭证样式的变化

宋太祖开宝二年（969），"始收民印契钱，令民典卖田宅输钱印契，税契限两月"。① 北宋政和元年（1111），户部又制定了田宅交易投税凭由的制度：

> 看详：欲诸以田宅契投税者，实时当官注籍，给凭由付钱主。限三日勘会业主、邻人、牙保，写契人书字圆备无交加，以所典卖顷亩、田色、间架勘验元业税租、免役钱，纽定应割税租分数，令均平取推，收状入案，当日于（部）[簿]内对注开收。②

所谓凭由，就是交纳"印契钱"后官府发给的契税凭证。③ 到了元代，土地税契时，行用户部颁行的税契凭证——契本。至元七年（1270）五月，因为"上都地理遥远，商旅往来不易，特免收税以优之。惟市易庄宅、奴婢、孳畜，例收契本工墨之费"。④ 就是说在上都进行各种交易时，可以免除交易税，但发给的契本，还要按例收工墨费用。黑水城文献中保留下来元代的契本（图八）：

```
01  皇帝圣旨里，中书户部
02      钦奉
03  圣旨条画内一款该：匿税者，其匿税之物一半
04  没官，于没官物内一半付同告人充赏。犯
05  人仍笞五十。其回回通事非使官银
06  买卖人等，入门不吊引，等同匿税。
07  钦奉如此省部除外。今印造到随路
08  契本，发下各路行用务课等事。
```

---

① （宋）马端临：《文献通考》卷一九《征榷考》六《杂征敛·牙契》，中华书局，2011，第 1 册第 545 页。
② 刘琳等校点：《宋会要辑稿》61 之 62，上海古籍出版社，2014，第 12 册第 7469 页。
③ 戴建国：《宋代的田宅交易投税凭由和官印田宅契书》，《中国史研究》2001 年第 3 期，第 97—111 页。
④ 《元史》卷七《本纪·世祖四》，中华书局，1976，第 129 页。

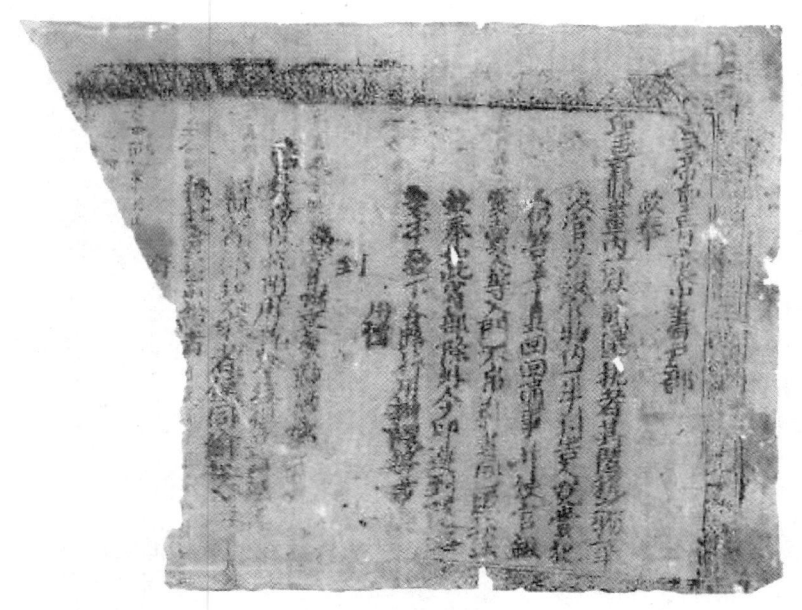

图八　元代户部契本

```
09    用价
10    到
11    凭牙保人□验
12    条赴务投税用讫。今后但□□
13    如无省部契本者，便同偷税。
14    据此合行出给者。
15           年　□给①
```

　　这是一张空白的契本，从内容可以看出，契本是由户部发出的税契凭证。不过，在当时，统一由户部印造契本，有行用不更、供应不及时的问题。至元二十二年（1285），福建行省提到当地征收契税时，"多不用上司元降契本，止粘务官契尾。更有连数契作一契押者，其弊多端"。徽州文书中保留下来至大元年（1308）的契约及被称为"公据"的契尾：②

---

① 李逸友编著：《黑城出土文书》（汉文文书卷），科学出版社，1991，第75页。又见塔拉、杜建录、高国祥主编：《中国藏黑水城汉文文献》（六），国家图书馆出版社，2008，第1226页。
② 王钰欣、周绍泉主编：《徽州千年契约文书·宋元明编》第1卷，第8、9页。

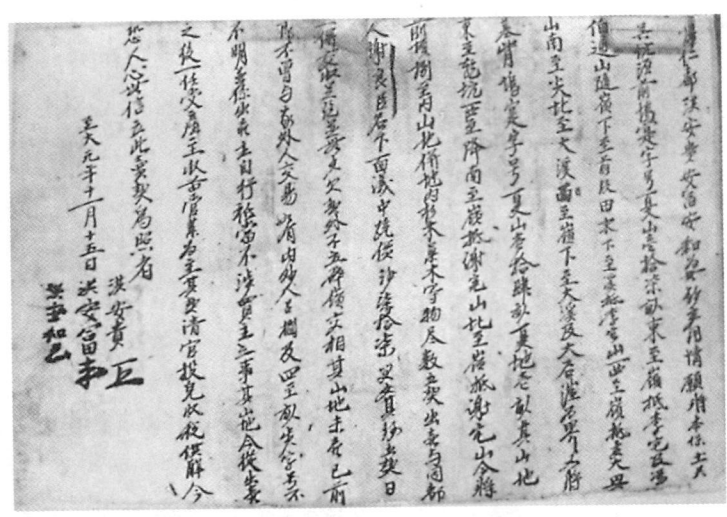

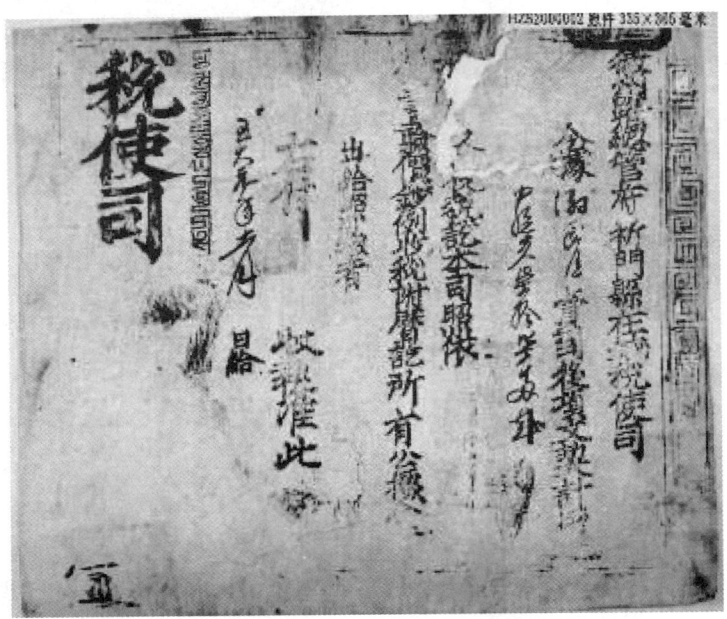

图九　至大元年(1308)祁门洪安贵卖山赤契与祁门县税使司公据

01　徽州路总管府祁门县在城税使司
02　　　今据　谢良臣　赍到后项文契，计价
03　　　　中统钞柒拾柒两，赴
04　　　务投税讫。本司照依

05　条 画验价钞，例收税附历讫。所有公据，合行
06　　　 出给照验者。
07　　　右付　　　　　收执。准此。
08　　　至大元年十一月　　日给
　　（八思巴文）
09 税使司　　　　　　　　　（押）

　　原契为白纸契约，赴官投税后，官府发给"公据"，并在原契上钤盖官印，成为赤契。这张被称为"公据"的契尾，是目前仅见的元代契尾原件，它四周花边，版高 300 毫米，宽 370 毫米，在"税使司"三字边有八思巴字一行。
　　明初沿元之旧，行用"户部契本"。当时规定："凡诸人典卖田宅、头匹等项交易，立契了毕，随即赴务投税，依例验价，以三十分中取一，就给官降契本，每一本纳工本铜钱四十文。"[①]不过，州县仍多用税务契尾。在契尾中都注明"工本缺"或"契本未降"字样。下面是洪武二十四年（1391）的祁门县税课局契尾。[②]

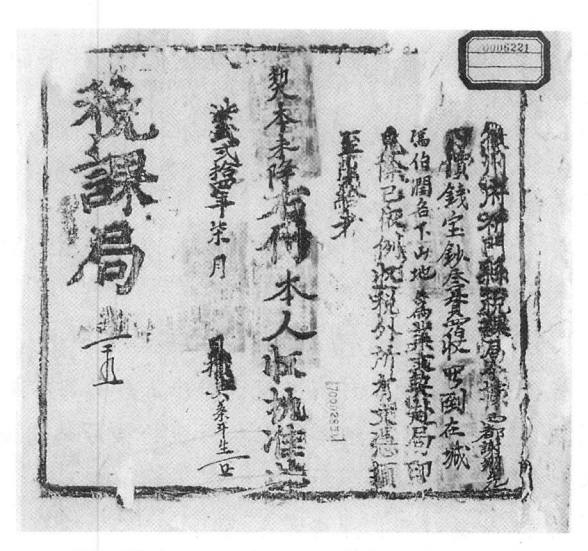

图十　洪武二十四年（1391）祁门县税课局文凭

---

① 周向华编：《安徽师范大学馆藏徽州文书》，安徽人民出版社，2009，第 7 页。
② 王钰欣、周绍泉主编：《徽州千年契约文书·宋元明编》卷一，第 32 页。

01　徽州府祁门县税课局，今据西都谢翊先
02　用价宝钞叁贯四伯文，买到在城
03　冯伯润名下山地为业，文契付局印
04　兑。除已依例收税外，所有文凭须
05　至出给者。
06　**契本未降**　　右付本人收执。准此。
07　洪武二十四年七月　日。攒典蔡斗生（押）
08　税课局（押）

这是由祁门县税课局发给买主的"文凭"，多处押有税课局印。可以看出明初的文凭与元代的"公据"样式基本相同，都是户部契本未降的情况下，由县税务印制的契尾。

洪武三十年《大明律》正式颁行后，有关田宅交易的匿税行为的律条，被归入"户役·典买田宅"条，而头匹等则归入"课程·匿税"条。至此，土地交易契税正式单列，成为独立的税种。此后所谓的契尾，主要就是指田宅交易的契税凭证。

到了明代正德初年，契尾逐渐取得了合法的地位。① 下面就是明朝正德三年（1508）的契尾。②

01　直隶徽州府黟县检会到
02　大明律内一款：凡典卖田宅不税契者，笞五十，仍追田宅价钱一半
03　入官。钦此钦遵外。今据本县四都都二啚孙达
04　状告，正德元年十二月内用前价肆拾伍两买到本县肆都二
05　啚军人王雄等户内经理霜字叁百伍拾柒号地贰畒，土名坐落古筑村心，四
06　至明白，赴县印契。除将买主、卖主查审明白，取各供词在卷及

---

① 关于明初以来契尾的变化，参照周绍泉：《田宅交易中的契尾试探》，《中国史研究》1987年第1期。
② 王钰欣、周绍泉主编：《徽州千年契约文书·宋元明编》卷一，第319页。

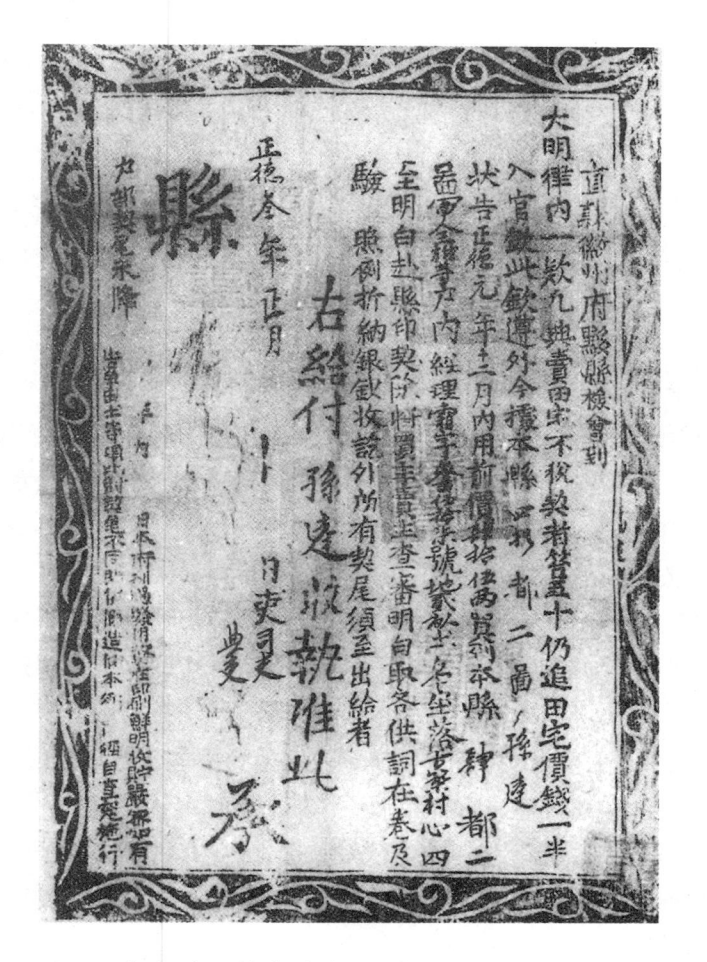

07 验　照例折纳银钞收讫外，所有契尾，须至出给者。

08　　　右给付孙达收执。准此。

09 正德叁年正月　　日吏　司吏　　典吏　承

10 县（押）

12　户部契尾未降　　年　月　日，本府刊□□用，务在印刷鲜明，收贮严密。如有告争田土等项，比对契尾，不同即系假造，仰本衙门径自查究施行。

这件正德年间的契尾刻印了《大明律》中的条文，表明契尾取得了合法的地位。

泰昌元年(1620)，明朝政府针对税契过程中"有司奉行过当，不分已税、未税，一概拘追，致增烦扰"的情况，要求各地行用布政司(直隶为府)印契尾。

> 民间买卖田产，许照旧例纳税，用布政司及本府印信契尾。其(万历)四十八年(1620)以前凡已纳在官者，起解济边。漏税未纳者，许其自首不必一概穷究。①

到了崇祯初年，明朝政府陷入严重的内忧外患之中。崇祯二年(1629)，明朝政府针对当时各地"含糊不报税银""私契用有司印信钤盖"而导致"税契之银，付之不可问矣"的局面，规定民间买卖田地山塘，俱用"巡按税票"，同时规定"凡买田地，随买随税，勿待十年大造"。② 崇祯八年(1635)，明朝政府又废契尾而改用契纸、契尾合而为一的"户部契纸"。③

清顺治初年，根据江宁巡抚土国宝的题本，清朝政府恢复了明代崇祯八年以前的布政使司"印信契尾"制度。④ 雍正五年(1727)，根据河南总督田文镜的提议，行契纸契根之法，"照连根串票式样，刊刻契板，刷印契纸"，"每契一纸、用一契根"，契纸与契根"中空一条、编填字号"，钤盖司印，骑缝截开。⑤ 雍正十三年十二月，乾隆皇帝即位后不久，认为契纸、契根之法"书吏夤缘为奸，需索之费，数十倍于从前"，正式废止契纸契根之法。⑥ 乾隆十四年(1749)，根据河南布政使富明的条奏，清朝政府借鉴契纸、契根的骑缝截开之法，改造了明代以来的全幅契尾。将契尾分成前、后两幅。纳税时，填写业户姓名及价银、税银数量后，一行笔迹"当面骑字截开"，前半幅给收业户收执，后半幅汇送布政司查核。"庶契尾无停搁之虞，而契价无参差之弊"。⑦ 契尾左侧骑

---

① 《明熹宗实录》卷一，泰昌元年九月庚辰，历史语言研究所校印本，1962，第32页。
② 《崇祯五年十一月歙县项氏置产契尾》，原件藏中国社会科学院历史研究所，藏契号：115170511005。
③ 《崇祯十三年(1640)休宁朱士达卖田赤契》，《徽州千年契约文书·宋元明编》卷四，第457页。
④ 《顺治六年(1649)歙县按院预发契尾》，张德毅、郝毅生主编：《中国历代土地契证》，河北大学出版社，2009，第35—36页。
⑤ 《雍正朱批谕旨》第31册，光绪十三年石印本，16b—18b。
⑥ 《清高宗实录》卷之八，雍正十三年十二月辛未。《清实录》第9册，中华书局，1985，第303—304页。
⑦ 《乾隆十四年直隶布政使司契尾》，张德义、郝毅生主编：《中国历代土地契证》，第56页。

缝截开，右侧粘连契约，中间加盖县印。此后一直到清末，全国契尾基本上保持了这种样式。

第三节 古代契约的发现、整理与研究

一、20世纪上半叶

较早从近代法的角度研究中国的契约，始于19世纪末20世纪初日本侵占中国台湾后，由日本在中国台湾的殖民政府——台湾总督府下属的"临时台湾旧惯调查会"从事的台湾旧惯调查。其中由"临时台湾旧惯调查报告会第一部长"冈松参太郎主持编纂的《第一回报告书》（1903年）、《第二回报告书》（1906年）、《第三回报告书》（1909年，即《台湾私法》）及其附录的参考书，收集、整理了大量的台湾契约。当时日本的调查者在分析台湾的民事习惯时，是将台湾放在整个中国的历史背景之下考虑的，书中大量征引中国的经典与明清的律例来解释契约习惯。与此同时，晚清及民国政府为了立法的需要，也开始进行全国性的民商事习惯调查。到了1930年，作为这一调查活动的最终成果之一——《民商事习惯调查报告录》[①]正式出版。该调查报告不仅搜罗了中国各地的物权、债权、亲属继承习惯，同时也收录了一部分清代及民国契约。[②] 这些旧惯调查利用近代法概念对于传统中国契约进行收集、分类，并做了初步的研究。此后有关中国契约研究中一系列概念与议题的提出，都与旧惯调查有着密切的关系。

除了旧惯调查外，随着敦煌出土资料研究的深入，中古时代契约研究也开始受到关注。1937年，日本著名的法制史学者仁井田陞以敦煌以及吐鲁番出土资料为中心，完成《唐宋法律文书研究》一书。这本著作从古文书学的角度对于中国古代的契约（私法关系文书）展开了系统性研究。[③] 一方面分析

[①] 司法行政部1930年印行，本书只先印行了民事部分。
[②] 有关日本、中国旧惯调查中契约的搜集、整理与研究情况，参照〔日〕岸本美绪：《明清契约文书》，〔日〕滋贺秀三编：《中国法制史——基本资料的研究》，东京大学出版会，1993。中译文载王亚新等编译：《明清时期的民事审判与民间契约》，法律出版社，1998，第280—326页。
[③] 东方文化学院东京研究所，1937。

了这些契约的源流、材料、花押、印章等信息,另一方面根据契约的内容,将契约分成了买卖文书、交换文书、赠与文书、贷借文书、雇佣文书、承包文书、赔偿文书、养子文书、家产分割文书、遗嘱等类型,并考察了每种文书的订立过程及其形式与内容。《唐宋法律文书研究》确立了法律史视野之下的中国古代契约研究基本框架。

同一时期,福建的明清契约文书也开始受到关注。1939年,当时在福建银行经济研究室工作的傅衣凌先生在福建永安县黄历乡发现数百件民间契约,他后来利用这批契约撰写《福建佃农经济史丛考》,①傅衣凌以福建文书为突破口,开创了利用契约研究明清社会经济史的方法,影响了此后的中国社会经济史研究。

二、20世纪下半叶

中华人民共和国成立后,有关古代契约最重要的发现,就是吐鲁番文书的大规模发掘与徽州文书的发现。

吐鲁番文书虽然早在19世纪末就与敦煌资料一起问世,不过与敦煌资料相比,当时出土的数量较少,影响也比较小。从1959年到1975年,以新疆博物馆文物考古队为主的考古工作者对新疆吐鲁番县的阿斯塔那、哈拉和卓墓区及乌尔塘、交河故城等墓地进行了多次发掘,共清理了晋至唐的墓葬450余座,获取了大量珍贵的古文书,其中包含了大量的买卖、借贷、租佃契约等私文书。吐鲁番文书除有一部分以文书形式直接随葬较为完整外,大多是当作废纸被用来制成死者的服饰,如鞋靴、冠带、枕衾等,或是一些俑的构件,多有残缺。这批文书出土后,进行了初步的整理。从1975年开始,由国家文物事业管理局组织各方面人力,以唐长孺教授为主,成立了"吐鲁番出土文书整理小组",对于这批文书进行了系统整理,从1981年至1991年,全十册的《吐鲁番出土文书》(简装本)由文物出版社先后出版。从1992年至1996年,全四册的《吐鲁番出土文书》图文对照版亦由文物出版社先后出版。② 吐鲁番文

---

① 傅衣凌:《福建佃农经济史丛考》,私立福建协和大学中国文化研究会,1944。
② 关于吐鲁番文书的发掘、整理经过,参照《吐鲁番出土文书》第1册《前言》,文物出版社,1987;唐长孺主编:《吐鲁番出土文书》(壹)《前言》,文物出版社,1992。

书的整理与出版,为了解汉晋至隋唐时期纸质契约的演变史提供了最重要的素材,推动了中古契约史研究。

20世纪50年代末期,徽州文书的发现,极大地丰富了宋元以后,特别明清时代契约的数量与内容,推动了明清中国契约研究的深入。1957年10月17日,《人民日报》发表了《徽州发现宋元时代的契约》,提到了安徽省新华书店屯溪支店在抢救古书文物中,"陆续在农村里发现了大批的远至宋元以来的田地山林买卖契约",这条不到400字的消息,正式昭告了徽州文书的发现。1958年,《文物参考资料》第4期上又发表了《歙县发现明代洪武鱼鳞图册》《徽州地区收集到万余件珍贵资料》两篇报导,指出"屯溪古籍书店拟整理编目出版以供国内研究者参考"。① 正是这一时期,通过屯溪古籍书店,徽州文书开始流传到全国的很多图书馆、博物馆以及大学与科研机构,成为这些机构的重要收藏,为日后徽州文书与徽学研究的兴盛创造了条件。②

徽州文书发现之初,首先得到了明清社会经济史研究者的关注,傅衣凌、韦庆远等学者在20世纪60年代发表的论文与专著都曾引用过徽州文书。③ 20世纪80年代以后,徽州文书的整理与出版工作也得到研究者的重视。1988年、1990年,分别由安徽省博物馆、中国社会科学院历史研究所编辑的《明清徽州社会经济资料丛编》第一集、第二集先后由中国社会科学出版社出版。到了1991年,由王钰欣、周绍泉、栾成显、罗仲辉等编辑的四十卷本《徽州千年契约文书》出版,影印出版了中国社会科学院历史研究所收藏的南宋至民国时期的徽州文书。《徽州千年契约文书》的出版,在学术界引起了很大的反响。1994年,日本学者鹤见尚弘教授在《东洋学报》第76卷第1、2号上发表《中国社会科学院历史研究所收藏整理徽州千年契约文书》,认为该书的出版"对于中国的中世和近代史研究上是一件值得纪念的重要成就,是一件划期性事件,其意义可与曾给中国古代史带来飞速发展的殷墟出土文物和发现敦煌文书新资料相媲美。它一定会给今后中国的中世和近代史研究带来

---

① 《文物参考资料》1958年第4期,第74页。
② 关于徽州文书的由来,参照周绍泉:《徽州文书的由来、收藏与整理》,〔日〕《明代史研究》第20号,1992年3月,第35—38页;同氏:《徽州文书与徽学》,《历史研究》2000年第1期,第51—60页。
③ 参照傅衣凌:《明代庄仆文约辑存——明代徽州庄仆制度之侧面研究》,《文物》1960年第2期,第11—20页;韦庆远:《明代黄册制度》,中华书局,1961,附图。

一大转折"。①

除了新发掘、新发现的吐鲁番文书、徽州文书外，敦煌契约的整理工作也进入了新阶段。1961年，当时的中国科学院历史研究所资料室编辑出版了《敦煌资料》第一辑，收录了敦煌契约资料近130件。20世纪80年代后期，日本学者山本达郎、池田温合编了《敦煌吐鲁番社会经济丛编·契约编》，②整理了敦煌契约250余件。1998年，沙知《敦煌契约文书辑校》③对照原卷，对于三百余件契约录文进行核校，并按性质分为买卖、便贷、雇佣、租佃质典、分书放书遗书、凭约及性质不明等7大类，为学界提供了一个相对可靠的契约文本。

此外，福建地区的契约文书收集、整理与研究也进入了新的阶段。在傅衣凌教授的指导下，厦门大学历史研究所"明清福建社会经济史研究课题组"的杨国桢、陈支平、郑振满等人从1983年开始，在闽南地区访查搜集到大量的契约文书，同时也针对公私收藏的契约原件与抄件进行整理，完成了《闽南契约文书综录》，1990年作为《中国社会经济史》增刊出版。1997年，由唐文基、鹤见尚弘、周玉英编辑的《明清福建经济契约文书选辑》又选编了福建师范大学历史系1958年以来搜集的明清契约文书。此外，广东、甘肃等地也出版了契约文书集。④

这一时期，有关"契约"的理论研究也开始受到重视。1988年，厦门大学教授杨国桢撰写了《明清土地契约文书研究》⑤一书，通过对中国各地土地买卖、租佃契约的分析，考察了明清时代的土地制度、契约关系。在这本书的"绪言"中，作者提出了"契约学"的概念：

> 随着秦汉晋木简、隋唐五代敦煌吐鲁番文书和明清以来各地契约文书的发现，它的研究价值愈来愈为中外法学、史学、文书学、经济学、社会学、

---

① 中译文见《中国史研究动态》1995年第4期，第25—26页。
② 〔日〕山本达郎、池田温编：《敦煌吐鲁番社会经济丛编·契约编》，东洋文库，1987。
③ 沙知：《敦煌契约文书辑校》，江苏古籍出版社，1998。关于1949年敦煌契约的整理，参照该书《前言》。
④ 代表性的成果如：甘肃省临夏回族自治州档案馆编：《清河州契文汇编》，甘肃人民出版社，1993；谭棣华、冼剑民编：《广东土地契约文书（含海南）》，暨南大学出版社，2000。
⑤ 杨国桢：《明清土地契约文书研究》，人民出版社，1988。

文物学、档案学等专门领域的学者所重视,从各门学科的独立研究发展为综合性的新的边缘学科——中国契约学——的前景,已经显现出来了。

到了1995年,由北京大学教授张传玺主编的《中国历代契约会编考释》①出版,该书收录了从西周到民国间历代契约1402件,分类加以考释。在该书的《导言》中,作者对于"中国契约学"的研究史及研究内容进行了解释,分析了历代契约的特点,尝试进行跨断代的契约比较研究。不过,所谓的"中国契约学",实际上是以私文书为研究对象,其与档案学的公文书研究是相对应的,都是应该是"中国古文书"的组成部分。②

在20世纪下半叶,日本学术界也展开了清代、民国契约文书的整理与研究,其中最重要的活动就是东京大学东洋文化研究所从20世纪70年代开始的清代及中华民国时期的土地契约文书整理,包括池田温、佐伯有、岸本美绪、臼井佐知子、滨下武志、上田信、寺田浩明、高见泽磨等学者先后参加这一整理活动,他们依托于1975年成立的"17世纪以降东亚公私文书综合研究班"(又称"契约研究会"),将东洋文化研究所收藏的清代江苏、北京等地契约分成若干"文书群"(前后共分成13个),进行整理、分类与研究。作为其研究成果,1983年、1986年,东京大学东洋文化研究所附属东洋学文献中心先后发表《东洋文化研究所所藏中国土地文书目录、解说》上、下集,以此宣告一个阶段的完成,大致结束了这项工作。不过,"17世纪以降东亚公私文书综合研究班"仍然继续活动。1991以后,随着中国社会科学院历史研究所编辑《徽州千年契约文书》的出版,这个研究班开始将研究的重心放到徽州文书上来,包括岸本美绪、臼井佐知子、中岛乐章、熊远报等研究者参加了这个研究班,推动了日本的徽州文书研究。③ 2005年3月,这个研究班作为东京大学东洋文化研究所正式研究项目宣告结束,但相关的研究活动仍在持续。

---

① 张传玺:《中国历代契约会编考释》,北京大学出版社,1995。增补本《中国历代契约粹编》,北京大学出版社,2014。
② 徐义华等:《"中国古文书学"的创立——中国社会科学院历史研究所学者笔谈》,《文汇报》2012年1月29日C版。
③ 有关东京大学东洋文化研究所土地契约的整理活动,参照〔日〕寺田浩明:《日本对清代土地契约文书的整理与研究》,载《中国法律史国际学术讨论会论文集》,陕西人民出版社,1990,第359—374页;〔日〕岸本美绪:《明清契约文书》。

三、21 世纪以来[①]

21 世纪以来,随着中国社会史、经济史、法制史研究的深入,契约作为当时各种社会经济行为、法律行为的第一手资料,受到极大的关注。特别是各地公私收藏的明清及民国年间契约不断地被发现,契约的整理与研究日益深入,中国古代契约研究进入空前繁荣的时期。安徽、贵州、福建、浙江以及台湾等地均出现了规模性的契约文书群,下面将概要介绍一下 21 世纪以来公私所藏明清及民国契约的出版与研究情况。

1. 徽州文书

近年来,徽州文书日益受到学术界、收藏界、出版界的重视,旧藏与新收徽州文书大量整理出版,成果层出不穷。下面对近年来出版的徽州文书资料集列表说明。

书　名	编者与出版	备　注
《中国明朝档案总汇》(第一册)	中国第一历史档案馆、辽宁省档案馆编,广西师范大学出版社,2001。	图版
《田藏契约文书粹编》(全三册)	宋格文、郑秦主编,中华书局,2001。	图文版
《徽州文书》(1—7)	刘伯山编,广西师范大学出版社,2005 至 2017。	图版
《安徽师范大学馆藏徽州文书》	周向华编,安徽人民出版社,2009。	图版
《中国徽州文书》(民国编)	黄山学院编,清华大学出版社,2010。	彩色图版
《徽州民间私约研究及徽州民间习惯调查》	田涛编,法律出版社,2014。	图文对照
《清至民国婺源县村落契约文书辑录》	黄志繁等编,商务印书馆,2014。	图版
《徽州合同文书汇编》	俞江主编,广西师范大学出版社,2017。	图版

---

① 有关明清契约文书研究的新动向,可以参照〔日〕岸本美绪:《明清契约文书研究的动向》,〔日〕大岛立子编:《前近代中国的法与社会:成果与课题》,东洋文库,2009。

以上除《中国明朝档案总汇》《安徽师范大学馆藏徽州文书》外,其他文书基本为20世纪90年代以后新发现的徽州文书。其中的一些文书集充分考虑到归户性,以村落、户为单位进行编辑出版,为从"文书群"的角度研究徽州文书提供了便利。

随着文书整理与出版,徽州文书与徽学研究也日益深入,中外学者都取得很多重要的成果,包括中岛乐章《明代乡村的纠纷与秩序——以徽州文书为中心》(日本汲古书院,2002)、熊远报《清代徽州地域社会史研究》(日本汲古书院,2003)、臼井佐知子《徽州商人的研究》(日本汲古书院,2005)、卞利《国家与社会的冲突与整合——论明清民事法律规范的调整与农村基层社会的稳定》(中国政法大学出版社,2008)、刘道胜《明清徽州宗族文书研究》(安徽人民出版社,2008)、阿风《明清时代妇女的地位与权利——以明清契约文书、诉讼档案为中心》(社会科学文献出版社,2009)、王振忠《明清以来徽州村落社会史研究》(上海人出版社,2011)、王裕明《明清徽州典商研究》(人民出版社,2012),等等。这些重要成果,显示出徽州文书与徽学研究已经成为明清史研究领域的一门"显学"。

2. 清水江文书的整理与研究[①]

清水江文书的大规模发现是近年来明清及民国契约研究的一件大事。清水江文书的主体就是林地买卖与租佃契约,其中还包括一些明代的契约,弥足珍贵。自从唐立、杨有赓、武内房司编辑的三卷本《贵州苗族林业契约文书汇编》(东京外国语大学亚非语言文化研究所,2001、2002、2003,图文对照本)出版后,清水江文书逐渐为世人所知,受到学术界的关注。

近年来,包括中山大学、贵州大学、贵族民族大学、凯里学院等大学与研究机构和地方政府合作,开始进行清水江文书的整理与出版工作。成果包括《清水江文书》(1、2、3辑,张应强、王宗勋主编,广西师范大学出版社,2007、2009、2011)、《贵州清水江文书系列·天柱文书》(第一辑,张新民教授主编,江苏人民出版社,2013)、《贵州清水江文书·三穗编》(1、2辑,贵州省档案馆等编,贵州人民出版社,2018),等等。

[①] 有关清水江文书发现、整理与研究情况,参照吴才茂:《近五十年来清水江文书的发现与研究》,《中国史研究动态》2014年第1期,第39—52页。

清水江文书的研究成果主要集中于法制史、社会史研究,如徐晓光《清水江流域林业经济法制的历史回溯》(贵州人民出版社,2006)、张应强《木材之流动:清代清水江下游地区的市场、权力与社会》(三联书店,2006)等都是结合诉讼文书说明清水江地区林业经营的特点。2016 年,吴才茂《民间文书与清水江地区的社会变迁》(民族出版社,2016)从古文书学的角度分析清水江文书的特征,进而探讨了这一地区的社会变迁。

3. 福建民间文书

福建地区的契约一直不断有发现。2007 年,由厦门大学陈支平教授主编的《福建民间文书》影印了厦门、泉州、闽北等地的清代及民国年间的契约。2018 年,周正庆、郑勇主编《闽东家族文书》(广西师范大学出版社)出版,福建文书的发现扩大到闽东地区。在研究方面,陈支平《民间文书与明清赋役史研究》(黄山书社,2004)、《民间文书与明清东南族商研究》(中华书局,2009)等专著,以契约文书为核心,全面而细致地考察了明清时代福建地方的社会经济情况。

4. 石仓契约(浙南文书)

2007 年 5 月,上海交通大学历史系教授曹树基在浙江松阳县小学退休老师阙龙兴家中发现了一批契约文书,包括卖契、找契、退契、当契、租契等不同种类,以此为契机,石仓契约开始被大量发现。① 经过曹树基、潘星辉、阙龙兴等人的共同努力,图文对照版《石仓契约》第 1—5 辑于 2011 年至 2018 年间由浙江大学出版社先后出版,为中国古代契约研究增添了新的内容。

5. 北京商业契约

2011 年,刘小萌主编《北京商业契书集》由北京图书馆出版社出版。该书分上、下两册,收录了中国社会科学院近代史研究所藏清代、民国时期契约文书 400 件。每册后附录《北京商业契书集简表》,书后附《名词索引》。每件契约文书图像在前,以存其真;录文于后,俾便阅读。《北京商业契约集》是近年来明清及民国契约文书整理的一个典范,无论对于北京史研究,还是对于明清契约文书研究,都具有重要的意义。

6. 土默特文书

近年来,内蒙古土默特地区发现了不少清代、民国年间的汉文、蒙文土地

---

① 曹树基:《石仓契约的发现、搜集与整理》,《石仓契约》第 1 辑第 1 册《代序》,第 1—24 页。

买卖、租佃文书。透过这些文书，不仅可以了解当时内蒙古地区土地经营方式与地权关系，而且也成为了解蒙汉关系的第一手资料。2011年以来，先后有《清代至民国时期归化城土默特土地契约》（内蒙古大学图书馆藏、晓克藏，全2册，内蒙古大学出版社，2011）、《内蒙古土默特金氏蒙古家族契约文书汇集》（铁木尔主编，中央民族大学出版社，2011）、《土默特蒙古金氏家族契约文书整理新编》（李艳玲、青格力编，中国社会科学出版社，2018）等多种资料集出版，为内蒙古清代及近代史研究增添了新的史料。

7. 台湾契约

台湾古文书以私文书、也就是契约为主。1949以后，台湾契约的整理与研究与台湾古文书学的建立息息相关。1973年，美国亚洲学会成立"台湾史研究小组"（Committee for Taiwan Historical Studies），来自"台湾省文献委员会"的王世庆作为这个小组的主要成员，主持了台湾古文书的收集与整理，成为台湾古文书系统整理的开始。1986年，台湾"中研院"院士张光直等人开始筹画"台湾史田野研究计画"，以搜集乡土史料为重点。古文书，特别是契约成为收集的重点。2002年，原属台湾省政府的"台湾省文献委员会"改隶"总统府国史馆"，更名为"国史馆台湾文献馆"，成为"国史馆"唯一的附属机关。其专责除办理台湾全志之纂修以外，也成为台湾古文书的官方收藏机构。随着"国史馆台湾文献馆"的成立，台湾的古文书收集、整理与研究进入了高潮，几乎每年都有数本古文书集刊印。到了2005年，在"国史馆"的支持下，以台湾地区古文书的学术研究及其交流为宗旨的"台湾古文书学会"在南投县成立。"古文书学学会"通过举办各种研习、演讲及展示等活动来推动台湾地区古文书研究。目前，台湾地区的古文书研究者一方面全面地收集、整理、研究公私收藏的各种古文书原件，大批文书彩色影印出版，相关文书学研究成果不断问世；另一方面，很多学者从近代调查资料中清理出大量珍贵的文书抄本，极大地丰富了台湾地区古文书的数量与内容。[①]

8. 其他

除了以上提到的契约文书群外，甘肃、天津、浙江绍兴与宁波、四川成都、

[①] 有关台湾契约文书的搜集、整理与研究情况，参照台湾古文书学会编：《台湾古文书学学会会讯》创刊号，2007年；涂丰恩：《台湾契约文书的搜集与分类（1898—2008）》，《台湾文献》第63卷第2期，2012年，第245—302页；李季桦：《台湾契约文书的研究动向》，〔日〕大岛立子编：《前近代中国的法与社会：成果与课题》。

云南、湖北天门等地公私收藏的契约文书也陆续整理出版，基本情况如下表：

书名/文章名	编者与出版	备注
《大崇教寺所存明清时期文书》	张润平整理《中国藏学》2012年第S1期。	图文对照
《清代以来天津土地契证档案选编》	刘海岩主编，天津古籍出版社，2006。	文字版
《绍兴县馆藏契约档案选集》	绍兴档案馆编，中华书局，2007。	文字版
《清代宁波契约文书辑校》	王万盈辑校，天津古籍出版社，2008。	文字版
《中国历代土地契证》	张德义、郝毅生主编，河北大学出版社，2009。	图文对照
《成都龙泉驿百年契约文书（1754—1949）》	胡开全主编，巴蜀书社，2012。	图文对照
《云南省博物馆馆藏契约文书整理与汇编》	吴晓亭、徐政芸编，人民出版社，2013。	图文对照
《湖北天门熊氏契约文书》	张建民编，湖北人民出版社，2014。	文字版
《太行山文书精粹》	康香阁主编，文物出版社，2017。	图版
《鄱阳湖文书》	曹树基主编，上海交通大学出版社，2018。	图文版
湖北民间文书	张建民主编，武汉大学出版社，2018。	图版

以上概要介绍了近年来出版或发表的明清及民国契约文书情况，从中可以看出，契约遗存遍及中国各个地区。除了安徽、江西、福建、台湾等传统的契约大省外，贵州因为清水江文书、浙江因为石仓契约的发现而成为契约遗存大省。甘肃、内蒙古、云南、湖北、四川等地也发现了大量的契约文书。2013年，河北邯郸学院也征集到10余万件太行山地区清代及民国年间的契约。① 这改变了以往契约研究只局限于某些地区的弊端，为全面研究古代、近代中国的契约习惯提供了方便。

---

① 孙继民：《古文书学视野下太行山文书的定位、特点和价值》，《河北学刊》2014年第6期，第166—173页。

第四节　契约与法律史研究

很早以来，中国人就通过订立契约来处理各种社会经济关系，契约在人们的日常生活中扮演着重要的作用。然而，采用刑法式结构的传统中国的成文法虽然包含着一些调整契约关系的法律条文，但数量少，而且多以惩罚恶行为目的，还不能看成完全意义上的成文化的民事法。因此，了解传统中国社会的民事法秩序，必须从"契约"入手。① 日本的法制史学者寺田浩明谈及清代土地契约研究的意义时曾经指出：

> 外国人在研究中国法制史时，对中国古代盛行的，特别是从宋代到明清时代盛行的和有土地买卖有关的民事契约关系颇感兴趣。至少当时在世界上其他国家是看不到类似的情况的。例如与清代同时期的日本江户时代，当时基本上是禁止私有耕地买卖的。中国古代的封建国家虽然也同样称之为封建国家，但在早于日本及西方国家而先出现私人之间的土地自由买卖这一点上确实是具有特殊性的……清代的土地所有，土地经营关系与同时代的日本以及西方社会相比，很大成分是由民事契约关系构成的……土地契约文书是当时的人民用自己的观念处理自己财产的准确记录。当时人们土地买卖观念、土地租佃观念、土地所有权的观念，必然要在他们自己书写的土地契约文书中最清楚地表现出来。这就是对中国古代民法史研究来讲，要着重分析清代土地契约文书的意义所在。②

因此，要想了解中国古代的民事法秩序，"契约"具有重要的意义。事实

---

① 关于中国古代契约与民事法的关系，参照〔日〕寺田浩明：《关于清代的民事法》，《学人》第十五辑，江苏文艺出版社，2000，第1—27页；同氏：《中国契约史与西方契约史——契约概念比较史的重新探讨》，〔日〕三浦彻等编：《亚洲史的比较研究：所有、契约、市场、公正》，东京大学出版会，2004。中译文载王亚新等译：《权利与冤抑：寺田浩明中国法史论文集》（郑芙蓉、魏敏译），清华大学出版社，2012，第113—135页。

② 〔日〕寺田浩明：《日本对清代土地契约文书的整理与研究》。

上,从19世纪末的台湾的旧惯调查开始,日本学者有关中国的契约研究主要是由法律史学者来推动的。与此相对,早期的中国契约研究,包括傅衣凌对于福建文书的研究,章有义、周绍泉等人对徽州文书的研究,他们主要"着眼于契约文书中出现的田地价格及租额,即侧重于研讨该区域社会经济状态,是一种经济史性的研究"。①

20世纪90年代以后,随着出土与传世文书的大量发现,中国的学者也开始更多地从法律史的角度关注契约,注重对于契约的收集、整理与研究。2000年,李鸣《明朝土地法制研究》②大量地利用徽州土地买卖文书说明了明代的土地立法。2014年,田涛《徽州民间私约研究及徽州民间习惯调查》③从法律史的角度对徽州契约进行了分类,探讨了徽州地区民间私约习惯和当地残留的社会习俗。冯学伟《明清契约的结构、功能及意义》(法律出版社,2015)考察了明清时期契约格式、结构、演变、伪造与辨伪,分析了契约的法律功能与意义。除明清契约以外,从法律史的角度分析汉代、唐代、宋代契约的成果也不断涌现,④推动了契约研究的深入。

从法律史的角度来看,契约具有相对的稳定性,有时候,仅仅进行某个断代契约研究还看不出契约的变化,因此,非常有必要对契约展开跨断代、跨地域的研究。早在1987年,中国社会科学院历史研究研究员周绍泉先生就发表了《田宅交易中的契尾试探》⑤一文,考察了中国税契制度的历史,分析了始于元、终于清末,行用达六百多年的土地税契凭证——契尾的产生与发展过程。这篇文章展示出了跨断代契约研究的重要意义。1995年,美国学者韩森撰写了《传统中国日常生活的协商——中古契约研究》一书,将吐鲁番文书、敦煌文书、徽州文书结合起来,考察了从7世纪至15世纪的中国古代契

---

① 〔日〕寺田浩明:《日本对清代土地契约文书的整理与研究》,1989年中国法律史学会年会上的发言。
② 李鸣:《明朝土地法制研究》,中国青年出版社,2000。
③ 田涛:《徽州民间私约研究及徽州民间习惯调查》,法律出版社,2014。
④ 相对的研究成果很多,如徐世虹主编:《中国法制通史2:战国·秦汉》(法律出版社,1999)、徐世虹:《对汉代民法渊源的新认识》(《郑州大学学报》2002年第3期,第12—15页)、戴建国:《宋代的田宅交易投稿凭由和官印田宅契书》(《中国史研究》2011年第3期,第97—111页)与《宋代的民田典卖与"一田两主制"》(《历史研究》2011年第6期,第99—117页)、杨卉清:《宋代契约法律制度研究》(人民出版社,2015),等等。
⑤ 周绍泉:《传统中国日常生活的协商——中古契约研究》,《中国史研究》1987年第1期,第99—110页。

约内容与格式的变化,进而分析了隋唐到元明中国社会的变迁。2013年,王旭利用了《中国历代契约会编考释》等史料,撰写了《契纸千年:中国传统契约的形式与演变》①,从法史的角度探讨了整个纸质契约的历史。2014年,鲁西奇《中国古代买地券研究》②考察了中国"买地券"这种特殊契约的历史,对于跨断代、跨地域的契约研究也具有重要的参照意义。乜小红《中国古代契约发展简史》③将古代的邦国约、族际约与经济契约结合起来,并兼及历史上各民族地区的民族契约,丰富了契约研究的内容。可以说,对于中国古代契约展开长时段、跨地域的比较研究,将会是今后契约研究的主要方向。

---

① 王旭:《契纸千年:中国传统契约的形式与演变》,北京大学出版社,2013。
② 鲁西奇:《中国古代买地券研究》,厦门大学出版社,2014。
③ 乜小红:《中国古代契约发展简史》,中华书局,2017。

第九章 古代律学文献

中国古代的律学文献与律学概念的界定密不可分。关于律学概念的内涵与外延,学界长期以来存在着不同的认识。沈家本《法学盛衰说》一文,以"法学"概观中国古代的法家之说、律令与律令之学,对律学、法学未加区分。① 陈顾远则认为:"中国法学,似以所谓法家者流,承其正统,实则概言之耳,法家之能否独立,姑置不论;而从事律学者不必限于法家,则为定谳。"②其说外延仍较宽。张友渔、潘念之在《中国大百科全书·法学》中对律学下了较严格的定义:"从汉代起,在法学领域中出现了通常所说的'律学',即依据儒家学说对以律为主的成文法进行讲习、注释的法学。它不仅从文字上、逻辑上对律文进行解释,也阐述某些法理,如关于礼与法的关系,对刑罚的宽与严,肉刑的存与废,'律'、'令'、'例'等的运用,刑名的变迁以及听讼、理狱等。"③俞荣根认为:"律学是研究中国古代法典的篇章结构、体例,各种法律形式及其相互关系,法律的原则和制度,特别是对法律的概念、名词、术语和法律条文含义进行注解与阐释的一门科学。"④张晋藩认为:"律学是中国古代注释国家律典之学。旨在阐明立法之本源与流变,剖解律文之难点与疑点,诠释法律术语与概念,以便于司法者准确地适用法律。"⑤徐忠明将张晋藩的界定总结

---

① 中国政法大学法律古籍整理研究所、中国社会科学院法学研究所法制史研究室整理:《沈家本全集》第 4 卷,第 689—691 页。
② 陈顾远:《中国法制史概要》,商务印书馆,2011,第 37 页。
③ 中国大百科全书总编辑委员会《法学》编辑委员会:《中国大百科全书·法学》,中国大百科全书出版社,1984,第 5 页。以上梳理,参见何勤华:《秦汉律学考》,收入氏著《律学考》,商务印书馆,2004,第 35—36 页。
④ 俞荣根、龙大轩、吕志兴:《中国传统法学述论——基于国学视角》,北京大学出版社,2005,第 143 页。
⑤ 徐忠明:《困境与出路:回望清代律学研究——以张晋藩先生的律学论著为中心》,《学术研究》2010 年第 9 期,第 45 页。

为三个特点:"一是揭示了律学的性质,是研究'国家律典之学';二是揭示了律学的研究方法,是'注释';三是揭示了律学的研究范围和目的指向,是对于律典之本源与流变、难点与疑点、术语与概念,以及司法者准确地适用法律。必须承认,这一对于律学的界定,不但在逻辑上非常严谨,并且巧妙地避免了传统中国的律学与法学之间的纠缠,而将律学的内涵与外延讲得清清楚楚。"①在参考上述观点的基础上,这里将"律学"界定为:律学是中国古代注释国家律典,以阐明立法之本源与流变,诠释法律术语与概念,剖解律文之难点与疑点,以便加深律文的理解与完善法律实践的学问。

古代律学绵延两千余年,自成体系且达到了较高的学术水平,它是衡量中国古代法制文明的重要尺度。它在不同的发展阶段所产生的各种律学著作,是中国古代法律文献的重要组成部分。徐忠明认为,传统中国的法律之学应该包括以下三个层面:第一,狭义的律学是指"中国古代注释国家律典之学"。第二,广义的律学,则是包括律典注释、司法官员和幕友工作指南、司法检验手册,以及几乎被所有研究传统中国律学的学者所忽略的"讼师秘本"之学。第三,传统中国的法学,除了涵盖"广义律学"外,还应囊括先秦以降所有研究法律的学问,甚至包括与法律密切相关的某些具有法律意义的"经"和"礼"在内。② 这既是对"传统中国的法律之学"的初步界定,也是对古代律学文献范围与类别的概括。

第一节　先秦至魏晋时期的律学及其要籍

一、律学发展概况

春秋时期是成文法发展的重要时期,文献记载的重要事件有公元前 536 年郑国子产"铸刑书"、公元前 513 年晋国赵鞅"铸刑鼎"和公元前 501 年郑国

---

① 徐忠明:《困境与出路:回望清代律学研究——以张晋藩先生的律学论著为中心》,第 45 页。作者认为,将"以便于司法者准确地适用法律"中的"以便于"改为"以及",或许更好。
② 徐忠明:《困境与出路:回望清代律学研究——以张晋藩先生的律学论著为中心》,第 46 页。

邓析"制竹刑"。由于文献不足，不得详知当时的律学状况。战国时期，各诸侯国立法活跃。据《韩非子·饰邪》记载，当时魏国有"宪令"，赵国有"国律"，燕国"奉法"，诸国"明法者强，慢法者弱"。魏文侯时，李悝"撰次诸国法，著《法经》……商君受之以相秦"。① 《法经》有盗、贼、囚、捕、杂、具六篇，其律名已为出土秦汉法律文献所证实。成文法的发展为律学的兴盛奠定了基础。一般认为 1975 年出土的睡虎地秦墓竹简，反映了战国末期到秦统一时期的秦律。其中的《法律答问》采用答问方式，对概念、术语加以解释，对法律适用的难点与疑点作出辨析。尽管学者对其中《法律答问》的性质持论不同，但是从这些解释和辨析不难看出当时律学的发展水准与地方官吏对律令的熟悉程度，"最少从战国之初，法令成为治政的依据以后，学习法令就是以吏为师的"，"'以吏为师'之制渊源久远，并不始于李斯的建议"。②

沈家本言："自李悝著《法经》，其后则有商鞅、申不害、处子、慎到、韩非、游棣子诸人，并有著作，列在《汉志》法家。是战国之时，此学最盛。迨李斯相秦，议请史官非秦记皆烧之，非博士官所职，天下敢有藏《诗》、《书》、百家语者，悉诣守尉杂烧之，若欲学法令者，以吏为师。自是法令之书藏于官府，天下之士陋于闻见。"③汉时，在官府学习律令仍是培养专门人才的途径之一。《汉书·文翁传》"乃选郡县小吏开敏有材者张叔等十余人，亲自饬厉，遣诣京师，受业博士，或学律令"，同书《严延年传》"延年少学法律丞相府，归为郡吏"，沈家本据此认为"外郡之学律令者，必诣京师，又必于丞相府"。④ 与此同时，律学也转向私授，律学知识多通过父子相传、子孙相继及聚徒讲授的方式传承，出现了"汉来治律有家，子孙并世其业，聚徒讲授，至数百人"的盛况。⑤ 律学的私授传习，基本要求应是辨字识文，解释律文，阐述律意，明确适用。在此基础上，治狱是否"罪同而论异"，如何避免"生议""死比"的适用不当，又

---

① （唐）房玄龄等撰：《晋书》卷三〇《刑法志》，第 922 页。
② 邢义田：《秦汉的律令学——兼论曹魏律博士的出现》，《历史语言研究所集刊》第 54 本第 4 分，1983。后收入同氏：《秦汉史论稿》，东大图书股份有限公司，1987，第 261、270 页。
③ 中国政法大学法律古籍整理研究所、中国社会科学院法学研究所法制史研究室整理：《沈家本全集》第 4 卷，第 689—690 页。
④ 中国政法大学法律古籍整理研究所、中国社会科学院法学研究所法制史研究室整理：《沈家本全集》第 4 卷，第 690 页。
⑤ （梁）萧子显撰：《南齐书》卷二八《崔祖思传》，中华书局，1972，第 519 页。

是所取宗旨不同。西汉时的大小杜律，指武帝时任廷尉、御史大夫的杜周与宣帝时任御史大夫的杜延年父子所习之律，大小之分不仅考虑了父子的因素，更有派别形成的核心要素——"深刻"与"平恕"的区别。汉代律学的一个显著特色，就是儒家学者参与到决狱与注律的实践之中。前者如董仲舒的"春秋决狱"，以儒家经义剖析案情，解释律义；后者则是东汉时诸儒释律，所谓"法学之兴，于斯为盛"。①

晋泰始四年（268），《泰始律》修成颁行。律成后，参与修律的杜预及明法掾张斐又注释律文，有张、杜律行世。

这一时期律学的发展与繁荣，主要表现在四个方面：第一，出现了专门研究和教授律的职官——律博士。魏明帝时，卫觊上书请置律博士，"事遂施行"。卫觊奏文的要点在于：一，"百里长吏，皆宜知律"；二，"贵重"刑法；三，提高狱吏的地位。② 因此律博士的设置，体现了国家对律学致用性的高度重视。第二，律学名家辈出，律学著述丰富。这一时期出现的律学名家和律学世家，有陈群、刘劭、钟繇家族、王朗、贾充、张斐、杜预、封氏家族等。相关律学专著虽不存于世，但从正史《艺文志》《经籍志》中可窥一斑。主要有曹魏时期刘劭的《律略论》五卷，晋代张斐的《汉晋律序注》一卷、《杂律解》二十一卷、《律解》二十卷，以及杜预的《律本》二十一卷、《杂律》七卷，还有贾充和杜预合撰的《刑法律本》二十一卷等。第三，以杜预、张斐为代表的晋律注并行于世，"斟酌参用"。《晋书·杜预传》："与车骑将军贾充等定律令，既成，预为之注解……诏班于天下。"③《南齐书·孔稚珪传》："先是七年，尚书删定郎王植撰定律章表奏之，曰：'臣寻《晋律》，文简辞约，旨通大纲，事之所质，取断难释。张斐杜预同注一章，而生杀永殊。自晋泰始以来，唯斟酌参用。'"④可知长期以来，张、杜律注一直是参酌使用的法律解释。当然，其同律不同说的缺陷，也是后世修正的主要原因。第四，律学理论发展，张斐的《注律表》是重要的代表作之一（详下）。

---

① 中国政法大学法律古籍整理研究所、中国社会科学院法学研究所法制史研究室整理：《沈家本全集》第 4 卷，第 690 页。
② （晋）陈寿撰：《三国志》卷二一《卫觊传》，中华书局，1973，第 611 页。
③ （唐）房玄龄等撰：《晋书》卷三四《杜预传》，第 1026 页。
④ （梁）萧子显撰：《南齐书》卷四八《孔稚珪传》，第 835 页。

二、律学文献举要

(一)《法律答问》

《法律答问》是目前所见最早的古代法律解释之作,发现于睡虎地 11 号秦墓墓主喜的墓中。喜担任过安陆令史、安陆御史、鄢令史等职务,职位不高,主要从事司法工作。按整理小组整理,《法律答问》共计 210 枚简、187 条,标题是整理小组拟定,现有编联也是整理小组以《法经》六篇的顺序试加排列。其涉及内容盗者最多,其他还涉及贼杀、格斗、主奴、夫妻、家庭、婚姻、四邻、伍人、典老、郡县除佐及辞讼、邑里火灾、民间放牧、乡吏征敛、租赋徭役、户籍登录、户口迁移、民间经济纠纷等。① 解释"多采用问答形式,对秦律某些条文、术语以及律文的意图作出明确解释",②概念解释既涉及部分法律术语,也涉及非法律概念;规则适用疑难的解释既包括对规则的细化,也包括以"廷行事"突破规则的说明;疑难案件的处理则涉及对法律空白的补充。③ 关于《法律答问》的性质,说法各异。整理小组认为是官方制定的具有法律效力的解释,④李学勤认为"这种法律书籍,类似汉世的'律说',或可称之为'秦律说'",⑤张伯元主张是私家解释,⑥张金光认为是"法律教本",⑦曹旅宁认为是一部法律实务题集,是学吏制度的产物。⑧《法律答问》是认识当时及以后法律解释发展的珍贵文献。

(二) 律章句

章句是经学家用以为儒家经传进行注释的一种体裁,汉代律家亦借以作

---

① 张金光:《秦制研究》,上海古籍出版社,2004,第 729 页。
② 睡虎地秦墓竹简整理小组:《睡虎地秦墓竹简》,第 93 页。
③ 具体研究成果,可参见中国政法大学中国法制史基础史料研读会:《睡虎地秦简法律文书集释(七):〈法律答问〉1~60 简》,载中国政法大学法律古籍整理研究所编:《中国古代法律文献研究》第 12 辑,社会科学文献出版社,2018,第 50—52 页。
④ 睡虎地秦墓竹简整理小组:《睡虎地秦墓竹简》,第 93 页。
⑤ 李学勤:《简帛佚籍与学术史》,江西教育出版社,2001,第 104 页。
⑥ 张伯元:《〈秦简·法律答问〉与秦代法律解释》,《华东政法学院学报》1999 年第 3 期,第 57 页。
⑦ 张金光:《秦制研究》,第 727—729 页。
⑧ 曹旅宁:《睡虎地秦简〈法律答问〉性质探测》,《西安财经学院学报》2013 年第 1 期,第 115 页。

为研究、注释律令的方法。据学者定义,"律章句学是以自然章句为基础,确定某些律条的分合独立,从而构成一个意义相对完整的单位——'章',与之同时,是进行文字方面的断句,然后是为疏通律文所作的注说"。① 注释包括了解词、解句、析章分篇和对典章制度、名物习俗的沿革流变、时代背景说明等方面的内容。② 律章句的产生在东汉时期形成高峰,为汉律作注的有叔孙宣、郭令卿、马融、郑玄诸儒,成果宏大,所谓"诸儒章句十有余家,家数十万言"。当时"断罪所当由用者,合二万六千二百七十二条,七百七十三万二千二百余言"。③ 魏明帝时鉴于"言数益繁,览者益难",于是下诏"但用郑氏章句,不得杂用余家",④经学家郑玄的郑氏章句获得了独尊地位,直至"文帝为晋王,患前代律令本注烦杂……又叔孙、郭、马、杜诸儒章句,但取郑氏,又为偏党,未可承用"。⑤ 而自卫觊请设律博士,"迄于赵宋,代有此官……而律学一线之延遂绵绵不绝"。⑥ 汉律章句今已散佚,辑佚者以沈家本为最先。他在《汉律摭遗》中将"杂录"与"律说"列为一卷,指出"诸家注中颇引律说而不著其名,无以知其为何人之语。然必汉时说律诸家,此汉律原文也",随后列出各律家及相关章句之作。在"郑玄章句"条下,沈家本举例说明张斐"所称律义之较名凡二十,似皆汉人章句之旧文"。如"不意误犯谓之过失者",以《周礼·地官·调人》郑注"过,无本意也"为例,指出"其为出于郑氏章句尤属显然"。又指出《汉书·诸侯王表》"设附宜之法"注张晏引"律郑氏说,封诸侯过限曰附益","当为康成章句中语。《汉书》注多引律说,此明著之曰'律郑氏说',自当属康成,非《汉书音义》所称不知名之郑氏也"。⑦ 龙大轩《汉代律家与律章句考》一书,对汉律章句多所钩沉。

(三) 张杜律

指张斐、杜预注释《泰始律》之作。据《晋书·刑法志》与《杜预传》记载,

---

① 张忠炜:《汉代律章句学探源》,《史学月刊》2010年第4期,第36页。
② 龙大轩:《汉代律家与律章句考》,社会科学文献出版社,2009,第11页。
③ (唐) 房玄龄等撰:《晋书》卷三〇《刑法志》,第923页。
④ (唐) 房玄龄等撰:《晋书》卷三〇《刑法志》,第923页。
⑤ (唐) 房玄龄等撰:《晋书》卷三〇《刑法志》,第927页。
⑥ 中国政法大学法律古籍整理研究所、中国社会科学院法学研究所法制史研究室整理:《沈家本全集》第4卷,第635页。
⑦ 中国政法大学法律古籍整理研究所、中国社会科学院法学研究所法制史研究室整理:《沈家本全集》第4卷,第416、420页。

晋泰始三年（267）新律修成，当时以守汉南尹身份参与定律的杜预为《晋律》作注，四年（268）新律颁行。此后明法掾张斐又注律并"表上之"。因此若以注律时间为序，杜预应在前。"张杜律"之语见《南齐书·孔稚珪传》，传文较详细地记述了张、杜律注的传承与修改情况：

> 永明七年……转太子中庶子，廷尉。江左相承用晋世张杜律二十卷，世祖留心法令，数讯囚徒，诏狱官详正旧注。先是七年，尚书删定郎王植撰定律章表奏之，曰："臣寻《晋律》，文简辞约，旨通大纲，事之所质，取断难释。张斐杜预同注一章，而生杀永殊。自晋泰始以来，唯斟酌参用……爰发德音，删正刑律，敕臣集定张杜二注。谨砺愚蒙，尽思详撰，削其烦害，录其允衷。取张注七百三十一条，杜注七百九十一条。或二家两释，于义乃备者，又取一百七条。其注相同者，取一百三条。集为一书。凡一千五百三十二条，为二十卷。请付外详校，摘其违谬。"从之。于是公卿八座参议，考正旧注……至九年，稚珪上表曰："……始就成立《律文》二十卷，《录叙》一卷，凡二十一卷。今以奏闻，请付外施用，宣下四海。"

从中可知：一，张斐、杜预所注之律，自泰始承用以来一直至南齐。两家注释，皆可参引。二，两家注释有 20 卷。① 从王植取两家之注"集为一书"看，或两家之注各有 20 卷。三，两家之注既有相同者，也有相异者，相异明显的甚至"同注一章，而生杀永殊"。四，齐武帝永明七年（489），尚书删定郎王植奉敕修订二注。修订成果是：取张斐注 731 条，杜预注 791 条；两家虽然注释不同而义理具备的取 107 条，注释相同的取 103 条，共 1532 条，②"集为一书" 20 卷。然而据《隋书·刑法志》记载，"事未施行，其文殆灭"。到南朝梁武帝修律时，南齐旧郎蔡法度因"家传律学"而熟悉王植旧本，于是任蔡法度兼尚书删定郎，损益王植旧本，修定《梁律》。天监二

---

① 《资治通鉴》作"晋张斐、杜预共注《律》三十卷，自泰始以来用之"。"标点资治通鉴小组"校点：《资治通鉴》卷一三七《齐纪三·武帝永明九年》，中华书局，1982，第 9 册，第 4316 页。
② 关于各数相加与总数不合的问题，沈家本"疑所谓一百七条、一百三条，即在一千五百二十二条之内，而传文二十二伪为三十二也"，学者以为合理。参见邓长春、朱海：《程树德〈九朝律考〉补遗一则——南齐"永明定律"考》，《西南政法大学学报》2013 年第 4 期，第 10 页。

年(503),《梁律》修成,颁行天下。张杜律今已不存。2002年6月,考古工作者抢救性发掘甘肃玉门花海毕家滩十六国墓葬群,在M24墓的棺木盖板内侧发现贴有纸文书,上书文字。据研究,内容是《晋律注》,作者可能是杜预。①

(四) 张斐注律表

张斐,正史无传,生平不详。晋武帝时以明法掾注释《泰始律》,以律学而闻名。著有《汉晋律序注》一卷、《杂律解》二十一卷(《隋书·经籍志》)、《律解》二十卷(《旧唐书·经籍志》《新唐书·艺文志》),今皆无存。其《律序》佚文、注文与《律解》佚文,程树德有辑佚。② 目前传世的张斐论述,唯有《晋书·刑法志》所载注律后奏上的表文。志文载"其后,明法掾张斐又注律,表上之,其要曰……"。关于张斐所上注律表,诸家命名不同,沈家本名"注律表",③程树德作"律表",④高恒名《律注要略》。⑤ 表是臣下上奏皇帝的文体之一,《晋书·刑法志》记载的是张斐注律所上表文的纲要。纲要约1500言,是了解张斐律学思想的重要文献。它的主要内容是: 1. 论晋律体例的意义:"律始于《刑名》者,所以定罪制也。终于《诸侯》者,所以毕其政也。王政布于上,诸侯奉于下,礼乐抚于中,故有三才之义焉,其相须而成,若一体焉"; 2. 论《刑名》在全律中的核心地位:"所以经略罪法之轻重,正加减之等差,明发众篇之多义,补其章条之不足,较举上下纲领"; 3. 列出故、失、谩、诈、不敬、斗、戏、贼、过失、不道、恶逆、戕、造意、谋、率、强、略、群、盗、赃二十个重要概念,论律义的准确明白;在此基础上,又论对罪名之语应"慎其变,审其理"; 4. 论刑等、数罪、加刑,以明确其适用; 5. 辨"律有事状相似而罪名相涉者",如同是"以威势得财",罪名有强盗、缚守、恐猲、呵人、受赇、持质的不同,

---

① 曹旅宁、张俊民:《玉门花海所出〈晋律注〉初步研究》,《法学研究》2010年第4期。
② 程树德:《九朝律考》,中华书局,1988,第236页。
③ 如沈家本《汉律摭遗》引述张斐之说,皆言"注律表"。参见中国政法大学法律古籍整理研究所、中国社会科学院法学研究所法制史研究室整理:《沈家本全集》第4卷,第190、191、199、203、207、210页。
④ 程树德《九朝律考》初版无句读标点,1955年商务印书馆编审出版部将其加以新式标点重印出版,在卷三《晋律考 中》"张斐"条下,作"按斐有《律表》,见《晋志》"。程树德:《九朝律考》,商务印书馆,1955,第274页。
⑤ 高恒:《张斐的〈律注要略〉及其法律思想》,《中国法学》1984年第3期。

又有受求所监、①盗赃、留难、擅赋、戮辱等相似罪名;6. 审判应求情至精,达到刑、理、情的统一;7. 主张应"随事轻重取法",以《刑名》《法例》为原则,以法例求刑名;8. 论用律不可拘泥,不可固执一体;9. 论五刑之要在"宝君子而逼小人",在大道、王法;10. 论刑罚则天,五刑自为体系,法律的本义也在于此。

第二节　隋唐宋元时期的律学与典籍

一、律学发展概况

隋唐时期,律学昌盛。永徽二年(651)《永徽律》颁布,至三年(652)五月,"诏律学未有定疏,每年所举明法,遂无凭准,宜广召解律人修义疏奏闻,仍使中书门下监定参撰,《律疏》成,三十卷"。②《律疏》的编纂为唐代律学最突出的成就。在众多律学家的共同努力下,《律疏》以永徽律文为纲,采用限制解释、扩张解释、类推解释、举例解释、律意解释、举例解释、逐句解释、辨析解释、答疑解释、创新解释等多样的注释方法,③逐条疏解,阐发律意。自此以后,"断狱者皆引疏分析之"。④ 唐代的官方律学以《律疏》为代表,影响深远。与此同时,唐代私家注律成果也比较可观。据何勤华介绍日本学者利光三津夫的成果考证,为日本律注书《律集解》《令义解》《令集解》等引用的唐代私家注律之书有 15 种。可确定的有《张氏注》《宋氏注》《简氏注》《杨书》《曹氏注》《夫书》《唐问答》《附释》《杂律义》《唐律释》《律疏骨梗录》等 11 种,尚不可确定的有《栗氏注》《唐答》《唐云》《唐律集解》等 4 种。⑤ 另还有涉及令、格、敕、

---

① 中华书局标点本原文是"即不求自与为受求,所监求而后取为盗赃",〔日〕内田智雄编《译注中国历代刑法志》读"即不求自与,为受求所监,求而后取为盗赃"(创文社,1977,第 136 页),此从。
② (宋)王溥:《唐会要》卷三九《定格令》,中华书局,1960,第 702 页。
③ 解释方法的多样化,参见何勤华:《唐代律学的创新及其文化价值》,收入何勤华编:《律学考》,商务印书馆,2004,第 159—168 页。
④ (后晋)刘昫等撰:《旧唐书》卷五〇《刑法志》,中华书局,1975,第 2141 页。
⑤ 参见何勤华:《中国法学史》第 1 卷,法律出版社,2000,第 343 页。

格后敕、式、例等的注释著作。①

宋元时期,未能出现如《唐律疏议》这样系统完整的律典注释经典。宋代律典的结构与律文解释沿用了《唐律疏议》,但开创了将律文、注释、疏议、敕令格式、起请合编的体例。宋代官修的注律著作还有孙奭的《律附音义》(详见下文),它是为了解决举人不得真本习读的问题而奉诏校定成书,内容是以唐律为对象,注音释义。这一时期,私家律学著述也成就斐然。徐道邻《宋朝的刑书》对宋代的法典法规有专门论述,文中专辟一节,辑录了50余种私人著作。② 何勤华也对宋元时期官私所撰释律著作有较详细的考证。③ 诸家成果之中,影响较大的是宋人傅霖所撰的《刑统赋》(详见下文)。据《四库全书总目》介绍,书成后"注者不一家","金泰和中,李祐之有《删要》。元至治中,程仁寿有《直解》《或问》二书。至元中,练进有《四言篡注》,尹忠有《精要》。至正中,张汝楫有《略注》,并见《永乐大典》中"。④ 1913年,由沈家本汇纂12种世所罕见旧藏钞本的《枕碧楼丛书》刻印成书,其中4种是对《刑统赋》的疏解:宋傅霖撰、元郗氏韵释、元王亮增注《刑统赋解》(毘陵董氏钞本),元孟奎《粗解刑统赋》(瑱川吴氏钞本),撰者不详钞本《刑统赋解》,⑤元沈仲纬《刑统赋疏》(江阴缪氏钞本)。沈家本分别为此四书作序跋,考证了作者、版本源流及相关内容。⑥ 这一时期,私家律学的代表作还有此山贳冶子撰、元王元亮重编的《唐律释文》。《释文》附于《唐律疏议》之后。据沈家本《唐律释文跋》研究:其一,此山贳冶子未著姓名,不详为何时人。或作《释文》者是宋人,而作序者是元人,因年代相接而难分别。其二,此书本为《刑统》而作,不是为《唐律》注释。其三,书中未见于《律文》与《律疏》的语句,来自《刑统》令、敕之文;与《疏议》的不同之处,也是因为《刑统》所改。其四,此书在音韵训诂方面不

---

① 详见李守良:《唐代私家律学著述考》,载中国政法大学法律古籍整理研究所编:《中国古代法律文献研究》第4辑,法律出版社,2010,第227—231页。
② 徐道邻:《徐道邻法政文集》,清华大学出版社,2017,第380—383页。
③ 参见何勤华:《中国法学史》第2卷,法律出版社,2006,第28—53页。
④ (清)永瑢等:《四库全书总目》卷一〇一,第850页。
⑤ 沈家本在《粗解刑统赋跋》文中认为:"《粗解刑统赋》一卷,元孟奎撰。又别本《刑统赋解》,不知撰人姓名,合并于孟《解》之后,实则二书也。"中国政法大学法律古籍整理研究所、中国社会科学院法学研究所法制史研究室整理:《沈家本全集》第4卷,第763页。
⑥ 关于此四书的研究与对沈家本序跋的解读,可参薛梅卿:《宋刑统研究》,法律出版社,1997,第255—281页。

如孙奭的《律音义》,疏解虽然"大致亦有可采",但"惜多讹舛,至不可读"。①

二、典籍举要

(一)《唐律疏议》

参见第四章第一节。

(二)《律附音义》

一卷,宋人孙奭撰。据《宋史·儒林传·孙奭传》记载:孙奭字宗古,博州博平人,自幼习经。自莒县主簿迁大理评事,为国子监直讲,真宗时官至龙图阁待制,仁宗时以太子少傅致仕。殁后谥宣。"尝奉诏与邢昺、杜镐校定诸经正义,《庄子》、《尔雅》释文,考正《尚书》、《论语》、《孝经》、《尔雅》谬误及律音义"。②《律附音义》的撰写,起因于为明法科举人的学习与考试而刊刻、颁行律及律疏,《玉海》卷六六《天圣律文音义》条对此事有清楚记载。北宋天圣四年(1026)十一月,孙奭上言"诸科唯明法一科律文及疏未有印本,举人难得真本习读",于是诏国子监直讲杨安国、赵希言、王圭、公孙觉、宋祁、杨中和校勘,孙奭、冯元详校。天圣七年(1029)四月孙奭上言,谈到律疏与《刑统》的关系及校定的原则与方法,又言"旧本多用俗字,改从正体,作《律文音义》一卷,文义不同,即加训解,诏崇文院雕印,与律文并行"。③ 十二月,校勘完成,镂板颁行。

《铁琴铜剑藏书楼目录》著录有此书,言"此书世尠传本,原出浙江人士,稽瑞楼主人从之传录",④后此书入藏北京图书馆。1979 年上海古籍出版社影印出版了北京图书馆藏宋刻本《律附音义》,全书 2 册。1984 年又据同版,

---

① 中国政法大学法律古籍整理研究所、中国社会科学院法学研究所法制史研究室整理:《沈家本全集》第 4 卷,第 760—761 页。关于此书的评介,又可参张伯元:《法律文献学》,浙江人民出版社,1999,第 226—228 页。
② (元)脱脱等撰:《宋史》卷四三一《儒林·孙奭传》,中华书局,1977,第 12807 页。
③ (宋)王应麟辑:《玉海》卷六六,广陵书社,2003,影印光绪九年(1883)浙江书局刊本,第 2 册,第 1258 页。
④ (清)瞿镛编纂,瞿果行标点,瞿凤起复校:《铁琴铜剑楼藏书目录》,上海古籍出版社,2000,第 313 页。

合并两册为1册出版。该书律12卷为唐律正文,无长孙无忌等所撰律疏,《律音义》附于"《断狱律》卷第十二"之后。据学者统计,全书《律》12卷117页,《律音义》17页,共134页。① 《律音义》以律12篇篇目为序,择出每篇中需要注音或释义的用语加以训解。如"名例第一":"主物之谓名,统凡之谓例。法律之名既众,要须例以表之,故曰名例。汉作九章,散而未统。魏朝始集罪例,号为刑名。晋贾充增定律二十篇,以刑名法例揭为篇冠。至此齐赵郡王叡等奏上齐律十二篇,并曰名例,后循而不改。""行守":"官阶高而拟卑曰行,阶卑而拟高曰守";"赃":"子郎切。凡货财之例谓之赃"。② 沈家本评论《律音义》道:"孙宣公《律音义》专释律文……宣公长于训诂之学,其是正文字极为精审。"③《律附音义》是研究唐律与唐宋律学的重要文献,影印本后所附邵懿辰、钱泰吉咸丰二年(1852)跋、阮元《律文十二卷音义一卷提要》(《揅经室外集》)、顾广圻《书律十二卷音义一卷后》(《思适斋集》)及收入沈家本《寄簃文存》中的《常熟瞿氏宋本律文附音义跋》、《书钞本律文十二卷音义一卷后》、《书律音义后》,是清代学者开创性的研究成果。冀淑英为影印本所作的《序》是此书的导读,冈野诚《北京图书馆藏宋刻律十二卷音义一卷的研究》则是全面了解该书的长篇著述。

(三)《刑统赋》

二卷,宋律学博士傅霖撰。《四库全书总目·子部·法家类》"刑统赋"条:"宋傅霖撰。霖里贯未详,官律学博士。法家书之存于今者,惟唐律最古。周显德中,窦仪等因之作《刑统》,宋建隆四年颁行。霖以其不便记诵,乃韵而赋之,并自为注。晁公武《读书志》称或人为之注,盖未审也。其后注者不一家……此本则元祐中东原郄氏为韵释,其乡人王亮又为增注。然于霖所自注竟削去之,已非完本。"④可知在建隆四年(963)《宋刑统》颁行后,傅霖"以其不便记诵,乃韵而赋之,并自为注"。《刑统赋》问世后,注家不一,传本较多。民

---

① 〔日〕冈野诚著,崔瞳、冷霞译:《北京图书馆藏宋刻律十二卷音义一卷的研究》,收入何勤华编:《律学考》,商务印书馆,2004,第339页。
② (宋)孙奭:《律附音义》,上海古籍出版社,1984,第235、241页。
③ 中国政法大学法律古籍整理研究所、中国社会科学院法学研究所法制史研究室整理:《沈家本全集》第4卷,第760—761页。
④ (清)永瑢等撰:《四库全书总目》卷一〇一,第850页。

国藏书家沈兆奎言：

> 《宋刑统》仅见于《天一阁书目》，而傅霖所撰《刑统赋》传本有三：一曰《刑统赋解》二卷，东原郄氏韵释，赵孟頫序，延祐丙辰刻本也；一曰《粗解刑统赋》一卷，邹人孟奎解，沈维时序，至正壬辰钞本也；一曰《刑统赋疏》一卷，沈仲纬撰，旧钞本据元钞校改者也。前二本并见《述古堂》、《也是园书目》，后一本见《铁琴铜剑楼书录》。《郄解》荛夫得之，以归常熟张氏。复从叚录，即此书也。原书则不知流落何所。《孟解》藏璜川吴氏，光绪时为董绶金所得，旋乃转贸。《沈疏》亦荛夫得之，赖以补足赋中脱文者也。今在常熟瞿氏。宣统初元，吴兴沈寄簃先生同刻三书于《枕碧楼丛书》中。①

　　文中所说的"即此书也"，指道光二年（1822）黄丕烈钞本。此书藏国家图书馆，2002年《续修四库全书》编纂委员会据原书影印出版。沈家本编《枕碧楼丛书》所收三书版本，《刑统赋解》是董康迻写徐星伯所录叶润臣所得旧钞本后，赠与沈家本，故题"毘陵董氏钞本""大兴徐氏旧钞本"；《粗解刑统赋》为璜川吴氏旧藏，董康获得后迻写赠予沈家本；《刑统赋疏》为江阴缪氏旧钞本，黄丕烈旧藏，此本迻写自黄本。② 首都图书馆藏元建安余氏勤有堂刻本《刑统赋》，是目前所见最早的传本，有赵孟頫延祐三年（1316）序，题"宋左宣德郎律学博士傅霖撰，东原郄■韵释"。③ 《枕碧楼丛书》所收大兴徐氏旧钞本《刑统赋解》二卷，题"宋左宣德郎律学博士傅霖撰，元东原郄韵释，元益都王亮增注"，正文前辑有《四库全书总目提要》之《刑统赋》二卷条与《铁琴铜剑楼藏书目录》之《刑统赋解》二卷条，并辑有朱彝尊、赵孟頫、查慎行、徐松、冒广生、董康等人序跋，书后有沈家本宣统辛亥（1911）秋初跋。

　　关于傅霖原注未见传本，董康认为"每条解曰下所引《刑统》原文，其为霖

---

① 《续修四库全书》编纂委员会编：《续修四库全书》第972册《子部·法家类·刑统赋》，上海古籍出版社，2002，第232页。
② 参见中国政法大学法律古籍整理研究所、中国社会科学院法学研究所法制史研究室整理：《沈家本全集》第4卷，第762、763、764页。
③ 《四库全书存目丛书》编纂委员会编：《四库全书存目丛书·子部》（齐鲁社，1995）、《中华再造善本·金元编·子部》（北京图书馆出版社，2006）均收入此书的影印本。

自注无疑",①缪荃孙编《藕香零拾》亦有《刑统赋》一卷,据缪氏光绪戊申(1908)七月按语,"解曰云云,出傅氏自注;歌曰云云,是郄氏韵释;增注曰云云,出自王氏"。②沈家本则认为"在宋孝宗时,已不能定此注之出于何人……疑元时传本有有注者,有无注者"。另外沈家本也认为"此解实非霖所自作……但不知出于何人之手"。③

傅霖撰写此书的用意见其开篇:"律义虽远,人情可推。能举纲而不紊,用断狱以何疑。立万世之准绳,使民易避;撮诸条之机要,触类周知。"④赋文被分为八韵,每韵少则数句,多者数十句,每句下分别以"解曰"、"歌曰"、"增注"诠释意义。如二韵:

与财而有罪者四

解曰:除强、窃二赃非是愿与外,枉法、不枉法、受所监临赃,坐赃,此四色皆是营求愿与。既受财人有罪,与者不可无辜,于罪人罪上减五等科之。

歌曰:六赃之内,轻重有例。强、窃二赃,明有条制。除外四色,求请愿意,受者重科,与者减罪。

增注:凡有规避,以财行求,得枉法作赃论,不枉法减二等。监临之官受监临财物,与者减五等。《杂律》坐赃致罪者,与者减五等,谓比受者减等。⑤

此书傅霖櫽栝律文作赋,郄氏逐句韵释,"律义昭灿,灼然明白",⑥是"中国法制史上第一部以韵语赋体出现的富有文采的法律文献",⑦也是明清歌诀类律学著作的先导。

---

① (清)沈家本编:《枕碧楼丛书》,收入中国政法大学法律古籍整理研究所、中国社会科学院法学研究所法制史研究室整理:《沈家本全集》第8卷,第468页。
② 新文丰出版公司:《丛书集成续编》第52册,新文丰出版公司,1988,第416页。
③ 中国政法大学法律古籍整理研究所、中国社会科学院法学研究所法制史研究室整理:《沈家本全集》第4卷,第762、763页。
④ (清)沈家本编:《枕碧楼丛书》,收入中国政法大学法律古籍整理研究所、中国社会科学院法学研究所法制史研究室整理:《沈家本全集》第8卷,第469—470页。
⑤ (清)沈家本编:《枕碧楼丛书》,收入中国政法大学法律古籍整理研究所、中国社会科学院法学研究所法制史研究室整理:《沈家本全集》第8卷,第473页。标点略有改动。
⑥ (清)沈家本编:《枕碧楼丛书》"赵孟頫序",收入中国政法大学法律古籍整理研究所、中国社会科学院法学研究所法制史研究室整理:《沈家本全集》第8卷,第466页。
⑦ 薛梅卿:《宋刑统研究》,第257页。

第三节 明清律学与律学著作

一、明清律学的发展

明代律学的发展大体分为三个阶段：第一阶段，洪武至宣德年间。在此期间，律学著作不多，约有4部，现存1部，存目3部。洪武年间何广撰写的《律解辩疑》是此时期的重要著作。第二阶段，正统至正德年间。此时期留存于世的重要律学著作有张楷的《律条疏议》、胡琼的《大明律解附例》等三部，另有《律条撮要》等6部存目。第三阶段，嘉靖至崇祯年间。在此时期，围绕《大明律》的私家律学注解有80余部，留存于世的有40余部。该时期出现了《读律琐言》《律例笺释》《读律私笺》等辑注类律学著作，还有《三台明律招判正宗》《刑台法律》等司法应用类著作。另外，还出现了《大明律分类便览》等便览类著作、《读律歌》等歌诀类著作和《大明律图》等图表类著作，是清代不同风格律学著作的基础。

清代律学继承了明代律学的遗产，并根据时代的特点和需要，多有发展和建树。康熙十三年（1674），刑部官员王明德撰写的《读律佩觽》成书。① 此书在参考《律例笺释》等明代律学著作的基础上，不按以往逐条诠释律例的形式，而是针对前人释注中的问题撰述，"其有前注已载而义未明者，则畅其指归。若前注所未发，复为之反覆寻求，要于确然不易而后已"。② 康熙晚期，在院、司、府、州、县衙门有三十余年幕友经历的沈之奇撰写了《大清律辑注》。该书在参考《读律管见》《读律琐言》《律例笺释》等明代律学著作的基础上，多有创新。

明清律学在前代律学的基础上有了较大发展，律学发展多样化，律学著作具有私著为主、学问分支的特点。

---

① 也有学者认为，王明德撰此书，始于顺治十七年（1660），完稿于康熙十二年（1673）前。参见浦志强：《论王明德与〈读律佩觽〉》，载中国政法大学法律古籍整理研究所编：《中国古代法律文献研究》第2辑，中国政法大学出版社，2004，第230—232页。
② （清）王明德撰，何勤华、程维荣、张伯元、洪丕谟点校：《读律佩觽》王豫嘉"序"，法律出版社，2001，第2页。

明清律学的繁盛主要指的是私家律学的繁盛。明代官方律著仅见明初的《律令直解》和万历年间舒化领衔纂辑的《大明律附例》，而私家律学著作多达90余部。清代的情况也是如此，官方的律学著作比重不大。

明代前期的注律家多科举出身，所著之律大多是对《大明律》的整体解读，辑注类著作较多，体现了精深的律学功底和良好的学问素养。明代后期，非科举出身的私家注律家逐渐增多，著者不详的私家律著也大量增加。嘉靖至万历时期，出现了如《读律琐言》《律例笺释》等系统性、全面性的私家律学名著，但更多的是诸如《三台明律招判正宗》《刑台法律》等律例合编的司法应用性著作。此类著作大多只抄录前人的解释，作者更关注的是司法应用的规则、行文体式等形式性、程序性内容。私家律学著作出现编、辑者渐多而著、撰者渐少情况的原因之一，在于著、撰需要较高的律学与经学素养，而编、辑的要求相对较低。

在清代，私家注律仍是主流，且编撰的律学著作数量远超明代，"从私家注释的发展过程来看，起于顺治，兴起于康熙，全盛于乾、嘉、道时期，至光绪仍不衰"。① 较早的律学著作是刊刻于康熙十三年（1674）的刑部陕西清吏司郎中王明德的《读律佩觽》、康熙二十七年（1688）凌铭麟的《新编文武金镜律例指南》、康熙五十四年（1715）沈之奇自刊的《大清律辑注》及康熙年间刻本刑部尚书对哈纳校解的《大清律例朱注广汇全书》。清代幕友也是注律群体之一。其中较有代表性的是沈之奇的《大清律辑注》、沈辛田的《名法指掌》、黄忍斋的《大清律例全纂》。

所谓学问分支，是指明清律学著作逐渐形成了律学史、比较律学及考据律学的分支学问。

律史学以明人唐枢撰写的《法缀》为代表。《法缀》不是《大明律》的注释著作，而是介绍明代法律文献的目录学著作，主要反映了明代前期和中期的律学状况与成就。全书以读书札记的方式，以法律文献的书名为目，著录了47部明代法律典籍，其中的律学著作主要有《大明律直引》《律解辩疑》《大明律疏议》《律条撮要》《法家袞集》《律条附例》《读律琐言》《刑统辑义》等。《法缀》既是明代前中期律学的反映，也为了解今已散佚的法律文献提供了线索，

---

① 何敏：《清代注释律学研究》，中国政法大学博士学位论文，1994，第62页。

具有重要的价值。① 比较律学著作以清末著名律学家薛允升所撰的《唐明律合编》为代表。该书先列出唐律的条文，后列举相类的明律条文，然后指出明律对唐律的继承和修改，进行两者的全面比较。唐明律比较，实际是中国古代法典的比较，具有重要的意义。作者在比较中有扬唐而抑明的倾向，实际上是表达了对清末法律改革的期许。

考据律学注重于律例条文的源流发展与因革变化，追根溯源，钩沉得失。其主要著作有《大清律例通考》《大清律例根原》及《读例存疑》等。如吴坛在乾隆年间编纂的《大清律例通考》，以乾隆四十三年（1778）以前的律例条文为考释对象，考证律书中的篇名、门名和律目，说明其渊源和变化。又用"按语"的形式考释律例的修改情况和原因。已删的例文也附于本条之末，说明删去的缘故。凡有酌拟应删、应改及另有议论者，则用"又按"的形式加以说明。② 薛允升的《读例存疑》，"凡例之彼此抵牾，前后歧异，或应增应减，或畸轻畸重，或分晰之未明，或罪名之杂出者，俱一一疏证而会通。博引前人之说，参以持平之论，考阙源流，期归画一，诚巨制也"。③ 二书皆是考据律学中的名作。沈家本评价《读律存疑》道："国朝之讲求律学者，惟乾隆间海丰吴紫峰中丞坛《通考》一书，于例文之增删修改，甄核精详。其书迄于乾隆四十四年，自是以后，未有留心于斯事者。长安薛云阶大司寇，自官西曹，即研精律学，于历代之沿革，穷原竟委，观其会通，凡今律今例之可疑者，逐条为之考论，其彼此抵牾及先后歧异者，言之尤详，积成巨册百余……洵律学之大成而读律者之圭臬也。"④

二、律学著作种类

张晋藩在《清代私家注律的解析》一文中，根据释本的继受关系与侧重面

---

① 有关《法缀》之书的详细情况，可参刘笃才《〈法缀〉》一文，收入何勤华编：《律学考》，商务印书馆，2004。
② 参见马建石、杨育棠主编：《大清律例通考校注》"序言"，中国政法大学出版社，1992，第1页。
③ （清）薛允升撰，胡星桥、邓又天主编：《读律存疑点注》"刑部奏折"，中国人民公安大学出版社，1994，第1页。
④ 中国政法大学法律古籍整理研究所、中国社会科学院法学研究所法制史研究室整理：《沈家本全集》第4卷，第743页。

及著述形式,将《大清律例》150多种私家注释大致归纳为辑注本、考证本、司法实用本、图表本、歌诀本五大系统。① 何敏则将清代注释律学扩展为辑注派、考证派、司法实用派、图表派、便览派、歌诀派、比较研究派七类。② 张小也在论述了张晋藩和何敏的分类后认为:"图表本、歌诀本亦可以归入司法应用本系统,而比较本可以归入考证本系统,这样律学著作实际上由三个部分组成:以解释律例为特点的辑注本系统、以考证律例源流为特点的考证本系统和以方便司法实践为特点的司法应用本系统。"③以下据学者的分类分别简述。

(一) 辑注

所谓辑注,就是辑诸家之说,间申己见。据学者研究,辑注类私家律学著作的注律具有以下特点:注重律目和律条历史因袭的阐释,注重律文的逻辑与结构解释,不仅注重律、例条文的疏解,也注意词语的训诂学考释;④用比较、问答、扩大、缩限等解释方法,不仅使律文的内容明晓,还对新情况、新问题通过比附等形式疏解,使问刑者更好地理解律文,把握律文主旨。明代此类著作的代表作有:天顺年间张楷的《律条疏议》和正德年间胡琼的《大明律解附例》,嘉靖至崇祯时期雷梦麟的《读律琐言》、王肯堂的《律例笺释》和冯孜的《大明律集说附例》。清代辑注类律学著作数量最多,沈之奇的《大清律辑注》、万维翰的《大清律例集注》是其代表作。

(二) 考据

此类著作的特点是穷原竟委,考证律例沿革,具有较强的学术性。在明代,私家律学著作中的此类代表作当推何广的《律解辩疑》。何广通过"议曰""释曰"等注释方法对律文中大量的法律术语和法律规范进行考释,又通过"讲曰""解曰"及"问曰""答曰"等释注方法,对律文的适用范围、对象以及律文中的疑难问题深究辨析,从而使习律者能对疑难问题有透彻理解。到了清

---

① 张晋藩:《清律研究》,法律出版社,1992,第164—188页。
② 何敏:《从清代私家注律看传统注释律学的实用价值》,《法学》1997年第5期,第8—9页。
③ 张小也:《官、民与法:明清国家与基层社会》,中华书局,2007,第103页。
④ 参见何敏:《清代注释律学研究》,中国政法大学博士学位论文,1994,第123—128页。

代,随着朴学的兴起与发展,考据律学著述频出。代表性著作主要有吴坛的《大清律例通考》、薛允升的《读例存疑》、吴坤修等人的《大清律例根原》和黄恩彤的《大清律例按语》等。

(三) 司法应用

此类律学著作主要注重法律适用。明代嘉靖以后,此类著作留存众多,清代数量更多。其代表作主要有明朱敬循汇辑《大明律例致君奇术》,余员注招、叶伋示判《三台明律招判正宗》,沈应文校正、萧近高注释、曹于汴参考《刑台法律》,清王明德的《读律佩觽》,凌铭麟的《新编文武金镜律例指南》等。

司法应用类律学著作的作者,多在地方和司法部门工作,职位普遍偏低,与辑注类著作更注重鉴别各家解释的优劣得失及释律的透彻性相比,其注律更加关注法律的如何适用。此类著作在注释方式上,多采用上下两栏,或上中下三栏。上栏多为告示、判例、行移体式等实用性内容,中栏多为词语的音释。下栏多全文照录律文,解释多抄录辑注类著作的注解,追求简单明了,有的还加有判语和告示。由于此类著作注重于如何适用法律,因而讲究文字的简练生动、语言的通俗易懂。

(四) 图表

此类著作是依照明清律的门类与犯罪情节和刑罚,将律例简化成图表,从而方便人们对照查阅,达到"纲举目张,体例甚善……有所征引,一展卷而条目毕备,巨细无遗,举凡律令之异同、定拟之等差、情罪之疑似,皆荟萃于方幅之中,治谳者诚莫便于此矣"的效果。①

明洪武二十二年(1389)修律时,就已经在律文前列出五刑图、狱具图、丧服图,《大明律释义》《律解辩疑》《律例笺释》等明代律学著作也在律文前采用图示的方式,但相关专书甚少,仅见胡文焕《格致丛书》所收的《大明律图》一卷。清代该类律学著作则大量涌现,代表性著作主要有乾隆年间沈辛田的《名法指掌图》、孙泰的《律例全纂》、鲁廷礼的《律例掌珍》和万维翰的《律例图

---

① (清)沈辛田辑、徐灏增修:《重修名法指掌图》苏凤文同治八年(1869)"序",光绪二十六年(1900)荣录堂刻本。

说》、道光时期邵春涛的《读法图存》等。如沈辛田辑、徐灏增修的《重修名法指掌图》，全书4卷，所有内容缩略为310幅图表，以求简明易知。

（五）歌诀

《刑统赋》的赋文韵释体对后世律学著作产生了深远影响。明代律学家本着明白晓畅、便于诵记的目的，取明律中的五刑、六赃、纳赎、服制等内容，编成四言、五言或七言韵诗写入律学著作。如何广《律解辩疑》，卷首有律条目总名歌、例分八字西江月、本宗九族五服歌、妻为夫族服之歌、妾为家长族服歌、出嫁女为本宗降服歌、外亲服之歌、妻亲服之歌、三父八母服之歌、六赃总类歌等。其中的"例分八字西江月"为"以犯文身合死，准言例免难诛。皆无首从罪非殊，各有彼此同狱。其者变于先意，及为连事后随。即如听讼判真虚，若有余情依律"，①用西江月词牌将"八字例"编为词曲，以求简约、上口的效果。此外明陈永所辑《法家裒集》、朱敬循所撰《刻精注大明律例致君奇术》也著有此类歌诀。但是与明代私家律学著作多图表类相比，歌诀类专著稀少，仅见胡文焕编辑的《读律歌》一卷。另一方面，也许是因为歌诀易于上口、便于记忆的特点，这一方式被明代的讼师秘本所承用，如江湖醉中浪叟辑《刻法林照天烛》、辑者不详《新镌订补释注霹雳手笔》都有"律例总歌"。清代的代表性著作主要有同治年间黄运昌重校的《大清律例歌括》、光绪年间程梦元的《大清律例歌诀》、程熙春所辑的《大清律例七言集成》、梁他山的《读律琯朗》、宗继增的《读律一得歌》及吴雨轩的《律例精言歌诀》等。

（六）便览

明清律例条文繁多，注释细密，从而导致律学文献卷帙庞大，不易阅读。因此，便览读本就成为现实需要。其实在吴王元年（1367）律典纂成后，"又恐小民不能周知，命大理卿周桢等取所定律令，自礼乐、制度、钱粮、选法之外，凡民间所行事宜，类聚成编，训释其义，颁之郡县，名曰《律令直解》"。② 此为

---

① （明）何广撰，杨一凡、苏圣儒、田禾、吴艳红点校：《律解辩疑》，收入杨一凡、田涛主编：《中国珍稀法律典籍续编》第4册，黑龙江人民出版社，2002，第5页。标点略有改动。

② （清）张廷玉等：《明史》卷九三，第2280页。

明律最早的便览读本。明万历年间,出现了陈孙贤的《新刻明律统宗为政便览》、①《律例便览》(佚名)②及《大明律分类便览》(佚名)③等著作。清代便览类律学著作有乾隆年间洪抪民的《大清律例提纲》和道光年间郎汝琳的《大清律例总类》,咸丰年间蔡逢年、蔡嵩年兄弟的《大清律例便览》则是此类著作的代表作。该书在体例上分上下两栏,上栏主要抄录各家观点,并兼及自己观点,下栏辑录律例条文,并加以旁注。

便览类著作内容全面,简要易读,故既可作为官员学习律学的入门著作,也可作为百姓习法的普及之作。

三、典籍举要

(一)《律解辩疑》

三十卷,首一卷,明人何广撰。何广,祖籍陕西华亭(今甘肃省华亭市),后迁松江(今上海),洪武年间历任浙江道监察御史、湖广参议、陕西按察司副使等职,卓有惠政。④

详明律意,慎刑明法,是何广撰写此书的动机,以达到"吏明于刑,罚当于罪"的效果。⑤《律解辩疑》卷首有洪武十九年(1386)何广的《〈律解辩疑〉序》、律条目总名歌与例分八字西江月等歌诀、照刷文卷罚俸例、大明律内五刑条目等。自卷一至卷三十依照《大明律》的名例律、吏律、户律、礼律、兵律、刑律、工律等篇章结构顺序,先引律文,在律文后以"议""讲""解""问""答"等形式疏解。书后有洪武十九年(1386)邵敬的《〈律解辩疑〉后序》。

《律解辩疑》在明代律学史上有举足轻重的地位,它不仅是明代现存最早

---

① 参见严绍璗编著:《日藏汉籍善本书录》(上),中华书局,2007,第 685 页。
② 此为徐昌祚辑注的《大明律例添释旁注》所引用 32 种书籍的一种,参见张伟仁主编:《中国法制史书目》(第 1 册),台湾"中研院"历史语言研究所,1976,第 27 页。
③ 明代张师绎所撰《月鹿堂文集》(清道光六年〈1826〉蝶花楼刻本)卷二收录有《大明律分类便览序》一文,留存状况不详。
④ 依据(明)顾清《(正德)松江府志》卷二九(明正德七年刊本)、(明)过庭训《本朝分省人物考》卷二五(明天启刻本)等资料。
⑤ (明)邵敬:《〈律解辩疑〉后序》,杨一凡、田涛主编:《中国珍稀法律典籍续编》第 4 册,第 296 页。

的律学著作,同时还保存了洪武十九年前所颁布的《大明律》律文。明代律学著作所依据的《大明律》,除《大明律直解》为洪武二十二年(1389)律文外,其余皆为洪武三十年(1397)律文。若将《律解辩疑》所载律文与洪武二十二年、三十年所颁布的《大明律》进行比较,可以更加深入了解明律的变化与发展。

2002年,杨一凡、吴艳红等点校的《律解辩疑》收入《中国珍稀法律典续编》第4册。其所依据的底本为台湾"中央图书馆"收藏的明刊本。[①] 张伟仁认为该书刊印于洪武年间(1368—1398),刊印者及具体刊印年分不详。[②] 黄彰健在《〈律解辩疑〉、〈大明律直解〉及〈明律集解附例〉三书所载明律之比较研究》一文中,根据《律解辩疑》书首何广的"自序"、邵敬的"后序"以及书中"照刷文卷罚俸例"后所提到的"太祖高皇帝",认为其不是洪武朝印本,而是建文朝或永乐朝印本。[③] 杨一凡认为该书刻于洪武,还是刻于永乐或洪熙、宣德年间,学界尚有争论。[④] 以上学者认为该刻本出现在明代中期以前,而张伯元认为其是明代中后期重编重刻本。[⑤]

(二)《律条疏议》

三十卷,明人张楷撰。

张楷,字式之,浙江宁波府慈溪县人,永乐二十二年(1424)进士,拜江西道御史,迁陕西副使,正统十二年(1447)任南京都察院右佥都御史。[⑥]

《律条疏议》是张楷在法司部门任职时于听政之暇撰写而成的。卷首载职官有犯、文武官犯私罪、典雇妻女等律条讲疑,从第一至第三十卷按照《大明律》律文顺序逐条以"疏议曰"的形式疏解,疏解时注重考订律文的变迁沿

[①] 该刻本原藏北平图书馆,后被美国国会图书馆收藏,后又迁至台湾"中央图书馆"。参见杨一凡:《明代稀见法律典籍版本考略》,收入杨一凡主编:《中国法制史考证》甲编第6卷,中国社会科学出版社,2003,第347页。

[②] 张伟仁主编:《中国法制史书目》(第1册),第14页。

[③] 黄彰健:《〈律解辩疑〉、〈大明律直解〉及〈明律集解附例〉三书所载明律之比较研究》,载中华书局编辑部编:《"中研院"历史语言研究所集刊论文类编(历史编·明清卷)》,中华书局,2009,第2755—2774页。

[④] 杨一凡:《明代重要法律典籍版本考述》,收入杨一凡:《明代立法研究》,中国社会科学出版社,2013,第215页。

[⑤] 张伯元:《〈律解辩疑〉版刻考》,《上海师范大学学报(哲学社会科学版)》2008年第5期,第66页。

[⑥] (明)雷礼辑:《国朝列卿纪》卷七九《张楷》,《续修四库全书》编纂委员会编:《续修四库全书》第523册,上海古籍出版社,2002,第475页。

革,对有疑问的内容多采用问答的形式辩疑,最后以"谨详律意"的形式讲明注律的目的,言明律条适用的对象和范围。

张伯元的《张楷〈律条疏议〉考》①和王重民的《中国善本书提要补编》②等对《律条疏议》的版本有所介绍。天顺五年(1461)刻本是现存最早的《律条疏议》刻本,今收藏于上海图书馆。该刻本为三十卷,6册,卷首有江西按察司副使张釜写于天顺五年三月的序。王迪刻本为成化三年(1467)本。倪谦在《重刊〈律条疏议〉叙》中记载江浦县知县王迪捐俸重刻。③《天一阁书目》载:"《律条疏议》十卷,成化三年钱塘倪谦序。南京吏民重刊。"④考江浦县属于南直隶应天府,《天一阁书目》所言南京吏民重刊本应为王迪捐俸由南京吏民重刊。《律条疏议》还留存成化七年(1471)刻本。黄彰健在《明代律例汇编》载:"《律条疏议》三十卷,存十一至十七,二十二至三十。明张楷撰。国立北平图书馆藏明成化七年荆门守俞诰重刊本。"⑤该残本中国国家图书馆有藏。在成化七年(1471),还有另一刻本留存,名为《大明律疏义》,三十卷,欠卷十八、十九,为成化七年(1471)南京史氏重刊本,藏于台湾"中央图书馆"。《律条疏议》还留存嘉靖二十三年(1544)黄岩符验据成化三年(1467)王迪本重刻本,张伟仁在《中国法制史书目》对此版本有所介绍,⑥《中国律学文献》(第一辑第二、三册)收录的《律条疏议》据该版本影印。另外,明人周弘祖所撰的《古今书刻》记载,江西按察司曾刊刻《律条疏议》,不知据何本刊刻,惜未留存于世。⑦

(三)《大明律解附例》

三十卷,明人胡琼撰。

---

① 张伯元:《张楷〈律条疏议〉考》,收入张伯元著:《律注文献丛考》,社会科学文献出版社,2009,第186—189页。
② 王重民:《中国善本书提要补编》,书目文献出版社,1991,第55页。
③ (明)张楷:《律条疏议》倪谦"重刊《律条疏议》叙",收入杨一凡编:《中国律学文献》第一辑第二册,第7页。
④ (清)范邦甸等撰,江曦、李靖点校:《天一阁书目 天一阁碑目》,上海古籍出版社,2010,第215页。
⑤ 黄彰健编著:《明代律例汇编》(上)所附《明代律例刊本抄本知见书目》,台湾"中研院"历史语言研究所,1979,第115页。
⑥ 张伟仁主编:《中国法制史书目》(第1册),第15页。
⑦ (明)周弘祖:《古今书刻》上编,收入《百川书志 古今书刻》,古典文学出版社,1957,第351页。

胡琼,《明史》有传:"字国华,南平人。正德六年进士。由慈溪知县入为御史。历按贵州、浙江有声。"①《大明律解附例》是胡琼巡按贵州时为方便胥吏学习律例而撰写的。② 据《西园闻见录》记载,胡琼于正德十三年(1518)巡按贵州,③又据正德十六年仲春(1521)作者《〈律解附例〉序》和同年十一月云南巡抚何孟春所作的《书九峰胡侍御〈律解〉后》推知,此书撰写于正德十三年(1518)至正德十六年(1521)间。

《大明律解附例》卷首为总目、目录及五刑、狱具及丧服等图,卷一至卷三十以洪武三十年所颁布的《大明律》逐条疏解律文。胡琼在律文后以"解"的形式阐释律意,并在律后附例以补充律文的不足。例文除载有弘治十三年《问刑条例》外,还混编弘治十三年后至正德年间的例。该书是明代最早的律例合编律学著作,对后世律学及法典编纂体例有重要影响。

根据《古今书刻》记载,《大明律解附例》是贵州布政司于贵阳初刻,题名为《律解附例》。④ 张伟仁在《中国法制史书目》介绍的《大明律解附例》为日本尊经阁文库藏本,刊印者与刊印年份不详⑤,而黄彰健认为日本尊经阁文库藏本为明世宗正德十六年胡氏贵阳刊本。⑥ 国家图书馆收藏的该书微缩胶卷,题名为《大明律集解》,明胡琼撰,正德十六年刻本。

《大明律集解附例》在明代广为传播,多次翻刻,到嘉靖、万历年间对该书重编、增附者达十余家,而重编、增附的内容,多集中在"例"。⑦ 这十余家中,胡效才是最具代表性的一家。据《百川书志》记载,胡效才以巡按浙江监察御史身份在嘉靖年间增附该书。⑧ 查《明世宗实录》卷一百"嘉靖八年四月"条和卷一百十三"嘉靖九年五月"条,胡效才在嘉靖八年(1529)至九年(1530)为巡按浙江监察御史,则该书应在此间增附。该书存于日本蓬左文库,为明嘉靖

---

① (清)张廷玉等:《明史》卷一九二《胡琼传》,第 5101 页。
② (明)胡琼:《大明律解附例》"序",国家图书馆藏本。
③ (明)张萱:《西园闻见录》卷一○六,《续修四库全书》第 1170 册,第 414 页。
④ (明)周弘祖:《古今书刻》上编,第 392 页。
⑤ 张伟仁主编:《中国法制史书目》(第 1 册),第 17 页。
⑥ 黄彰健编著:《明代律例汇编》(上)所附《明代律例刊本抄本知见书目》,第 117 页。
⑦ (明)唐枢:《法缀》之"律条附例"条,明嘉靖万历间刻本,载杨一凡编:《中国律学文献》第一辑第四册,第 709—710 页。
⑧ (明)高儒:《百川书志》卷五《史志二》,收入《百川书志 古今书刻》,第 75 页。

刊本,书名题为《大明律》。①

(四)《读律琐言》

三十卷,附录一卷,明人雷梦麟撰。

雷梦麟,字伯仁,江西进贤人,嘉靖二十三年(1544)进士,历任无为知州、工部员外郎、刑部主事、刑部郎中、山东按察使等职。②

《读律琐言》书前有《御制〈大明律〉序》,从一至三十卷按照《大明律》顺序以"琐言曰"的形式疏解律文,疏解时重点解释立法意图和罪名、刑名等概念。文末有附录一卷,主要录有原行赎罪则例、徒限内老疾收赎则例、官司故失出入人罪增轻减重例、奉行时估例、服制及题奏之式、行移之式、招议之式等内容。

《读律琐言》留存的版本主要有二:其一为明嘉靖三十六年庐州府知府汪克用刻本(简称汪刻本),另一种为明嘉靖四十二年徽州府歙县知县熊秉元重刻本(简称熊刻本)。汪刻本时间较早。从其刻版编排相同、许多误刻亦同之情形推断,极可能是熊秉元重刊之时所依照之底本。③ 熊刻本较汪刻本后出,可订正汪本的错误。况且,歙刻质量本身较高也是熊本较好的重要原因。中国国家图书馆善本室和日本东京大学法学部图书室所藏为汪刻本,台湾"国立中央"图书馆保存的为熊刻本。杨一凡在《中国律学文献》(第四辑第二、三册)收录熊刻本。目前最易于入手的《读律琐言》版本为怀效锋整理本。该本主要以熊刻本为底本,以汪刻本为主校本,以万历七年张卤校刊皇明制书中所收的《大明律》、万历三十八年高举发刻的《大明律集解附例》和万历十五年司礼监刊印的《大明会典》中所收律文为参校本。④

(五)《律例笺释》

三十卷,首一卷,末一卷,王肯堂撰。该书书名不一,主要有《律例笺解》

---

① 黄彰健编著:《明代律例汇编》(上)所附《明代律例刊本抄本知见书目》,第117页。
② 以上资料来源于(明)凌迪知:《万姓统谱》卷一六,清文渊阁《四库全书》本;(清)谢旻修:《(雍正)江西通志》卷六九,清文渊阁《四库全书》本;《明世宗实录》卷四三〇"嘉靖三十四年十二月"条等资料。
③ (明)雷梦麟著,怀效锋、李俊点校:《读律琐言》"点校说明",法律出版社,2000,第2—3页。
④ (明)雷梦麟著,怀效锋、李俊点校:《读律琐言》"点校说明",第3页。

《律例笺释》《明律笺释》《大明律附例笺释》《王肯堂笺释》《王仪部先生笺释》等。

据《明史·王肯堂传》和《(乾隆)江南通志》卷一百六十三《人物志》记载：王肯堂，字宇泰，金坛人，都御史王樵之子，万历十七年(1589)进士，选庶吉士，授检讨，后历任福建参政等职。《律例笺释》成书于万历四十年(1612)，① 是王肯堂在其父王樵的《读律私笺》基础上撰成的。王肯堂因《读律私笺》"坊刻讹不可读"，且"他家注释不得律意者多"，②所以才重新编著该书。关于重新编著的方法，"乃集诸家之说，舍短取长，足《私笺》之所未备，以及见行条例俱详为之释，而《会典》诸书有资互考者附焉"。③ 王肯堂以其父《读律私笺》为底本，参考会典等书，参酌明代其它律学著作，取长补短，撰成明代律学的代表作《律例笺释》。

《律例笺释》卷首主要有洪武三十年(1397)《御制〈大明律〉序》、神宗万历四十年(1612)王肯堂自序、《进新刻〈大明律附例〉题稿》、五刑图、狱具图、九宗五服等丧服诸图、六赃图、纳赎例图、律例钱钞图、收赎钞图、弘治十年(1497)的真犯杂犯死罪等。卷一至卷三十按照《大明律》顺序对律文逐句、逐段释注，并在律文后附例文。例文以神宗万历十三年(1585)舒化等《大明律附例》为准，共录条例452条，并论述了例文产生的背景及适用条件等内容。

《律例笺释》，明刊本，刊印者及刊印时间不详。在国外，该刻本主要存留于日本。据《日藏汉籍善本书录》载，在日本主要存四部。宫内厅书陵部所藏本，三十卷，首一卷，附《慎刑说》一卷，共十六册。内阁文库藏本，三十卷，首一卷，共十二册。东京大学东洋文化研究所藏本，三十卷，首一卷，附《慎刑说》一卷，共十九册。关西大学综合图书馆内藤文库藏本，三十卷，首一卷，附《慎刑说》一卷，共十册。④《律例笺释》在中国内地留存四套，分别藏在中国国家图书馆、北京大学图书馆、上海社会科学院图书馆和浙江图书馆。该书还有清抄本一套，现保存于中国国家图书馆。

---

① （明）王肯堂：《律例笺释》"自序"，东京大学东洋文化研究所藏本。
② （明）王肯堂：《律例笺释》"自序"。
③ （明）王肯堂：《律例笺释》"自序"。
④ 严绍璗编著：《日藏汉籍善本书录》(上)，第681页。

清人顾鼎于康熙三十年(1691)重编该书,题名《王仪部先生笺释》,内题为《王肯堂笺释》。该刻本未录律文,并对《律例笺释》的内容做了较大改动。该刻本在中国国家图书馆、北京大学图书馆、中国人民大学图书馆、中国科学院图书馆、上海社会科学院图书馆等有藏。杨一凡在《中国律学文献》(第二辑第三、四、五册)收录的《王仪部先生笺释》据此刻本影印。

(六)《大明律附例注解》

三十卷,明人姚思仁撰。

姚思仁,万历十一年(1573)进士,曾任应天府府尹、江西道御史、浙江道御史、大理寺右少卿、大理寺左少卿、通政使司右参议、通政使司左参议、通政司通政使、工部侍郎、工部尚书等职。①

该书首列《御制大明律序》、《重修问刑条例题稿》、《大明律附例题稿》、五刑图、狱具图、丧服诸图、六赃图、纳赎例图、收赎钞图、真犯杂犯死罪等。卷一至卷三十按照《大明律》的顺序,采取双行夹注的形式注释律文,不仅疏解了律意,还连属上下文句,使之成为律文不可分割的整体。这种注释形式被顺治时期的《大清律集解附例》所继承。②

姚思仁撰写《大明律附例注解》时为大理寺左少卿。考《明神宗实录》卷四百四十八"万历三十六年七月(丙申)"条和卷五百四十二"万历四十四年二月(戊午)"条,姚思仁在万历三十六年(1608)升为大理寺左少卿,在万历四十四年(1616)由大理寺少卿转为应天府府尹。由此推知,《大明律附例注解》大约成书于万历三十六年(1608)至万历四十四年(1616)间。

《大明律附例注解》,明刊本,十册,三十卷,无序。刊印者及刊印年份不详。该刻本在北京大学图书馆与华东师范大学图书馆有藏,在日本的内阁文库、尊经阁文也有藏本。③ 北京大学藏本后编入《北京大学图书馆藏善本丛书》的《明清史料丛编》。④

---

① 主要依据(明)陈继儒《见闻录》卷八宝颜堂秘籍本、(明)程开祜《筹辽硕画》(民国国立北平图书馆善本丛书景明万历本)、(清)成瓘《(道光)济南府志》卷二五等资料。
② (清)姚范撰:《援鹑堂笔记》卷四六《杂识二》,《续修四库全书》第1149册,第128页。
③ 严绍璗编著:《日藏汉籍善本书录》(上),第681页。
④ 宋祥瑞编:《北京大学图书馆藏善本丛书》之《明清史料丛编》,北京大学出版社,1993。

(七)《大明律例附解》

十二卷,不著撰人。

《大明律例附解》按照《大明律》律文顺序逐条疏解律文,在疏解过程中引用了《律条疏议》《律解辩疑》《大明律直引》等明代律学著作。所附的例文等内容,不同版本间有所区别。

该书在嘉靖年间初刊,但未留存于世,后被多次翻刻,主要留存有:嘉靖二十三年邗江书院重刊本,存卷二、卷三及卷末附录,日本东京大学东方文化研究所有藏;日本蓬左文库藏明嘉靖刊本,刊印年份不详。前者为后者的底本,但两刻本所附例文不同,前者所附例文为弘治问刑条例,后者所附例文为嘉靖重修条例。

(八)《刑台法律》

《刑台法律》书内题作《鼎镌六科奏准御制新颁分类注释刑台法律》,二十一卷,沈应文校正,萧近高注释,曹于汴参考。

校正者沈应文,据乾隆时期《余姚志》记载,浙江余姚人,隆庆戊辰(1568)进士,授池州推官,擢顺天府尹,转南京大理寺卿,万历三十五年(1607)任刑部尚书,官至南京吏部尚书。进士。① 又据《明史·七卿年表二》,沈应文万历三十三年(1605)署刑部尚书,三十六年(1608)任刑部尚书,三十八年(1610)致仕。故其校正,正在刑部尚书任上。注释者萧近高,神宗万历二十三年(1595)进士。曾任中书舍人、礼科给事中、刑科都给事中、浙江右参政、浙江按察使、浙江布政使、太仆卿、工部左右侍郎、南京兵部添注左侍郎等职。② 参考者曹于汴,神宗万历二十年(1592)进士,以推官征授吏科给事中。熹宗时迁左佥都御史,思宗崇祯时任左都御史等职。③

该书是明代司法应用类律学著作的代表作。该书分为首卷、附卷、副卷和正文十八卷四部分。首卷列举了明律中应当处死刑的各种犯罪,并附有六赃、纳赎、例分八字、五刑、狱具、丧服等图。附卷分为二栏,上栏载串招字眼、

---

① (清)唐若瀛修:《余姚志》卷二九《沈应文传》,乾隆四十六年(1781)刻本。
② 张伟仁主编:《中国法制史书目》第1册,第14页。
③ 张伟仁主编:《中国法制史书目》第1册,第14页。

关、问等目;下栏载各种行移体式。附卷主要介绍了各行政机构公文写作样本,用图表方式演示明律中术语和判决技巧。副卷分上下栏,上栏载钦定时估例等项,下栏载为政规模节要论、金科玉律、六赃总类歌,主要解释、总结名例律的部分律文。卷一至卷十六载吏、户、礼、兵、刑、工诸律,分上下栏,上栏载告判体式、判语等,下栏载律文,通过问答等解释。卷十七、十八载《洗冤录》。

该书在明万历三十七年(1609)由潭阳熊氏种德堂刊行,共 12 册。1990年中国书店出版的海王邨古籍丛刊收录的《刑台法律》据该版本影印。

(九)《法缀》

一卷,明人唐枢撰。

唐枢,字惟中,归安人,嘉靖五年(1526)进士,授刑部主事。嘉靖六年(1527)因上疏论李福达事忤旨罢归。①

刘笃才对《法缀》的内容、价值和版本等已经有所介绍和总结。②《法缀》是读书札记,主要介绍明代嘉靖以前 47 部官方法律和私家律学著作等文献,《法缀》也是明代法律类的目录学著作,是法律史学的代表作。《法缀》主要介绍了《大明令》《大明律》等明代法律,还介绍了《大明律直引》《律解辩疑》《刑统辑义》等私家律学著作。《法缀》所言的律学著作诸如《刑统辑义》等已经佚失,但赖唐枢的记载知其为唐律与明律的比较著作。《法缀》还介绍了《刑统赋》的不同释本:"宋诏窦仪韵而为之赋,傅霖从而注之。已而,李祐之、张伯川、滕宝、刘汉卿之解注,欤乾祐之韵释,尹忠之精要,敖元龄之解略,彭自勉之集说,皆所以主异同而重从背者也。"③这为我们了解《刑统赋》的注家与传本提供了宝贵史料。

《八千卷楼书目》记载,"《政问录》一卷附《法缀》一卷,明唐枢撰,刊本",但刊印时间及刊印者信息不明。④《法缀》是唐枢《木钟台集》中的一种。《木钟台集》,三十二卷,有清咸丰六年刻本,在中国科学院图书馆、北京大学图书

---

① (清)万斯同撰:《明史》卷二八〇《唐枢传》,《续修四库全书》第 329 册,第 31—32 页。
② 刘笃才:《〈法缀〉——一份可贵的明代法律文献目录》,收入何勤华编:《律学考》,商务印书馆,2004,第 362—369 页。
③ (明)唐枢:《法缀》,收入杨一凡编:《中国律学文献》第一辑第四册,第 699—700 页。
④ (清)丁立中编:《八千卷楼书目》,国家图书馆出版社,2009,第 493 页。

馆与浙江图书馆有藏。另外，在北京大学图书馆还有明代抄本，一函四册，内有《法缀》在内的 15 种著作。中国社会科学院历史研究所明史研究室的《法缀》点校本，收录于《明史资料丛刊》第五辑，江苏古籍出版社 1986 年出版。杨一凡在《中国律学文献》（第一辑第四册）所收录的《法缀》为嘉靖万历间刻本。

（十）《大清律例会通新纂》

四十卷，姚雨苌原纂，胡仰山增辑。

姚雨苌、胡仰山二人史籍记载甚少，仅在该书的序言中有大概了解。姚雨苌，名润，字雨苌，山阴县（今浙江绍兴）人，大约生活于嘉庆、道光年间。长期担任幕友，精研律学，通达吏事。胡仰山，名璋，字仰山，会稽（今浙江绍兴）人，大约活跃于道光年间，亦担任幕友。

《大清律例会通新纂》按照上中下三格方式编排。下格为律例原文及注解，在每条律文后保留了总注。中格是文章的主体部分，汇编诸多内容，包括历代钦奉上谕、各省咨请、部示通行、刑案、六部处分及诸家注说等内容。上格为辑录《大清律例》相关条文的索引等内容。

《大清律例会通新纂》以司法应用为中心编排，体例新颖，内容丰富，集诸家之长，是清代司法官吏常翻阅的律学著作。该书卷前有清代历代皇帝御制序文、历代开馆修例及修例告竣时负责修律大臣向皇帝所上奏疏、总目、凡例等，卷一为律目、诸图及服制总类等，第三至三十七卷按照律文的结构展开分析，第三十八卷为比附律条，第三十九卷为督捕则例，第四十卷为洗冤诸说。

该书最早有同治十二年（1873）官刻本，四十卷，二十四册。光绪元年（1875）京都房据同治十二年官刻本刻印，四十卷，二十四册。1964 年台北文海出版社影印同治十二年官刻本，四十卷，五册。

（十一）《大清律辑注》

三十卷，清人沈之奇撰。

沈之奇，史籍记载甚少，在《大清律辑注》蒋陈锡叙及沈氏自序中可窥其大概。沈之奇，浙江秀水人，在淮、徐（院、司、府、州、县）游幕三十余年。因其

"阅历讞牍多矣,窃见讲解通晓,又若是之难也"①,故参考《读律管见》《读律琐言》和《律例笺释》等律学著作,集诸家之说,"考据思索",兼抒己见,历六七年时间撰成《大清律辑注》一书。该书多有创新,"采辑诸家者十之五,出于鄙见者半焉。其有诸家谬误之处,为世所遵信者,间为指出,请正法家",②"诠释详明,尤严于轻重出入之界限"。③ 正因为其注释精当,才成为雍正朝《大清律集解》总注的重要来源。④ 据日本学者岛田正郎博士考证,书中的律例与康熙九年(1670)《大清律集解附例》相同,怀效锋、李俊在《大清律辑注》的点校说明中亦言之。

《大清律辑注》正文前有顺治三年(1646)的御制大清律、刚林等题请颁行大清律的题本、康熙九年(1670)对哈纳等题请校正大清律的题本、康熙五十四年(1715)蒋陈锡叙和沈之奇自序,还有例分八字之义、五刑、狱具、服制等诸图内容。卷一至卷三十按照律文的顺序以"律后注"的形式逐条疏解律文,分上下两栏编排,上栏是条文注释与评论,下栏为律例条文和律后注。书后有康熙五十四年(1715)山东济宁道按察使司佥事许大定的"后序"。

《大清律辑注》于康熙五十四年(1715)自刊问世,三十卷,一函,十册。该刻本为最早且较为完善的版本,刻印清晰,校对精心,编排规范。该刻本在中国政法大学、中国社会科学院法学所有藏。因时间流转,有些律例条文等发生变化,故在乾隆十一年(1746),《大清律辑注》由洪弘绪增订。除以上两部清刊本外,国内刊行的《大清律辑注》还有三种:1993年北京大学出版社出版了洪弘绪增订的《大清律辑注》,2002年上海古籍出版社出版的《续四库全书》第863册收录的《大清律辑注》也据该版本影印。2000年法律出版社出版的怀效锋、李俊点校本《大清律辑注》以康熙本为底本,以乾隆本为主校本。

(十二)《读律佩觿》

八卷,清初王明德撰。

王明德,字金樵,高邮(今江苏高邮)人,曾任刑部陕西司郎中。⑤

---

① (清)沈之奇著,怀效锋、李俊点校:《大清律辑注》"自序",法律出版社,2000,第8页。
② (清)沈之奇著,怀效锋、李俊点校:《大清律辑注》"自序",第8页。
③ (清)沈之奇著,怀效锋、李俊点校:《大清律辑注》蒋陈锡"叙",第7页。
④ 田涛、郑秦点校:《大清律例》"凡例",法律出版社,1999,第27页。
⑤ (清)永瑢等撰:《四库全书总目》卷一〇一,第851页。

《读律佩觿》撰于康熙十三年(1674)①。该书在参考王肯堂的《律例笺释》等律学著作的基础上,分门别类编排,对重要问题进行诠释,推究律意,以补律文所未备,为读律者查阅提供方便。

《读律佩觿》在结构体例上多有创新。该书取现行律例分类编辑,打破了按照律文顺序逐句解释的体例,"每门先载《大清律》本注,次《明律》旧注,而以己意辨证之"。② 该书"以一项罪名或一项刑法原则为轴心,附上法典中各个相关部分的律文,展开论述,并与图表、注解、刑罚、罪条、法医检验等内容糅合在一起"。③ 该书对"律母"和"律眼"的阐述是比较有特色的内容。"律母"是指以、准、皆、各、其、及、即、若八个字。此八字在高举刊刻的《大明律集解附例》和王肯堂的《律例笺释》等明代律学著作中有简要说明,但王明德对其有更详细而精深的理解和阐述。值得一提的是,"律眼"是王明德首创,是他认为在整个法律体系中比较重要的一些关键词,与前面八个'律母'相对,如例、杂、但、并、依、从、从重论、累减、递减、听减、得减、罪同、同罪、并赃论罪、折半科罪、坐赃致罪、坐赃论等。

《读律佩觿》在康熙十三年(1674)由冷然阁刊刻,上海图书馆有藏本。又于康熙十五年(1676)重刻,十五年重刻本留存较多,中国社科院法学资料室、国家图书馆、人民大学图书馆等均有收藏。由何勤华等点校的《读律佩觿》以康熙十五年重刻本为底本,以十三年刻本为校本。

(十三)《大清律例通考》

四十卷,清人吴坛撰。

吴坛,字紫庭,山东海丰县(今山东无棣县)人,乾隆二十六年(1761)进士,官刑部郎中。乾隆三十二年(1767)任江苏按察使。乾隆三十三年(1768)任江苏布政使、刑部右侍郎。乾隆四十五年(1780)任江苏巡抚。同年卒于任所。④

---

① (清)永瑢等撰:《四库全书总目》卷一〇一,第851页。
② (清)永瑢等撰:《四库全书总目》卷一〇一,第851页。
③ (清)王明德著,何勤华、程维荣、张伯元、洪丕谟点校:《读律佩觿》"点校说明",法律出版社,2001,第2页。
④ 据(清)冯桂芬《(同治)苏州府志》卷二二(清光绪九年刊本)、(清)王先谦《东华续录(乾隆朝)》卷七五、八九(清光绪十年长沙王氏刻本)等资料。

《大清律例通考》首先说明校刊该书的缘起、凡例和总目等,卷一至卷三为律目、附八字之义、诸图和服制,卷四至卷三十九为正文,卷四十为比附律条。该书正文部分与《大清律例》的篇章结构一致,按照律文顺序,通过"谨按""又按""附考""应纂"等形式,对律例条文,特别是例文的增删逐条考辨,这为我们了解清代律例条文的变迁及其适用情况提供了珍贵的史料。该书注重考证乾隆四十三年(1778)以前律例条文的增删修改情况,将四十四年(1779)新例列为应纂的附于后,"对律书中的篇名、门名和律目,作者上溯周、秦、汉、唐,说明其渊源和变化。对律文和所附的每一条例文,用'按语'的形式,详细考释了修改的情况和原因。已删的例文,也附于本条之末,说明删去的缘故。凡有酌拟应删、应改及另有议论者,则用'又按'的形式加以说明"。①

光绪十二年(1886)吴坛玄孙吴重熹初刊该书,"完全按原稿刊印,脱漏错简之处也原文照刻"。② 1992 年马建石、杨育棠等点校的《大清律例通考校注》由中国政法大学出版社出版。该书以光绪十二年吴重熹初刊本为底本,根据《大清律例》《大清律例增修统纂集成》《读例存疑》等进行核校。③

(十四)《读例存疑》

五十四卷,清末薛允升撰。

薛允升,清末著名律学家,字云阶,陕西长安人,咸丰六年(1856)进士,授刑部主事,累迁郎中,出知江西饶州府。光绪三年(1877)授四川成县龙茂道。光绪四年(1878)迁山西按察使。光绪五年(1879)任山东布政使,权漕运总督。光绪六年(1880)任刑部侍郎。光绪十九年(1893)任刑部尚书。薛允升除撰写《读例存疑》外,还著有《汉律辑存》六卷、《汉律决事比》四卷、《服制备考》四卷、《唐明律合编》三十卷等。④

《读例存疑》首列光绪二十九年(1903)刑部奏折、光绪二十六年(1900)薛氏自序、光绪三十二年(1906)袁世凯序、光绪三十年(1904)沈家本序、总论、例言及目录。卷一至卷五十一按照清律的篇目编排。卷五十二至卷五十四

---

① 马建石、杨育棠主编:《大清律例通考校注》"序言",中国政法大学出版社,1992,第 1 页。
② 马建石、杨育棠主编:《大清律例通考校注》"序言",第 1 页。
③ 马建石、杨育棠主编:《大清律例通考校注》"序言",第 1 页。
④ 赵尔巽等撰:《清史稿》卷四四二《薛允升传》,中华书局,1977,第 12426—12428 页。

为总类和督捕则例。正文先列律例条文，后以"谨按"形式等言明律例条文的沿革，在参考其他律学著作的基础上，阐述自己的观点，并提出律例的修改建议。

《读例存疑》是考据律学的精品。该书"凡例之彼此牴牾，前后歧异，或应增应减，或畸轻畸重，或分析之未明，或罪名之杂出者，俱一一疏证而会通"。①该书耗费薛氏半生心血，针对律学著作解律者多而解例者少的状况，专门汇编、考辨例文。薛氏广为搜罗，对例文不仅悉其源流，观其会通，还究其增删原由，尤其是例的纂修及增删变化，资料详尽，且薛氏剖析精当而详尽。沈家本评论道："今方奏明修改律例，一笔一削，将奉此编为准绳。庶几轻重密疏罔弗当，而向之牴牾与歧异者，咸麕若画一，无复有疑义之存。司谳者胥得所遵守焉。"②

光绪三十一年(1905)该书由北京翰茂斋木刻刊。1970年黄静嘉以光绪三十一年(1905)刊本为底本编校的重刊本由台湾成文出版社出版。1994年胡星桥、邓又天等点校的《读例存疑点注》由中国人民公安大学出版社出版。

(十五)《唐明律合编》

三十卷，清人薛允升撰。

薛允升"观政刑曹，以刑名关民命，穷年讨测律例，遇滞义笔诸册，久之有所得"③，撰写了《唐明律合编》，以求达到"读者展卷了然，其得失之处，不烦言而自解，亦读法者之所宜从事也"④的目的。

《唐明律合编》是中国古代重要的比较律学著作。书前列徐世昌的唐明律合编序、薛氏的唐明律合编序、唐律疏议序、例言、唐律目录、刘惟谦等的"进明律表"、《明史·刑法志》、陈省的"恭书律例附解后"、明律总目及薛氏所作的唐明律卷首等。卷一至卷三十为正文，最后为后序。

《唐明律合编》在正文中对唐律和明律进行比较，"二律以时代为先后，先唐律一卷之后，即接以明律，各如其次序为名目，仍照各原书之体，而稍加变

---

① 胡星桥、邓又天主编：《读例存疑点注》"刑部奏折"，第1页。
② 胡星桥、邓又天主编：《〈读例存疑〉点注》沈家本"序文"，第1页。
③ 赵尔巽：《清史稿》卷四四二《薛允升传》，第12427页。
④ (清)薛允升著，怀效锋、李鸣点校：《唐明律合编》"序"，法律出版社，1999，第1页。

通,亦编次者之不得不然耳"①。该书先列唐律条文,后列举相类似的明律条文,以类相从,逐条比较、疏证两律的删减、同异及轻重变化,再列举其他律家观点,后提出自己的见解。该书还将唐令与明令、明例列于后,说明唐明律的变化。薛允升在唐明律的比较中有扬唐而抑明的特点,实际上是对清代法律的变相批评,表达了其对清末法律改革的期许。

薛允升在比较唐律与明律时,注重吸收雷梦麟的《读律琐言》、王肯堂的《律例笺释》及沈之奇的《大清律辑注》等明清律学著作,旁征博引,在认可与辩驳中提出自己的观点和见解。古代法典纵向比较研究这一传统可以追溯到元代郑汝翼的《永徽法经》和明代严本的《刑统辑义》,而《唐明律合编》是比较律学的集大成者。

1922年徐世昌得耕堂刊印的《唐明律合编》是现在较流行的版本。1937年商务印书馆"万有文库"出版该书,分为五册。1968年台湾商务印书馆"国学基本丛书"刊印该书,1977年台湾商务印书馆"人人文库"收录此书,分上中下三册。1990年中国书店影印该书,编入"海王邨古籍丛刊"中,2010年中国书店又影印出版。1999年法律出版社出版怀效锋、李鸣点校的《唐明律合编》以徐世昌得耕堂刊印本为工作底本,以万有文库本为校本。②

(十六)《大清律例汇辑便览》

四十卷,附二卷,湖北谳局高树等汇辑。

《大清律例汇辑便览》卷一有《世祖章皇帝御制大清律原序》等纶音、律例馆总裁官三泰等奏疏、湖北为会详请示遵办事等详文、《大清律例汇辑便览》凡例、总目及目录等内容,卷二为诸图,卷三为服制,卷四至卷三十九汇辑了名例、吏、户、礼、兵、刑、工的律文、例文和相关内容。卷四十为种类、比引律条,并附洗冤录和检尸图格。后附督捕则例附纂上下卷、五军道里表一卷、三流道里表一卷。

该书的正文部分大多分为四栏。从上而下言之,第一栏为《大清律例》相关条文的索引,明确律文适用条件。第二栏为吏部处分则例及户、礼、兵、工

---

① (清)薛允升著,怀效锋、李鸣点校:《唐明律合编》"例言",第1—2页。
② (清)薛允升著,怀效锋、李鸣点校:《唐明律合编》"点校说明",第3页。

各部则例及《中枢政考》《会典》等数书,有与刑律交涉者摘出录入,以备查考。第三栏为《大清律辑注》等笺释、成案、说贴、上谕、刑案汇览等内容。第四栏为《大清律例》的律文、律文疏解及例文等内容。律文的内容为乾隆五年的《大清律例》,条例以同治九年部颁纂修的新例为准。

《大清律例汇辑便览》是湖北谳局高树等人以同治七年(1868)京都龙威阁书坊刊印的任彭年的《大清律例增修统纂集成》为底本汇辑而成。该书在同治十一年(1872)由湖北谳局初刊,四十卷,三十二册。清光绪三年(1877)京都善成堂刊印该书,三十二册。清光绪二十九年(1903)刑部又对其纂辑,四十卷,督捕则例附纂二卷,京都刊印,三十三册,该版本在1975年被台北成文出版社影印。

(十七) 律例图说

十卷,清人万维翰撰。

万维翰,字枫江,钱塘吴江人,弱冠补博士弟子员,在乾隆时期在两浙等地方为幕多年,是乾隆时期名幕,曾撰《律例图说》《增订律例图说》《律例图说辨伪》《律例图说正编》《幕学举要》《荒政琐言》《刑钱指南》《大清律例集注》《大清律例集注续编》等书籍。①

乾隆十五年,万维翰依据当时通行的律例,以图表的形式撰成《律例图说》。书前有李锡泰序、柴可安序、作者自序和凡例十二则。正文分为十卷,卷一吏部,卷二、三户部,卷四礼部,卷五兵部,卷六至卷九刑部,卷十工部。全书按照"名例贯穿诸律""以类相从"②等原则将《大清律例》条分缕析,以便司法官吏在司法实践中对照查询。

《律例图说》自乾隆十五年(1750)初刊以来,多次增订重刊,主要有:《律例图说》十卷,乾隆十八年(1753)芸晖堂刻本,日本东洋文库有藏;《增订律例图说》十卷,乾隆二十一年(1756)芸晖堂刻本,中国国家图书馆有藏;《律例图说辨伪》十卷附《荒政琐言》一卷,乾隆二十八年(1763)芸晖堂刻本,西南政法大学图书馆、日本国会图书馆有藏;《律例图说辨伪》十卷附《荒政琐言》一卷,

---

① 参见(清)万维翰撰:《律例图说辨伪》李治运"序",清乾隆三十二年(1770)芸晖堂刻本。
② (清)万维翰撰:《律例图说》"凡例",中华书局,2015,第21页。

乾隆三十二年(1770)芸晖堂刻本，中国社会科学院法学研究所、东京大学东洋文化研究所有藏；《律例图说正编》十卷，乾隆三十六年(1771)芸晖堂刻本，中国国家图书馆有藏；《律例图说正编》十卷，乾隆三十九年(1774)芸晖堂刻本，中国社会科学院法学研究所、西南政法大学图书馆有藏。2015年，中华书局影印出版了乾隆十五年(1750)芸晖堂初刻本《律例图说》。

第十章　古代文学中的法律资料

古代文学对社会现实、世态人情常有细致、真实的描摹，其中包含有大量的法律资料，是研究中国法制史及法学理论的重要材料。相对于正史及法律典籍，古代文学中的法律资料具有突出的丰富性和生动性特点，不但广泛深入地反映了法律在社会生活中的作用及具体实施情况，而且细致生动地反映了社会各阶层的法律意识，以及江湖文化、伦理人情与法制秩序的冲突等，这些都是传统法律史料所无法提供的，是深入研究法制史及法学理论不可或缺的资料。它们将冰冷的法律条文还原为具体生动的人的意识与实践，更接近法律的本质意义，同时提供了法制史研究的民间视角及法学理论研究的深层肌理。

第一节　古代文学中法律资料研究概述

（一）研究路径及其成果

1925年，美国法学家本杰明·内森·卡多佐（Benjamin Nathan Cardozo）发表《法律与文学》一文，探讨司法文件的文学风格、修辞等问题，①初涉法律与文学的交叉领域。日本学者仁井田陞1960年发表《〈金瓶梅〉描写的明代法与经济》，②是亚洲学者中较早关注此一领域者。1973年，美国芝加哥大学法

---

① 转引自苏力：《法律与文学——以中国传统戏剧为材料》，生活·读书·新知三联书店，2006年，第8页。
② 转引自徐忠明：《〈金瓶梅〉反映的明代经济法制释论》，《南京大学法律评论》1997年秋季号。

学院教授詹姆士·伯艾德·怀特(James Boyd White)出版教科书《法律的想象》,①标志着法律与文学运动正式起步。此运动先后涉及"作为文学的法律"、"文学中的法律"、"有关文学的法律"、"通过文学的法律"四大分支,影响甚广。② 中国法史学者张晋藩 1980 年发表《〈红楼梦〉所反映的清朝诉讼制度》一文,③是国内此方面研究的较早成果。大约从 1990 年代开始,中国法史学界明确意识到中国古代文学之于中国法制史的价值,对此展开专门研究。研究主要从四方面入手:

第一,秉持史学家"文史互证"的理念,发掘古代文学作品中可资中国法制史研究的资料。具体分如下四点。

1. 关于法律规章。此类研究将古代文学中反映唐宋元明清等朝代法律规章的资料析出,与其时传世律典的相关规定相对照,并加以分析、评说。刑事法律规章方面,如余宗其《中国文学与中国法律》第二编第七章《〈水浒传〉与宋代法律》等章节,④刘崇奎《"三言"公案小说中的"拷讯"》;⑤民事法律规章方面,如李巍《从明清小说看古代在室女的法律地位》,⑥白慧颖《法律与文学的融合与冲突》第三章第一节《中国古代文学作品对法律的注解与诠释》之一"凄婉哀歌里的婚姻家庭制度";⑦经济法律规章方面,如徐忠明《〈金瓶梅〉反映的明代经济法制释论》,⑧李潇《明代牙人、牙行的职能与商牙关系的探讨——以明代小说材料为中心》;⑨军事法律规章方面,如翟文喆《明清小说与"刑始于兵"的记忆》;⑩诉讼法律规章方面,如徐忠明《武松命案与宋代刑事诉讼制度浅谈》,⑪楚永桥《〈燕子赋〉与唐代司法制度》。⑫ 此类研究肯定了古代

---

① 〔美〕理查德·A·波斯纳著:《法律与文学》,李国庆译,中国政法大学出版社,2002,第 5 页。
② 转引自苏力:《法律与文学——以中国传统戏剧为材料》,第 9—10 页。
③ 张晋藩:《〈红楼梦〉所反映的清朝诉讼制度》,《红楼梦学刊》1980 年第 2 辑。
④ 余宗其:《中国文学与中国法律》,中国政法大学出版社,2002。
⑤ 刘崇奎:《"三言"公案小说中的"拷讯"》,《江苏警官学院学报》2006 年第 5 期。
⑥ 李巍:《从明清小说看古代在室女的法律地位》,《法制与社会》2012 年第 10 期下。
⑦ 白慧颖:《法律与文学的融合与冲突》,知识产权出版社,2014。
⑧ 徐忠明:《〈金瓶梅〉反映的明代经济法制释论》,《南京大学法律评论》1997 年第 2 期。
⑨ 李潇:《明代牙人、牙行的职能与商牙关系的探讨——以明代小说材料为中心》,《东南大学学报》2014 年第 5 期。
⑩ 翟文喆:《明清小说与"刑始于兵"的记忆》,《中西法律传统》第五卷,中国政法大学出版社,2006。
⑪ 徐忠明:《武松命案与宋代刑事诉讼制度浅谈》,《历史大观园》1994 年第 11 期。
⑫ 楚永桥:《〈燕子赋〉与唐代司法制度》,《文学遗产》2002 年第 4 期。

文学在反映法律规章方面的真实性，确定了其作为法制史资料之一种的价值。

2. 关于司法状况。此类研究对不同时代文学作品所暴露出的司法黑暗加以归类与阐释，主要有徐忠明《〈活地狱〉与晚清州县司法研究》，①余宗其《中国文学与中国法律》第二编第六章《白居易诗歌与唐代法律》、第八章《关汉卿的戏剧与元代法律》等章节，杨民《〈聊斋志异〉中的冥公案小说》。② 此类研究很好地揭示了古代文学作品在暴露司法黑暗方面，超越于历代《刑法志》及笔记相关记载之价值。

3. 关于法律观念。此类研究析出、论述了古代文学作品反映民众的法律观念、诉讼态度的材料，如范忠信《从明清市井小说看民间法律观念》，③温珍奎《古代文人小说与民间秩序的重构——以"三言""二拍"为例》，④邢意和《〈狄公案〉中国家法律思想与民间法律思想的矛盾》。⑤ 古代文学作品弥补了历代律典、正史、官箴书等对民众的忽视，其独特价值于此类研究中得以呈现。

4. 关于法律文化。此类研究关注的是法律的根源性问题，如"人们为什么要守法，为什么会有某一种法律，人们究竟是怎样被法律纠正行为的"，⑥如梁治平《法意与人情》，⑦徐忠明《包公故事：一个考察中国法律文化的视角》，⑧郭建《非常说法——中国戏曲小说中的法文化》之《各色人等·什么是主仆名分》等章节。⑨ 此类研究关注法律制度在历史上的变迁及背后的文化意蕴，使法律与文学的交叉研究因之体现出历史的厚重感。

第二，从古代文学作品中提炼出具有法学理论意义的命题。苏力在此方

---

① 徐忠明：《〈活地狱〉与晚清州县司法研究》，《比较法研究》1995 年第 3 期。
② 杨民：《〈聊斋志异〉中的冥公案小说》，范玉吉主编：《法律与文学研究》（第一辑），上海三联书店，2012。
③ 范忠信：《从明清市井小说看民间法律观念》，公丕祥主编：《法制现代化研究》第四卷，南京师范大学出版社，1998。
④ 温珍奎：《古代文人小说与民间秩序的重构——以"三言""二拍"为例》，《江西教育学院学报》2003 年第 4 期。
⑤ 邢意和：《〈狄公案〉中国家法律思想与民间法律思想的矛盾》，《沈阳农业大学学报》2005 年第 1 期。
⑥ 郭建：《獬豸的投影——中国的法文化》，上海三联书店，2006，第 289 页。
⑦ 梁治平：《法意与人情》，海天出版社，1992。
⑧ 徐忠明：《包公故事：一个考察中国法律文化的视角》，中国政法大学出版社，2002。
⑨ 郭建：《非常说法——中国戏曲小说中的法文化》，中华书局，2007。

面创见较多,其《法律与文学——以中国传统戏剧为材料》一书,"力求在由文学文本构建的具体语境中以及构建这些文本的历史语境中冷静地考察法律的、特别是中国法律的一些可能具有一般意义的理论问题",①别开利用古代文学作品中法律资料之"生面"。此外,鄢本强《冤案何以发生?——评〈十五贯〉》亦具此种特点。②

第三,秉持现代法律的思维和视角,对古代文学作品重新加以解读。如张未然《神仙世界与法律规则——法律人读〈西游记〉》、③《法意•红楼——一个法律人的"读红"札记》,④立足于现代法学的立场,以"在文学作品中发现法律,通过法律丰富我们对文学作品的理解"为己任,⑤发掘《西游记》《红楼梦》中典型人物身上所承载的新的内涵。此类著述"以古说今",别是一派风格。

第四,从方法论上探讨古代文学作品中法律资料的利用问题。关于古代文学作品中法律资料的真实性问题,学者很早就予以关注,如徐忠明指出:"楚州太守桃杌判处窦娥死刑不待奏报便予处决,不符法律规定。"⑥但明确从理论上对这一问题展开探讨的是李启成。他通过探讨在处理"妄冒为婚"案件上文学作品与司法文书的差异,对文学作品的真实性进行了质疑。⑦ 此后,他进一步提出评价法制史研究资料的差等原则:"那些在一定程度上反映法制和司法状况的资料(如正史、文集、回忆性文字等),应低于那些能准确反映法制和司法全局或部分状况的资料(如律例典章、中央司法档案、中央司法机构案例汇编、地方法规、地方司法档案和地方案例汇编、家法族规、乡约行规、方志、契据家谱、政书、讼师秘本、日用类书等),但应高于野史笔记、文学作品等不确定反映法制和司法状况的资料。"⑧翟桂范在《法律史资料无价值差

---

① 苏力:《法律与文学——以中国传统戏剧为材料》,第3页。
② 鄢本强:《冤案何以发生?——评〈十五贯〉》,徐昕主编:《正义的想象:文学中的司法》,中国法制出版社,2009。
③ 张未然:《神仙世界与法律规则——法律人读〈西游记〉》,中国政法大学出版社,2011。
④ 张未然:《法意•红楼——一个法律人的"读红"札记》,中国政法大学出版社,2012。
⑤ 张未然:《神仙世界与法律规则——法律人读〈西游记〉》,中国政法大学出版社,2011,第2页。
⑥ 徐忠明:《〈窦娥冤〉与元代法制的若干问题试析》,《中山大学学报》1996年增刊。
⑦ 李启成:《文学作品、司法文书与法史研究——以审理"妄冒为婚"案件为中心的研究》,《政法论坛》2010年第2期。
⑧ 李启成:《"差等"还是"齐一"——浅谈中国法律史研究资料之价值》,《河南大学学报》2012年第3期。

等——客观看待地方司法档案》一文中则提出:"法史研究应注重利用多元史料相互参证,才能确保研究的可信度和说服力。"①此类研究增强了法律与文学交叉研究的理论深度。

上述研究主要立足于古代文学,从古代文学作品中"发现"、检讨古代法律。此外,法史学界还有另外一种研究进路,即研究某一具体问题时,将古代文学作品中可以确定无误的法律资料直接拿来,作为论述的例证,如郭建《帝国缩影——中国历史上的衙门》,②殷啸虎《古代衙门》,③陈玺《唐代拘捕制度考论》。④ 此类研究将古代文学中的法律资料与其他类型的法律资料相提并论,在展现各自样貌的同时,也揭示了彼此互补的一面。

按照苏力的说法,中国的法律与文学研究"已经触及了美国学者首先创设并界定的法律与文学领域的一切主要方面"。⑤ 这里所谈的"中国古代文学之于中国法制史的价值",仅是目前法学界相关研究的一小部分。学者们关于法律与文学其他分支的研究足可开启我们的学术视野,使我们意识到法律与文学是一个十分庞大而复杂的课题,包括但不限于文学作品所反映的某一朝代法律的制定、执行、观念乃至文化,而是横跨古今中外——既将法律文本作为文学文本来研究,又对文学作品加以法律规制。

以上是法史学界关于法律与文学问题的研究成果。事实上,由于古代文学中有一类"公案"文学,其天然地与法律相联结,还使得法律与文学成为古代文学界的一个研究方向,最早可追溯至鲁迅等人自"五四"时期开始的研究。20世纪80年代以来,老一辈古代文学研究者开始对公案小说发力,胡士莹、周先慎、石昌渝、吴小如、程毅中、张国风、黄岩柏、孟犁野、曹亦冰等学者撰写了一系列具有较高学术价值的论文、专著,极大地推进了公案小说的研究进程。⑥ 此后,杨绪容、苗怀明、吴孟君、段江丽、王衍军、李平、张同胜等青年学者也不断加入进来。虽然这些成果是从文学角度进入,但在分析作品主

---

① 翟桂范:《法律史资料无价值差等——客观看待地方司法档案》,《中国社会科学报》2012年12月10日。
② 郭建:《帝国缩影——中国历史上的衙门》,学林出版社,1999。
③ 殷啸虎:《古代衙门》,东方出版中心,2008。
④ 陈玺:《唐代拘捕制度考论》,《社会科学辑刊》2012年第2期。
⑤ 苏力:《法律与文学——以中国传统戏剧为材料》,第6页。
⑥ 参见苗怀明:《中国古代公案小说史论》,南京大学出版社,2005,第1—26页。

题的时候,也涉及了"析产继立""婚恋奸情""考场舞弊"等案件类型,以及"官员审案""判词"等法律问题。可以说,古代文学研究者在研究公案小说时也是带着一定的法律意识的,对法史学者的相关研究具有启发意义。

二、研究趋势

以往学界对古代文学作品中的法律资料进行了深入细致且富于理论意义的探讨,极大地推进了法律与文学交叉研究的进程。今后的研究可着力于以下几方面。

第一,关注非名著。名著固然全面、深刻地反映了社会现实、法律现象,但不可否认,不少非名著中有关法律的内容同样"有可观焉",有些甚至还是名著中未予揭示的。只有同时关注名著、非名著,才能避免"盲人摸象,未得其全"的弊端。

第二,展开对法律规章的全面研究。受限于作品内容,古代文学对刑事、诉讼法律规章的表现,远多于对行政、民事、经济法律规章的表现,但不能因此而忽略对行政、民事、经济法律规章的挖掘。展开对法律规章的全面研究,解决关注度失衡的问题,有利于全面、科学探讨古代文学中法律资料的价值。

第三,兼及文学等角度。文学家创作的主要目的不是反映法律或记录历史,而是表达对社会现实的感受与人生体验。但文学家心思缜密、观察细致,其对法律的反映,很可能为"法律中人"所司空见惯却恰恰触及了法律最本质的东西,因而呈现出独特的法律资料价值。立足于法学、史学、文学的立场展开研究,可使对相关问题的阐释更为深入、细致。

第二节 明代小说中法律资料的主要内容

作为一种社会现象,法律离不开设施、规章、文书、人物、知识/观念五大层面的支撑与拱卫。就中国古代法律而言,官署、刑具等为司法审判、人犯羁押提供了必要的场所、用具,是法律存在的设施层面。没有它们的支撑,法律犹如空中楼阁,不仅存在堪忧,发展更无从谈起。刑事、行政、民事等法律规章是法律的直接体现,作为原、被告及官长意志载体的告状、诉状、判词等,其制作也以法律规章作为参照,它们都体现了法律的价值评判,是法律的核心所在。法律的产生、执行由"万物之灵"的人来操控,最终又要在人的心理、观念等方面打上自己的烙印,故此法律的人物层面及其民众的知识/观念层面就成为法律的最终归旨。法律的设施、规章、文书、人物、知识/观念五大层面关系复杂,常常"你中有我,我中有你",难以遽然分离。

中国古代小说与法律有着很深的渊源关系。从小说的发轫期——汉魏六朝开始,小说即与法律结下了不解之缘——虽然表现手段有限,仍尽力对法律设施、规章、人物加以反映,小说的肌体内日渐生长出法律的幼芽。随着小说文体的不断发展、成熟,小说对法律设施、规章、文书、人物、观念/知识的反映日趋完满、细致。明代是中国古代小说的繁荣期,其时,章回小说得到定型和发展,在增加小说表现容量的同时,在人物性格的多色塑造和情节的曲折发展方面也获得较大空间。与之相应,明代小说对法律的反映也进入了一个前所未有的繁荣期。

一、表现法律设施

官署作为法律设施之一,满足了司法审判、人犯羁押关于空间的需要,是古代法律得以存在的前提条件。但不得不承认,它们对时人来说,司空见惯,较之法律制度,重要性又次之,故而律典、正史没有记录,官箴书即便偶有涉及,也是蜻蜓点水,一笔带过。在小说中,其境遇大不一样——官署可以提供故事发生的地点、人物活动的环境,故成为小说着意表现的内容之一。明代小说对官署的表现具有以下特点。

第一,摹写官署中特定建筑、附属物的位置和形制。

以头门为例。头门是官署的大门。《醒世姻缘传》第五回对锦衣卫头门做了细致描摹:"只见走到门首,三间高高的门楼,当中蛮阔的两扇黑漆大门,右边门扇偏贴着一条花红纸印的'锦衣卫南堂'封条,两边桃符上面贴着一副朱砂红纸对联道:'君恩深似海,臣节重如山。'门前柱上又贴一条示道:'本堂示谕:附近军民人等,不许在此坐卧喧哗,看牌赌博,如违拿究!'""高高的"门楼、"蛮阔的"黑漆大门、"君恩深似海,臣节重如山"的对联等,无不透显出官署的特出与显赫。

　　大堂是听讼断狱的场所。《醒世恒言》第二十九卷："汪知县在堂等候……众公差押卢楠等，直至丹墀下……众公差跑上堂禀道：'卢楠一起拿到了。'将一干人带上月台，齐齐跪下。"《型世言》第二十二回："张知县便出来，坐了堂上。丹墀里边排了这些民壮，都执着刀枪，卷篷下立了这干皂隶，都摆了刑具，排了衙。"《警世通言》第二十五卷："闻堂上传呼唤进。桂迁生平未入公门，心头突突地跳。军校指引到于堂檐之下，喝教跪拜，那官员全不答礼。"可见，大堂之上有卷棚，前面有一个比较大的月台；一般人不得进入大堂，只能于月台下听命。

　　官长及家属居住的内宅，主要靠梆子和转桶（又称传桶）与外界沟通。关于梆子的样式，《醒世姻缘传》第七十一回借来陈府拜访的童奶奶之眼做了描摹："进了仪门，打大厅旁过道进去，冲着大厅软壁一座大高的宅门，门外架上吊着一个黑油大桑木梆子。"小说还表现了衙役敲梆子沟通内宅的情况。《醒世姻缘传》第七十一回："那看门的把那梆子'邦'的声敲了一下，里边一个老婆子出来问道：'说甚么？'那看门的回说：'看门的任德前见太太禀话。'老婆子道：'进来。'"

　　官箴书、地方志等对官署中建筑及附属物的记载比较粗线条，小说的表现多有精雕细刻之处，可以解决古今隔阂的问题，为我们提供鲜活的古代官署印象。

　　第二，表现了存在于官署之上的升堂仪式、诉审规矩。

　　升堂仪式、诉审规矩是深入了解法律的途径之一，明代小说对此也有所揭示。

　　官长升堂前要敲梆，以音响通知衙门人役，引起注意。《醋葫芦》第十九回："却好三声梆绝，知府许召升堂。"有时则击鼓或云板。《醒世姻缘传》第十回中的县尹刚上堂，"门子击了云板，库夫击了升堂鼓，开了仪门"。《金瓶梅词话》第四十八回中的曾爷升堂前，"里面打的云板响，开了大门、二门"。明代官箴书《新官轨范》："宅内置木梆一个，五更时一声，令把门皂隶公廨内摇铃。第一次省会，第二次吏兴上堂，签押公文，皂隶站堂，方出。"①小说表现与之有出入，可能因时代、地域不同而有所差异。

---

① （明）佚名：《新官轨范・体立为政事情》，《官箴书集成》第一册，黄山书社，1997，第740页。

官长坐堂后,吏胥差役依次签署画卯、排衙参谒。《贪欣误》第六回中的徐谦檄充勘官,"随程攒路前进。来到任所,少不得门吏健皂,齐来迎候;升堂画卯,投文放告,一应事照常行去"。《型世言》第二十二回中的张知县升堂后,"丹墀里边排了这些民壮……卷篷下立了这干皂隶"。

接下来,官长派领文、受投文。《石点头》第九卷中的韦皋升堂理事,"眉州差人投文,解到罪囚听审"。《龙图公案》卷十《扮戏》中的包公升堂后,"投文、签押既完",取人来审。

派领文、受投文后,官长方审案。其时,官长衣冠整齐,端坐于上。《警世通言》第二十五卷:"那老爷乌纱袍带,端坐公堂之上。"《醒世姻缘传》第十六回:"那晁老一个教书的老岁贡,刚才撩吊了诗云子曰,就要叫他戴上纱帽,穿了圆袖,着了皂鞋,走在堂上,对了许多六房快皂,看了无数的百姓军民,一句句说出话来,一件件行开事去。"隶卒噤声,侍立两旁。《醒世恒言》第二十九卷:"堂前灯笼火把,照辉如白昼,四下绝不闻一些人声。……举目看那知县,满面杀气,分明坐下个阎罗天子;两行隶卒排列,也与牛头夜叉无二。"《醒世姻缘传》第十三回:"(巡道的衙门)公案上猴着一个寡面骨、薄皮腮、哭丧脸弹阎罗天子;两侧小小三间屋,棚底下蚊聚许些泼皮身、鹰嘴鼻、腆凸胸脯混世魔王。"官长如阎王,皂隶如"牛头夜叉""混世魔王",气氛之恐怖,可以想见。

原、被告受审前,先对其唱名。《型世言》第二十三回:"临审一一唱名,那殷知县偏不叫裘龙。"然后,跪于固定位置受审。《醒世恒言》第二十九卷:"众公差押卢楠等,直至丹墀下。……齐齐跪下。"《拍案惊奇》卷十一:"(王生)前拖后扯,带进永嘉县来,跪在堂下右边。却有个原告,跪在左边。"

对于官署内最重要的建筑——大堂,小说不仅描绘了其形制,还表现了存在其上的升堂仪式、诉审规矩,非正史、官箴书可比,显示了小说作为法律资料之一种的独特魅力。

第三,官署中的某些建筑并非仅提供"司法审判的场所",[①]被动地对司法审判加以陪衬,而是积极参与到司法审判之中,成为司法审判的一个工具。

仪门是官署的第二道正门。仪门的地位较为特殊:因头门的屏障,其与市井的距离更远;但较之头门,其与大堂的距离更近——故成为官署内、外交

---

① 徐忠明:《包公故事:一个考察中国法律文化的视角》,第411页。

界的标志。有些官长利用这一点,审案时,故意仅留主犯一人于公堂,而将次犯打发至仪门处等待——此距离不远不近——主犯的信息发布朦胧飘忽,易给次犯造成误会;一旦别有用心之人从中挑拨,次犯会无意中吐实。《海刚峰公案》卷一第二十一回中的支德被告窃人金银,海公数掠之不伏。思考之下,海公于支德手中写下一"金"字,道:"果尔耶,字当自灭;若非尔盗,字当在。"然后命一明白会干事的皂隶拘支德妻"至仪门"。海公问支德:"'金'字在乎?"支德答:"在。"皂隶故意告其妻:"尔夫已招矣,说金子还在。"支德妻疑讶之间,海公又问支德:"'金'在否?"支德答:"'金'字尚在。"支德妻遂误以为丈夫已招认,归家将所盗之物尽付皂隶。海公若不利用仪门审案,不会如此顺利地找到赃证,破获案件。

官箴书屡言"隔别严审"即为明证,①既然"隔别",人犯自然不能同时现身于受审的大堂,因此打发一部分人犯去仪门处等候,并因偶然的机会而使仪门成为断案的一个工具,很有可能。

第四,官署的某些建筑还与活动其上的官长、吏役、人犯产生千丝万缕的联系,成为其品质、心理的象征以及面貌、命运的见证。

在小说中,头门不仅是隔绝官署与市井的屏障,还是衡量官长清与浊、廉与贪的标尺。清廉者,爱民如子,愿为民解纷息争,自然敞开头门,不限告理,甚至"也不论甚么早堂晚堂,也不论甚么投文挂起数,也不拘在衙门,在公所,在酒席上,随到随审"(《醒世姻缘传》第十二回)。贪酷者,一旦激起众怒,为安全计,必首先关闭头门。《醉醒石》第八回中的王千户因敲诈民财,遭秀才嘲讽,遂生计作贱。他借口秀才所抄进上古书写得不好,不肯收书,还要诈钱。秀才不服,赴县、府告状,并于路途相遇时,"夺板子,扯轿扛,乱打将来。秽言恶语,也听不得。瓦片石块,夹头脸打来"。王千户见势不妙,催促轿夫快走,"飞赶到得衙门,叫:'快关门,快关门!'等不得到堂落轿,头门边便已跳下轿,往里一跑"。

光棍、衙役还利用仪门的隔绝功能,相互勾结,诈骗百姓。《杜骗新书》第二十类《买学骗·诈面进银于学道》中的学道极公正,不纳分上,一光棍诈言能通之:"此道爷自开私门,最不喜人央分上。前途惟对手干者,百发百中。……"赵

---

① (明)佚名:《居官必要为政便览》卷下《刑类》,《官箴书集成》第二册,第68页。

甲问何以献之,光棍曰:"候退堂后,先用手本开具某县某人,银若干,求取进学。彼肯面允,便进上银;如不允,银在我手,彼奈我何?"赵甲要求亲看,光棍曰:"自然与你亲看。学道的二门,其缝阔一寸,从外窥之,直见堂上,任你看之。"付银之时,赵甲果"于二门缝中看",只见学道"仍旧纱帽员领而出,棍先以手本高递上,一门子接进,道展看了,笼入袖中去。棍又高擎一封银上,道顾门子,门子接上银"。赵甲以为万无一失,不想揭晓日,榜上无名,棍亦无踪。原来,"此棍先与宿衙人套定,盖妆假道也"。作者批道:"二门望入堂上,虽可亲见,终是路遥,那见得真?故落此棍骗而不知。"在此,"二门"成了光棍、衙役勾结诈人的利器。

监狱是羁押人犯的场所,同时也是人犯精神面貌的见证。《醒世恒言》第二十九卷:"(卢楠)虽是豪迈之人,见了这般景象,也未免睹物伤情。恨不得胁下顷刻生出两个翅膀来,飞出狱中。又恨不得提把板斧,劈开狱门,连众犯也都放走。一念转着受辱光景,毛发倒竖。"《四游记·北游记》卷四《孟山放囚入仙道》:"广西府牢中犯人甚众。……有一岁,年终十二月二十五,众囚于禁中悲悲哭哭,惨声震天。……众囚曰:'我等本非好人,亦有一点孝心,至年终不见父母,思思切切,故有此哭。'"

在正史、官箴书、地方志中,头门、监狱不过是官署的建筑,在小说中,却被赋予更多的内涵,与活动其上的官长、吏役、人犯相关联。它犹如一面"镜子",如实地折射着官署的里里外外、方方面面;又恰似一位见证人,不动声色地记录着法律人物的粉墨登场与法律故事的发生演绎。藉此,人们对官署的理解更加明确、深刻。

二、记录法律规范

较之前代小说,明代小说对刑事、行政、民事等法律规章的记录更为丰富、细致,但仍然无法与律例、会典等的相关记载相比拟。不过将频繁出现于明代小说中的某类法律规章全部集中起来,可以看出,出于一定的创作目的,小说对该类法律规章的记录还是比较全面、细致的。以对行政法律规章中童子试的表现为例。

童子试是明时府、州、县学的入学考试,一般分县试、府试、院试三级,县试取中后送府,府试取中后送院;其间一次落卷,即前功尽弃。通过童子试,可入府、州、县学学习,称生员,亦称秀才。《欢喜冤家》第二回:"三元闻知学道发牌,考试生童,兄弟二人即往县中纳卷。考过取了,又赴府考,又取了。宗师考了,取他覆试。文字做完,亲自纳卷,恳求面试。……提学即将三元取了案首,登时补禀。兄弟何泰,亦取进学。"

童子试不是每年举行,而是随主要针对生员的岁、科二考进行。岁考是由提学官主持的对在校生员的黜陟赏罚考试,科考是准予生员参加乡试的资格考试。如随岁考进行,《石点头》第十二卷:"(董昌)却好服满,遇着岁考,去应童子试,便得领案入泮。"如随科考进行,《型世言》第十八回:"如此年余,恰值科考。王太守知他(李实甫)力学,也暗中为他请托。县中取了十名,府中也取在前列,道中取在八名,进学。"

除了表现童子试的一般情况,明代小说还描摹了童子试的具体过程,出告、冒籍、保结等考前情况与编号、面试、放出等考中细节,以及发榜、庆祝等考后情况,都一一得到细致展示。以《醒世姻缘传》第三十七、三十八回为例。济南府绣江县童生狄希陈与妻弟薛如卞、薛如兼及表弟相于廷同在程乐宇门下读书。某年,"提学道行文岁考,各州县出了告示考试童生"——童子试与主要针对生员的岁考同时进行。程乐宇因妻兄连举人之子连城璧是县学廪生,"将这几个徒弟托他出保"——赴试须有人作保。此时,薛如卞因入籍不久,有童生攻他冒籍。冒籍在当时可是一件严重的事,搞不好,连城璧本人也要受到牵连。连城璧归与其父商量。连举人本欲引薛如卞为东床,当此情境,慨然道:"……他已经入籍当差,赤历上有他父亲绌粮实户的名字,怕人怎的! 就与宗师讲明,也是不怕! ……"有了"这等茁实的保结,那些千百年取不中的老童,也便不敢攻讦",薛氏兄弟与狄、相如期参加县试。

县试时,"县官点完名进去,四个人都坐成了一处"——"府县虽然编号,是任人坐的"。薛如兼完卷后,"头一个递上卷去……求那县官面试"——除了笔试,还有面试。县官取中薛如兼后,要求"你去旧位上坐在那边等,再有几人交卷,放你出去"——考生完卷后分批放出,不可随交随出。后狄希陈交卷,取中后,"又等了二三十个交卷的,狄希陈与薛如兼都头一牌放了出去"。薛如卞、相于廷交卷、取中后,"领了照出的牌,开门放出"——考生放出,还需以牌为证。过了十数日,县里发出案来,"共取了二百一十二名。相于廷第四,薛如卞第九……狄希陈第二十一名,薛如兼第一百九十名"。

不两日,"县里造了册,要送府学考"。程乐宇携四人到府,"礼房投了文,听候考试的日期"。"府里挨次考到绣江县……四人还是连号"——府试与县试一样,不重隔绝。此次,狄希陈"早早的递了卷子,头一牌就出去了"——没有面试;但出门程序与县试相同,也是以牌放出。后程乐宇问薛如兼"面试不曾",薛如兼答曰"官不在堂上,没有面试",可推知如果官"在堂上",应有面试。后"拆了号",有人来报,"薛如卞第一,狄希陈第二,相于廷还是第四,薛如兼第十九"。

院试时,一行人又来到省城。程乐宇"也因要岁考,扯头的先读起书来"——再次强调童子试与岁考同时进行。考试日,连城璧也到了省城,"好往道里认保"——仍须保人。"放过了头炮,一齐才往道门口去,挨次点名而入"——声势非县、府试可比。"这学道里是要认号坐的,一些不许紊乱"——"狄希陈第二个就点着他坐了'玄'字八号……薛如卞头一个已是坐到远处,第四相于廷坐了'地'字七号。看着薛如兼,学道叫另拿桌子合一伙光头孩子都在堂上公座旁边坐"。点完了名,学道"下来自己看着封门";随后,"站堂吏拿上书去出题,旁边府里礼房过在长柄牌上。《四书题》……稍刻,又拿下牌来叫童生看题"——考试程序较县、府试更正规。狄希陈交卷后,宗师问了他府试的名次、题目及授业师等,道"……准你进学。出去",随"把卷面上边一点"——亦有面试。狄希陈"领了照出的牌,等了三十个人,头一牌放出"——出门方式仍与县、府试一样。十余日后,"绣江的童生倒抬出卷来拆考,取了三十八名。第一是相于廷,第三是薛如卞,第七是狄希陈,第十六是薛如兼"。于是,各家差人来省下"打银花,买红,做蓝衫,定儒巾靴绦,买南菜等物"。

《醒世姻缘传》的表现可谓细致,但有如下疑问。第一,考试座位。小说揭示,县试、府试不"认号",随便坐;院试较正规,"认号"而坐,"一些不许紊乱"。明刘时俊针对吴中童子试顾倩传递之弊,提出:"令投卷者结各十人,人各一号,以'海阔从鱼跃天空任鸟飞'十字编之。即就此十字分之以命题,顺之以列坐,从之以隔异,类之以点进。……题以先期密刻,分号分卷印之,坐号亦先期编定。"[①]可见,当时童子试有对号入座的规定。其二,关于面试取

---

① (明)刘时俊:《居官水镜》卷一《附考试之法》,《官箴书集成》第一册,第607页。

中。从小说可见,无论县试、府试、院试,都可在考生交卷后面试,并当时取中,但不定名次。《清夜钟》第一回中的史科给事中陈启新上本道:"……府县考童生,也要糊名,如何考翰林反直书姓名?易于寻找,不公之甚。"糊名是为了防止作弊,《醒世姻缘传》第三十七回中的考官却不避嫌疑,当面取中,不太可信。《醒世姻缘传》第五十回则表现了凭卷录取的情况。臧主簿道:"昨日考童生的卷子,二衙里倒是个恩贡,只分了三百通卷子与他;四衙里连一通也没有;这七八百没取的卷子,通常都叫我拆号。我开了十个童生上去,一个也没遗,都尽取了。"据清初叶梦珠所记,明崇祯七年(1634),娄县一地参加童子试的考生即不下二三千人。① 在这种情况下,县令、县丞、主簿等分卷批阅、录取,似更符合实际情况。

《醒世姻缘传》第三十七回所写与史不同,可能出于以下原因:其一,明代某时某地可能暂时出现过不认号而坐、当面取中等情况;其二,作者出于一定的创作目的,不得已而违背史实。作品欲表现文墨不通的狄希陈在相、薛的帮助下考中秀才,故写县、府考试不对号入座——为狄希陈作弊创造条件;故写面试,以凸显相、薛之文采出众。不管怎样,作品第五十回都予以了弥补,故仍不失"史余"之谓。

此外,小说还表现了法律规章执行的一些情况。以请托罪法为例。

请托在古代也称请谒、听请、嘱托(又作属托)、请求等,指以人情为主要交换凭据,通过曲枉法律规章,以自谋私利的违法行为。其参与者有欲谋私利的请托者与掌握司法行政等公权力的受托者两方。

明代法律禁止请托:"凡官吏诸色人等,曲法嘱托公事者,笞五十。但嘱即坐。当该官吏听从者,与同罪;不从者,不坐。若事已施行者,杖一百。所枉罪重者,官吏以故出入人罪论。若为他人及亲属嘱托者,减官吏罪三等。自嘱托己事者,加本罪一等。若监临势要为人嘱托者,杖一百;所枉重者,与官吏同罪。至死者,减一等。若受赃者,并计赃以枉法论。若官吏不避监临势要,将嘱托公事实迹赴上司首告者,升一等。"②明确规定请托者亦受惩处,其若为官吏,惩处重于普通人;受托者只要同意就受惩处,若已施行则加倍惩

---

① (清)叶梦珠:《阅世编》卷二《学校五》,中华书局,2007,第37页。
② (明)李善长等:《大明律》卷二六《刑律九·杂犯·嘱托公事》,怀效峰点校,法律出版社,1999,第202—203页。原文尚有小注,未录。

处;受托者若举报请托事,则可获奖励。但从小说可见,这条法律并没有得到很好的执行。

在小说中,很少一清到底的官员,更多的清官不免少量接受请托。《喻世明言》第一卷中的县令吴杰"上司因见他清廉",调在合浦县为官。其妾王三巧的前夫蒋兴哥因重推一偷珠人使其跌死,王三巧向吴杰求情,说其为自己过继到舅家的亲兄,吴杰于是设法判其无罪,只戴孝行礼,负担殡葬费。按律,斗殴杀人者当绞,县令此判显为有意出脱,但死者儿子并无大的异议,故不算过分枉法(受害人的态度向来是判决的参考)。

包公也不例外。包公在元杂剧中的形象是清介奉公、力主为民,请托自是与其无缘。小说也赞扬他的这一品行,《龙图公案》卷十《尸数椽》说他"生平最怪的是分上一事。……听讼的听了人情,把虚情都当实了",对于请托的危害有清醒认识。但卷六《瞒刀还刀》中其得意门生卢日乾与邹敬发生纠纷后,却"恃此脚力,就写帖命家人送县",显然与包公曾行此方便有关。后包公"问及根由,知事体颇小,纳其分上"。近情而不违法,多了人情的温暖与人性的深度,更接近普通民众的心理。小说以民众的心理改造包公,再次表明请托行为在民众中的强劲生命力。

品行良好的官员或乡绅主动为己事请托。《型世言》第十八回知府王翊庵"在任直谅,忤了上司,申文乞休,回到家中"。他见女婿上进力学,考秀才时"也暗中为他请托。县中取了十名,府中也取在前列,道中取在八名。进学"。评点者批曰"好岱峰",赞赏其请托行为。

在小说中,有通过使人请托来报答恩人或帮助别人的情况。《二刻拍案惊奇》卷二十六中李御史早年受教官高愚溪恩惠,做官后将其接到任上思量图报。他"巡历地方,祛蠹除奸,雷厉风行,且是做得利害。一意行事,随你天大分上挽回不来",俨然是个清官。但为报答高愚溪却让其为别人说项请托以收受财礼,官员"有求荐奖的,有求免参论的,有求出罪的,有求免赃的,多来钻他(高愚溪)分上。察院(李御史)密传意思,教且离了所巡境地,或在省下,或游武夷,已叮嘱了心腹府县,其有所托之事,钉好书札,附寄公文封筒进来,无有不依"。最终得银二千余两。清声震天的李御史为报恩而受托的事项显然有枉法之处,但作者对此并无讽刺,而是着力赞赏其报恩思想,清廉与报恩共同构成了其完整的人格。

若绝不受托有时会走到正直的反面。《律条公案》一卷《谋害类·马代巡断问一妇人死五命》中的刘信七以奸杀罪被冤下狱,其子刘仪救父心切,"将千余银子买求分上","岂知董爷秉政清廉,不容赂贿",将其问成死罪。若非马代巡明断,刘信七将被冤杀。不管是否有理都得请托,这是民众的普遍看法,而有些自命清廉的官员认为凡请托者必理屈,这种认识上的偏差从一个侧面表明了民众对请托的普遍认同,同时也是对官员过于以清廉自许的否定。

对较大或可疑之事予以回绝或深究。清官受托一般都限于小事,若是大事或可疑之事,则不轻易接受请托。《廉明公案》上卷《人命类·洪大巡究淹死侍婢》中的陕西巡按张英之妻莫氏与丘继修通奸,张英得知真相后,将莫氏杀死,并诬告丘继修偷掘莫氏棺木。张英倚仗与洪巡按的交情,写信"令其即决继修,以完此事,彼好赴任"。洪巡按自忖:"倘有冤,吾不为张友而屈杀人也。"他细审案件,终于查出实情。清官一般都会严守法律底线,不会因请托而误判或过分枉法。

另外,即使拒绝请托,也不会去告发之。《僧尼孽海·云游僧》中的五僧冒充尼姑,借"作会"诱奸人家妻女,被某司理审出,"豪又代为嘱托。司理益怒,即以汗巾簿籍送之豪家,豪羞赧欲死"。某司理并未向上司告发其请托行为。

以上表明《大明律》请托罪的刑罚与奖励两方面无一得到实施,相反请托被一定程度地肯定。这并非小说作者杜撰。明代官箴书作者多认为对请托应拒大放小,即对大的事情、涉及法律明文规定的事情坚决拒绝,以免过多危害国家或当事人的利益;对细小的事情,则可酌情接受请托,依顺人情。如《璞山蒋公政训》:"凡士大夫说事……如法不违也,做人情不妨。如违法,虽权贵亦不可听也。自己手中小事,可依者依之;如经奉上司,虽分毫不可做人情矣。"①《治谱》:"若有至情相托,须委曲处之,但不可病民。"②这样做不易招致怨恨诽谤,能换取对方理解支持,特别是能为士夫"存体"。

小说生动地反映了请托罪法的执行情况,其触角深入到了史籍和官箴书没有涉及的方面,具有独特的法律资料价值。

---

① (明)蒋廷璧:《璞山蒋公政训·处人·应士夫》,《官箴书集成》第二册,第4页。
② (明)佘自强:《治谱》卷九《待人门·士夫十段》,《官箴书集成》第二册,第179页。

三、反映法律文书

明代小说中的法律文书种类繁多,与诉讼、审判有关的各类法律文书几乎都得到表现,这种表现还非常全面、细致,从样式到内容,从送达到收缴,都得到揭示。以牌票为例。

第一,牌票的外部样式。

牌票是官府发出的拘人凭证,差役执行时持为凭证。小说展现了牌票的外部特征。

牌票的内容以朱笔写就,故又有"朱票""朱笔官票"之称。《石点头》第十卷中的知县"即写一朱票",命两个能事的皂隶去拿赵成妻妾及丫头。《二刻拍案惊奇》卷七中的太守"出堂去佥了一张密票",差公人急取绵州学史秀才到州。公人敲进史家门去,"将朱笔官票与看"。因官长于朱票上以墨签字,故又有"朱批墨字""红字黑押"之说。《东度记》第九十二回中的化善道:"我正是官长差来的公役,专为地方捉拿不明礼节的汉子。"言毕,"于腰间取出一根索子,放在二汉面前,却在行囊中取出一纸牌票,朱批墨字"。《醒世姻缘传》第十回中的证人高四嫂因县令下令将其赶出官署,道:"你拿红字黑押的请将我来。"

牌票上须加盖关防。《新民公案》二卷《谋害·断拿乌七偿命》中的郭公分付捕盗施功、葛木:"尔其与我不问城市、乡下,但有乌七,可拿来见我。"葛木道:"无牌难拿。"郭公"即标一牌,用了关防"。关防是印信的一种,明太祖为防止作弊,用半印,以便拼合验对,后发展成长方形、阔边朱文的关防。

牌票是纸的,有花边,上有"蓝靛花印的边栏"。《禅真逸史》第二十五回:"一个公人,腰边取出一纸花边牌票。"《醒世姻缘传》第八十回中的狄希陈问差人:"有察院老爷的帖儿么?"差人答应"有","即去袜鞡内取出一个牌夹,夹内取出一个连四纸蓝靛花印的边栏"。

此外,牌票保存于牌包或书夹中。《型世言》第二十七回中的假差冯敬溪要吴仰坡拿牌票给陈公子、钱公布看,吴仰坡"便在牌包中捡出一张纸牌来"。《醒世姻缘传》第十一回中的计巴拉送伍小川出去,"拿(伍小川遗下的东西)得自己房内,开了书夹看时,内里牌票不下一百多张,也有拿人的,也有发落的"。

由于时代久远,牌票较难完整保存下来,给今人的认识带来一定困难。小说中关于牌票外部特征的文字描写,可以部分地为我们解惑难题。

第二,牌票的具体内容。

明代官箴书《居官格言》揭示了牌票的一般内容:

> 某县为受理词状事。仰被告依限前来缴牌,听候问理,免致差人扰害。违限者,依律治之,须至牌者
> 　　计开某里犯人几名　赵甲、钱乙、孙丙、李丁
> 　　右仰差原告周戊准此
> 　　正德十四年三月日　吏典吴已承
> 　　信牌押
> 　　定限日销缴①

官箴书中的"牌式"包括了案由、原被姓名、发牌时间、定限销缴等要素。再看小说中的牌票。

《禅真逸史》第二十五回:"为局赌事。原告官宦桑从德,抱告人桑聪,被告犯人二名:杜应元、杜伏威,干证管贤士等。"牌票包括案由,原告、被告及证人姓名等内容。

《新民公案》一卷《欺昧·设计断还二妇》:"建宁府理刑厅蒙按察司周爷批处。本府寿宁县姚克廉,状告强盗劫掳事。拿得强盗王际明等,供招财帛妇女真赃,俱寄海口周林窝藏,理合拿究。今差捕盗刘夫等,速拿窝主及财物妇女,到厅对理。毋违。万历元年三月二十日票。"除了案由、原被及证人姓名、发牌机关、承差姓名、发牌时间等也是牌票应有之内容。

此外,如果案件是上级官长派发的,牌票还需对此做出交代。《型世言》第二十七回:"绍兴府理刑厅为奸杀事。本月初六日,蒙浙江巡按御史马,批准山阴县告人洪三十六,告词到厅,合行拘审。为此,仰役即拘后开人犯,赴厅研审,毋违。须至牌者。计拘:陈镳、钱流。俱被犯张德昌、岑岩。俱干证

---

① (明)佚名:《居官格言·施行条件·信牌》,《官箴书集成》第二册,第79页。

洪三十六。原告差人，吴江。"

除了前面提到的各项，立限听审、警告承差不得卖放等也是牌票中常见的内容。《欢喜冤家》第二回："此状鬼使神差，该县火速行牌。去拘凶身小二，同邻验取尸骸。限定午时听音，差人不许延挨。若是徇情卖放，办了棺木进来。"

由以上可见，小说中的牌票在内容上与官箴书中所列近似，比较可信。

第三，牌票的送达、收缴方式。

牌票的送达方式主要有三种：一是派差人送达，二是命原告送达，三是令地方送达。小说表现了由原告送达牌票的情况。《型世言》第十八回中的李莹斋知县受理民词，"皂甲不差，俱用原告"。小说还表现了派差送达的情况。《禅真后史》第四十四回："（知县）佥下牌票，差弓兵、健捕拘提下心泉至县。"

关于牌票的收缴。明代官箴书《官箴集要》："凡官府，皆须置立信牌，追会钱粮军需刑名造作……务要依限完缴。"① 拘捕任务完成后，差人需及时上缴牌票。《欢喜冤家》第六回："太爷坐在堂上，两个差人扯定禀道：'王生员拿到了，销牌。'"《禅真逸史》第十二回："该房书吏都捧过文案、牌票等项，来禀佥押、销缴。"

小说还进一步表现了法律文书与司法的关系。以榜文告示为例。榜文告示是官府向民众发布的公告。

如官长常利用榜文告示判断无头案，不仅能及时发现案件线索，还可人赃俱获，从而使案件轻易告破。《诸司公案》三卷《盗贼类·许太府计获全盗》中的许知府受理赵夔赴任途中老父被劫杀案时，知此案难断，遂假托状中所告贼名甚多，"中间亦有真贼，亦有被陷者。可出告示，令他来诉，然后出拿未诉者"。欲引起强盗内讧。此示一出，群盗为表清白，皆"相继出诉"。小说按语赞道："此路中被劫贼本难捕，况远客告状，势难久待。许公先怒告者，似无为彼治贼之意；后出许诉告示，又似有惜民之心。则贼必争告掩非，希图解脱。岂知正堕许公术中乎！不三日，而盗已得；不阅月，而吏可归。虽如神之判，不过是也。"

---

① （明）汪天锡：《官箴集要》卷下《公规篇·销缴信牌》，《官箴书集成》第一册，第301页。

榜文告示甚或能透露出官长廉与贪的信息。《封神演义》第二十二、二十三回中的文王欲"应灾祥而设"灵台，又不愿轻用民力，遂"听散宜生之言，出示张挂西岐各门。……'特每日给工银一钱支用。此工亦不拘日之近远，但随民便：愿做工者即上簿造名，以便查给；如不愿者，各随尔经营，并无强逼。想宜知悉，谕众通知。'"结果，"一郡军民无不欢悦，情愿出力造台"。《石点头》第八卷中的荆湖路条列司监税提举吾爱陶上任后，起草一通告示，张挂衙前，规定："除不繇官路，私自偷关者，将一半入官外，其余凡属船载步担，大小等货，尽行报官，从十抽一。如有不奉明示者，列单议罚。特示。"明时，"凡商税，三十而取一"①。吾爱陶此举，不仅违反律法，还暴露了其贪婪的心理，"为此，地方上将吾爱陶改做吾爱钱，又唤做吾剥皮"。

小说还表现了衙役张挂榜文时的不作为行为。《梼杌闲评》第二十四回中的田知县得巡抚示禁白莲、无为教的宪牌、文书后，命快头张治、民壮头胡镇走各乡镇，会同乡保张挂，"毋得容隐说法惑众之人并游食僧道。十家一保，犯者同罪。你们与地保若受贿容隐，一定重处"。二人来到"每年都要做几回会"的峄山村刘家庄，虽如实告知官长之命——"不许坐茶、讲经、做会……不许容留游方僧道，要各具结状，十家一保，因此特来贵庄报知"，但又表示："小弟也料得不能禁止，只是新官初到，也要掩密些，避避风头。自古道：'官无三日紧。'淡下来就罢了。"待庄主取出十两银子相送，二人稍做推让即道："小弟也常要来赴会，只是寂密些要紧，内里事在我们二人。"贪于贿赂，是其不作为的主要原因。

明代小说对法律文书的反映，既与史相符，又有超出史载之处，特别是对其与司法关系的表现，他史未及，堪补史阙。

四、摹写法律人物

小说以塑造人物为主要任务，故相对于法律设施、规范、文书，法律人物在明代小说中得到更多、更直接的表现。就官役而言，上至官长，下至吏员、衙役，无不得到较集中的反映。

---

① （清）张廷玉等：《明史》卷八一《食货志五》，中华书局，1999，第1318页。

首先，明代小说在塑造法律人物时，注意到了人性的复杂性。

以对司法官的摹写为例。小说中固然不乏"恶则无往不恶，美则无一不美"的昏官或清官，但同时也摹写了人性的复杂性，揭示了司法官的清中之贪、清中之私，以及清中之拘执。

《廉明公案》下卷《争占类·滕同知断庶子金》中的倪守谦家富巨万，嫡妻生长子善继，妾生次子善述。善继贪心爱财，"尝有意害其弟"，故倪守谦临终前表面上将家私尽付之，暗地里却藏遗嘱于一幅画中，留给次子丰厚遗产："可待廉明官司，将此画轴去告之。……"善述长大后，听说滕同知"既极清廉，极是明白"，向其告理。滕同知于画中发现了遗嘱，"见其金银数多，遂心生一计"，借口"亲勘"，来到倪家，假装与倪守谦鬼魂交谈，虽按遗嘱分配家产，但神不知鬼不觉地将倪守谦"一百两酬谢"换成"谢金一千两"，满足了私欲。在此，小说没有将司法官的廉洁品质绝对化，而是对与之不相和谐的因子采取了包容态度。

《金瓶梅词话》第十回中的武松得知兄长武大先为西门庆踢伤，继而被潘金莲毒死后，诉诸官府。不想知县与西门庆"有首尾"，以武大尸身没了为借口，不准所告。武松欲为兄长一雪冤仇，不想误打死李外传，为官府收监，惨遭刑讯逼供。复审此案的东平府陈府尹，"极是个清廉的官"，"正直清廉民父母，贤良方正号青天"。查知真相后，意欲为武松开脱。但蔡京、杨戬受西门庆之托，请陈府尹网开一面。陈府尹"系蔡太师门生，又见杨提督乃是朝廷面前说得话的官"，遂将此案糊涂带过，"只把武松免死，问了个脊杖四十，刺配二千里充军"。小说表现了陈文昭作为一介清官，因遂顺上司人情，先清后私，私中又有清的特点，比较客观。

《二刻拍案惊奇》卷三十一中的王良因债务问题与族侄王俊发生冲突，被其殴打致死。王良之子王世名欲诉之官府。明律规定，"被人殴死者，必要简尸"。王世名不愿"狼藉"父尸，只得听从族人劝说，与王俊和解；待娶妻生子、后继有人后，方将仇人手刃，并向官府自首。陈大尹同情王世名所为，申详上司"宜从轻典"。会同审决的汪大尹亦想保全王世名性命，但提出："须把王良之尸一检。若果然致命伤重，王俊原该抵偿，王世名杀人之罪就轻了。"人命案须检尸乃法律规定，但汪大尹欲通过检验王良之伤来证明王世名杀人乃为父报仇却大可不必，他完全可以转变思路，通过查找其他证据来证明。但汪大尹固执己见，在王世名哭求"情愿杀仇人而自死"，也不愿检验父尸的情况下，仍坚持："若不检父尸，杀人之罪难以自解。"后王世名明确表示"惟求速赐正罪"，汪大尹则干脆道："论法自宜简所殴之尸有伤无伤，何必问尸亲愿简与不愿简？吾们只是依法行事罢了。"王世名见无法扭转官府的断案思路，只好自戕以明志。明律规定："若祖父母、父母为人所杀，而子孙擅杀行凶人者，杖六十。其即时杀死者，勿论。"①如果汪大尹通过其他途径证明王世名之举乃为父复仇，那么王世名不过被杖六十而已；皆因汪大尹拘执人命案须检尸的法律规定，不肯通融，结果导致王世名身首异处。作者批道："只为书生拘律法，反令孝子不回旋。"堪称的论。《型世言》第二回的故事情节与此大同小异。作品提出更多可证明王世名杀人乃为父报仇的证据："若是府、道有一个有力量，道王俊买和有金，则杀叔有据，不待检矣。""王俊杀叔去今六年，当日行贿之人尚在，可一鞫而得，何必残遗骸、致残孝子！"昭昭证据，对官府一味拘执法规的行为做了有力批判。

不止司法官，小说中的吏员、皂隶、仵作、狱官等，都是有好有坏，好坏相杂，因复杂而饱满。

其次，明代小说还揭示人物心理、行为形成的原因。

以吏为例。明代小说塑造了很多瞒官作弊、诈钱害民的吏的形象。对于他们的行为，小说不仅予以揭露、批判，还探求其行为形成的背后原因。

明清时，吏与官被严格区分开来，由吏为官的途径基本上被堵死。就此而言，吏反而不如屡试不第的秀才：秀才虽暂时落寞，终有奋力一搏的"资格"与直冲云霄的希冀，吏则沉沦下层，绝无上升的可能。《型世言》第三十一回揭示了吏本人对此的清醒认识。相士胡似庄赞徐外郎："此位却不是吏道中人。……依在下相，一妻到老，二子送终，寿至八旬，官为二品。"徐外郎道："我如今已在吏途中混了，有甚大望？"即便时来运转，由吏转官，也为同僚所轻。徐外郎屡积阴骘，受人提拔，升任兵部武库司主事，"一行到了北京，果是徐主事出身吏员，这些官员轻他，道：'我们灯窗下不知吃了多少辛苦，中举，中进士。若是侥幸中在二甲，也得这个主事；殿了三甲，选了知县推官，战战兢兢，要守这等六年，能得几个吏部、两衙门？十有八九得个部属，还有悔气，

---

① 怀效峰点校：《大明律》卷二〇《刑律三·斗殴·父祖被殴》，第169页。

遇了跌磕降调,六年也还巴不来。怎他日逐在我们案前跑走驱役的,也来夹在我们队里?'"有一个厉主事,是少年科第,一发不奈烦,常在他面前故意骂吏员,道"你这狗吏长","狗吏短"。众人劝厉主事:"既做同僚,也存些体面。"厉主事道:"那里是我们同袍?我正要打狗与猢狲看。"可见吏社会地位之低。事实上,如徐外郎这般有德行且幸运的吏如凤毛麟角,大多数吏感到前途黯淡、上升无望后,为了应对经济上的压力,转以赚钱为唯一目的,种种弊端因之而生。

  小说还揭示了官无能与吏坏法之间的联系。《型世言》第十四回中的吉进劝王冕做吏:"你看如今来了这些鞑官,一些民情不知,好似山牛,凭他牵鼻,告状叫准便准,叫不准便不准;问事说充军就充军,说徒罪就徒罪,都是这开门接钞,大秤分金。"官长不晓民之情弊,无从判断状子是否应受理;判决时,又不能体察民情,情法两尽,但知假手书吏,从而造成任人"牵鼻"、有似傀儡的局面。《杜骗新书》第十五类《衙役骗·故拟重罪释犯人》中的乡权贵与元植有隙,"砌元植之恶十余件"告官。叶推官将元植下狱,"定是军罪"。元植求凌书手帮忙"减军入徒",凌书手得百金后答允。叶推官唤凌书手作招:"须寻一军律拟来。"凌书手故意以绞罪拟上。叶推官命改招,只可拟军。过一日,凌书手再以绞罪拟曰:"访单中惟谋死亲第一件最重,正合绞罪。余某条某条只是徒罪,并无合军律者。"叶推官想:"有对头之状,尚不轻入人绞;曾是访拿,而可绞人?"遂拟之徒,元植得以纳赎。

  小说指出,吏之坏法还与其子孙盘踞衙门,情弊代代传承有关。《西湖二集》第三十卷:"积年书吏,真是老奸巨猾,还要把官府置之掌握之中。兼之他子子孙孙生长在衙门里,奸盗诈伪之事从胎里带来,所以在衙门中人忠直的少,欺诈者多。"

  小说的这一揭示,并非空穴来风,而是有史可据,明人文集及官箴书对此都有所揭示。《楼山堂集》:"此辈(隶快)惟利是视……乃有朝入衙门,暮称富室,寻田买宅,呼婢使奴。……而书役之害,则尤有甚者。……则所得亦必倍于皂快可知矣。"[①]《治谱》:"往时革退书手,仍旧占住衙门,相沿已久。"[②]可见

---

① (明)吴应箕:《楼山堂集》卷一二《江南汰胥役议》,《续修四库全书·集部·别集类》第1388册,上海古籍出版社,2001,第525页。
② (明)佘自强:《治谱》卷二《到任门·查革积棍》,第97页。

小说的史料价值。

五、揭示民众的法律知识与观念

　　法律知识，指民众对罪名、刑名、法律制度等的认识与了解。官方正史一向忽略民众的法律知识，明代小说却予以全方位的表现。

　　从小说可见，不少民众对罪名比较熟悉。《醒世恒言》第三十四卷中的赵完、赵寿父子被为争田产而来寻衅的朱常诬为打死其家人，且被威胁将尸首抬至家中。赵寿情急之下，道："……让他们进来之后，听我鸣锣为号，留几个紧守门口，其余都赶进来拿人，莫教走了一个。解到官司，见许多人白日抢劫……"《大明律》："凡白昼抢夺人财物者，杖一百，徒三年。"①赵寿所言罪名与律法规定极为相似，可见他对罪名是很熟悉的。

　　民众还谙熟刑罚。《金瓶梅词话》第三十三回中的老者得知韩道国老婆与小叔被捉乃因犯奸，道："可伤！原来小叔儿要嫂子的，到官，叔嫂通奸，两个都是绞罪。"《大明律》："若奸从祖祖母姑、从祖伯叔母姑、从父姊妹、母之姊妹及兄弟妻、兄弟子妻者，各绞。"②两相对照，老者的判断毫厘不爽，难怪旁人认为"你老人家深通条律"。

　　民众对法律制度也比较熟悉。《欢喜冤家》第七回中犹氏的丈夫潘璘与陈彩合伙经商，不想途中溺水而死。后犹氏在公婆的安排下，嫁与陈彩为妾。一次，犹氏失手打死一只青蛙，让陈彩以之为题咏诗。陈彩触景生情，"想着青蛙被犹氏打死，浑似十八年前打死潘璘模样无二"，提笔道："当年一见貌如花，便欲谋伊到我家。即与潘生糖伴蜜，金银出入锦添花。双双共往瓜州去，刻刻单怀谋害他。西关渡口推下水，几棒当头竟似蛙。"犹氏心有所动，追问陈彩是否是用此计谋害了潘璘。陈彩承认后，犹氏一面安慰他"这也是你爱我，方使其然"，一面"将诗儿折好了，放入袖里，往外边便走"。出门后，犹氏喊叫："陈彩谋我丈夫性命，娶我为妾，方才写出亲笔情由……"犹氏此举，表明她对证据的重要性有相当清醒的认识。中国古代诉讼重证据，尤其是被告

---

① 怀效峰点校：《大明律》卷一八《刑律一·贼盗·白昼抢夺》，第 141 页。
② 怀效峰点校：《大明律》卷二五《刑律八·犯奸·亲属相奸》，第 198 页。

的口供。明律"吏典代写招草"条王肯堂笺释:"鞫问刑名等项,必据犯人之招草,以定其情。"①陈彩之诗泄露了其作案动机与过程,可说是其"招稿";犹氏凭之起诉,极具证明力。宋《鸡肋编》卷下有故事与此类似,但妇人"伺里人之出,即诉于官,鞫实其罪,而行法焉",其证据意识不如犹氏。

法律观念是一个相对复杂的问题,与其受害或致害的身份有关,并随具体情况而变化:一般情况下,信任并依赖;慑于其锋芒,尽量规避;求救受阻,寻求自力救济;目的达成,则依然回归;即便为非作歹,亦欲寻求支持。

日常生活中,民众能够把法律作为衡量他人行为是否合法的一个标杆。《型世言》第十一回中的姜举人替陆仲含出面为谢芳卿赎身,龟子不同意,姜举人道:"这奴才!他是昆山谢家女子,被邻人薄喻义诓骗出来,你买良为娼。他现告操江广捕,如今先送他在铺里,明日我们四个与城上讲,着他要薄喻义,问他一个本等充军!"

一旦遭遇纠纷或冤屈,他们首先想到的是诉诸官府,寄希望于法律的公正裁决。《拍案惊奇》卷二中的姚滴珠受不了公婆的辱骂,欲回娘家躲避,不想在渡口被汪锡拐骗至其家。姚滴珠父母差人来看,公公道"他使一个性子跑了回家",还诬赖"您家要悔赖了别嫁人"。姚滴珠父母大惊:"……我那儿敢被这两个老杀才逼死了?打点告状,替他要人去。"公婆则认定姚家藏了女儿,"两家都进状,都准了"。

如果民众决定借助官府之力解决矛盾或纠纷,会将诉讼一直坚持下去。《新民公案》一卷《欺昧·富户重骗私债》中的刘知幾还了欠曾节的一百两银子后,忘了索还借据,结果几年后曾节以此为证,告刘知幾"公然延捱,不理屡取"。朱大尹糊涂断案,命刘知幾速还欠银。刘知幾"自忖只有府中郭四府善能为民申冤,即时搭船下府,明日五鼓即写状到理刑馆郭爷处去告"。

"民间苦事,莫甚于株连。"②法律的严酷,还使民众对不关己之事,尽量规避之。《拍案惊奇》卷三十六中的东廊僧夜出遇雪,躲于一人家牛坊中。不久,见一黑衣人踟蹰栏下,接着院墙内抛出包裹等物,并跳出一女子,黑衣人、女子携了包裹等速离。东廊僧想:"适才这男子女人,必是相约私逃的。明日

---

① (清)薛允升:《唐明律合编》"吏典代写招草"条,中国书店,2010,第817页。
② (明)吕坤:《新吾吕先生实政录·风宪约》卷六《提刑事宜·听讼》,《官箴书集成》第二册,第552页。

院中不见了人，照雪地行迹寻将出来，见了个和尚，岂不把奸情事缠在身上来？不如趁早走了去为是。"他于是"慌忙又走"。

屡遭欺蒙后，民众对法律的信任度降低了。《金瓶梅词话》第二十六回中来旺儿因不满西门庆霸占媳妇宋惠莲，口中时有微词，被陷害下狱。他满心"望天官爷查情"，然而夏提刑受了西门庆的贿赂，却对其施以酷刑。孔目阴先生怜悯他受人陷害，欲为其周旋，"再三不肯做文书送问，与提刑官抵面相讲"。无奈人微言轻，"只把当厅责了他四十，论个递解原籍徐州为民"。第九十回西门庆死后，来旺儿返回清河县做买卖。虽然他无意于昭雪昔日冤屈，但亦绝不是严刑酷法锻就出的温顺子民。他本与孙雪娥"旧情不断"，今见西门家已然败落，遂毫不犹豫地将其拐走。可见，在倍受欺蒙后，来旺儿对于法律已然失望。他由守法者蜕变为犯罪者的过程，反映了法律在普通人心目中由信任到失望的巨大变迁。

一旦目的达成，则归依法律。在小说中，很多自力救济、破坏法律者在目的达成后都去官府自首，显示了法律在其心目中的终极地位。即便藐视、破坏法律如西门庆者，最后依然走向对法律的归依。在《金瓶梅词话》第五十七回中，吴月娘劝西门庆少做"没来回、没正经、养婆儿、没搭煞贪财好色的事体"，给儿子积点阴骘。此时西门庆已任山东提刑所理刑副千户，他颇不以为然地说出了那段臭名昭著的名言："咱闻那佛祖西天，也止不过要黄金铺地；阴司十殿，也要些楮镪营求。咱只消尽这家私广为善事，就使强奸了常娥，和奸了织女，拐了许飞琼，盗了西王母的女儿，也不减我泼天富贵！"此时的西门庆，对法律是相当藐视的。在他看来，法律是什么？不过是金钱驱使下的奴仆，只要自己舍得大把花钱，法律对自己的所作所为就只能睁只眼闭只眼。但临死前，西门庆对法律的态度大大转变。第七十九回他嘱咐女婿陈经济："好歹一家一计，帮扶着你娘儿们过日子。……"此时的西门庆，绝不奢望妻儿继续保持自己在日的热闹繁华与颐指气使，只希望他们能过上老实安稳的日子。因为只有老实安稳，才不会与法律抵触，才会得到法律的保护。

即便是做违法之事，民众亦欲寻求法律上的支持。《鸳鸯针》第二卷第一回中的风冉子是个大盗，遇着小本经营的，"眼也不看"，专门偷盗"那些带纱帽的"。在他看来，"那些贪官污吏，吃了朝廷俸禄，又拿竹批挦子，刻剥穷户，大杠小担的为他行淫乐祸之助。若朝廷知得，也要追他赃物，还要问个罪名。

我如今,起了赃物,饶了他罪,为朝廷施法外之仁,还便宜了他"。

普通人是社会最大的组成部分,也是法律最主要的调节对象,他们的看法、态度直接决定了法律的接受情况、存在地位。明代小说以其对人的热切关注,为我们全面了解其时民众的法律观念、法律知识等提供了珍贵的资料。虽然不能就此认为这种表现与现实生活完全相符,却可肯定其必然是现实生活一定程度的"折射",极大地丰富了中国法制史的研究资料。

第三节 明代小说中法律资料的优、缺点

中国古代小说起源于史传文学,其直接源头是《左传》,依附史传、比拟史传就成为重要的创作原则,故很多小说家秉持"史余"的传统进行创作,比较重视作品的真实性(包括历史真实和艺术真实)。在其出于描摹社会现实、世态人情的目的引入法条制度时,为了增加作品的真实性,必然以现实生活中的法条制度为依据,公案小说尤为如此。这一点,很多从事法学与文学交叉研究的学者的研究成果都已经证明。也就是说,因为真实,使小说具有了法律资料的资格与价值。

一、优 点

与史籍类"正宗"法律史料相比,明代小说作为法律资料自有其特点,具体有以下几方面:

其一,生动性。律典、史书中的法条制度严密而枯燥,小说中的法条制度却因与人物、故事相结合,而呈现出明显的生动性。明律:"凡居父母及夫丧,而身自嫁娶者,杖一百。若男子居丧娶妾、妻、女嫁人为妾者,各减二等。"①法条主要规定居丧不婚,否则受惩,比较枯燥,相比之下,小说的表现就生动得多。《喻世明言》第一卷中的湖广襄阳府枣阳县人蒋兴哥,其父去世仅"七七四十九日",就有亲戚撺掇其岳父王公:"如今令爱也长成了,何不乘凶完配,

---

① 怀效峰点校:《大明律》卷六《户律三·婚姻·居丧嫁娶》,第61页。

教他夫妇作伴,也好过日子。"王公未肯应允。后亲戚又去撺掇兴哥,踌躇之下,兴哥去说,王公婉拒道:"况且孝未期年,于礼有碍。便要成亲,且待小祥之后再议。"小祥是人死后一周年的祭祀。可见民众对此居丧婚所持的否定性态度,以及对礼法的遵从与改造,枯燥的法条因与人物、故事相结合而变得生动、鲜活起来。

其二,细致性。小说的一些表现手法如细节描写使小说对法律的表现不是宏观的、粗线条的,而是细致入微的,由此决定,那些因细碎而为律典、史书所忽略的法律细节有可能在小说中得以一展风采。以和息为例。官箴书主张对涉及民间"细故"的纠纷以和息为主,如《治谱》云:"凡息和者,事小径逐。次则量上民纸一钱二分,告纸二钱,秀才官纸免。事略大,上谷二三石。"①甚至人命案,如果事涉暧昧,或家属情愿,也允许和解,只断埋葬银而不判其抵偿。官箴书的主张以原则性为主,不是很细致,而古代小说的表现就细致得多,如《醒世姻缘传》第三十五回狄宾梁因汪为露品行不端,另请程乐宇教子读书。汪为露恨程乐宇夺了自己的馆,纠合儿子、光棍将其殴打,又到县里"递了无影虚呈,番说程乐宇纠人抢夺",程乐宇也随即递呈。汪为露的党羽从中调停,程乐宇"畏势,准了和息,投文见官。汪为露与景成抬了'和息牌'上去"。县官细加审问,得知真相后,惩处了汪为露。小说把整个过程叙述得很细致,特别是提到了"和息牌",在其他史料中极少被明确提及,这就不仅可证传统史料之有,更可补传统史料之无。

其三,完整性。相对于法条的独立和凝练,小说情节具有完整和丰富的特点,如果故事以案件为主线,会比较详细地叙述案件的起因、发展、结局(惩处或判决),读者能够全面了解相关因素,认识到法律各个要素之间的关系,认识到法律与社会生活之间的复杂关系,这是单独的法条无法提供的。另外,一个故事中涉及的往往不止一种法条,而可能是多种法条的组合,这更是法典等传统资料欠缺的。苏力认为:"故事的整体性有可能使人们更容易从整体把握和理解法律和社会的问题,可以看到法律与社会的相互关联和影响,迫使人们不仅仅关注抽象的、单独的条文和制度规定。"②如《醒世恒言》卷

---

① (明)佘自强:《治谱》卷四《词讼门·许息和》,第109页。
② 苏力:《法律与文学——以中国传统戏剧为材料》,第15页。

三十三《十五贯戏言成巧祸》完整叙述了一桩冤案,其中一系列巧合交代得很清楚,民众的判断盲区、临安府尹的昏聩都与此有关,使读者对法律推断和判决中的情理认识误区有了具体感知。其间还牵涉到卖妾制度、邻里连坐、刑讯逼供、强盗抢妻等一系列制度和社会问题,它们都参与到了冤案的形成和昭雪中,可以立体地、综合地体现出案情与社会各方面的关系。

其四,民间性。小说作者一般为下层文人,作品所反映的又多普通民众的生活,故作品中人物对法律的态度基本反映了普通民众的态度。律典、正史、官箴书等一般不在有限的篇幅中给普通人留出一席之地,故此小说对民众的表现便呈现出特殊的价值。小说中关于请托的表现就是一个很好的例子。小说中的人物普遍认同不过分为非作歹的请托,不认为其为犯法行为。这种民间性在法律文化中有重要意义,因为法律的最终目的是要守法者去遵循,百姓的法律意识是法律实现其功能的决定性因素,只有了解法律的民间性,才能对法律文化作出全面合理的评估,才能反思作为统治者、精英阶层思想体现的法律条文的局限。

由上可见,明代小说中的法律资料已成为法律史料中极富特色的组成部分。

二、缺　　点

作为法制史资料,明代小说固然有其不可替代的优点,但不可否认的是它也有缺点:

第一,虚夸性。文学创作讲究虚实结合、虚实相生,小说家为了使笔下的人物、故事更加生动感人,完全有可能进行夸张、变形甚至虚构,如郭建指出:"《金瓶梅》的作者并非历史研究者,并不熟悉这段过去的制度(明朝早已没有官员的妾的特权待遇的法律制度了)。"[①]因此,应谨慎地对待小说中的法律资料,不能简单地将其与现实中的法律原貌画等号。

第二,选择性。除一些公案小说外,小说家创作的主要目的不是反映法律、普及法律,而是通过人物与故事传达出对生活的独特感受,由此决定,其

[①] 郭建:《古人的天平——中国古典文学明珠中的法文化》,当代中国出版社,2008,第134页。

对法律的反映也是有选择性的。比如与人物生活命运密切相关的法条制度较易进入作品并得到表现，而不是法律的所有方面都被有意识、全方位地反映。

第三，片段性。以表现案情为主线的作品固然比较完整地反映了与法律相关的各个方面，但也有很多小说通过人物串联故事，法律及制度不过是其召之即来、挥之即去的一个道具，故小说的反映常常是片段的，如果不是大量阅读，加以拼接、集合，那么所获得的资料常常是不完整，甚至是支离破碎的。比如明代的生员，史载按资格分附学、增广、廪膳三种，但单部小说中却常常只表现其中之一，如果不大量阅读，并有一定的法制史基础，很可能会产生片面甚至错误的认识。

第四，重复性。古人没有版权意识，加之部分书坊主以盈利为主要目的，对受欢迎的小说加以改编、抄袭，导致很多小说互有渊源，彼此重复。法律作为小说内容的一部分，自然也避免不了被抄袭、重复的命运。比如明代公案小说，从《百家公案》《廉明公案》《诸司公案》《明镜公案》到《新民公案》《海刚峰公案》《神明公案》《龙图公案》，因袭之迹明显，法律资料价值有限。

上述缺点提醒我们在发掘、利用明代小说中的法律资料时，需要谨慎对待，注意以下几点：

其一，加强对材料真实性的甄别。材料的真实与虚假（是否符合法条及史实）在小说中都存在，不同类别的小说、该片段在故事中的不同功能、作者的创作目的差异等都会导致材料的或真或假，需要分别具体情况甄别使用，甚至需和笔记等其他史料对照考辨，才能获得较为可靠的资料。

其二，选择最具法律资料价值的小说作品。很多小说都有对法律的表现，但价值有差别。判断标准可以依照这样两个原则：一是同类别小说中文学成就高的作品，其法律资料价值往往高于文学成就低的作品，因为其更注重发掘人生的困境及情与法的矛盾，描写更细致；二是互有因袭的小说，原作的法律资料价值一般高于仿作，因为仿作往往有删减，不肯如原作者那样多付出心血。

其三，拥有一定的古代小说阅读量。不同小说对某一法律现象的表现可能是片段的，但结合起来有可能是完整的。欲产生关于某一法律现象完整、生动的印象，需较多地阅读古代小说作品，把其中关于某一法律现象的记述集中起来,去粗取精,加以分析。

其四,要与其他法律资料结合使用。小说中的法律资料固然细致、生动,但并非包罗万象的法律资料库,并不是所有的法条制度都可以在其中寻到影踪。欲深入研究古代法律,须多方面运用其他法律资料,如司法档案、家法族规、乡约行规、契据家谱、讼师秘本、日用类书等,以便与小说中的资料互相参证。

图书在版编目(CIP)数据

中国古代法律文献概论 / 徐世虹主编；中国政法大学法律古籍整理研究所编. —上海：上海古籍出版社，2019.10
（中国古代法律文献研究丛刊）
ISBN 978-7-5325-9334-7

Ⅰ.①中… Ⅱ.①徐… ②中… Ⅲ.①法律－古籍研究－中国 Ⅳ.①D929

中国版本图书馆CIP数据核字(2019)第191274号

上海文化发展基金会图书出版专项基金资助项目

中国古代法律文献研究丛刊/徐世虹　主编
中国古代法律文献概论
中国政法大学法律古籍整理研究所　编
上海古籍出版社出版发行
（上海瑞金二路272号　邮政编码200020）
　（1）网址：www.guji.com.cn
　（2）E-mail：guji1@guji.com.cn
　（3）易文网网址：www.ewen.co
上海商务联西印刷有限公司印刷
开本700×1000　1/16　印张23.5　插页3　字数361,000
2019年10月第1版　2019年10月第1次印刷
ISBN 978-7-5325-9334-7
K·2697　定价：88.00元
如有质量问题，请与承印公司联系